SCHÜTZE

Strafrecht für Polizeistudium und -praxis

Strafrecht für Polizeistudium und -praxis

Allgemeiner Teil

von Dr. Hinner Schütze
Professor für Straf- und Strafverfahrensrecht
an der Hochschule für Polizei Baden-Württemberg

BOORBERG

Bibliografische Information der Deutschen Nationalbibliothek

Die Deutsche Nationalbibliothek verzeichnet diese Publikation in der Deutschen Nationalbibliografie; detaillierte bibliografische Daten sind im Internet über http://dnb.d-nb.de abrufbar.

ISBN 978-3-415-07666-2

Scharrstraße 2 70563 Stuttgart
www.boorberg.de

Titelfoto: © sdecoret – stock.adobe.com | Satz: abavo GmbH, Nebelhornstraße 8, 86807 Buchloe | Druck und Bindung: Laupp & Göbel GmbH, Robert-Bosch-Straße 42, 72810 Gomaringen

Richard Boorberg Verlag GmbH & Co KG |
Scharrstraße 2 | 70563 Stuttgart
Stuttgart | München

Vorwort

Das materielle Strafrecht ist eine wesentliche Grundlage für ein friedliches Zusammenleben einer Gesellschaft und damit für die Tätigkeit der Polizei.

Das Lehrbuch wendet sich an alle Studierenden, die sich auf eine praktische Anwendung des Strafrechts ausrichten, insbesondere diejenigen, die in den gehobenen Dienst der Polizei eintreten wollen. Auch für die Ausbildung zum mittleren Dienst der Polizei ist es geeignet, insbesondere wenn eine spätere Verwendung im gehobenen Dienst angestrebt wird. Daneben mag es den Beamten und Anwärtern im Polizeivollzugsdienst, aber auch anderen Studierenden ein Hilfsmittel sein, wenn sie sich praxisorientiert über das Strafrecht informieren wollen. In dem Werk soll der für Ermittlungspersonen relevante Anteil des Allgemeinen Teils des deutschen Strafgesetzbuches mit einem klaren Fokus auf der höchstrichterlichen Rechtsprechung dargestellt werden. Zur Veranschaulichung werden viele Beispiele herangezogen und besonders darauf hingewiesen, was für die polizeiliche Ermittlungsarbeit von Bedeutung ist. Als Grundlage dienen dafür meine langjährige Vorlesungstätigkeit und vielfältige Bezüge zur Praxis.

Mein Dank gilt meinen Kolleginnen und Kollegen der rechtswissenschaftlichen Fakultät der Hochschule für Polizei in Villingen-Schwenningen für vielfältige Unterstützung; den Anstoß für die Erstellung des Buches hat mein Kollege Prof. Dr. Sascha Kische, der inzwischen in Nordrhein-Westfalen lehrt, gegeben. Danken möchte ich Paul Stimmel, der mich als studentische Kraft unterstützt hat, sowie Hanno Thielen vom Boorberg Verlag für die geduldige Begleitung.

Ich freue mich über jede Kritik, Verbesserungsvorschläge oder sonstige Rückmeldungen an hinnerschuetze@hfpol-bw.de.

Wankheim/Villingen-Schwenningen, Juli 2024

Hinner Schütze

Hinweis:

Paragraphenangaben ohne konkrete Bezeichnung sind solche des Strafgesetzbuches.

Inhaltsverzeichnis

Abkürzungsverzeichnis

a. A.	anderer Ansicht
abl.	ablehnend
Abs.	Absatz
abw.	abweichend
Abw.	Abwandlung
a. E.	am Ende
a. F.	alte Fassung
AG	Amtsgericht, Aktiengesellschaft
AGB	Allgemeine Geschäftsbedingungen
a. l. i. c.	actio libera in causa
Alt.	Alternative
a. M.	anderer Meinung
Anm.	Anmerkung
Art.	Artikel
AT	Allgemeiner Teil des StGB
AtomG	Gesetz über die friedliche Verwendung der Kernenergie und den Schutz gegen ihre Gefahren (Atomgesetz)
Aufl.	Auflage
BAK	Blutalkoholkonzentration
BayObLG	Bayerisches Oberstes Landesgericht
BBG	Bundesbeamtengesetz
BDSG	Bundesdatenschutzgesetz
BeamtStG	Beamtenstatusgesetz
Bespr.	Besprechung
BFH	Bundesfinanzgerichtshof
BGB	Bürgerliches Gesetzbuch
BGBl.	Bundesgesetzblatt
BGH	Bundesgerichtshof
BGHSt	Entscheidungen des Bundesgerichtshofes in Strafsachen

Bsp.	Beispiel
bspw.	beispielsweise
BT	Besonderer Teil des StGB
BT-Drs	Bundestagsdrucksache
BtMG	Gesetz über den Verkehr mit Betäubungsmitteln (Betäubungsmittelgesetz)
BVerfG	Bundesverfassungsgericht
BVerfGE	Entscheidungen des Bundesverfassungsgerichts
BW	Baden-Württemberg
CCZ	Corporate Compliance Zeitschrift
DAR	Deutsches Autorecht
DDR	Deutsche Demokratische Republik
d. h.	das heißt
diff.	differenzierend
DSGVO	Datenschutzgrundverordnung
ebd.	ebenda
Ed.	Edition
EGMR	Europäischer Gerichtshof für Menschenrechte
EGStGB	Einführungsgesetz zum Strafgesetzbuch
Einl.	Einleitung
einschl.	einschließlich
Erg.	Ergebnis
erg.	ergänzend
EMRK	Europäische Konvention zum Schutz der Menschenrechte und Grundfreiheiten v. 4.11.1950
Fn.	Fußnote
FS Gössel	Festschrift für Karl Heinz Gössel zum 70. Geburtstag am 16. Oktober 2002, Erb, Dölling (Hg.)
G	Gesetz
GA	Goltdammer's Archiv für Strafrecht
gem.	gemäß
GenStA	Generalstaatsanwaltschaft
GmbH	Gesellschaft mit beschränkter Haftung

GG	Grundgesetz für die Bundesrepublik Deutschland
GK	Grundkurs
grds.	grundsätzlich
GS	Großer Senat für Strafsachen des BGH
GVG	Gerichtsverfassungsgesetz
Hg.	Herausgeber
h. L.	herrschende Lehre
h. M.	herrschende Meinung
HRRS	Höchstrichterliche Rechtsprechung im Strafrecht, Online-Zeitschrift: hrr-strafrecht.de
i. d. R.	in der Regel
InfSchG	Gesetz zur Verhütung und Bekämpfung von Infektionskrankheiten beim Menschen (Infektionsschutzgesetz)
insb.	insbesondere
i. S.	im Sinne
i. V. m.	in Verbindung mit
JA	Juristische Arbeitsblätter
jew.	jeweils
JGG	Jugendgerichtsgesetz
JR	Juristische Rundschau
JURA	Juristische Ausbildung (Zeitschrift)
JuS	Juristische Schulung (Zeitschrift)
JZ	Juristenzeitung
KG	Kammergericht
KriPoz	Kriminalpolitische Zeitschrift (www.kripoz.de)
krit.	kritisch
LBG BW	Landesbeamtengesetz Baden-Württemberg
LG	Landgericht
Lkw	Lastkraftwagen
medstra	Zeitschrift für Medizinstrafrecht
M. M.	Mindermeinung
MMR	Mulitmedia und Recht
m. w. N.	mit weiteren Nachweisen

m. zutr.	mit zutreffender
NJW	Neue Juristische Wochenschrift
NStZ	Neue Zeitschrift für Strafrecht
NStZ-RR	NStZ-Rechtsprechungs-Report
NZFam	Neue Zeitschrift für Familienrecht
NZV	Neue Zeitschrift für Verkehrsrecht
obj.	objektiv
o. dgl.	oder dergleichen
OLG	Oberlandesgericht
OWiG	Gesetz über Ordnungswidrigkeiten
Pkw	Personenkraftwagen
PrObTr	Preußisches Obertribunal
RGSt	Entscheidungen des Reichsgerichts in Strafsachen
Rn.	Randnummer
Rspr.	Rechtsprechung
RStGB	Strafgesetzbuch für das Deutsche Reich (1871)
Rz.	Randziffer
S.	Seite/Satz
s.	siehe
sog.	sogenannt
ST	Strafrecht
StA	Staatsanwaltschaft
StGB	Strafgesetzbuch
StPO	Strafprozessordnung
st. Rspr.	ständige Rechtsprechung
StV	Strafverteidiger (Zeitschrift)
StVO	Straßenverkehrsordnung
str.	strittig
TB	Tatbestand
TBM	Tatbestandsmerkmal
TFG	Gesetz zur Regelung des Transfusionswesens (Transfusionsgesetz)

TPG	Gesetz über die Spende, Entnahme und Übertragung von Organen (Transplantationsgesetz)
TierSchG	Tierschutzgesetz
u.a.	unter anderem, unter anderen
UN-Charta	Charta der Vereinten Nationen, BGBl. 1973, Teil II, S. 430 ff.
u.U.	unter Umständen
v	von/vom
Var.	Variante
VersammlG	Gesetz über Versammlungen und Aufzüge
vert.	vertiefend
vgl.	vergleiche
VO	Verordnung
WaffG	Waffengesetz
WStG	Wehrstrafgesetz
z. B.	zum Beispiel
ZIS	Zeitschrift für internationale Strafrechtsdogmatik (www.zis-online.com)
ZJS	Zeitschrift für das Juristische Studium (www.zjs-online.com)
z. N.	zum Nachteil
ZPO	Zivilprozessordnung
ZStW	Zeitschrift für die gesamte Strafrechtswissenschaft
zust.	zustimmend
zutr.	zutreffend

1. KAPITEL Einführung

A. Einordnung und Aufbau des Strafgesetzbuches

Das Recht kennt verschiedene Quellen und Materien. Manche Rechtsquellen liegen in Gesetzesform vor, andere sind in über- oder untergesetzlichen Normen zu finden. Es gibt eine Normhierarchie innerhalb der Rechtsquellen, weshalb sich bspw. das einfache Gesetz an der Verfassung messen lassen muss und nicht umgekehrt. Zweck des Rechts ist es, das friedliche Zusammenleben der Menschen zu regeln und Konfliktlösungen zu organisieren. Man kann versuchen die Entstehung des Staates damit zu erklären, dass ein Gesellschaftsvertrag geschlossen wurde, um unter Verzicht auf das Faustrecht Regeln aufzustellen. Daraus ergibt sich als eine elementare Aufgabe des Staates, für den Schutz von Rechtsgütern zu sorgen. Das Strafrecht dient dem Schutz von Rechtsgütern.[1] 1

Das Strafrecht ist strukturell ein Teil des öffentlichen Rechts. Daneben findet man das Zivilrecht, mit dem die gleichrangigen Beziehungen der Bürger untereinander oder zum Staat geregelt werden. Das öffentliche Recht ist dagegen von einem Über-/Unterordnungsverhältnis zwischen Staat und Bürger geprägt.[2] Das Strafrecht hat repressiven Charakter und sanktioniert bereits begangene Taten. Dagegen kennt das öffentliche Recht auch das Recht der Gefahrenabwehr, wie bspw. die Polizeigesetze der Länder. Das Strafrecht stellt einen verselbständigten Bereich des öffentlichen Rechts dar, den man vom sonstigen öffentlichen Recht unterscheidet. 2

Im Strafrecht wird zwischen dem formellen und dem materiellen Strafrecht unterschieden. Das formelle Recht betrifft die Verfahrensregeln, die sich insbesondere in der Strafprozessordnung finden. Das materielle Strafrecht bezieht sich dagegen auf Regeln, die bestimmte menschliche Verhaltensweisen unter Strafe stellen.[3] 3

Im materiellen Strafrecht unterscheidet man das Kernstrafrecht vom Nebenstrafrecht. Zu letzterem zählt man etwa das BtMG, das VersG oder das Tierschutzgesetz. Im Strafgesetzbuch finden sich bedeutsame Straftatbestände, etwa Diebstahl (§ 242) oder Totschlag (§ 212). Diese sind im Besonderen Teil des Strafgesetzbuches zu finden. Der Gesetzgeber hat für alle Tatbestände 4

1 Wessels/Beulke/Satzger, AT, Rn. 9 ff.; Rengier, AT, § 3 Rn. 2; Günther, JuS 1978, 8. Näher zu den Strafzwecken (Straftheorien): Roxin/Greco, AT I, § 3 Rn. 1 ff.

2 Wessels/Beulke/Satzger, AT, Rn. 4; Rengier, AT, § 2 Rn. 1.

3 Eisele/Heinrich, AT, Rn. 33 ff.

geltende Regeln vor die Klammer gezogen und diese finden sich im Allgemeinen Teil des Strafgesetzbuchs (§§ 1–79b). Diese Regelungen gelten grundsätzlich auch für das Nebenstrafrecht (Art. 1 EGStGB). Deshalb muss jeder Rechtsanwender, insbesondere jede Ermittlungsperson, auch die Normen des Allgemeinen Teils des Strafgesetzbuches kennen.

5

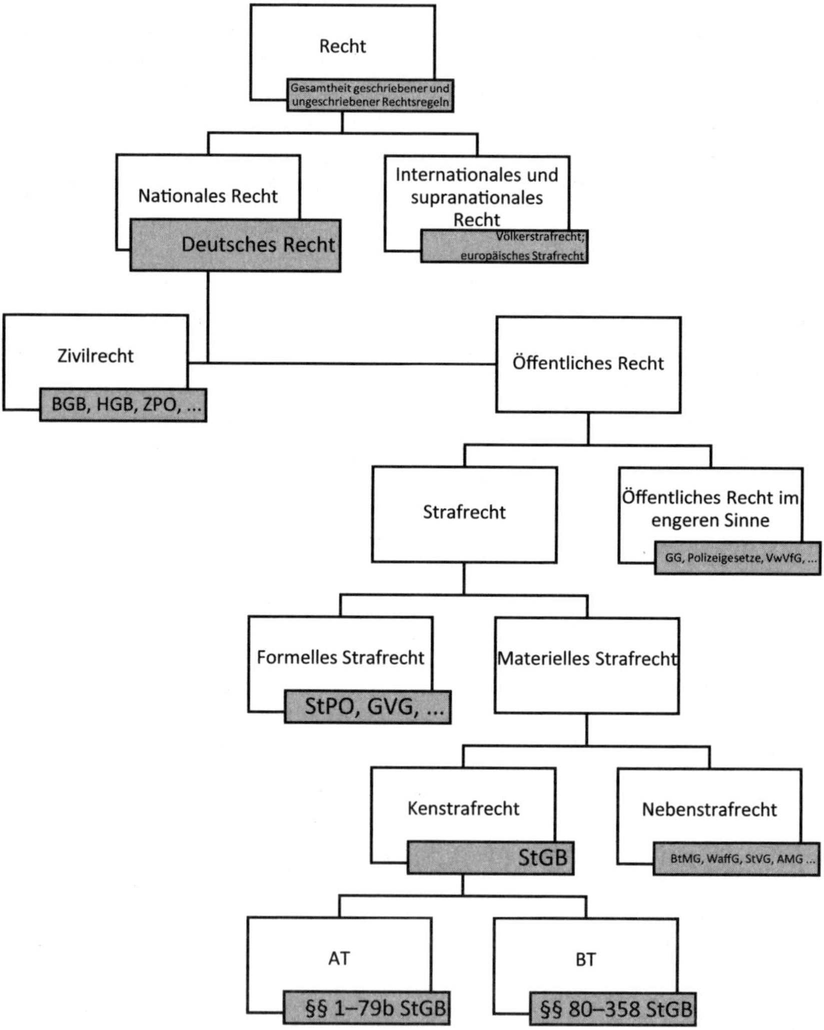

Abb. 1 Einteilung der Rechtsgebiete

Das Strafrecht sieht als eine mögliche Rechtsfolge die Freiheitsstrafe vor, was eine der stärksten Eingriffsmöglichkeiten des Staates in die Freiheitsrechte von Menschen darstellt. Man spricht hier auch von einer Ultima Ratio[4], also einem Mittel, von dem der Staat nur im äußersten Fall Gebrauch machen darf. Da vorrangig weniger einschneidende Normen zum Schutz von Rechtsgütern geschaffen werden, hat das Strafrecht fragmentarischen Charakter, ist also lückenhaft.[5] 6

B. Garantiefunktion des Gesetzes

Wegen der besonderen Eingriffsintensität des Strafrechts gelten – verfassungsrechtlich abgesichert – besondere Anforderungen an einen Straftatbestand. Dieser muss eine Grundlage in einem hinreichend bestimmten Gesetz finden, das vor der Tat in Kraft getreten ist, und das nicht zum Nachteil des Angeklagten erweiternd ausgelegt werden darf (Art. 103 Abs. 2 GG; § 1). 7

Aus Art. 103 Abs. 2 GG ergibt sich das **Verbot von belastendem Gewohnheitsrecht**[6]; umgekehrt werden gewohnheitsrechtliche Regelungen zugunsten des Täters durchaus anerkannt. 8

Gewohnheitsrechtlich anerkannt sind die Einwilligung (§ 228 betrifft nur deren Grenzen) und die rechtfertigende Pflichtenkollision; nicht mehr anerkannt wird das elterliche Züchtigungsrecht.

Besonders wichtig ist das ebenfalls aus diesen Normen abgeleitete **Analogieverbot zum Nachteil des Angeklagten**. Die Auslegung eines Tatbestandes darf sich deshalb nur im Rahmen des noch möglichen Wortsinnes bewegen; umgekehrt darf aber eine den Angeklagten begünstigende Norm erweiternd ausgelegt werden. 9

Beispiel:

Das Tatbestandsmerkmal „Sache" in § 242 umfasst vom Wortsinn nur körperliche Gegenstände, weshalb elektrischer Strom nicht erfasst ist.[7] Deshalb wurde § 248c geschaffen.

---

4 Es hat sich hier der lateinische Begriff eingebürgert, worunter man „äußerstes Mittel" oder „letzte Möglichkeit" versteht.

5 Rengier, AT, § 3 Rn. 5 ff.

6 Unter Gewohnheitsrecht versteht man Recht, das nicht durch förmliche Setzung, sondern durch längere tatsächliche Übung entstanden ist, die eine dauernde und ständige, gleichmäßige und allgemeine sein muß und von den beteiligten Rechtsgenossen als verbindliche Rechtsnorm anerkannt wird, BVerfG 28.6.1967 – 2 BvR 143/61, BVerfGE 22, 114, 121.

7 RG 20.10.1896 – 2609/96; 1.5.1899 – 739/99.

10 Anerkannt ist das **Rückwirkungsverbot**. Neue Straftatbestände dürfen nur auf Handlungen angewendet werden, die nach deren Inkrafttreten begangen werden (§ 2). Dies gilt umfassend für die materielle Strafbarkeit. Umgekehrt können Milderungen angewendet werden, die erst nach der Tat in Kraft treten (§ 2 Abs. 3). Nicht dem Rückwirkungsverbot unterfällt dagegen eine Änderung der Rechtsprechung, selbst wenn diese für den Angeklagten nachteilig ist.

Beispiel:

Der BGH verkündete am 28.6.1990 seine Entscheidung, dass bereits mit 1,1 Promille Blutalkoholkonzentration die absolute Fahruntüchtigkeit im Sinne von § 316 erreicht wird.[8] Zuvor zog das Gericht die Grenze bei 1,3 Promille. Auch auf vor der Entscheidungsverkündung stattgefundene Fahrten unter Alkohol konnte der niedrigere Grenzwert angewendet werden.

Verjährungsfristen sind zwar im Strafgesetzbuch geregelt (§§ 78 ff.), gehören aber zum formellen Strafrecht, da sie Verfolgungs- bzw. Vollstreckungshindernisse betreffen. Sie können verlängert werden, solange zuvor noch keine Verjährung eingetreten war.[9]

11 Das **Bestimmtheitsgebot** wird ebenfalls aus Art. 103 GG abgeleitet. Der Straftatbestand einschließlich der Rechtsfolge muss hinreichend genau erkennen lassen, welche Verhaltensweise erfasst wird und welche Rechtsfolgen daran geknüpft werden. Die Rechtsprechung des BVerfG ist eher großzügig und erklärt selten Straftatbestände für verfassungswidrig. Unbestimmte Rechtsbegriffe oder Generalklauseln können im Gesetz verwendet werden.

Bestimmt genug soll die frühere Strafnorm gewesen sein, wonach bestraft wurde, wer „groben Unfug verübt"[10]; die Nachfolgeregelung findet sich heute in § 118 OWiG.

12 Für das Strafverfahren prägend ist der **Grundsatz im Zweifel für den Angeklagten** (in dubio pro reo), § 261 StPO. Dieser Grundsatz ist nicht nur in der Strafprozessordnung festgeschrieben, sondern wird ebenfalls aus Art. 103 Abs. 2 GG bzw. Art. 6 Abs. 2 EMRK abgeleitet. Voraussetzung für eine Verurteilung im Strafverfahren ist die persönliche Überzeugung des Gerichts von der Schuld des Täters. Dem Täter ist die Tat nachzuweisen.

8 BGH 28.6.1990 – 4 StR 297/90.
9 BVerfG 26.2.1969 – 2 BvL 15/68; 31.1.2000 – 2 BvR 104/00.
10 BVerfG 14.5.1969 – 2 BvR 238/68.

Bei nicht behebbaren Zweifeln ist die für den Täter günstigere Variante zu Grunde zu legen und in letzter Konsequenz freizusprechen.

Beispiel:

Bei einer Kontrolle findet man typische Einbruchswerkzeuge im Auto des T. Es lässt sich aber nicht feststellen, ob von T damit ein Einbruch verübt wurde. Auch wenn Verdachtsmomente vorliegen, reicht dies nicht, um den T wegen Diebstahls zu verurteilen.

Eine Ausnahme vom Zweifelsgrundsatz kann in Form der **Wahlfeststellung** auftreten. Diese kommt in Betracht, wenn 13
- nach Ausschöpfung aller Ermittlungsmöglichkeiten zwei oder mehr Geschehensabläufe in Betracht kommen,
- der Angeklagte sich nach jedem dieser Geschehensabläufe strafbar gemacht hätte,
- die Straftatbestände nicht in einem Stufenverhältnis stehen und
- psychologisch und rechtsethisch vergleichbar sind.[11]

Die **gleichartige Wahlfeststellung** (Tatsachenalternativität) betrifft die Situation, in der verschiedene Geschehensabläufe den gleichen Tatbestand erfüllen. Es steht dann fest, dass der Angeklagte zumindest mit einer Verhaltensweise den Straftatbestand erfüllt hat und dessentwegen bestraft werden kann[12]. 14

Problematisch ist dagegen die **ungleichartige Wahlfeststellung** (Tatbestandsalternativität). Hier ergeben sich für die verschiedenen Geschehensabläufe auch unterschiedliche Tatbestände, die verwirklicht werden. 15

Wenn es sich dabei um ein **Stufenverhältnis** handelt, so ist anerkanntermaßen der mildere Tatbestand heranzuziehen, wenn dafür ausreichende Feststellungen vorliegen.

Fallbeispiel:

Autofahrer A fährt mit dreifach überhöhter Geschwindigkeit innerorts einen Radfahrer an, der tödlich verletzt wird. Es lässt sich zwar nachweisen, dass es A bewusst war, dass bei dieser Geschwindigkeit eine Gefahr für andere Verkehrsteilnehmer bestand, aber nicht sicher feststellen, dass sich der A mit dem Eintritt dieser Folge auch abgefunden hatte. Eine Verurteilung wegen Totschlags (§ 212) scheidet aus, weil der Tötungsvorsatz des A nicht sicher feststeht; wegen fahrlässiger Tötung (§ 222) ist eine Verurteilung dagegen möglich.

11 Lackner/Kühl/Heger, § 1 Rn. 9 ff; Rengier, AT, § 57 Rn. 14.
12 Rengier, AT, § 57 Rn. 17; Heinrich, AT, Rn. 1274, der dies unechte Wahlfeststellung nennt.

Noch weiter gehend will man auch dann verurteilen, wenn zwischen den beiden Straftatbeständen kein Stufenverhältnis besteht, aber die beiden Tatbestände rechtsethisch und psychologisch gleichwertig sind. Diese **Gleichwertigkeit** bezieht sich auf den Unrechtscharakter und die Schwere des Schuldvorwurfs.[13]

> **Fallbeispiel**:
>
> Beim Angeklagten A wurde eine Uhr aufgefunden, die dem Opfer gestohlen worden war. Es lässt sich nicht aufklären, ob A an dem Diebstahl beteiligt war oder die Uhr in Kenntnis des Diebstahls von einem Dritten erworben hat.
>
> Es schiene schwer erträglich, wenn der A hier freigesprochen werden müsste, da weder ein Diebstahl (§ 242) noch eine Hehlerei (§ 259) sicher nachgewiesen werden kann. Die Rechtsprechung verurteilt hier wegen Diebstahls oder Hehlerei in Wahlfeststellung[14].

Kein Fall der Wahlfeststellung wäre es, wenn einer der beiden Geschehensabläufe sicher feststeht, etwa die Beteiligung am Diebstahl, sodass die nicht sicher nachweisbare Hehlerei ausscheidet und nur wegen Diebstahls zu verurteilen ist (Präpendenz). Umstritten ist die umgekehrte Konstellation, wenn der Diebstahl nicht sicher erweislich neben die feststehende Hehlerei tritt (Postpendenz). Verbreitet will man hier wegen Hehlerei verurteilen, da es nicht erträglich scheint, dass durch möglicherweise zusätzlich begangenes Unrecht (§ 242) eine Besserstellung im Hinblick auf die Hehlerei erfolge.[15]

C. Einteilung der Delikte

Die Delikte werden nach verschiedenen Kriterien kategorisiert. Diese Einteilung ist ein Hilfsmittel, um systematische Bezüge aufzuzeigen.

I. Nach der Strafandrohung

16 Gemäß § 12 werden die rechtswidrigen Taten, s. § 11 Abs. 1 Nr. 5 (eine tatbestandsmäßige und rechtswidrige Straftat), nach dem **Mindestmaß der Strafandrohung** der jeweiligen Norm in **Verbrechen**[16] und **Vergehen** ein-

13 Rengier, AT, § 57 Rn. 25 ff.; Fischer, § 1 Rn. 41 f. m. w. N. zur Entwicklung in der Rechtsprechung.

14 BGH 15.11.1951 – 4 StR 533/51; 7.12.1960 – 2 StR 508/60; 31.1.1996 – 3 StR 563/95; BVerfG 5.7.2019 – 2 BvR 167/18; Wessels/ Beulke/ Satzger, AT, Rn. 1315 f.

15 Eisele/Heinrich, AT, Rn. 954 f.; Rengier, AT, § 57 Rn. 32 ff.

16 Teilweise wird der Begriff des Verbrechens in anderen Kontexten als dem hiesigen weiter verstanden, etwa, wenn von der „Verbrechenslehre“ die Rede ist.

teilt. Auf die konkret verhängte Strafe kommt es daher nicht an. In § 12 hat der Gesetzgeber den Begriff normativ bindend für das Strafrecht definiert und bei der Gesetzesanwendung ist man an diese Vorgabe gebunden.

Diese Einteilung ist im Allgemeinen Teil festgeschrieben und gilt daher allgemein. **17**

So knüpft bspw. die Versuchsstrafbarkeit daran an: Der Versuch eines Verbrechens ist gem. § 23 Abs. 1 immer strafbar, der eines Vergehens nur, wenn es im Besonderen Teil oder im Nebenstrafrecht angeordnet wird. Ein weiteres Beispiel stellt die strafbare Verabredung eines Verbrechens (§ 30) dar. Aber auch im Verfahrensrecht ist diese Einteilung bedeutsam für die Verteilung der Zuständigkeit zwischen den Gerichten (§§ 25, 74 GVG) oder die Ausgestaltung von Einstellungsmöglichkeiten (§§ 153 ff. StPO).

Verbrechen sind rechtswidrige Taten, die im Mindestmaß mit Freiheitsstrafe von einem Jahr oder darüber bedroht sind, § 12 Abs. 1. **18**

Verbrechen sind z. B. Mord (§ 211), Totschlag (§ 212) oder Raub (§ 249).

Vergehen sind rechtswidrige Taten, die im Mindestmaß mit einer geringeren Freiheitsstrafe oder die mit Geldstrafe bedroht sind, § 12 Abs. 2. Also alle TBe, die keine Mindestfreiheitsstrafe von einem Jahr und darüber androhen. **19**

Vergehen sind bspw. Diebstahl (§ 242), Körperverletzung (§ 223) oder Sachbeschädigung (§ 303).

Schärfungen oder Milderungen lassen den Deliktscharakter unberührt, § 12 Abs. 3. Milderungsmöglichkeiten finden sich im Allgemeinen und Besonderen Teil. **20**

§ 27 Abs. 2 legt fest, dass der Gehilfe milder bestraft wird. Diese Milderung ändert nichts am Verbrechenscharakter der Haupttat, zu der Beihilfe geleistet wird, etwa § 212.

§ 249 Abs. 2 ermöglicht eine mildere Strafe für minder schwere Fälle, ohne dass sich dadurch am Verbrechenscharakter des Raubes etwas ändern würde.

Zu beachten ist aber, dass nicht nur unbenannte Strafschärfungs- bzw. Strafmilderungsgründe den Deliktscharakter unberührt lassen, sondern dass Gleiches auch für benannte Strafzumessungsregeln, sog. **Regelbeispiele**, gilt. Diese kann man an der sprachlichen Abfassung der Norm zu- **21** verlässig erkennen, da dort von besonders schweren Fällen die Rede ist. Regelbeispiele stellen nach herrschender Ansicht keine Tatbestände dar. Sie betreffen dagegen nur die Strafzumessung, so dass sich darauf auch nicht das Analogieverbot bezieht.[17] Es kann auch unbenannte Regelbeispiele geben, wie § 212 Abs. 2 zeigt.[18]

Beispiel:

§ 177 Abs. 6 enthält das Regelbeispiel der Vergewaltigung. Die dafür vorgesehene Mindeststrafe von zwei Jahren ändert nichts an der Einordnung eines sexuellen Übergriffs in § 177 Abs. 1 als Vergehen, selbst wenn dieser in einem besonders schweren Fall begangen wird.[19]

22 Treten aber zu einem Grundtatbestand weitere Tatbestandsmerkmale (und nicht nur Regelbeispiele) in einer Norm hinzu, handelt es sich um eine **Privilegierung** oder **Qualifikation**. In diesen Fällen ändert sich der Deliktscharakter.

Beispiel:

§ 239 Abs. 1 ist ein Vergehen; § 239 Abs. 3 ist eine Qualifikation dazu und zugleich ein Verbrechen.

Die Tötung auf Verlangen (§ 216) ist ein Vergehen, obwohl der Totschlag (§ 212) als Grundtatbestand dazu ein Verbrechen ist.

23 Ein **Qualifikationstatbestand** ist ein abgewandelter Grundtatbestand mit größerem Unrechtsgehalt, so dass eine höhere Strafandrohung die Folge ist. Anders als bei Regelbeispielen gilt für Tatbestandsmerkmale das Analogieverbot, auch wenn es Regelbeispiele gibt, die tatbestandsähnlich formuliert sind.

Beispiel:

§ 223 ist ein Grundtatbestand. §§ 224, 225 und 226 sind Qualifikationen. Nur § 225 Abs. 3 und § 226 sind Verbrechen, alle anderen aufgezählten TBe sind Vergehen.

---

17 BVerfG 21.6.1977 – 2 BvR 308/77, BVerfGE 45, 363, 369; krit. Fischer, § 46, Rn. 96 m. w. N.

18 Dies weckt Bedenken im Hinblick auf die Bestimmtheit. Zum Begriff der „Waffe“ in § 113 a. F. BVerfG 1.9.2008 – 2 BvR 2238/07, NJW 2008, 3627.

19 Anders läge dies, wenn der Täter dabei Gewalt anwendet und den Qualifikationstatbestand von § 177 Abs. 5 verwirklicht.

Bei einer **Privilegierung** ist im Gegensatz zur Qualifikation der Unrechtsgehalt herabgesetzt, z. B. bei der Tötung auf Verlangen gegenüber dem Totschlag.[20] Bei der Tötung auf Verlangen werden alle Tatbestandsmerkmale des Totschlags verwirklicht, aber zusätzlich noch die Merkmale in § 216. Privilegierungen prozessualer Art stellen § 247 und § 248a dar. 24

II. Erfolgs- und Tätigkeitsdelikte

Eine wichtige Einteilung betrifft Erfolgs- und Tätigkeitsdelikte. Dabei setzt jeder Tatbestand ein menschliches Verhalten voraus. Die Unterscheidung knüpft an die Beziehung zwischen Handlung und Erfolg an. 25

1. Erfolgsdelikte

Die Mehrzahl der Tatbestände im Strafgesetzbuch sind **Erfolgsdelikte**. Dabei tritt neben eine Handlung ein von der Handlung unterscheidbarer tatbestandlicher Erfolg. Der Begriff „Erfolg“ ist im Strafrecht im Unterschied zur Alltagssprache keineswegs positiv besetzt, sondern meint die Verletzung eines Rechtsguts, welche in der Außenwelt sichtbar wird. Unter einem Erfolg kann sowohl die Verletzung eines Rechtsguts als auch der Eintritt einer konkreten Gefahr verstanden werden. Erfolgsdelikte umfassen deshalb sowohl Verletzungs- als auch konkrete Gefährdungsdelikte, s. Rz 29.[21] 26

Für die Einordnung als Erfolgsdelikt ist es nicht entscheidend, wie die subjektive Einstellung des Täters ist. Daher können Erfolgsdelikte vorsätzlich oder fahrlässig begangen werden und auch eine Kombination von Vorsatz und Fahrlässigkeit ist möglich, insb. bei erfolgsqualifizierten Delikten s. Rz 655.

> Der Totschlag (§ 212), die Körperverletzung (§ 223 Abs. 1), die Sachbeschädigung (§ 303 Abs. 1) sind Erfolgsdelikte. Auch die fahrlässige Tötung (§ 222) oder die fahrlässige Körperverletzung sind Erfolgsdelikte. Ebenfalls ist die Körperverletzung mit Todesfolge (§ 227) oder die Straßenverkehrsgefährdung (§ 315c) dazu zu zählen.

2. Tätigkeitsdelikte

Bei Tätigkeitsdelikten fehlt der Erfolg. Es wird nur die **Handlung** vorgenommen, also eine Tätigkeit, die keinen Außenbezug haben muss. Diese Deliktsart ist seltener anzutreffen. Sie ist schon mit der Vornahme der tatbestandlichen Handlung vollendet. 27

---

20 BGH 15.5.1959 – 4 StR 475/58, BGHSt 13, 162, 165.
21 Fischer, Vor § 13 Rn. 18.

Da kein Erfolg eintreten muss, handelt es sich bei diesen Delikten regelmäßig um abstrakte Gefährdungsdelikte und um eigenhändige Delikte.

> Die uneidliche Falschaussage (§ 153), der Meineid (§ 154) oder die Trunkenheit im Verkehr (§ 316) sind (schlichte) Tätigkeitsdelikte.

III. Begehungs- und Unterlassungsdelikte

28 Man unterscheidet Begehungs- und Unterlassungsdelikte. Straftatbestände knüpfen in der Regel an **aktives Tun** an (z. B. § 223: „Wer ... körperlich misshandelt ...“). Anknüpfungspunkt für die strafrechtliche Bewertung bei den Unterlassungsdelikten ist das Nichthandeln, obwohl Aktivität statt Passivität verlangt war. Man unterscheidet unechte und echte Unterlassungsdelikte.

Unechte Unterlassungsdelikte knüpfen gem. § 13 an die Straftatbestände im BT oder in Strafnebengesetzen an. Sie entsprechen den Erfolgsdelikten, setzen aber die weiteren Voraussetzungen in § 13 voraus.

> Ein Vater unterlässt es, sein Kind aus dem Planschbecken zu ziehen, so dass es ertrinkt. Dies kann bei vorsätzlichem Verhalten §§ 212, 13 oder bei fahrlässigem Unterlassen §§ 222, 13 erfüllen.

Die **echten Unterlassungsdelikte** setzen keinen Erfolg voraus. Sie entsprechen den schlichten Tätigkeitsdelikten. Auf sie findet § 13 keine Anwendung.

> Die unterlassene Hilfeleistung (§ 323c), die Nichtanzeige geplanter Straftaten (§ 138), das Aussetzen durch Im-Stich-lassen (§ 221 Abs. 1 Nr. 2)[22] oder das Sich-Nichtentfernen gem. § 123 Abs. 1, 2. Alt. sind echte Unterlassungsdelikte.

IV. Verletzungs- und Gefährdungsdelikte

1. Verletzungsdelikte

29 Bei diesen Delikten muss es zu einer Schädigung, also einer Rechtsgutsverletzung, gekommen sein. Es handelt sich um eine besondere Form der Erfolgsdelikte, s. Rz 26.

> § 212 setzt den Eintritt des Todes eines anderen Menschen voraus, § 263 verlangt eine Vermögensschädigung.

22 So die h. M. BGH 19.10.2011 – 1 StR 233/11, NJW 2012, 546; a. A. Lackner/Kühl/Heger, StGB § 221 Rn. 4 m. w. N.

2. Gefährdungsdelikte

Hier genügt es, dass für das betroffene Rechtsgut eine Gefahr geschaffen worden ist. Nach dem Grad der Gefahr unterscheidet man grds. abstrakte und konkrete Gefährdungsdelikte. 30

a) Abstrakte Gefährdungsdelikte

Bei den **abstrakten Gefährdungsdelikten** wird ein Verhalten bestraft, das generell gefährlich ist. Es besteht die gesetzliche Vermutung, dass dieses Verhalten abstrakt gefährlich ist, d. h. ohne sichtbare Auswirkung auf ein konkretes Schutzobjekt.[23] Diese Gefahrenlage ist aber nicht Tatbestandsmerkmal und braucht von daher nicht nachgewiesen zu werden. Es handelt sich somit nicht um Erfolgs-, sondern um Tätigkeitsdelikte, s. Rz 27. 31

Manche abstrakten Gefährdungsdelikte sind trotz der nur abstrakten Gefahr mit einer hohen Strafdrohung versehen. Man schränkt teilweise durch eine teleologische Reduktion den Tatbestand auf strafwürdige Fälle ein; der Tatbestand wird ausnahmsweise nicht angewendet, wenn eine Realisierung des Risikos extrem unwahrscheinlich erscheint.

> § 316 ist auch dann erfüllt, wenn der absolut fahruntüchtige Kraftfahrzeugführer während seiner Fahrt keine Ausfallerscheinungen zeigt oder, wenn er auf einer einsamen Strecke unterwegs ist.
>
> § 306 erfasst nicht das Anzünden eines Lappens im Metallgehäuse einer Geschwindigkeitsmessanlage, wenn nach dem raschen Erlöschen des Feuers keine darüber hinausgehende Gemeingefahr entsteht und nicht entstehen konnte.[24]

b) Konkrete Gefährdungsdelikte

Die **konkreten Gefährdungsdelikte** setzen eine tatsächliche Gefahr für das Rechtsgut voraus.[25] Die Gefahr ist also Tatbestandsmerkmal, man kann von einem Gefahrerfolg[26] sprechen. Die Gefahr muss so konkret geworden sein, dass es vom Zufall abhängt, ob ein Schaden eintritt. Die konkreten Gefährdungsdelikte sind somit den Erfolgsdelikten zuzuordnen.[27] 32

> § 315c ist als konkretes Gefährdungsdelikt erfüllt, wenn ein Autofahrer seinen Pkw im Zustand der Fahruntüchtigkeit führt und es deshalb beinahe zu einem Zusammenstoß mit einem anderen Fahrzeug kommt. In der Praxis wird der Nachweis der konkreten Gefahr häufig dadurch erbracht, dass es zum Zusammenstoß gekommen ist.

23 Rengier, AT, § 10 Rn. 12.
24 OLG Braunschweig 18.10.2013 – 1 Ss 6/13.
25 Wessels/Beulke/Satzger, AT, Rn. 43.
26 An einem solchen Gefahrerfolg fehlt es dagegen bei den abstrakten Gefährdungsdelikten, die deshalb keine Erfolgsdelikte sind.
27 Fischer, Vor § 13 Rn. 18.

33 Teilweise werden noch **potenzielle Gefährdungsdelikte** abgegrenzt. Hier gehört zwar eine generelle Gefährlichkeit der konkreten Tat, z. B. § 130, oder der Tatmittel, z. B. nach verbreiteter Auffassung § 224 Abs. 1 Nr. 5[28], zum Tatbestand, nicht aber der Eintritt einer konkreten Gefahr.[29] Das bedeutet, dass die Handlungsweise konkret gefährlich sein muss, aber es muss nicht zu einer konkreten Gefahr für das Rechtsgut gekommen sein; die allgemeine Gefährlichkeit reicht aus. Es handelt sich demnach um eine Untergruppe der abstrakten Gefährdungsdelikte.[30]

Beispiel:

§ 224 Abs. 1 Nr. 5 ist bereits erfüllt, wenn das Opfer wuchtig mit den Fäusten gegen den Kopf geschlagen wird, selbst wenn dadurch kein akut lebensbedrohlicher Zustand entsteht.[31]

V. Dauer- und Zustandsdelikte

34 Die Einteilung nach der Dauer der Beeinträchtigung hat bspw. Bedeutung für die Beteiligung an der Tat oder den Beginn der Verjährung. Überwiegend trifft man auf **Zustandsdelikte**. Diese sind dadurch gekennzeichnet, dass mit der Vornahme der tatbestandlichen Handlung auf das Tatobjekt eingewirkt wird. Damit wird die Tat zugleich vollendet und beendet. Es wird ein widerrechtlicher Zustand herbeigeführt, der möglicherweise länger andauert, z. B. § 303, § 153.

Fallbeispiel:

Wenn der Täter dem Opfer eine Ohrfeige verpasst, tritt eine körperliche Misshandlung gemäß § 223 ein. An der Einordnung als Zustandsdelikt ändert sich nichts, wenn das Opfer längere Zeit in seinem körperlichen Wohlbefinden beeinträchtigt bleibt.

35 Bei den **Dauerdelikten** hält der Täter den widerrechtlichen Zustand aufrecht oder lässt ihn fortdauern, z. B. §§ 248b, 123, 239, 316. Hier ist die Tat mit Eintritt des Zustandes vollendet, aber erst mit dessen Beseitigung beendet.

28 Fischer, § 224 Rn. 27 m. w. N.
29 Fischer, Vor § 13 Rn. 19.
30 BGH 12.12.2000 – 1 StR 184/00, BGHSt 46, 212, 218.
31 BGH 6.6.2007 – 2 StR 105/07.

Beispiel:

Der Täter sperrt sein Opfer gezielt in einem Raum ein, sodass ab diesem Zeitpunkt § 239 verwirklicht wird. Die Freiheitsberaubung dauert so lange an, bis das Opfer wieder aus dem Raum freigelassen wird, weil der Täter aufsperrt oder das Opfer fliehen kann.

VI. Allgemein-, Sonder- und eigenhändige Delikte

Bei dieser Einteilung wird an den möglichen Täterkreis, also das Tatsub- **36**
jekt, angeknüpft. Normalerweise handelt es sich bei den Straftatbeständen um **Allgemeindelikte**, die von jedermann begangen werden können, z. B. §§ 211, 223, 242. Man erkennt dies im Gesetzestext an der allgemeinen Formulierung „Wer ...".

Manchmal finden sich dagegen in den Straftatbeständen spezielle Formulie- **37**
rungen und ziehen den Kreis tauglicher Täter enger, bspw. „Arzt" (§ 203), „Amtsträger" (§§ 331, 340) oder „Arbeitgeber" (§ 266a). **Sonderdelikte** können nur von Tätern begangen werden, die bestimmte Eigenschaften aufweisen.

Man kann auch die unechten Unterlassungsdelikte als Sonderdelikte ansehen, weil diese nur von sog. „Garanten" (vgl. § 13, näher: Rz 569) begangen werden können.[32] Zu unterscheiden sind **echte Sonderdelikte**, bei denen die Subjektqualität strafbegründend ist, z. B. §§ 203, 266, 331 und **unechte**, wenn diese Eigenschaft strafschärfend ist, z. B. §§ 340, 258a, das Grunddelikt dagegen jedermann verwirklichen kann, z. B. § 223, 258[33]. Als Mittäter oder mittelbarer Täter kann an echten Sonderdelikten nur beteiligt sein, wer selbst die besondere Subjektqualität aufweist; andere Personen können nur Teilnehmer sein, bei denen § 28 Abs. 1 anwendbar ist.[34]

Bei den **eigenhändigen Delikten** muss der Täter selbst und unmittelbar die **38**
Tatbestandshandlung vornehmen, da sich nur so der besondere Verhaltensunwert realisiert,[35] z. B. §§ 142, 153 f., 173, 316, 315c[36], 323a.[37] Es handelt sich auch um Sonder(pflicht)delikte, bei denen die Subjektqualität durch Auslegung des Tatbestandes zu ermitteln ist.[38]

32 Rengier, AT, § 10 Rn. 25; BGH 24.3.2021 – 4 StR 416/20; letztere nennt man auch Pflichtdelikte, Wessels/Beulke/Satzger, AT, Rn. 805.
33 Wessels/Beulke/Satzger, AT Rn. 55.
34 BGH 24.3.2021 – 4 StR 416/20.
35 Eisele/Heinrich, AT, Rn. 115; Wessels/Beulke/Satzger, AT Rn. 56.
36 Wessels/Beulke/Satzger, AT Rn. 57 m. w. N.
37 Fischer, § 323a Rn. 20.
38 Heinrich, AT, Rn. 176; daher krit. zu dieser Begrifflichkeit: NK/Puppe, StGB, §§ 28, 29 Rn. 75; SK/Hoyer, StGB, § 25 Rn. 17 ff.

Diese Kategorie hat Bedeutung für die Beteiligung, da bei eigenhändigen Delikten nur eine Alleintäterschaft und Teilnahme daran möglich ist, nicht dagegen Mittäterschaft oder mittelbare Täterschaft.[39]

D. Juristische Methodenlehre

I. Grundlagen

39 Die Rechtswissenschaft ist keine Naturwissenschaft, sondern eine **wertende Wissenschaft**. Andererseits ist das Ergebnis der Auslegung nicht beliebig, sondern folgt bestimmten Regeln.

40 Auch unter Beachtung der Auslegungsregeln kann man zu unterschiedlichen Ergebnissen der Auslegung einer Norm gelangen. Dies ist freilich nicht ins Belieben gestellt, sondern nur dann möglich, wenn die Norm verschiedene Deutungen zulässt. Es gibt daher bei Auslegungsfragen vertretbare Meinungen und nicht ein „richtiges" Ergebnis.

Dies kann bei damit nicht vertrauten Personen zu einer gewissen Verunsicherung führen. Um diesen Prozess nachvollziehen zu können, ist es wichtig, die Auslegungsmethoden zu kennen.

41 In der Praxis hat die höchstrichterliche Rechtsprechung, also insbesondere Entscheidungen der Oberlandesgerichte, des Bundesgerichtshofs oder des Bundesverfassungsgerichts, die Aufgabe, für eine einheitliche Rechtsanwendung zu sorgen, Dadurch bildet sich für viele praktisch bedeutsame Streitfragen eine in der Praxis anerkannte Meinung heraus. Man spricht dann von herrschender Meinung (h. M.). Da im Idealfall vor der Befassung der Rechtsprechung mit einer Streitfrage die Rechtswissenschaft sich mit der Deutung einer Norm beschäftigt und im wissenschaftlichen Diskurs die Argumente für unterschiedliche Auslegungsmöglichkeiten herausarbeitet, spricht man auch von einer herrschenden Lehre (h. L.). Da sowohl Richter ihre Stimme im wissenschaftlichen Diskurs erheben, als auch an der Rechtsprechung von Zeit zu Zeit Änderungen erfolgen, besteht (auch) für Studierende mit einem starken Praxisbezug die Notwendigkeit sich mit den Auslegungsmethoden zu beschäftigen. Nur so kann man die Entwicklungen nachvollziehen und einordnen.

42 Der Ausgangspunkt aller Auslegung ist das **Gesetz**, weshalb dessen Lektüre immer am Anfang jeder Überlegung zu stehen hat. Es handelt sich um einen abstrakten Tatbestand, der einer Person bestimmte Handlungen

39 Rengier, AT, § 10 Rn. 30.

verbietet, die der Gesetzgeber für strafwürdig hält. Die Aufgabe liegt nun darin festzustellen, ob ein Verhalten den gesetzlichen Tatbestand erfüllt. Anders ausgedrückt: Tatsächliches Verhalten (Sachverhalt) und gesetzlicher Tatbestand werden miteinander verglichen und es wird festgestellt, ob ein Tatbestandsmerkmal diesen konkreten Lebenssachverhalt umfasst oder nicht umfasst. Diesen Vorgang nennt man **Subsumtion**[40].

Oft ist der Wortlaut des Gesetzes nicht eindeutig, dann muss zusätzlich geklärt werden, wie weit der Tatbestand reicht. Das Gesetz muss also **interpretiert** (ausgelegt) werden. Mit der Auslegung soll der Sinn- und Bedeutungsgehalt eines (Straf-)Gesetzes ermittelt werden. Die Auslegung erfolgt nicht abstrakt, sondern immer im Hinblick auf einen konkreten Lebenssachverhalt, bspw. die Handlung des Täters in Form eines Schlages, ein bestimmtes Tatobjekt wie eine Kiste usw. **43**

II. Auslegungsarten

Man unterscheidet nach klassischer Einteilung vier Auslegungsarten. **44**

1. Grammatikalische Interpretation

Zu beginnen ist mit der grammatikalischen Interpretation. Zunächst ist dazu der Wortlaut der Norm zu untersuchen. In ihr kommt der objektive Wille des Gesetzgebers zum Ausdruck. Gleichzeitig begrenzt der noch mögliche **Wortsinn** auch die Interpretation. Alles, was nicht mehr unter dem Wortlaut erfasst werden kann, ist Analogie. Der Wortsinn kann im Gesetz durch Legaldefinitionen festgelegt werden, bspw. findet sich in § 268 Abs. 2 eine Legaldefinition der technischen Aufzeichnung und auch § 11 enthält mehrere solcher bindenden Festlegungen. **45**

Der Wortsinn kann mit Hilfe von Wörterbüchern oder ähnlichen Nachschlagewerken erhoben werden. Die Wortlautgrenze ist in manchen Fällen umstritten, was zu unterschiedlichen Auslegungsergebnissen führt.

> **Beispiel**:
>
> Die Wortlautgrenze des Merkmals „Werkzeug" in § 224 Abs. 1 Nr. 2 ist umstritten. Verbreitet nimmt man an, dass nur bewegliche Gegenstände darunter fallen[41], sodass eine Mauer kein gefährliches Werkzeug sein kann gegen das ein Opfer gestoßen wird; anderes gilt dagegen für einen davon abgelösten Mauerstein, der zum Schlagen auf ein Opfer eingesetzt wird.

40 Subsumtion bedeutet Unterordnung.
41 Fischer, § 224 Rn. 12 m. w. N. zum Streitstand.

Ein weiterer Gesichtspunkt ist die grammatikalische Struktur, also die Frage, welche Stellung ein Wort innerhalb eines Satzgefüges einnimmt.

46 Wenn der Wortsinn verschiedene Deutungsmöglichkeiten zulässt, hat man weitere Auslegungsmethoden heranzuziehen, um zu begründen, welche Auslegung richtig ist. Auslegungsmethoden schließen sich nicht aus und die Wortlautauslegung stellt regelmäßig nur einen ersten Schritt dar.

2. Systematische Interpretation

Ausgangspunkt dieser Methode ist die Überlegung, dass alle gesetzlichen Tatbestände in einem logischen Zusammenhang stehen, dass ihrer Einordnung also eine bestimmte Systematik zu Grunde liegt. Es kann auch Bezüge zu außerstrafrechtlichen Gebieten geben.

> **Beispiel**:
>
> Der Begriff „Sache" findet sich bspw. in § 303 und § 242 StGB. Gleichzeitig hat der Gesetzgeber in § 90 BGB den Sachbegriff definiert, aber in § 90a BGB eine besondere Regelung für Tiere geschaffen.

47 Es ist naheliegend, dass ein Wort vom Gesetzgeber gleichlautend verwendet wird; umgekehrt legt ein unterschiedlicher Wortlaut nahe, dass zu differenzieren ist. Bei unterschiedlichen Regelungsmaterien kann es aber trotz gleicher Formulierung zu abweichenden Auslegungsergebnissen kommen. Je enger der Zusammenhang ist (bspw. innerhalb derselben Norm, innerhalb eines Abschnitts oder innerhalb eines Gesetzes), desto besser muss ein unterschiedliches Auslegungsergebnis für eine gleichlautende Formulierung begründet werden.

> Der Begriff Sache im Strafgesetzbuch umfasst durchaus Tiere, wenngleich § 90a BGB eine differenzierende Betrachtung vorsieht.
>
> Der Begriff „gefährliches Werkzeug" wird in § 224 Abs. 1 Nr. 2[42] und § 244 Abs. 1 Nr. 1a)[43] nach h. M. unterschiedlich ausgelegt.

Das Strafgesetzbuch ist in Abschnitte unterteilt. In einem Abschnitt wird zumeist das Grunddelikt an den Anfang gestellt. Die Überschrift des Abschnitts kann bei der Auslegung berücksichtigt werden. Der Gesetzgeber kann aber gleichwohl abweichend von der Überschrift eine Regelung in einer Norm abfassen.

---

42 BGH 14.5.2014 – 2 StR 275/13, BeckRS 2014, 16094, Rn. 12 m. w. N.
43 BGH 22.6.2023 – 4 StR 481/22, BeckRS 2023, 17514, Rn. 19 m. w. N.

Der 17. Abschnitt trägt die Bezeichnung „Straftaten gegen die körperliche Unversehrtheit“. § 223 stellt den Grundtatbestand dar. § 224 ist ein Qualifikationstatbestand. Das *seelische* Wohlbefinden ist grundsätzlich nicht geschützt; lediglich in Fällen einer somatischen (d. h. körperlichen) Auswirkung kann dies in § 223 erfasst sein[44]. Da § 224 auf § 223 aufbaut, gilt dies erst recht für den Qualifikationstatbestand.

§ 225 schützt in der Tathandlung „Quälen“ auch die seelische Integrität, was eine Besonderheit in diesem Abschnitt darstellt[45].

3. Historische Interpretation

Diese Auslegungsmethode stellt insb. bei neu abgefassten Normen eine wertvolle Auslegungshilfe dar; je weiter die Gesetzesabfassung zurückliegt, desto kritischer ist diese Auslegungsmethode zu würdigen. Im Rahmen des Gesetzgebungsverfahrens werden im optimalen Fall Begründungen erstellt, die erkennen lassen, was der Gesetzgeber mit einer Norm bezweckt hat oder umgekehrt, was die Norm nicht erfassen soll. Diese werden Motive genannt und finden sich bspw. in Bundestags- oder Bundesratsdrucksachen, Protokollen oder Entwürfen. **48**

Hier ist auch zu berücksichtigen, dass die Legislative Gesetze nicht für andere bindend interpretieren kann. Die Auslegung ist Aufgabe der Gesetzesanwender, insbesondere der Gerichte. Das folgt aus dem Grundsatz der Gewaltenteilung (Art. 20 Abs. 2 GG). Mit der historischen Auslegung kann man deshalb nicht den Gesetzeswortlaut übergehen. **49**

4. Teleologische Interpretation

Entscheidende Bedeutung hat die teleologische[46] Interpretation, d. h. die Auslegung nach **Sinn und Zweck des Gesetzes**. Man zieht von der Schutzrichtung der Norm Schlussfolgerungen auf die Auslegung des Tatbestandes. Dabei kann es bedeutsam sein, das geschützte Rechtsgut zu bestimmen. Auch kriminalpolitische Erwägungen können einfließen. **50**

Andererseits muss aber davor gewarnt werden, einem Zirkelschluss zu unterliegen, indem etwas als Rechtsgut lediglich postuliert wird, statt es zu begründen.

---

44 Fischer, § 223 Rn. 12 m. w. N.
45 Fischer, § 225 Rn. 2, 8a.
46 Griechisch telos bedeutet Ziel, Zweck.

5. Ergänzende methodische Hinweise

51 Bei der Anwendung von Gesetzen gilt, dass eine **spezielle** Regelung die **allgemeine** Norm **verdrängt**. Auch ist zu beachten, dass ein **jüngeres Gesetz** dem älteren **vorgeht**.

Es gibt weitere besondere Formen der Rechtsschöpfung, die den üblichen Rahmen der bloßen Auslegung überschreiten. Sie werden aus Gründen der Übersicht gesondert erläutert, obwohl sie sich teilweise mit den oben darstellten Auslegungsmethoden überschneiden.

a) Verfassungs- und unionsrechtskonforme Auslegung

52 Aufgrund der Normhierarchie muss bei der Auslegung berücksichtigt werden, ob eine Auslegung des einfachen Rechts zu einem Verstoß gegen höherrangiges Recht führen würde. Dann ist regelmäßig eine Auslegung zu bevorzugen, die diesen Verstoß vermeidet.

§ 193 erlaubt die Wahrnehmung berechtigter Interessen, selbst wenn der Tatbestand einer Beleidigung erfüllt wird. Dabei ist die in Art. 5 GG verankerte Meinungs-, Kunst- und Pressefreiheit zu berücksichtigen, um straflose Äußerungen und damit die Grundrechtswahrnehmung zu ermöglichen.[47]

b) Telelogische Reduktion

53 Diese Auslegungsart grenzt den Anwendungsbereich der Norm ein, obwohl der Wortlaut einen Sachverhalt erfasst. Die Gründe für diese Verengung des Anwendungsbereichs können sich aus der historischen, systematischen oder teleologischen Auslegung oder der verfassungs- und unionskonformen Auslegung ergeben. Besonders häufig wird sich dies aus der teleologischen Auslegung ergeben, weshalb sich dies in der Bezeichnung niedergeschlagen hat.

Beispiel:

Da es unverhältnismäßig wäre, das Strafrecht auf Bagatellen anzuwenden, ist in den Tatbestand einer Körperverletzung oder der Freiheitsberaubung eine Erheblichkeitsschwelle hineinzulesen.

c) Analogie

54 Das Gegenteil einer teleologischen Reduktion stellt die **Analogie** dar. Darunter versteht man die **Anwendung der Rechtsfolge** eines Gesetzes auf einen vom Wortlaut nicht mehr abgedeckten Sachverhalt. Voraussetzung dafür ist eine **planwidrige Regelungslücke** im Gesetz und die **Vergleich-**

47 BVerfG 19.8.2020 – 1 BvR 2249/19.

barkeit des im Gesetz geregelten mit dem vom Wortlaut nicht erfassten Fall. Wenn also der Gesetzgeber bewusst eine abschließende Regelung getroffen hat, ist eine Analogie abzulehnen.

Die Analogie ist im Strafrecht nur zu Gunsten des Angeklagten erlaubt, s. Rz 9. Es können den Täter entlastende Normen analog angewendet werden, bspw. Rechtfertigungs- oder Entschuldigungsgründe.

d) Argumentationsformen

Es gibt bestimmte Muster von Argumenten. Das Wissen über die verschiedenen Möglichkeiten der Argumentation kann man als Hilfe zur Begründung der eigenen Meinung heranziehen. 55

Der **Erst-recht-Schluss** umfasst zwei Fallgruppen: Den Schluss vom Größeren auf das Kleinere und der Schluss vom Kleineren auf das Größere.

> **Beispiel**:
>
> Wenn für den schweren Raub im Sinne von § 250 Abs. 1 Nr. 1b) die Absicht zum Einsatz eines Werkzeugs ausreicht, ist dies erst recht verwirklicht, wenn das Werkzeug sogar tatsächlich zum Einsatz gebracht wird.

Ebenfalls anerkannt ist ein **Umkehrschluss**. Hier hat der Gesetzgeber einen speziellen Fall abschließend geregelt. Eine analoge Anwendung scheidet daher aus. 56

> § 248b erfasst den unbefugten Gebrauch von Kraftfahrzeugen und Fahrrädern. Der Umkehrschluss zeigt, dass eine bloße Gebrauchsanmaßung einer Leiter durch einen Nichtberechtigten weder von § 248b noch als Diebstahl erfasst wird.

Zuletzt kann man noch damit argumentieren, dass eine Auslegung bei konsequenter Anwendung in bestimmten Fällen zu einem absurden Ergebnis führen würde und deshalb diese Auslegung allgemein abzulehnen ist.

e) Verhältnis der Auslegungsmethoden zueinander

Die verschiedenen Auslegungsmethoden stehen nicht beziehungslos nebeneinander, sondern dienen dazu, ein sachgerechtes Ergebnis zu finden. Zu beginnen ist mit der Wortinterpretation wegen des Grundsatzes der verbotenen Analogie z. N. des Täters. Die Methoden und Argumentationsformen stehen aber nicht in einem festen Rangverhältnis. Sie dienen dazu, die eigene Position zu untersuchen und mögliche Gegenargumente schon vorab zu erkennen. Letztlich hilft dies den eigenen Abwägungsprozess transparent zu machen. 57

6. Strafrechtliche Gutachten

58 Diese Auslegungsmethoden dienen als Grundlage für die Erstellung eines juristischen Gutachtens. Häufig wird diese Aufgabenstellung in Klausuren und mündlichen Prüfungen verwendet.

Dabei hat man den Sachverhalt so zu bearbeiten, wie er vorgegeben ist. Man bildet dazu einen **Obersatz**, in dem man die Tathandlung bezeichnet, die man untersucht; zudem gibt man die untersuchte Person, ggf. einen Geschädigten und die zu prüfende Norm an.

Bei der Begutachtung wird grundsätzlich im **Gutachtenstil** verfahren. Dabei wird eine Frage in indirekter Rede aufgeworfen, die Definition für ein Merkmal festgelegt und dann der Lebenssachverhalt dieser zuzuordnen versucht. Die Begründung steht vor dem Ergebnis; man kann meist die Sätze mit „deshalb“ verbinden. Es kann natürlich auch das Ergebnis geben, dass ein Merkmal nicht vorliegt. Zuletzt wird das (Zwischen-)Ergebnis festgehalten.

Wenn es sich um eine eindeutige Fragestellung handelt, kann ausnahmsweise im **Urteilsstil** verfahren werden. Dieser stellt das Ergebnis voran und liefert nachfolgend die Begründung. Man kann gedanklich zwischen jeden Satz ein „denn“ schreiben.[48]

E. Räumlicher Geltungsbereich

59 Die §§ 3–7, 9 regeln, wie weit die deutsche Strafgewalt reicht, also wann deutsches Strafrecht anzuwenden ist. Es handelt sich dabei nicht um Tatbestandsmerkmale, sondern um objektive Bedingungen der Strafbarkeit, weshalb diese insbesondere nicht vom Vorsatz umfasst sein müssen.[49] Ähnliche Bestimmungen gibt es auch in anderen Ländern, so dass es sich um nationales Recht handelt, dieses aber den Prinzipien des internationalen Strafrechts folgt, wonach ein legitimierender Anknüpfungspunkt vorhanden sein muss.[50] Unabhängig davon erstreckt sich die Hoheitsgewalt Deutschlands nur auf sein Staatsgebiet, weshalb insbesondere die deutschen Strafverfolgungsbehörden grds. nicht im Ausland tätig werden.

60 Von besonderer Bedeutung ist das **Territorialitätsprinzip**. Hier wird an den Begehungsort angeknüpft. § 9 fasst dies weit (**Ubiquitätsprinzip**). Es fallen darunter der Handlungs-, aber auch der (vorgestellte) Erfolgsort. Bei

48 Wessels/Beulke/Satzger, AT, Rn. 1366 ff.; ausführlich mit zahlreichen Falllösungen: Kische/König/Wick-Rentrop/Woeste, Strafrecht in polizeilichen Ermittlungen, S. 1 ff.

49 Rengier, AT, § 6 Rn. 5a.

50 Wessels/Beulke/Satzger, AT, Rn. 93; Heinrich, AT, Rn. 61; Rengier, AT, § 6 Rn. 6 f.

Internetstraftaten will man hier eine gewisse Einschränkung vornehmen, um eine uferlose Befassung der Ermittlungsbehörden zu vermeiden und verlangt zusätzlich einen Anknüpfungspunkt über den Umstand hinaus, dass die Äußerung auch in Deutschland empfangen werden kann, etwa durch die Abfassung in deutscher Sprache.[51]

Beispiel:

T versendet von Nizza aus mit Transport durch die Schweiz eine Briefbombe an ein Unternehmen in Karlsruhe. Der Brief wird geöffnet und der Mitarbeiter wegen der Brandverletzungen in eine Spezialklinik nach Tübingen verlegt. Dort verstirbt er.

Die Tat ist in Frankreich begangen, da der Brief in Nizza aufgegeben wird (Handlung). Auch in der Schweiz ist die Tat begangen, da der Brief hier transportiert wird. Weiter ist ein Körperverletzungserfolg in Karlsruhe und ein weiterer strafrechtlicher Erfolg (Tod) in Tübingen aufgetreten, so dass die Tat auch hier begangen wurde.

Ein weiteres Prinzip ist das **Personalitätsprinzip**, wonach deutsches Straf- **61**
recht angewendet werden kann, wenn die Tat von einem Deutschen im Ausland begangen (aktives Personalitätsprinzip)[52] oder sich gegen einen Deutschen richtet (passives Personalitätsprinzip)[53].

Das **Schutzprinzip** erweitert das passive Personalitätsprinzip auf überin- **62**
dividuelle, inländische Schutzgüter.[54]

Das Prinzip der **stellvertretenden Strafrechtspflege** findet sich in § 7 Abs. 2 **63**
Nr. 2. Es bedeutet, dass das deutsche Strafrecht für Auslandstaten gilt, wenn eine Auslieferung möglich ist, aber aus bestimmten Gründen nicht erfolgt.

Das **Weltrechtsprinzip** (Universalitätsprinzip) findet sich in § 6. Das deut- **64**
sche Strafrecht gilt für Auslandstaten, wenn der Ort keiner Strafgewalt unterliegt. Es dient dem Schutz international anerkannter Rechtsgüter, s. § 1 Abs. 5 StGB.

Einschränkungen der Anwendbarkeit des deutschen Strafrechts gelten **65**
für Mitglieder konsularischer oder diplomatischer Vertretungen (§§ 18 ff. GVG), sog. „Exterritoriale“. Sie werden durch Immunität geschützt.[55]

51 Rengier, AT, § 6 Rn. 13.
52 Vgl. §§ 5 Nr. 3a, 5b, 8, 9, 11a, 12, 14, 15; § 7 II Nr. 1.
53 Vgl. §§ 5 Nr. 6, 7, 8a, 14a; § 7 I.
54 §§ 5 Nr. 1–5 10–11a, 14, 14a.
55 Weiterführend MüKo/Ambos, StGB, Vor § 3, Rn. 105 ff.

F. Personen- und Sachbegriffe

66 In § 11 werden einige Personen- und Sachbegriffe definiert. Dabei handelt es sich um Legaldefinitionen. Die Begriffe gelten für das gesamte Strafrecht (Art. 1 EGStGB). Im Allgemeinen und Besonderen Teil des StGB wird auf diese Definitionen Bezug genommen, bspw. in §§ 26, 27 „rechtswidrige Tat“, §§ 35, 248a, 258 Abs. 6, „Angehöriger“, §§ 331 ff., 340 „Amtsträger“, §§ 111, 185 „Inhalt“. Es wird in der vorliegenden Darstellung nur auf einige ausgewählte Begriffe eingegangen.

67 Der Begriff „**Angehöriger**“ hat Bedeutung, weil der Gesetzgeber verschiedentlich das zuungunsten eines Angehörigen begangene Unrecht milder behandelt, etwa bei einem Familiendiebstahl die Verfolgung an einen Strafantrag knüpft. Für das Angehörigenverhältnis ist der Augenblick der Tathandlung entscheidend.[56] Die Regelung knüpft an abschließend aufgezählte formelle Beziehungen zwischen Personen an, die insbesondere im Familienrecht (bspw. §§ 1297 ff. BGB) geregelt sind. Typischerweise besteht zwischen Angehörigen auch ein persönliches Näheverhältnis. Ob dies im Einzelfall tatsächlich besteht, ist gleichgültig.[57]

68 Der Begriff „**Amtsträger**“ (§ 11 Abs. 1 Nr. 2) setzt einen Bestellungsakt voraus[58]. Richter will er ebenfalls unter dem Begriff Amtsträger erfasst sehen. Gleichwohl ist der Begriff „**Richter**“ gesondert genannt (§ 11 Abs. 1 Nr. 3), da für diese Personengruppe noch spezielle Regelungen gelten (bspw. § 339).

Über den auf das deutsche Recht bezogenen Amtsträgerbegriff hinaus werden auch Europäische Amtsträger legal definiert (§ 11 Abs. 1 Nr. 2a); mit dem Begriff „**für den öffentlichen Dienst Verpflichteter**“ (§ 11 Abs. 1 Nr. 4) sollen kriminalpolitische Lücken geschlossen werden, wenn öffentliche Aufgaben durch Private mit einer entsprechenden förmlichen Verpflichtung erledigt werden, die nicht in § 11 Abs. 1 Nr. 2 erfasst sind[59], bspw. Vertrauenspersonen der Ermittlungsbehörde[60].

69 Eine rechtswidrige Tat, § 11 Abs. 1 Nr. 5, ist eine tatbestandsmäßige Tat. Die Vorschrift stellt lediglich klar, dass rechtswidrige Taten i. S. dieses Gesetzes nur solche sind, die einen Strafbestand (auch aus dem Nebenstrafrecht) erfüllen. Diese muss weder schuldhaft begangen worden, noch

---

56 BGH 12.7.1979 – 4 StR 204/79; Rz. 5; NK/Saliger, StGB, § 11 Rn. 5.
57 Krit. Fischer, § 11 Rn. 2.
58 Fischer, § 11 Rn. 20.
59 NK/Saliger, StGB, § 11 Rn. 48 ff.
60 BGH 28.11.1979 – 3 StR 405/79, juris-Rn. 15.

muss ein Strafantrag gestellt sein, noch ist ein Rücktritt gemäß § 24 von Bedeutung[61].

§ 11 Abs. 2 definiert die **vorsätzliche Tat**. Die Norm bezieht sich auch auf Tatbestände, die eine vorsätzliche Tathandlung mit einem mindestens fahrlässig verursachten Erfolg kombinieren, vgl. bspw. § 315c Abs. 3 Nr. 1 sowie die erfolgsqualifizierten Delikte, etwa § 227. Insofern ist Teilnahme oder ein Versuch möglich. **70**

Der Gesetzgeber hat in § 11 Abs. 3 den Begriff „**Inhalte**" eingeführt, weil über eine Darstellung als einer Verkörperung einer Idee oder Vorstellung hinaus auch Gedankeninhalte, Bilder oder Symbole erfasst werden, die außerhalb der Übermittlung nicht gespeichert werden. Eine Definition des Inhaltsbegriffs wird dabei vorausgesetzt. Damit soll den technischen Entwicklungen Rechnung getragen werden.[62] **71**

61 BGH 28.10.1982 – 4 StR 472/82, juris-Rn. 7, BGHSt 31, 132, 133.
62 Fischer, § 11 Rn. 13 ff.; vert. NK/Saliger, StGB, § 11 Rn. 73 ff.

2. KAPITEL Tatbestand des vorsätzlichen Begehungsdeliktes

A. Allgemeines zu Strafnormen

Eine **Strafnorm** im Besonderen Teil oder dem Nebenstrafrecht setzt sich immer aus **Tatbestand** und **Rechtsfolge** zusammen. Im Strafrecht besteht die Rechtsfolge aus der Strafe (§§ 38 ff.) bzw. der Maßregel der Besserung und Sicherung (§§ 61 ff.), sog. Zweispurigkeit des Sanktionssystems. In der Ausbildung hat die Analyse der Tatbestände im Vergleich zu den Rechtsfolgen eine viel größere Bedeutung. 72

> § 242 enthält als Tatbestandsmerkmale: „*Wer eine fremde bewegliche Sache einem anderen in der Absicht wegnimmt, die Sache sich oder einen Dritten rechtswidrig zuzueignen*" und als mögliche Rechtsfolge ist vorgesehen: „*wird mit Freiheitsstrafe bis zu fünf Jahren oder Geldstrafe bestraft*".

Die Straftat ist ihrem Wesen nach Rechtsguts- und Pflichtverletzung.[63] Der **Unrechtsgehalt** umfasst deshalb den **Erfolgs-** und den **Handlungsunwert**. Der Erfolgsunwert betrifft die durch die Tat hervorgerufene Verletzung oder Gefährdung des Rechtsguts (bei Erfolgsdelikten, s. Rz 26).[64] Gegenstand des Handlungsunwerts ist die Art und Weise des Handlungsvollzugs. Bei den Fahrlässigkeitsdelikten bedeutet dies, dass der Täter eine sorgfaltswidrige Handlung vornimmt, bei den Vorsatzdelikten ist es die auf den missbilligten Erfolg hin gesteuerte Handlung, (s. Rz 90).[65] Es geht in allen Fällen um die Schaffung eines rechtlich missbilligten Risikos. 73

> Der Erfolgsunwert ist bei § 212 oder § 222 die Tötung eines anderen Menschen.
>
> Der Handlungsunwert findet sich bei § 212 in der vorsätzlichen Tötung, also der bewussten Missachtung des Tötungsverbots. Bei § 222 ist der Handlungsunwert weniger stark ausgeprägt, da der Täter nur sorgfaltswidrig, also nachlässig und sorglos, gehandelt hat.[66] Umgekehrt ist bei einem versuchten Totschlag der Handlungsunwert prägend, weil es am Erfolgsunwert fehlt.

63 BGH 15.11.1951 – 4 StR 574/51, juris-Rn. 21, BGHSt 2, 364, 368.
64 Heinrich, AT, Rn. 154.
65 Wessels/Beulke/Satzger, Rn. 29; Roxin/Greco, AT, § 10, Rn. 88.
66 Heinrich, AT, Rn. 155, 260; Wessels/Beulke/Satzger, AT, Rn. 30.

§ 242 ist im Erfolgsunwert von der Wegnahme einer fremden und beweglichen Sache geprägt; zum Handlungsunwert zählt die vorsätzliche Begehung und die Absicht der rechtswidrigen[67] Sich- oder Drittzueignung.

Der **Schuldgehalt** ergibt sich aus dem in der Tat zum Ausdruck kommenden **Gesinnungsunwert**, das ist die fehlerhafte Einstellung zu den Verhaltensnormen der Rechtsordnung und die mangelnde Rechtsgesinnung des Täters.[68]

Die *Böswilligkeit* der Pflichtvernachlässigung in § 225 oder die *Rücksichtslosigkeit* in § 315c Abs. 1 Nr. 2 stellen echte Gesinnungsmerkmale dar und prägen daher die Schuld[69].

74 Der **Besondere Teil** des StGB bzw. das Nebenstrafrecht (z. B. §§ 21 ff. VersammlG; §§ 51, 52 WaffG) enthält die eigentlichen Straftatbestände. Von diesen Tatbeständen ist für die Untersuchung auszugehen. Allerdings stellt die Untersuchung des Tatbestandes nur eine erste Abschichtung dar. Es ist für eine Strafbarkeit auch die Rechtswidrigkeit festzustellen, da ein rechtmäßiges Verhalten erlaubt und somit nicht strafbar sein kann (vgl. § 11 Abs. 1 Nr. 5, s. Rz69). Zudem setzt jede Strafe die Schuld als Kategorie der individuellen Vorwerfbarkeit voraus (Art. 103 Abs. 2 GG; § 46).

Daraus ergibt sich ein dreigliedriger Deliktsaufbau:

Aufbauschema:

I. Tatbestandsmäßigkeit

II. Rechtswidrigkeit

III. Schuld

75 In den Strafnormen finden sich Tatbestandsmerkmale, die durch Regelungen im Allgemeinen Teil ergänzt werden (s. Rz4). So muss man bspw. noch feststellen, ob jemand als Täter an der Tat teilgenommen hat (§§ 25 ff.) oder ob eine Tat nur versucht wurde (§§ 22 f.). Weitere Normen des Allgemeinen Teils betreffen die Rechtswidrigkeit (z. B. die Notwehr, § 32) oder die Schuld (z. B. der Notwehrexzess, § 33).

67 Bei der Rechtswidrigkeit der Zueignungsabsicht handelt es sich um ein auch objektiv und insoweit zusätzlich dem Erfolgsunrecht zuzuordnendes Merkmal.

68 Heinrich, AT, Rn. 153.

69 Roxin/Greco, AT, § 10, Rn. 82; für die subjektiv gefassten Mordmerkmale, bspw. Habgier, ist dagegen nach richtiger Ansicht der subjektive Tatbestand und nicht die Schuld der richtige Bezugspunkt, BGH 9.11.1951 – 2 StR 296/51, juris-Rn, 6, BGHSt 1, 368, 370; Heinrich, AT, Rn. 260.

Daraus folgt, dass Ausgangspunkt immer der Tatbestand der Strafnorm sein muss, dieser aber nicht isoliert anwendbar ist, wie umgekehrt auch die Regelungen des Allgemeinen Teils nicht isoliert eine Strafbarkeit begründen können. So macht sich bspw. niemand allein wegen Versuchs oder Anstiftung strafbar, sondern nur wegen versuchten Totschlags (§ 212 i. V. m. §§ 22, 23) oder wegen einer Anstiftung zur Sachbeschädigung (§§ 303, 26).

Die einzelnen Straftatbestände sind nicht willkürlich im Besonderen Teil zusammengestellt. So hat der Gesetzgeber die Delikte, die ein einheitliches Rechtsgut schützen, in Abschnitten zusammengefasst, z. B. im 16. Abschnitt die Straftaten gegen das Leben, im 17. Abschnitt Straftaten gegen die körperliche Unversehrtheit usw., da Grundlage eines Straftatbestands ein zu schützendes Rechtsgut ist.

B. Begriff und Struktur des Unrechtstatbestands

Die im Gesetz normierten Tatbestandsmerkmale, d. h. der Gesetzeswortlaut, sind vom Lebenssachverhalt zu unterscheiden. Erst im Rahmen der Subsumtion ist beides aufeinander zu beziehen. **76**

Beispiel:

§ 303 lautet: *Wer rechtswidrig eine fremde Sache beschädigt oder zerstört …*

Sachverhalt: T hat eine schlechte Note in seiner Strafrechtsklausur. Deshalb hat er miese Laune und ist reizbar. Er erfährt, dass sein Kommilitone K in der Klausur gut abgeschnitten hat, obwohl T mehr gelernt hatte. Um sich abzureagieren und auch, um dem K einen Dämpfer zu verpassen, tritt er den Außenspiegel vom Auto des K ab. Das Glas zerbricht und fällt mit dem abgerissenen Gehäuse zu Boden. T weiß genau, dass K sich das Auto erst kürzlich gekauft hat und es hütet wie seinen Augapfel. Hinterher bedauert T sein Verhalten und entschuldigt sich bei K.

Man kann schnell erkennen, dass einige tatsächliche Informationen für den Tatbestand von § 303 nicht relevant sind, etwa die Klausurnote und miese Laune des T oder seine Entschuldigung bei K. Es sind daher die Informationen aus dem Lebenssachverhalt herauszusuchen, die für die Subsumtion benötigt werden, bspw. Rückspiegel als Sache, Auto im Eigentum des K, also für den T fremd, oder das Abtreten als Beschädigung des Autos.

In der Ausbildung wird der Sachverhalt vorgegeben und ist exakt so wie vorgegeben zu untersuchen. In der Realität besteht dagegen eine wichtige Aufgabe darin, den Sachverhalt zu ermitteln und in einem Strafverfahren nachzuweisen.

77 Ausgangspunkt der strafrechtlichen Betrachtung ist eine Handlung, die einen gesetzlichen TB erfüllt. Das Verhalten muss also tatbestandsmäßig sein, d. h., es muss mit der deliktstypischen Umschreibung des gesetzlichen Tatbestands übereinstimmen.

Der **Unrechtstatbestand**[70] bezieht sich auf die Merkmale, die dem jeweiligen Delikt das individuelle Gepräge verleihen und seinen typischen Unrechtsgehalt charakterisieren. Er umfasst somit alle die Merkmale der Strafbestimmung, die das Unrecht begründen (Grundtatbestand), erhöhen (Qualifizierungen) oder mindern (Privilegierungen). Er trennt das tatbestandslose (strafrechtlich irrelevante) vom tatbestandsmäßigen Verhalten. Dies ist die sog. **Auslesefunktion** des Tatbestands.[71] Fehlt auch nur ein Tatbestandsmerkmal ist dieser Tatbestand durch die geprüfte Handlung nicht verwirklicht.

78 Erfüllt ein Verhalten den Tatbestand, ist regelmäßig zu vermuten, dass der Täter Unrecht begeht, da das Gesetz grundsätzlich eine verbotene Verhaltensweise beschreibt[72]. Man nennt dies Appellfunktion des Tatbestandes. Nur in Ausnahmefällen darf tatbestandsmäßig gehandelt werden, wenn nämlich ein Erlaubnistatbestand, also ein Rechtfertigungsgrund, greift[73]. **Unrecht** ist tatbestandsmäßiges und rechtswidriges Verhalten – auf die Schuld oder Strafverfolgungsvoraussetzungen kommt es dagegen für das Unwerturteil nicht an.[74]

79 Wenn zudem noch die Schuld[75] vorliegt, spricht man von einer **Straftat**[76]; die prozessualen Strafverfolgungsvoraussetzungen (bspw. Strafantrag) müssen dagegen nicht vorliegen, um von einer Straftat zu sprechen. Bedeutung hat diese Kategorie, weil sich hierauf Art. 103 Abs. 2 GG bezieht, also nicht nur auf den Tatbestand.[77]

80 Daher ergibt sich für den Prüfungsaufbau, dass ohne die Verwirklichung aller Tatbestandsmerkmale kein strafbares Verhalten vorliegen kann und

70 Teilweise spricht man auch vom Tatbestand im engeren Sinne, Wessels/Beulke/Satzger, AT, Rn. 185.

71 Wessels/Beulke/Satzger, AT, Rn. 186.

72 Eine Ausnahme stellen sog. offene Tatbestände dar, die aufgrund des Wortlautes eine gesonderte Feststellung der Rechtswidrigkeit erfordern, bspw. §§ 240, 253.

73 Vereinzelt sieht man in den Rechtfertigungsgründen „negative" Tatbestandsmerkmale, so dass die Prüfungsebenen Tatbestand und Rechtswidrigkeit zusammengefasst werden zum sog. zweistufigen Deliktsaufbau. Inhaltlich ändert sich aber nichts an den Prüfungsschritten, vgl. m. w. N. Wessels/Beulke/Satzger, AT, Rn. 189 ff.

74 Eisele/Heinrich, AT, Rn. 65; Wessels/Beulke/Satzger, AT, Rn. 134, 182.

75 Bei manchen Tatbeständen muss zudem noch die objektive Bedingung der Strafbarkeit vorliegen, sofern diese in der Strafnorm enthalten ist, bspw. die „Rauschtat" gem. § 323a oder die schwere Folge bei § 231, s. Rz 378.

76 Eisele/Heinrich, AT, Rn. 63.

77 Rengier, AT, § 8 Rn. 2.

erst danach die Rechtswidrigkeit zu prüfen ist. Ohne Unrecht kann aber kein Schuldvorwurf gemacht werden, weshalb die Abfolge dieser Prüfungsschritte zwingend ist.

Zu unterscheiden sind **deskriptive**, das sind sinnlich wahrnehmbare, und **normative**[78] **Tatbestandsmerkmale**, das sind diejenigen, die nur mittels Wertungen beschrieben werden können. Beim in § 242 geregelten Diebstahl kann man dies exemplifizieren: „Beweglich" und „Sache" sind deskriptive Tatbestandsmerkmale, weil man sie sinnlich erfassen kann, dagegen ist „fremd" ein normatives Merkmal, weil es nur ermittelt werden kann, wenn man auf Rechtsnormen des BGB, z. B. §§ 903, 929 ff. BGB, zurückgreift.[79] 81

Allerdings ist zu berücksichtigen, dass auch bei deskriptiven Tatbestandsmerkmalen bestimmte Wertungen erforderlich sein können, z. B. kann man die Frage, ob ein Tier eine Sache i. S. v. § 242 bzw. § 303 ist, nur unter Einbeziehung der §§ 90, 90a BGB klären.

Nach § 15 setzt ein Tatbestand regelmäßig Vorsatz voraus. Dies kann man zunächst grob mit Wissen und Wollen der Verwirklichung der objektiven Tatbestandsmerkmale umschreiben. Im Tatbestand werden regelmäßig objektive und subjektive Tatbestandsmerkmale unterschieden.[80] **Objektive** sind äußerliche **Tatbestandsmerkmale, subjektive** sind solche, die sich auf die innere Einstellung des Täters zur Tat beziehen. Sie sind dem psychisch-seelischen Bereich und der Vorstellungswelt des Täters zuzurechnen. Es handelt sich um solche Merkmale, die den **Handlungsunwert** (s. Rz 73) der Tat näher kennzeichnen.[81] 82

Der Gesetzgeber differenziert zwischen Fahrlässigkeits- und Vorsatzdelikten insofern, als die Strafandrohung bei Vorsatzdelikten erheblich höher ist. Daraus wird geschlossen, dass der Vorsatz nicht allein das Tatunrecht skizziert, sondern auch das Maß der Schuld. Hieraus wird abgeleitet, dass der Vorsatz eine **Doppelfunktion** hat, nämlich einmal als subjektives Tatbestandsmerkmal den Tatbestandsverwirklichungswillen und als Schuldelement die mangelnde Einstellung zum Recht (Gesinnungsunwert).[82]

Klarzustellen ist, dass auch objektive Tatbestandsmerkmale eine subjektive Komponente aufweisen können, was nichts mit dieser Doppelfunktion zu tun

78 Rengier, AT, § 8 Rn. 10 f.; Heinrich, AT, Rn. 126.
79 Heinrich, AT, Rn. 126.
80 Dieser Aufbau gilt insbesondere beim vorsätzlichen Delikt. Eine Ausnahme gilt für die Fahrlässigkeitstat. Nach einer von der Rspr. vertretenen und früher verbreiteten Ansicht waren dagegen Vorsatz und sonstige subjektive Merkmale erst in der Schuld zu prüfen, s. Rz 87.
81 Wessels/Beulke/Satzger, AT, Rn. 29. Ob diese Merkmale sich auf das Unrecht und/oder die Schuld beziehen, ist umstr, vgl. Roxin/Greco, § 10, Rn. 70 ff.
82 Wessels/Beulke/Satzger, AT, Rn. 29.

hat. So handelt es sich bspw. bei der Wegnahme gemäß § 242 um den Bruch fremden und die Begründung neuen Gewahrsams. Gewahrsam muss vom natürlichen Herrschafts*willen* getragen sein, bleibt aber ein objektives Merkmal.

Der Aufbau des vorsätzlichen Erfolgsdelikts kann somit vorläufig ergänzt werden:

Aufbauschema:

I. Tatbestandsmäßigkeit
   1. Objektiver TB
   2. Subjektiver TB

II. Rechtswidrigkeit

III. Schuld

C. Objektiver Tatbestand

I. Tatsubjekt, -objekt und Taterfolg

83 Zunächst ist im Tatbestand normiert, wer als taugliches **Tatsubjekt** in Betracht kommt. In der Regel wenden sich Normen an Menschen. In vielen Straftatbeständen wird dann die Formulierung „wer" verwendet.

84 Daneben knüpft der Tatbestand an ein taugliches **Tatobjekt** an. Dies kann unterschiedlich sein, etwa bei einer Körperverletzung (§ 223) eine andere Person oder bei einer Sachbeschädigung (§ 303) eine Sache.

85 Häufig finden sich Straftatbestände, die einen **Taterfolg** oder einen **Gefahrerfolg** voraussetzen, etwa die Beschädigung einer Sache bei der Sachbeschädigung oder eine Gesundheitsschädigung bei der Körperverletzung. Bei konkreten Gefährdungsdelikten[83] tritt zumindest eine Gefährdung ein, etwa bei der Straßenverkehrsgefährdung (§ 315c). Für diese Erfolgsdelikte[84] ist die nachfolgende Verbindung zwischen Handlung und Erfolg differenziert zu betrachten.

Dies verhält sich für Tätigkeitsdelikte[85] anders, bei denen das Unrecht unabhängig vom Eintritt eines Erfolges beschrieben wird. Auch bei den abstrakten Gefährdungsdelikten[86] ist die differenzierte Untersuchung der Auswirkung einer Handlung in Form eines konkret feststellbaren Erfolges nicht nötig.

83 Näher dazu Rz 32.
84 Näher dazu Rz 26.
85 Näher dazu Rz 27.
86 Näher dazu Rz 31.

II. Strafrechtliche Handlungslehren

1. Vorbemerkungen

Im Rahmen einer strafrechtlichen Untersuchung steht im Vordergrund, ob ein tatsächliches Geschehen (Sachverhalt) den Tatbestand eines Strafgesetzes erfüllt. Die Normbefehle des Strafrechts richten sich an Menschen.[87] **86**

T hetzt seinen Hund durch einen Befehl auf den O. Der Hund beißt den O in die Wade.

Der Hund ist strafrechtlich nicht für sein Verhalten, den Biss, verantwortlich; im Mittelalter soll es Prozesse gegen Tiere gegeben haben[88]. Der T ist dagegen als Mensch für sein Tun strafrechtlich verantwortlich und hat durch den Befehl auf das Tier eingewirkt und dadurch eine gefährliche Körperverletzung begangen.

Die Verurteilung eines Menschen setzt aber voraus, dass er eine Straftat begangen hat. Sein Verhalten muss dafür den TB eines Strafgesetzes erfüllen, rechtswidrig (also nicht ausnahmsweise erlaubt) und schuldhaft (d. h. individuell vorwerfbar) begangen worden sein.

Daraus folgt auch der Aufbau eines strafrechtlichen Gutachtens. Zu beachten ist aber, dass auf die Frage, ob ein menschliches Verhalten vorliegt, nur äußerst selten einzugehen ist, da dies fast immer selbstverständlich ist. Dennoch ist die Handlung als Anknüpfungspunkt jedes strafrechtlichen Vorwurfs in einer gutachterlichen Untersuchung, einer Anklageschrift oder in einem Urteil präzise zu bezeichnen. Die Handlung wird in einer gutachterlichen Darstellung daher zunächst im sogenannten Obersatz herausgestellt und gehört sonst zum objektiven Tatbestand[89].

Gutachtenaufbau

Obersatz: T könnte sich z. N. des O gemäß § 223 strafbar gemacht haben, indem er ihn **mit der Faust geschlagen** hat.

I. Tatbestand
   1. Objektiv
      a) Tatsubjekt („Wer"): Mensch
      b) Tatobjekt: andere Person
      c) **Handlung (Faustschlag)**

87 Wessels/Beulke/Satzger, AT, Rn. 132.
88 Aus historischer Sicht kritisch dazu: Schumann in: Herrmann, Umwelthistorisches Kolloquium, 181, 188 ff. m. w. N.
89 Bock, AT, 5/21.

d) Erfolg (körperliche Misshandlung)

...

2. Subjektiv

II. Rechtswidrigkeit

III. Schuld

IV. Strafantrag (§ 230)

Grds. ist der Mensch als natürliche Person handlungsfähig, also auch der psychisch kranke oder geistig behinderte Mensch. Dagegen ist die Verantwortlichkeit für das Verhalten im Sinne der persönlichen Vorwerfbarkeit eine Frage der Schuld. Juristische Personen können dagegen nicht im strafrechtlichen Sinne handeln, vgl. § 14.[90]

2. Handlungslehren

87 Im Laufe der Rechtsentwicklung haben sich verschiedene Handlungsbegriffe entwickelt, die auch Auswirkungen auf den Deliktsaufbau haben.

So folgte man ursprünglich der **kausalen Handlungslehre**. Diese verstand unter einer Handlung eine auf willensgetragenem menschlichem Verhalten beruhende Veränderung der Außenwelt.[91] Auf den sozialen Sinngehalt kommt es für diese Lehre nicht an. Die kausale Handlungslehre heißt deshalb so, weil es genügt, dass die Veränderung verursacht worden ist. Diese Auffassung wurde früher insbesondere von der Rspr. vertreten.[92] Nach dieser Handlungslehre werden subjektive Elemente der Schuld zugeordnet.

88 Später wurde die **finale Handlungslehre** entwickelt, die sich inzwischen etabliert hat. Sie definiert das Handeln als Ausübung der Zwecktätigkeit.[93] Ausgangspunkt dieser Überlegung ist, dass ein Mensch nicht nur schlicht etwas verursacht, sondern eine Ursachenkette in Gang setzt, weil er ein bestimmtes Ziel erreichen will. Aber auch die finale Handlungslehre vermag das menschliche Verhalten nicht hinreichend zu erklären, dies zeigt besonders die Fahrlässigkeit, denn hier wird der Erfolg gerade nicht bezweckt, denn der Täter handelt nachlässig und verdrängt den Erfolgseintritt. Geht man davon aus, dass der Unrechtstatbestand alle Unrechtsmerkmale ent-

90 Zur rechtspolitischen Diskussion über die (noch) fehlende strafrechtliche Verantwortlichkeit juristischer Personen, vgl. Wessels/Beulke/Satzger, AT, Rn. 149.

91 Rengier, AT, § 7 Rn. 3; Fischer, Vor § 13 Rn 4.

92 Fischer, Vor § 13, Rn. 4.

93 Fischer, Vor § 13 Rn. 5. Es handelt sich um einen ontologischen Handlungsbegriff, weil er auf das Sein gerichtet ist, also an das Tatsächliche anknüpft.

halten muss, gehört nach dieser Auffassung der Vorsatz zum (subjektiven) Tatbestand.

Die **soziale Handlungslehre** hat die finale Handlungslehre weiterentwickelt und definiert eine Handlung als menschliches Tun oder Unterlassen, dem soziale Relevanz zukommt.[94] Eine Handlung ist sinnhaft gestaltender Faktor der sozialen Wirklichkeit mit all seinen personalen, finalen, kausalen und normativen Aspekten.[95] Die soziale Handlungslehre wird in verschiedenen Modifikationen vertreten, sie verortet aber den Vorsatz ebenfalls im subjektiven Tatbestand. **89**

Hinweis:

Die meisten juristischen Gutachten unterteilen daher in den objektiven und subjektiven Tatbestand. Zu dieser Aufbaufrage ist im Gutachten aber keine Stellung zu nehmen.

3. Nichthandlungen

Eine praktisch relevante Funktion des Handlungsbegriffs nach allen Lehren ist die Abgrenzung von Nichthandlungen, die also kein Anknüpfungspunkt für einen strafrechtlichen Vorwurf sein können. Man kann insofern für den Begriff einer Handlung von einer willensgetragenen menschlichen Verhaltensweise ausgehen. Keine Handlungen sind Reflex- und Schreckbewegungen, Bewegungen im Schlaf, bei epileptischen Anfällen oder Ohnmacht[96]; anknüpfen kann man aber an ein zeitlich davor liegendes Verhalten, etwa im Fall des übermüdeten Verkehrsteilnehmers, der dennoch bis zu einem Unfall mit tödlichem Ausgang weiterfährt[97]. Dagegen sind automatisierte Verhaltensweisen wie das Schalten und Kuppeln bei einem Pkw, das Ausweichen bei einem überraschend auftauchenden Hindernis[98], Lenkbewegungen wegen eines ins Auge gelangten Insekts[99] oder das „Abspulen" der für einen Zugriff erlernten Abläufe durchaus Handlungen, da diese willensgetragen sind, selbst wenn man sich deren Vornahme nicht lange überlegt. Ganz neue Fragen stellen sich deshalb im Zusammenhang mit Formen des autonomen Fahrens, sofern keine Möglichkeit des Menschen zum Eingreifen bestehen sollte.[100] **90**

94 Rengier, AT, § 7 Rn. 5; Fischer, Vor § 13 Rn. 6.
95 Wessels/Beulke/Satzger, AT, Rn. 141; vgl. noch weiter differenzierend zum personalen Handlungsbegriff, Roxin/Greco, AT I, § 8 Rn. 43a ff.
96 Wessels/Beulke/Satzger, AT, Rn. 151; Bock, AT, 5/30.
97 Rengier, AT, § 7 Rn. 14.
98 Sch/Sch-Eisele, Vor § 13 Rn. 41 m. w. N.
99 OLG Hamm 16.7.1974 – 5 Ss 331/74.
100 Sandherr, NZV 2019, 1 ff.

Dagegen liegt keine Handlung bei unwiderstehlichem Zwang (vis absoluta) vor; bei willensbeugender Gewalt (vis compulsiva) liegt wiederum eine Handlung vor.[101]

> Wenn der T den X gegen den O stößt, handelt der T, aber nicht der X. X hat die Bewegung nicht willensgesteuert, sondern wegen unwiderstehlichen Zwangs vollführt.
>
> Anders liegt dies, wenn X gegen den O läuft, weil er von T mit vorgehaltener Waffe dazu gezwungen wird, also sein Wille gebeugt wird, aber vorhanden ist. Hier handeln sowohl T als auch X, weil beide sich willentlich verhalten.

III. Kausalität

91 Kausalität bedeutet **Ursächlichkeit**. Es handelt sich um ein ungeschriebenes Tatbestandsmerkmal bei Erfolgs- oder Gefährdungsdelikten.[102] Bei Erfolgsdelikten umfasst der Tatbestand eine Handlung und einen Erfolg, s. Rz 26. Diese beiden Elemente stehen nicht unverbunden nebeneinander, sondern müssen durch einen Ursachenzusammenhang (Kausalität) miteinander verbunden sein.

Es ergibt sich als Aufbauschema für das vorsätzliche Erfolgsdelikt:

Aufbauschema

I. Tatbestandsmäßigkeit
  1. Objektiver TB
    a) Handlung
    b) Erfolg
    c) **Kausalität**
  2. Subjektiver TB
II. Rechtswidrigkeit
III. Schuld

In vielen Fällen fehlt es offensichtlich an der Kausalität und dazu brauchen in einem Gutachten keine näheren Ausführungen gemacht zu wer-

101 Wessels/Beulke/Satzger, AT, Rn. 153. Über die Strafbarkeit des X ist mit dem Vorliegen einer Handlung noch nicht entschieden. Hier sind noch die Prüfungsebenen der Rechtswidrigkeit und Schuld genauer zu untersuchen.

102 Die Tätigkeitsdelikte setzen dagegen keine Kausalbeziehung voraus, da hier ein Erfolg fehlt, s. Rz 27.

den, weil dies eindeutig ist. Umgekehrt ist damit aber einleuchtend, dass es die Kategorie der Kausalität als Tatbestandsmerkmal gibt, welche positiv festgestellt werden muss.

Beispiel:

T fährt mit seinem Pkw zu schnell und kollidiert mit dem Auto der O und es kommt nur zu einem „Blechschaden". Im Nachbarhaus stirbt der X zur gleichen Zeit.

Eine fahrlässige Tötung liegt hier offensichtlich nicht vor: T hat zwar gehandelt, als er zu schnell gefahren ist, und auch ein Erfolg, der Tod des X, tritt ein, aber dennoch käme niemand auf die Idee, zwischen dem Handeln und dem Erfolg nach einer Ursächlichkeit zu suchen, weil es eindeutig daran fehlt.

Die Kausalität ist als ungeschriebenes Tatbestandsmerkmal nicht definiert. **92**
Im Strafrecht wird ganz überwiegend eine **naturwissenschaftliche Kausalität**[103] vertreten; insbesondere die **Bedingungs-** oder **Äquivalenztheorie**[104] greifen auf die sog. „**Conditio-sine-qua-non-Formel**"[105] zurück und man definiert Kausalität verbreitet:[106]

Definition:

Ursächlich ist jede Bedingung, die nicht hinweggedacht werden kann, ohne dass der Erfolg in seiner konkreten Gestalt entfiele.

Es wird damit die Handlung als notwendige Bedingung für einen Erfolg festgestellt. Dafür kommt jede Handlung als Ursache gleichermaßen in Betracht. Zugleich ergibt sich aus der rein faktisch festzustellenden Kau-

103 Die naturwissenschaftliche Kausalität verzichtet auf (normative) Wertungen. Auch im Zivilrecht ist der Kausalitätsbegriff von Bedeutung (vgl. § 823 BGB). Hier wird überwiegend die **Adäquanztheorie** vertreten. MüKo/Oetker, BGB, § 249 Rn. 103 ff. Danach ist ursächlich jede Bedingung, die generell geeignet ist, den Erfolg herbeizuführen, d. h. ausgehend von der Conditio-sine-qua-non-Formel werden noch atypische Geschehensabläufe ausgeschieden. Dies ist eine wertende Entscheidung.

104 Ohne ein anderes Ergebnis als die Äquivalenztheorie zu erzielen geht die Lehre von der **gesetzmäßigen Bedingung** davon aus, dass ein Verhalten (jede Bedingung wird gleichwertig betrachtet) dann Ursache eines Erfolges ist, wenn dieser Erfolg mit diesem Verhalten durch eine Reihe von Veränderungen (in der Außenwelt) gesetzmäßig (physikalisch) verbunden ist, man also die Ursachenzusammenhänge en detail erklären kann, vgl. näher: Wessels/Beulke/Satzger, AT, Rn. 249 ff. Demgegenüber ist prozessual nicht eine absolute Gewissheit, sondern eine Überzeugung des Gerichts zu erreichen, die vernünftigen Zweifeln Schweigen gebietet, weshalb die Vorgänge gerade nicht naturwissenschaftlich bis ins Einzelne nachvollzogen werden müssen, BGH 2.8.1995 – 2 StR 221/94, juris-Rn 38 ff., BGHSt 41, 206 (Holzschutzmittel).

105 Wörtlich: Bedingung, ohne welche nicht.

106 BGH 5.10.1951 – 2 StR 391/51, juris-Rn. 10, BGHSt 1, 332, 333.

salität eine uferlose Weite des Kausalbegriffs, die deshalb noch durch eine weitere Stufe mit normativen Elementen zu ergänzen ist.[107]

> **Fallbeispiel**:
>
> T hat aus Unachtsamkeit den Wagen der O gerammt. Die O wird in ihrem Fahrzeug eingeklemmt und schwer verletzt. Sie verstirbt im Krankenhaus an den schweren Unfallverletzungen. Den Wagen des T hatte der Werkstattmeister W erst kurz zuvor ordnungsgemäß instandgesetzt und nur deshalb konnte T überhaupt zum Unfallort gelangen.
>
> Hier kann das unachtsame Fahren des T nicht hinweggedacht werden, ohne dass der Tod der O entfallen würde. Es ist nicht bedeutsam, ob O sofort am Unfallort oder erst später an einem anderen Ort verstirbt. Entscheidend ist, ob dies auf den Unfall infolge der Unachtsamkeit des T zurückgeführt werden kann. Das Verhalten des T ist ursächlich für den Tod der O.
>
> Weiter kann die Handlung des W nicht hinweggedacht werden, ohne dass das Fahren des T und damit der Unfall mit den dabei aufgetretenen Verletzungen entfiele. Folglich ist auch das Verhalten des W kausal für den Tod der O. Dennoch leuchtet es ein, dass der W nicht strafbar ist, da er ein erlaubtes Verhalten vorgenommen hat.

Auch ungewöhnliche, **atypische Kausalverläufe** werden bei der rein **faktischen** Betrachtung im Strafrecht als Ursache erfasst.

> **Abwandlung** des obigen Beispiels: Der Tod bei O tritt erst Wochen später ein, nachdem sie schon wieder stabilisiert werden konnte. O verschluckte sich beim Trinken von Brühe im Krankenhaus und starb an einer Lungenentzündung.[108]
>
> Es besteht weiterhin eine Kausalbeziehung zwischen dem Handeln des T (Fahren) und dem Todeserfolg bei O, da bei Wegdenken des Unfalls O nicht im Krankenhaus behandelt worden wäre, ohne die Behandlung keine Brühe getrunken hätte und dann keine Lungenentzündung mit letalem Ausgang aufgetreten wäre.

93 Es zeigt sich daran, dass im Rahmen der Prüfung des Tatbestandes eine weitere Eingrenzung mit normativen Kriterien erfolgen muss. Deshalb ordnet man verbreitet diese **normative** Eingrenzung nach der Kausalität der **objektiven Zurechnung** zu. Die Kausalität stellt deshalb nur eine not-

107 Eisele/Heinrich, AT, Rn. 140; Rengier, AT, § 13 Rn. 2. S. dazu nachfolgend die objektive Zurechnung, Rz 93.

108 OLG Stuttgart, Beschl. v. 30.7.1981 – 3 Ss 375/81, NJW 1982, 295.

wendige, aber noch keine hinreichende Bedingung der Zurechnung des Erfolges dar.

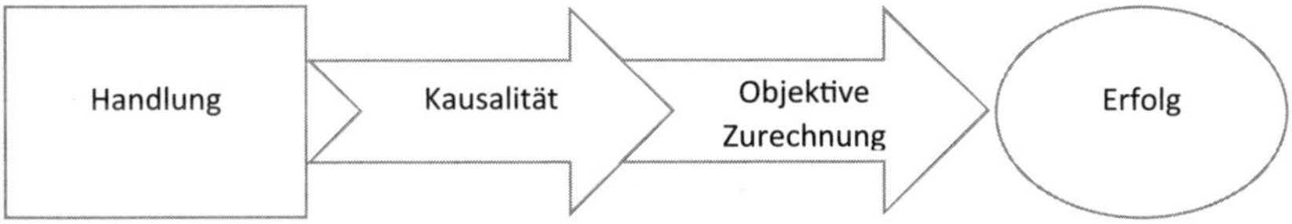

Abb. 2 Kausalität und objektive Zurechnung

Reserveursachen bzw. hypothetische Kausalverläufe werden bei korrekter Anwendung der Conditio-sine-qua-non-Formel nicht berücksichtigt, da immer auf den konkreten Erfolg abzustellen ist.[109] Der Erfolg wäre aufgrund einer anderen Kausalkette nicht zu diesem Zeitpunkt bzw. nicht in dieser Form eingetreten. 94

Fallbeispiel:

O ist mit seinem Fahrzeug auf der Autobahn liegen geblieben. T fährt wegen nicht angepasster Geschwindigkeit auf und verletzt den O tödlich. Wenig später kommt der X mit ebenfalls zu hohem Tempo an die Unfallstelle; er hätte O ebenfalls tödlich verletzt.[110]

T ist ursächlich für die Verletzungen des O geworden. Es kommt nicht darauf an, dass der O wenig später von X ebenfalls tödlich verletzt worden wäre.

X konnte dagegen den Tod des O beim Aufprall nicht mehr verursachen; es fehlt zu diesem Zeitpunkt an einem tauglichen Tatobjekt einer fahrlässigen Tötung (§ 222), da nur lebende Menschen geschützt werden.

Anders wäre es dagegen, wenn der O von T nur verletzt wird (§ 229) und X diesen Verletzungszustand verschlimmert. Es bliebe die Handlung des T kausal für die Verletzungen und auch das Verhalten des X wäre ursächlich für den verschlechterten Zustand von O.

Es gibt einige Fälle, die mit der Conditio-sine-qua-non-Formel nicht ganz einfach zu erklären sind. Relativ eindeutig sind die Fälle der **überholenden Kausalität**, die bildlich-veranschaulichend, aber unpräzise auch als **abgebrochene** Kausalität bezeichnet wird. In dieser Konstellation wurde schon eine Handlung vorgenommen, die zum Erfolg geführt hätte, aber bevor der Erfolg durch diese Handlung eintritt, wird durch eine andere Handlung der Erfolg früher herbeigeführt, wobei die beiden Handlungen nicht miteinander kausal verknüpft sind. 95

109 BGH 13.11.2003 – 5 StR 327/03, juris-Rn. 9, BGHSt 49, 1.
110 Ähnlich: BGH 15.10.1981 – 4 StR 398/81, BGHSt 30, 228.

Fallbeispiel:

T hat O eine tödlich wirkende Dosis Gift verabreicht. Bevor O daran am nächsten Morgen verstirbt, erschießt X den O am Abend.

Der Schuss des X ist kausal. Wenn man diesen hinwegdenkt, wäre O zwar später auch gestorben, aber es ist auf den Tod in der konkreten Gestalt abzustellen, bspw. Verbluten durch die Schussverletzungen um 22 Uhr statt Multiorganversagen wegen der Giftwirkung um 6 Uhr.

Die Giftbeibringung des T ist dagegen nicht für den Tod des O ursächlich. T hat eine versuchte Tötung und eine gefährliche Köperverletzung (§ 224 Abs. 1 Nr. 1) verwirklicht.

96 Davon zu unterscheiden sind die praktisch bedeutsamen Fälle der **fortwirkenden Kausalität**. Damit meint man Konstellationen, bei denen ein Dritter aufgrund der vom zuerst Handelnden geschaffenen Lage zu seinem Handeln gebracht wird. Die zweite Handlung wäre also ohne die zuerst vorgenommene Handlung nicht erfolgt; sie wird durch die Ersthandlung bewirkt. Das Eingreifen Dritter[111], auch des Opfers selbst[112], ändert nichts an der Kausalität; es gilt nach überwiegender Ansicht kein **Regressverbot**.[113] Es können also mehrere Menschen durch ihre Handlungen unabhängig voneinander für ein und denselben Erfolg verantwortlich sein. Es reicht aus, wenn die Handlung **mitursächlich** ist.

Abwandlung des obigen Falles zur überholenden Kausalität (Rz 95):

Der X findet zufällig den O mit schweren Vergiftungserscheinungen und „erlöst" diesen von seinem Leiden durch die Schussabgabe.[114]

Die Giftbeibringung des T ist kausal für den Tod des O, da ohne diese Vergiftung der X nicht dazu herausgefordert worden wäre, den O zu erschießen. Deshalb wirkt die Handlung des T bis zum Tod des O fort. Selbstverständlich ist auch das Handeln des X ursächlich für den Tod des O, denn der Tod bei O wäre sonst später eingetreten.

111 OLG Stuttgart 21.11.1996 – 1 Ws 166/96, NStZ 1997, 190: Vom Vermieter nicht beseitigte Renovierungsabfälle benutzt ein Brandstifter für Feuer. Das Gericht nimmt Kausalität an, verneint aber die Pflichtwidrigkeit, weil es sich um ein sozial-adäquates Verhalten des Vermieters handele; BGH 1.10.1953 – 3 StR 854/52, BGHSt 4, 360: LKW wird wegen defektem Rücklicht von der Polizei angehalten und zunächst durch Leuchtmittel gesichert, die aber wieder entfernt werden, so dass ein Auffahrunfall mit Personenschaden erfolgt. Dennoch bleibt die Fahrlässigkeit des LKW-Fahrers neben der des Polizeibeamten ursächlich. Vgl. Rz 119.

112 BGH 25.1.1955 – 2 StR 366/54, BGHSt 7, 112: Kausalität für den Tod des durch eigenen Fahrfehler bei einer illegalen Wettfahrt Verunglückten.

113 BGH 1.10.1953 – 3 StR 854/52, NJW 1954, 41; BGH, 5.5.2021 – 4 StR 19/20; Wessels/Beulke/Satzer, AT, Rn. 244.

114 Vergleichbar: BGH 6.7.1956 – 5 StR 434/55; 30.8.2000 – 2 StR 204/00, NStZ 2001, 29; 3.12.2015 – 4 StR 223/15, NStZ 2017, 721 für den Fall zweier Handlungen eines Täters.

Eher seltene Konstellationen stellen die Fälle **kumulativer Kausalität** dar. Diese liegt vor, wenn sowohl A als auch B unabhängig voneinander C Gift in das Essen mischen, jede Menge für sich aber nicht ausreicht, den Tod zu bewirken. Beide haben sich grds. wegen vollendeten Totschlags strafbar gemacht. In diesen Fällen wird die Conditio-sine-qua-non-Formel modifiziert: Ursächlich ist jede Bedingung, die zwar alternativ, nicht aber kumulativ hinweggedacht werden kann, ohne dass der konkrete Erfolg entfiele. Zwischen Haupt- und Nebenursachen wird nicht entschieden.[115] Gleiches gilt, wenn jede der Giftmengen für sich ausgereicht hätte[116] (**Doppelkausalität bzw. alternative Kausalität**). Beides sind hier Fälle der Nebentäterschaft (s. Rz 391). 97

Ein Fall der Doppelkausalität liegt ebenfalls vor, wenn z. B. der Täter zwei tödliche Schüsse in einem zeitlichen Abstand abgibt, aber nur den ersten mit Tötungsvorsatz. Er erfüllt dann mit dem ersten Schuss einen Totschlag (§ 212, ggf. auch § 211) und mit dem zweiten Schuss zusätzlich eine fahrlässige Tötung (§ 222).[117]

Es gilt zudem bei der Prüfung der Kausalität unverändert der Grundsatz „in dubio pro reo“: schießen A und B unabhängig auf C und sind beide Schüsse tödlich, aber es ist nicht festzustellen, wer den ersten tödlichen Schuss abgegeben hat, können beide nur wegen versuchten, nicht aber wegen vollendeten Totschlags bestraft werden.

Einen Sonderfall stellen **Gremienentscheidungen** dar, etwa in einem Entscheidungsgremium einer Gesellschaft zum Rückruf eines gefährlichen Produkts (Lederspravfall)[118] oder im Politbüro zum Schießbefehl an der innerdeutschen Grenze[119], in denen der Einzelne mit seinem Votum erst gemeinsam mit anderen Stimmen den Ausschlag gibt, also mit einer Stimmenzahl von 4:1 den Rückruf verhindert oder den Schießbefehl einstimmig in Kraft setzt. Man kann überlegen, ob man das Verhalten als Mittäterschaft zurechnen kann, was aber deren Anerkennung bei Fahrlässigkeitsdelikten bzw. den Nachweis eines gemeinsamen Tatplans voraussetzt, oder auf die alternative Kausalität abstellt[120]; manche wollen überhaupt auf das Unterlassen des Einzelnen rekurrieren, unabhängig von der Gremienentscheidung darauf hinzuwirken, die Folgen des falschen Beschlusses zu vermeiden[121]. 98

115 HK-GS/M.Heinrich, Vor § 13 Rn 13.
116 BGH 30.3.1993 – 5 StR 720/92, BGHSt 39, 195.
117 BGH 30.3.1993 – 5 StR 720/92, BGHSt 39, 195. Die fahrlässige Tötung tritt aber hinter der vorsätzlichen Tötung zurück.
118 BGH 6.7.1990 – 2 StR 549/89, BGHSt 37, 106.
119 BGH 8.11.1999 – 5 StR 632/98, BGHSt 45, 270.
120 Rengier, AT, § 13 Rn. 36 f.; zur „Mehrfachkausalität, vgl. Roxin/Greco, AT I, § 11, Rn. 19 ff.
121 Eisele/Heinrich, AT, Rn. 153.

IV. Objektive Zurechnung

99 Die objektive Zurechnung ergänzt die Kausalität, indem deren uferlose Weite durch normative Kriterien zur Einschränkung der Erfolgszurechnung ergänzt wird. Erst unter dieser Prüfungsstufe werden also **wertende Aspekte** berücksichtigt und festgestellt, ob der Erfolg für einen Täter als „sein Werk“ und damit als Unrecht, aber nicht als ein zufallsbedingtes Unglück bzw. als Werk anderer Personen erscheint.[122] Es muss sich eine vom Täter gesetzte Ausgangsgefahr im konkreten tatbestandlichen Erfolg niedergeschlagen haben. Ob diese Gefahr als **rechtlich missbilligt**, verboten oder rechtlich relevant bezeichnet wird, führt nicht zu unterschiedlichen Ergebnissen; man ist sich aber einig, dass nicht an eine erlaubte Gefahrschaffung angeknüpft werden kann. Häufig wird folgende Definition der objektiven Zurechnung verwendet:

Definition:

Objektiv zurechenbar ist ein Erfolg, wenn der Täter eine rechtlich missbilligte Gefahr geschaffen hat, die sich im tatbestandsmäßigen Erfolg realisiert.[123]

100 Verbreitet prüft man die objektive Zurechnung im objektiven Tatbestand im Anschluss an die Kausalität. Die Rechtsprechung ordnet diese Wertungsstufe bei Vorsatzdelikten der Frage zu, ob es sich um eine **wesentliche Abweichung vom vorgestellten Kausalverlauf** handelt.[124] Da Aufbaufragen in einem Gutachten nicht zu erläutern sind, braucht man dazu nicht Stellung zu beziehen, weil beide Ansätze inhaltlich zu den gleichen Ergebnissen führen.[125]

Das Aufbauschema kann daher weiter ergänzt werden:

Aufbauschema

I. Tatbestandsmäßigkeit
  1. Objektiver TB
    a) Handlung
    b) Erfolg

122 Eisele/Heinrich, AT, Rn. 156; Fischer, Vor § 13 Rn. 24; Rengier, AT, § 13 Rn. 48.
123 OLG Stuttgart 19.4.2011 – 2 Ss 14/11, DAR 2011, 415; Fischer, Vor § 13, Rn. 25.
124 Vgl nur: BGH 15.2.2011 – 1 StR 676/10, NStZ 2012, 41; BGH 3.12.2015 – 4 StR 223/15, NStZ 2016, 721; BGH 26.11.2019 – 2 StR 557/18, NStZ 2020, 411, 416 m. krit. Anm. Schiemann.
125 Rengier, AT, § 13 Rn. 42, 50.

c) Kausalität
d) **Objektive Zurechnung**
2. Subjektiver TB
II. Rechtswidrigkeit
III. Schuld

Die objektive Zurechnung hat eine besonders große praktische Bedeutung bei Fahrlässigkeitsdelikten (Rz 629 ff.). Nach dem hier gewählten dogmatischen Ansatz ist sie aber grundsätzlich auch bei vorsätzlichen Erfolgsdelikten zu prüfen. Man muss im Gutachten auf diese Wertungsstufe freilich nur eingehen, wenn dazu Veranlassung besteht[126]; der Umfang der Ausführungen muss mit der Schwierigkeit der im Sachverhalt aufgeworfenen Wertungsprobleme korrelieren.

Typischerweise wird die objektive Zurechnung in Fallgruppen entwickelt, da sie stark von Kasuistik beeinflusst worden ist. Fallgruppen sollen helfen, die Wertungsaspekte zu einer gedanklichen Struktur zu ordnen. Die einzelnen Fallgruppen lassen sich nicht immer genau voneinander abgrenzen, sondern sie überschneiden sich verschiedentlich; da das Ergebnis das Gleiche ist, ist eine strikte Trennung auch nicht erforderlich: **101**

1. Rechtlich missbilligtes Risiko

Zunächst ist zu klären, ob der Täter überhaupt ein rechtlich missbilligtes Risiko gesetzt hat. Dies ist nicht der Fall, wenn er im Rahmen eines **erlaubten Risikos** gehandelt hat. **102**

Beispiel:

Wer ein Kind zeugt, welches später einen Mord begeht, handelt zwar kausal, aber nimmt ein erlaubtes Verhalten vor. Der Tod des Opfers kann den Eltern nicht zugerechnet werden.

Als Gesellschaft geben wir uns bestimmte Regeln und nehmen Risiken in einem gewissen Maß in Kauf. Eine Zurechnung erfolgt auch dann nicht, wenn es sich um nicht beherrschbare Kausalverläufe handelt, etwa Naturgewalten.

126 Rengier, AT, § 13 Rn. 50.

Fallbeispiel:

Student S wohnt mit seiner Freundin F in einer Wohnung. F ist an Corona erkrankt. F und S beachten die vorgeschriebenen Hygieneregeln. Während der Quarantänephase, die nur für F angeordnet wurde, geht S zum Einkaufen unter Beachtung der zu diesem Zeitpunkt geltenden Regelungen zum Tragen einer Mund-Nase-Bedeckung und dem Gebot Abstand von anderen zu halten. Unterstellt, es ließe sich nachweisen, dass S den Virus unbemerkt in sich trägt und diesen auf einen Kunden K im Geschäft übertragen hat, so läge zwar eine kausal verursachte Gesundheitsschädigung des K vor, aber es ist von S kein unerlaubtes Risiko geschaffen worden.[127]

Anders läge der Fall, wenn S die Hygieneregeln missachten würde oder gar vorsätzlich einen anderen Menschen anhusten würde. Praktisch wird freilich nie die Kausalität zwischen dem Anhusten und der Infektion sicher nachgewiesen werden, so dass bei diesbezüglichem Vorsatz allenfalls eine versuchte (gefährliche) Körperverletzung zu prüfen ist.[128]

2. Risikoverringerung

103 Umstritten sind die Fälle der **Risikoverringerung**. Wenn also ein neuer Kausalverlauf angestoßen wird, der zwar zu einer Verringerung des Risikos führt, aber dennoch der tatbestandliche Erfolg eintritt, stellt sich die Frage der objektiven Zurechenbarkeit. Ein wichtiges Argument ist, dass Strafnormen nicht die Abschwächung einer Rechtsgutsverletzung untersagen sollen, sondern dem gegenteiligen Zweck dienen. Somit entfällt nach verbreiteter Ansicht die objektive Zurechenbarkeit.[129] Vertreter der Gegenauffassung wollen zwar zurechnen, dann aber nach den Regeln der mutmaßlichen Einwilligung (s. Rz 295) im Ergebnis zu einem rechtmäßigen Verhalten kommen.[130] Es ist überzeugend, auf eine mutmaßliche Einwilligung des Opfers abzustellen, so dass dessen individuelle Präferenz bei der Rettung berücksichtigt werden muss. Eine ganz andere Fallkonstellation liegt aber dann vor, wenn nicht nur eine Gefahr abgeschwächt, sondern durch eine ganz eigene **Gefahr ersetzt** oder die Gefahr auf ein **anderes Opfer** verlagert wird. Im letzteren Fall wird zugerechnet.[131]

---

127 Wessels/Beulke/Satzger, AT, Rn. 265.

128 Zu ungeschütztem Geschlechtsverkehr trotz bekannter HIV-Infektion: BGH 4.11.1988 – 1 StR 262/88 = NJW 1989, 781.

129 Wessels/Beulke/Satzger, AT, Rn. 292 f.

130 Rengier, AT, § 13 Rn. 58.

131 Wessels/Beulke/Satzger, AT, Rn. 294 f.; Rengier, AT, § 13 Rn. 59.

Fallbeispiele:

1. A schlägt mit einem Knüppel nach B. C kann den Schlag vom Kopf des B auf dessen Schulter ablenken, was zu einer erheblichen Schulterverletzung führt.

   Bei A ist die Schulterverletzung des B objektiv zurechenbar (§§ 223, 224 Abs. 1 Nr. 2). C ist aber auch durch sein Handeln ursächlich für die Schulterverletzung geworden. Er hat aber das Risiko für B verringert, da ein Schlag auf den Kopf noch schwerwiegendere Verletzungen hervorgerufen hätte. Eine Zurechnung wird abgelehnt bzw. eine Rechtfertigung bejaht.

   Abwandlung: Im vorstehenden Beispiel lenkt C den Schlag von B auf D ab. D wird leicht verletzt. Hier ist das Verhalten des C ursächlich für die Verletzung des D. Sie ist C objektiv zurechenbar, da es sich bei D um ein anderes Opfer als B handelt. Es kommt evt. ein rechtfertigender Notstand (§ 34) oder ein Entschuldigungsgrund in Betracht.

2. T wirft aus einem brennenden Haus das Kind K aus dem zweiten Stock, um es vor dem Erstickungstod in den lodernden Flammen zu bewahren. Er hofft, dass es von anderen Menschen aufgefangen werden kann oder zumindest weich landet, da es sonst keine Möglichkeit mehr gibt, dem Feuer zu entkommen. K erleidet multiple Frakturen.

   Das Verhalten des T ist kausal für die Knochenbrüche bei K, denn es kann nicht weggedacht werden, ohne dass die Knochenbrüche ausgeblieben wären; der sonst nahe Tod durch den Brand ändert als unbeachtliche „Reserveursache" daran nichts. Die Verletzung des K ist T auch objektiv zurechenbar, da ein anderes Risiko als der Tod durch Verbrennen sich mit dem Fall aus dem zweiten Stock und den Sturzverletzungen realisiert hat. Es kommt eine Rechtfertigung wegen mutmaßlicher Einwilligung oder rechtfertigenden Notstands in Betracht.[132]

3. Atypische Kausalverläufe (Vorhersehbarkeit)

Wenn ein rechtlich missbilligtes Risiko gesetzt wurde, ist zu prüfen, ob 104
sich dieses auch im Erfolg realisiert hat. Daran kann es fehlen, wenn es sich um einen **atypischen**, also sehr ungewöhnlichen bzw. unwahrscheinlichen **Kausalverlauf** handelt. Wenn nach allgemeiner Lebenserfahrung bei dem gesetzten Risiko gar nicht mit dem Auftreten eines solchen Erfolges zu rechnen war, entfällt die Zurechnung. Das kann auch in Fällen der Verwirklichung des **allgemeinen Lebensrisikos** vorliegen, da dieses nicht dem

132 Heinrich, AT, Rn. 248; zum umgekehrten Fall des unterlassenen Rettungsversuchs: BGH 28.7.1970 – 1 StR 175/70.

Schädiger, sondern dem Verletzten zugeordnet bleibt. Der Schädiger haftet nämlich nur für das von ihm gesetzte Risiko und die damit verbundene erhöhte Gefahr für das Opfer.

Fallbeispiel:

T schlägt O mit Tötungsvorsatz mehrmals brutal auf den Kopf. O wird vom Rettungsdienst ins Krankenhaus verbracht. O stirbt, weil der Krankenwagen – ohne Transport mit Sondersignal – von einem Lkw gerammt wird.

Weitere Beispiele fehlender Zurechnung: O stirbt im Krankenhaus wegen eines Brandes, wird wegen eines technischen Mangels des Krankenwagens mit Unfallfolge tödlich verletzt oder von abgelösten Teilen eines Flugzeugs im Krankenhaus erschlagen.

In allen diesen Fällen ist die Kausalität der Handlung des T (Schläge) für den Tod des O zu bejahen. Dennoch hat sich nicht das Risiko der Schläge im Erfolg verwirklicht, sondern allgemeine Lebensrisiken, konkret die Teilnahme am üblichen Straßenverkehr, das Risiko Opfer von Bränden oder Wartungsmängeln zu werden. T ist der Tod des O daher nicht objektiv zuzurechnen. Es kommt unabhängig vom Verhalten des T eine Zurechnung für andere Personen in Betracht, etwa wegen mangelnder Sorgfalt bei der Wartung oder im Straßenverkehr, was aber eine gesonderte Frage darstellt, vgl. Rz96.

105 Demgegenüber ist die Realisierung von Gefahren, die nur wegen der Erstschädigung heraufbeschworen worden sind, durchaus zurechenbar. Denn der Erstschädiger hat erst eine rechtlich missbilligte Gefahr geschaffen, für die er einzustehen hat, wenn der Verlauf vorhersehbar ist.

Fallbeispiel:

O verstirbt, weil der Rettungswagen wegen der schweren Verletzungen mit Sondersignal fahren muss und sich das erhöhte Risiko der Einsatzfahrt verwirklicht, als der Wagen in einer Kurve von der Fahrbahn abkommt.

Zunächst ist die Handlung des T ursächlich für den Tod des O. Auch die objektive Zurechnung liegt hier vor, denn es ist durchaus zu erwarten, dass ein Opfer mit schweren Verletzungen rasch transportiert werden muss und dabei größere Risiken in Kauf genommen werden müssen und dürfen (§§ 35, 38 StVO). Da sich hier nicht nur ein allgemeines Lebensrisiko verwirklicht hat, sondern das von T gesteigerte Risiko, ist die Todesfolge nicht atypisch.[133]

133 Eisele/Heinrich, AT, Rn. 161; Rengier, AT, § 13 Rn. 66.

Manchmal ist auch die **besondere Konstitution** des Opfers von Bedeutung und es wird deutlich, dass die Wertungsfrage unterschiedlich entschieden werden kann. Grundsätzlich muss der Täter sein Opfer so annehmen, wie es ist[134], aber bei seltenen Vorerkrankungen können Zweifel an der Zurechenbarkeit entstehen: So ist es vorhersehbar, dass bspw. Menschen mit Vorerkrankungen bzw. altersbedingter Degeneration oder die Körper von kleinen Kindern weniger widerstandsfähig gegenüber Schädigungen sind. Unerwartet und damit nicht adäquat kann es dagegen sein, wenn sehr seltene Vorerkrankungen vorhanden sind, die zu einem überraschenden Kausalverlauf führen. Wenn der Täter aber **besondere Kenntnisse** hat, sind diese zu berücksichtigen bei der Prognose des Kausalverlaufs, so dass in diesen Fällen zuzurechnen ist.[135]

Fallbeispiel: Bluterfall 106

Der O leidet an Hämophilie. T will O umbringen und sticht ihn mit einem Messer. Er trifft lediglich in den Arm. Eine bei O dadurch hervorgerufene Blutung kann wegen seiner Blutereigenschaft nicht rechtzeitig gestoppt werden. O verstirbt.

Es stellt sich die Frage der Zurechnung des von T verursachten Todeserfolges. Manche stellen darauf ab, dass eine solche Erkrankung selten auftritt und verneinen eine objektive Zurechnung mit dem Argument, dass sich nicht das Risiko des Schlages, sondern das allgemeine Lebensrisikos eines Bluters realisiert.[136] Andere stellen darauf ab, dass die Erkrankung zwar selten vorkomme, aber eine solche Disposition nicht gänzlich unwahrscheinlich sei.[137] Dafür kann man anführen, dass es neben der Hämophilie auch durch Einnahme von blutgerinnungshemmenden Präparaten nicht ganz so selten vorkommt, dass eine Blutung nicht rechtzeitig gestoppt werden kann. Man sieht daran, dass es eine Frage der Begründung ist und die Ermittlungsperson die Fakten aufzubereiten hat, etwa mit welcher Wahrscheinlichkeit eine solche besondere Konstitution auftritt[138]. Auf die Einordnung als fahrlässige (§ 222) oder vorsätzliche Tötung (§ 212) bzw. Körperverletzung mit Todesfolge (§ 227) wird hier nicht näher eingegangen[139].

Ebenfalls herauszuarbeiten wäre in den Ermittlungen, ob T Kenntnis von der Blutereigenschaft von O hatte. Für diesen Fall ist zuzurechnen, weil dann eine andere Risikobewertung erfolgen muss, denn mit diesem Vorwissen ist es nicht unerwartet, dass eine Blutung nicht rechtzeitig gestoppt werden kann.

134 Wessels/Beulke/Satzger, AT, Rn. 298.
135 Rengier, AT, § 13 Rn. 74.
136 Wessels/Beulke/Satzger, AT, Rn. 298; Rengier, AT, § 13 Rn. 72 m. w. N.
137 Heinrich, AT, Rn. 249.
138 Die Wahrscheinlichkeit liegt statistisch bei einer Größenordnung von 1:10.000 Menschen in Deutschland ausweislich des Deutschen Hämophilieregisters (vgl. § 21 Abs. 1a TFG), www.pei.de.
139 Näher: Heinrich, AT, Rn. 249, Bsp. 3.

107 In der Rechtsprechung wird ein atypischer Kausalverlauf nicht vorschnell bejaht. Es wird daher in der Praxis eher zurückhaltend mit der Wertung als unerwartetem Verlauf umgegangen. Dies soll an drei Fallbeispielen aus der Rechtsprechung veranschaulicht werden:

Fallbeispiele:

1. Testfahrerfall: Ein Testfahrer schließt mit hoher Geschwindigkeit in einem stark motorisierten Auto bedrängend dicht bis zu einem Kleinwagen auf. Die Fahrerin des Kleinwagens erschrickt und zieht ihr Fahrzeug schnell nach rechts, so dass sie die Kontrolle über den Wagen verliert und von der Autobahn abkommt. Die Fahrerin und ihr Baby prallen auf einen Baum neben der Autobahn und versterben. Der Tod der beiden Menschen wurde dem Testfahrer objektiv zugerechnet.[140]
2. Hochsitzfall: Der Täter ließ einen Hochsitz umkippen, so dass das Opfer aus 3,5 Metern hinabstürzte und sich zunächst nur einen Knöchelbruch zuzog. Das Opfer wurde wegen des Knöchelbruchs behandelt und nach drei Wochen aus dem Krankenhaus entlassen, ohne eine Thromboseprophylaxe sicherzustellen. Es verstarb wegen einer Lungenentzündung und -embolie infolge der verletzungsbedingten Bettlägerigkeit. Es ist klar, dass die Knöchelfraktur durch die Handlung des Täters hervorgerufen wurde und auch zugerechnet werden kann. Für den BGH ist aber auch der Todeserfolg zuzurechnen, da dieser nicht außerhalb jeder Lebenserfahrung liegt, denn sowohl eine längere Behandlung mit der Folge einer Embolie als auch das Versäumen von Prophylaxemaßnahmen seien nicht extrem unwahrscheinlich und deshalb nicht atypisch.[141]
3. Hetzjagdfall: Die Täter setzten mit ausländerfeindlicher Motivation in martialischer Weise nachts zwei Ausländern hinterher. Die Verfolgung des späteren Opfers wurde abgebrochen. Dennoch lief das Opfer in Todesangst weiter und trat in Panik eine Glasscheibe einer Eingangstür ein, um sich dort vor den vermeintlich herannahenden Verfolgern zu verbergen. Dabei zog es sich eine Schnittwunde zu und verblutete. Hier blieb ein Körperverletzungserfolg während des Hetzens als unmittelbare Folge zwar aus, aber die tödliche Schnittverletzung wird vom BGH zugerechnet. Das Verhalten des Opfers war wegen dessen Selbsterhaltungstriebs zu erwarten und damit nicht atypisch.[142]

108 Fragen der Zurechnung stellen sich auch dann, wenn ein Nachtatverhalten des Täters den Erfolg herbeigeführt hat. Dabei verortet die Rechtsprechung das Problem bei der Frage, ob die Abweichung vom vorgestellten Kausalver-

140 LG Karlsruhe 29.7.2004 – 11 Ns 40 Js 26274/03, NJW 2005, 915.
141 BGH 30.6.1982 – 2 StR 226/82, Rz. 9 f., BGHSt 31, 96.
142 BGH 9.10.2002 – 5 StR 42/02, Rn. 39 f., BGHSt 48, 34.

lauf wesentlich ist, weshalb diese Konstellationen erst bei der Frage des (subjektiven) Vorsatzes erörtert werden. Für den hier gewählten Aufbau stellt sich die Frage bereits in der objektiven Zurechnung und beim subjektiven Tatbestand.

Fallbeispiel:

T schießt auf O. O wirkt leblos und T will die Leiche in einem See versenken, um die Spuren zu verdecken. Tatsächlich ist O nur schwer verletzt und ertrinkt beim Versenken im See.

Das Verhalten des T besteht aus zwei Akten: Dem Schuss und dem Versenken. Die Rechtsprechung und h. M. sieht in dem auf das Schießen nachfolgenden Akt des Versenkens im See aber ein einheitliches Geschehen. Es ist nicht untypisch, dass ein Täter versucht, eine Leiche zu beseitigen. Der Todeserfolg ist daher dem T mit seiner ersten Handlung zuzurechnen.[143]

4. Schutzzweck

Das vom Täter gesetzte Risiko muss unerlaubt sein, weshalb ein Verstoß **109**
gegen eine Verhaltensnorm vorliegen muss. Die Verhaltensnorm muss den Schutz des betroffenen Rechtsguts bezwecken. Der Erfolg darf nicht außerhalb des **Schutzzwecks der Norm** liegen. Es muss also festgestellt werden, dass nicht nur gegen irgendeine Sorgfaltsnorm verstoßen wurde, sondern dass diese Norm gerade dem Schutz des verletzten Rechtsguts dienen sollte.

Fallbeispiel:

Autofahrer A fährt um 9 Uhr von Stuttgart nach Tübingen. Auf der Fahrt durch das Stadtgebiet in Stuttgart übertritt er die dort vorgesehene Höchstgeschwindigkeit deutlich. Um 9.30 Uhr fährt er auf einer Straße innerorts mit einer den Verhältnissen angepassten Geschwindigkeit. Fußgänger F tritt unachtsam auf die Fahrbahn und A kann eine Kollision nicht vermeiden. F wird dabei verletzt. Wenn A die vorgeschriebene Geschwindigkeit schon in Stuttgart beachtet hätte, wäre er erst um 9.32 Uhr an die spätere Kollisionsstelle gelangt und der F hätte die Fahrbahn längst verlassen.

Hier kommt eine Verwirklichung einer fahrlässigen Körperverletzung (§ 229) in Betracht. Der Sorgfaltsverstoß des A bei der Fahrt in Stuttgart liegt auf der Hand. Auch der Verletzungserfolg beruht kausal darauf. Der Erfolg ist aber nicht objektiv zuzurechnen. Das Verbot, die Geschwindigkeit mit einem Pkw innerorts nicht zu überschreiten, soll nicht davor schützen, zu einem bestimmten Zeitpunkt einen bestimmten Streckenabschnitt zu befahren. Der A hätte

143 BGH 26.4.1960 – 5 StR 77/60, BGHSt 14, 193; 3.12.2015 – 4 StR 223/15, juris-Rn. 13.

seine Fahrt nämlich schon um 8.58 Uhr beginnen dürfen. Sehr wohl dient aber diese Geschwindigkeitsbegrenzung dazu, die Rechtsgüter Leib und Leben von Fußgängern zu schützen, wenn auf der Fahrt eine kritische Phase eintritt, denn die Norm soll es ermöglichen abschätzen zu können, ob die Fahrbahn ohne Kollision überquert werden kann[144].

Man muss deshalb in den Ermittlungen herausarbeiten, welchen Zweck die Sorgfaltsnorm hatte, gegen die verstoßen wurde. Bei Geschwindigkeitsbeschränkungen können dafür unterschiedliche Gründe maßgeblich sein. So soll etwa die Geschwindigkeitsbegrenzung wegen eines neuen Fahrbahnbelags auf einer Landstraße nicht dem Schutz des aus einer Einfahrt einbiegenden Verkehrs dienen[145] oder die Geschwindigkeitsbegrenzung nicht Umweltgüter, wie Gewässer, schützen[146].

Sorgfaltsregeln finden sich an unterschiedlichsten Stellen. Sie sind aber für den Bereich der Teilnahme am Straßenverkehr wegen dessen großer Bedeutung in unserer Gesellschaft ausdifferenziert und deshalb insbesondere für die Fahrlässigkeitsdelikte von Bedeutung (s. Rz 640).

Fallbeispiel: Radleuchtenfall

Radfahrer R und O fahren unter Verstoß gegen § 17 StVO beide ohne Beleuchtung. Autofahrer A kollidiert mit O und verletzt ihn tödlich. Wenn R sein Licht eingeschaltet hätte, wäre der vorausfahrende O angestrahlt worden und der A hätte den Unfall vermieden.

Das sorgfaltswidrige Verhalten des A ist ursächlich für den Tod des O, der ihm zuzurechnen ist. Anders ist dies bei R zu bewerten: Zwar ist sein Verhalten (Unterlassen der Beleuchtung) hypothetisch kausal für den Tod des O, aber ihm kann der Erfolg nicht zugerechnet werden. Der Verstoß gegen § 17 StVO schafft ein rechtlich missbilligtes Risiko, aber die Norm hat allein den Zweck dem R zu ermöglichen, die vor ihm liegende Fahrbahn erkennen zu können und ihn selbst für andere Verkehrsteilnehmer sichtbar zu machen. Außerhalb dieses Zweckes liegt es, dass andere Verkehrsteilnehmer angestrahlt und damit für Dritte sichtbar gemacht werden. R dürfte bspw. seine Fahrt jederzeit beenden oder eine andere Strecke fahren als der O.[147]

144 BGH 6.11.1984 – 4 StR 72/84 = NJW 1985, 1350; Wessels/Beulke/Satzger, AT, Rn. 262.
145 OLG Karlsruhe 25.1.2006 – 3 Ss 160/05, DAR 2006, 340.
146 OLG Oldenburg, 21.7.2014 – 1 Ss 154/14, NStZ-RR 2016, 14, 15.
147 Ähnlich: RG, 20.1.1930 – II 230/29, RGSt 63, 392.

5. Pflichtwidrigkeitszusammenhang

Der **Rechtswidrigkeits-** oder **Pflichtwidrigkeitszusammenhang** besagt, dass der Erfolg gerade auf dem Pflichtverstoß, d. h. auf der vom Täter geschaffenen Gefahr beruhen muss.[148] Es gilt nicht die Regel, dass derjenige, der etwas Verbotenes tut, für alles daraus Entstehende haften muss.[149] Vielmehr ist es so, dass man nur bestraft werden kann, wenn man den Erfolg durch Beachtung der Sorgfaltsregeln, d. h. einem erlaubten Verhalten, hätte vermeiden können. Es wird hier nach der Kausalität zwischen dem unerlaubten Verhalten und dem Erfolg gefragt.[150] Entscheidender Zeitpunkt ist der Eintritt der konkreten Tatsituation, insb. im Straßenverkehr der Eintritt einer verkehrskritischen Lage.[151] **110**

Nicht zugerechnet wird daher, wenn der Erfolg auch bei **pflichtgemäßem Alternativverhalten** eingetreten wäre. Diese Einschränkung folgt aus dem Gesichtspunkt, dass der Normbefehl insbesondere bei Fahrlässigkeitsdelikten nicht lautet „vermeide den Erfolg“, sondern „vermeide den Erfolg durch pflichtgemäßes, d. h. erlaubtes Verhalten“.

Fallbeispiel:

Autofahrer A fährt schneller als erlaubt. Fußgänger F tritt überraschend vor A auf die Fahrbahn. Trotz sofortiger Reaktion des A kann ein Unfall mit tödlichem Ausgang nicht verhindert werden. Es ist davon auszugehen, dass A auch bei Einhaltung der für den Streckenabschnitt erlaubten Geschwindigkeit den Unfall mit den tödlichen Folgen nicht hätte vermeiden können.

Hier hat A die Sorgfaltspflichten als Autofahrer nicht beachtet. Es ist auch unzweifelhaft, dass sein Handeln, nämlich Autofahren, ursächlich für den Todeserfolg geworden ist. Der Todeserfolg kann A aber nicht objektiv zugerechnet werden, da bei Beachtung der vorgeschriebenen Geschwindigkeit bei Eintritt des reaktionspflichtigen Ereignisses, hier dem Betreten der Fahrbahn durch F, ebenfalls ein tödlicher Unfall geschehen wäre.

Dies läge dann anders, wenn A zwar die Kollision nicht hätte vermeiden können, aber F schwer verletzt überlebt hätte.

---

148 BGH 25.9.1957 – 4 StR 354/57, NJW 1958, 149, 150 f. = BGHSt 11, 1, 3.

149 Häufig wird diese Lehre unter dem lateinischen Satz geführt: „versari in re illicita imputantur omnia, quae ex delicto sequuntur“, sinngemäß: „Wer sich auf verbotene Sachen einlässt, dem werden alle Folgen zugerechnet, die sich aus seinem deliktischen Verhalten ergeben“; vgl auch: Heinrich, AT, Rn. 1043.

150 Eisele/Heinrich, AT, Rn. 163.

151 BGH 6.12.2012 – 4 StR 369/12, NStZ 2013, 231, 232; 26.11.1970 – 4 StR 26/70, NJW 1971, 388; MR/Gaede, StGB, § 15 Rn. 56 m. w. N.

111 Umstritten ist, wie man mit verbleibenden Zweifeln bei der fiktiven Prüfung des Verlaufs unter Beachtung der Sorgfaltsnorm umzugehen hat.

Nach verbreiteter Ansicht (Vermeidbarkeitstheorie) sind Zweifel zugunsten des Angeklagten zu werten (In-dubio-pro-reo-Grundsatz). Es ist also freizusprechen, wenn man zwar nachweisen kann, dass der Täter ein unerlaubtes Risiko gesetzt hat, aber man nicht mit an Sicherheit grenzender Wahrscheinlichkeit weiß, ob bei Beachtung des (noch) erlaubten Risikos der Erfolg dennoch eingetreten wäre.[152]

Vertreter der Gegenansicht, der sog. **Risikoerhöhungslehre**[153] kommen dagegen zu einem anderen Ergebnis. Sie prüfen, ob die Verletzung der Sorgfaltspflicht eine gegenüber der normalen Gefahr erheblich gesteigerte Gefährdung des Schutzguts herbeigeführt, das Risiko des Erfolgseintritts sich also gegenüber dem erlaubten Risiko deutlich erhöht hat.[154]

Diese Lehre schränkt den Grundsatz „in dubio pro reo“ stark ein und deutet die Verletzungsdelikte contra legem in Gefährdungsdelikte um und ist von daher abzulehnen.

Fallbeispiel: Radfahrerfall[155]

L überholt mit seinem Lkw auf einer Landstraße Radfahrer R mit nur 75 cm Seitenabstand. Dabei gerät R unter den Lkw und verstirbt. Es stellt sich bei der Obduktion heraus, dass R stark alkoholisiert war und es lässt sich nicht aufklären, ob der R wegen seiner alkoholbedingten Fahrunsicherheit auch dann unter den Lkw gefahren wäre, wenn L mit den vorgeschriebenen 2 m Seitenabstand überholt hätte.

Das Verhalten von L ist ursächlich für den Tod des L geworden. Er hat auch die für ihn geltende Sorgfaltsnorm missachtet (§ 5 Abs. 4 S. 3 StVO). Es bleibt offen, ob der Tod des R auch bei einem rechtmäßigen Alternativverhalten, also Einhaltung des Seitenabstandes von 2 m, eingetreten wäre.

Die Risikoerhöhungslehre rechnet den Tod zu mit dem Argument, dass im Rahmen der objektiven Zurechnung als Wertungsebene der Zweifelsgrundsatz nicht gilt und L ein unerlaubtes Risiko für das Leben des R gesetzt hat. Bereits auf Basis der deutlich gesteigerten Gefahr sei der Todeserfolg zuzurechnen.

Nach der verbreitet – insbesondere vom BGH – vertretenen Gegenansicht wird dagegen der Todeserfolg nicht zugerechnet. Die durch Tatsachen (alkoholbedingte Fahruntüchtigkeit) belegten Restzweifel sind zugunsten des L zu werten, denn

152 Wessels/Beulke/Satzger, Rn. 302; Rengier § 52 Rn. 33; Heinrich, AT, Rn. 1045 m. w. N.
153 Begründet von Roxin, ZStW 74 (1962), 411–444.
154 Fischer, Vor § 13 Rn. 26.
155 BGH, 25.9.1957 – 4 StR 354/57, BGHSt 11, 1.

Erfolgsdelikte dürfen nicht zu Gefährdungsdelikten umgedeutet werden. Der L war nach dieser Ansicht vom Vorwurf der fahrlässigen Tötung (§ 222) freizusprechen.

6. Abschichtung nach Verantwortungsbereichen

Man hat weiter Fallgruppen gebildet, bei denen versucht wird, nach **Verantwortungsbereichen** abzugrenzen. Zunächst kommt der Bereich des Opfers selbst in den Blick, daneben aber auch das Dazwischentreten anderer Personen. 112

Es gilt grundsätzlich das **Prinzip der Eigenverantwortung**. Jeder Mensch ist im Ausgangspunkt für sich selbst verantwortlich. Bedeutung hat dieses Prinzip im Rahmen von **Selbstgefährdungen und -schädigungen** wie z. B. bei Überlassung von Betäubungs- oder Dopingmitteln zum Konsum oder Anreizen zu riskantem Fahrverhalten. Diese Fallgruppe hat Bedeutung im Hinblick auf einen Todes- oder Körperverletzungserfolg, etwa bei §§ 212, 222 bzw. §§ 223, 229 StGB. Differenziert betrachten muss man, welchen Schutzzweck die jeweilige Norm hat. So ist für das BtMG oder das AntiDopG jeweils (auch) ein überindividuelles Schutzgut („Volksgesundheit" oder Integrität des Sports) betroffen, bei dem nicht der Einzelne zu einer Disposition befugt ist, so dass die Zurechnungsunterbrechung sich nur für die individualschützenden Normen auswirkt.[156] 113

Ist die Selbstgefährdung Folge eines bewussten, eigenverantwortlich gewollten und verwirklichten Handelns, bei denen ein anderer das Verhalten des Opfers lediglich fördert, veranlasst oder ermöglicht, unterbricht dies in der Regel den Zurechnungszusammenhang.[157] 114

Hinweis:

Es sind grundsätzlich kumulativ zwei Merkmale im Rahmen der Selbstgefährdung zu untersuchen: Erstens die Eigenverantwortlichkeit und zweitens die Selbstgefährdung in Abgrenzung von einer Fremdgefährdung als Voraussetzung für eine Unterbrechung des Zurechnungszusammenhangs.

Es ist umstritten, welche Anforderungen an die **Eigenverantwortlichkeit** zu stellen sind: Allgemein anerkannt wird, wenn das Opfer in einem Zustand ist, der sinngemäß eine strafrechtliche Entschuldigung (**Exkulpation**) bedeuten würde, s. Rz 315. Daher sind Kinder, unreife Jugendliche 115

156 BGH 7.2.2001 – 5 StR 474/00, juris-Rn. 7, 23; 25.9.1990 – 4 StR 359/90, NJW 1990, 307, 308; anders, die Zurechnung auch für § 222 bejahend die frühere Rechtsprechung: BGH 28.4.1981 – 1 StR 121/81.

157 BGH 14.2.1984 – 1 StR 808/83, juris-Rn. 7.

(§ 20; § 3 JGG), geistig Erkrankte bzw. in einem die Steuerungsfähigkeit ausschließenden Rauschzustand Handelnde (§§ 20, 21) oder im Rahmen eines entschuldigenden Notstands agierende Personen (§ 35) nicht frei in ihren Entscheidungen. Sie handeln daher nicht eigenverantwortlich und ein solches Verhalten unterbricht nicht den Zurechnungszusammenhang.[158]

Fallbeispiel:

Polizeibeamter P verwahrt seine Dienstwaffe nicht sachgerecht im Handschuhfach seines Autos. Als P kurz aussteigt, findet der Beifahrer B die Waffe und erschießt sich damit.[159]

Das pflichtwidrige Verhalten des P ist ursächlich für den Tod bei B. Wenn B freiverantwortlich sich selbst getötet hat, ist der Tod dem P aber nicht zurechenbar. Wenn man dagegen in den Ermittlungen Tatsachen feststellt, die die Freiverantwortlichkeit aufheben, wäre zuzurechnen, bspw. wenn es sich bei B um ein Kind gehandelt hätte.

116 Verbreitet verneint man die Eigenverantwortlichkeit noch weitergehend dann, wenn in sinngemäßer Anwendung der Regeln über die **Einwilligung** (s. Rz 281) das Opfer nicht wirksam einwilligen könnte, etwa in die eigene Tötung (vgl. § 216) oder bei unüberlegten Spontanentschlüssen [160]. Diese, insbesondere von der Rechtsprechung vertretene Auffassung kommt häufiger zur Zurechnung und ist insofern strenger. Es sind aber dafür konkrete Feststellungen zu treffen und so wird es bspw. abgelehnt, einen Erfahrungssatz aufzustellen, wonach Drogenabhängigkeit die Freiverantwortlichkeit ohne weiteres aufhebt; vielmehr sind hierzu konkrete Feststellungen zu treffen, etwa akute Intoxikation, dominierende Angst vor körperlichen Entzugserscheinungen oder schwere Persönlichkeitsveränderungen.[161]

117 Als zweites Merkmal ist die **Selbstgefährdung** bzw. -schädigung festzustellen und davon die (einverständliche) Fremdgefährdung abzugrenzen. Dazu will man – in entsprechender Anwendung – auf die Grundsätze zur Tatherrschaft über den Geschehensverlauf abstellen.[162] Bei alleiniger Herrschaft über den schädigenden Verlauf durch das Opfer liegt eine Selbstschädigung vor mit der

158 BGH 10.1.2008 – 3 StR 463/07, juris-Rn. 22 ff.; Rengier, AT, § 13 Rn. 80; Wessels/Beulke/Satzger, AT, Rn. 272.

159 Rengier, AT, § 13 Rn. 83.

160 BGH 3.7.2019 – 5 StR 393/18, NJW 2019, 3089, 3090; 3.7.2019 – 5 StR 132/18, NJW 2019, 3092, 3093; 21.12.2011 – 2 StR 295/11, NStZ 2012, 319; Wessels/Beulke/Satzger, AT, Rn. 273.

161 BGH 16.1.2014 – 1 StR 389/13, BeckRS 2014, 3571, Rz. 31.

162 BGH 14.2.1984 – 1 StR 808/83, BGHSt 32, 262; 25.9.1990 – 4 StR 359/90, BGHSt 37, 179; Fischer, Vor § 13, Rn. 36a m. w. N.; Wessels/Beulke/Satzger, AT, Rn. 275; Rengier, AT, § 13 Rn. 81.

Folge einer Unterbrechung des Zurechnungszusammenhangs. Umgekehrt findet bei einer **Fremdschädigung** eine Zurechnung statt, etwa bei einer Injektion von Heroin auf Bitte des später Verstorbenen[163], Autosurfen[164] oder wenn sich nach einer Selbstgefährdung des Opfers eine Erfolgsabwendungspflicht eines Garanten aktiviert und dieser wieder die Herrschaft über den Verlauf hat[165]. Hier wird man in der Praxis aber oft zweifeln können, ob das Opfer nicht durch seine Mitwirkungsmöglichkeiten selbst Einfluss auf den Verlauf hat, etwa durch Zurückziehen des Armes, solange es noch bei Bewusstsein ist. Zudem ist zu prüfen, ob eine Einwilligung eingreift.

Fallbeispiel: Autorennen

Der Angeklagte A fuhr mit Beifahrer B in seinem Auto. A lieferte sich mit einem anderen Fahrzeug ein verbotenes Kraftfahrzeugrennen (§§ 29 Abs. 2 StVO, 315d), in dessen Verlauf der B tödlich verletzt wurde, weil A bei einem riskanten Überholmanöver versuchte auszuweichen (vgl. § 5 Abs. 4 S. 2 StVO) und die Kontrolle über das Auto verlor. B wusste um die Gefährlichkeit durch seine wiederholte Teilnahme, was er zudem mit einer Kamera aufgenommen hatte.

An der Kausalität des Verhaltens von A für den Tod des B bestehen keine Zweifel. Fraglich ist aber die Zurechnung des Todeserfolgs. Dies wird vom BGH bejaht, da der A allein die Herrschaft über den Verlauf des zum Tode führenden Geschehens hat.[166] In diesen Fällen ist noch auf der Ebene der Rechtfertigung zu prüfen, ob eine wirksame Einwilligung vorliegt.

Zugerechnet wird die Folge auch dann, wenn der Handelnde über **überlegenes Wissen** gegenüber dem Opfer verfügt.[167] **118**

Der 16-jährige T überließ seinem 15-jährigen Freund O ein Moped, dessen Vorderbremse defekt war. Dies war beiden bekannt. O hatte bislang nur Fahrpraxis auf einem Mofa und war nicht im Besitz einer Fahrerlaubnis; dennoch ließ sich

163 BGH 11.12.2003 – 3 StR 120/03, juris-Rn. 11 ff.; vgl. auch BGH 7.8.1984 – 1 StR 200/84, NStZ 1985, 25 (Stechapfeltee).

164 OLG Düsseldorf 6.6.1997 – 2 Ss 147/97 – 49/97 II, NZV 1998, 76, wobei hier das Problem vor allem bei der Sittenwidrigkeit der Einwilligung (§ 228 StGB) liegt.

165 BGH 21.12.2011 – 2 StR 295/11, NStZ 2012, 319, 320; 5.8.2015 – 1 StR 328/15, jurisz-Rz. 16 ff.; 24.11.2016 – 4 StR 289/16, NStZ 2017, 219, 221; zu den Grenzen einer Garantenstellung beim freiverantwortlichen Sterben: BGH 3.7.2019 – 5 StR 393/18, NJW 2019, 3089, 3091.

166 BGH 20.11.2008 – 4 StR 328/08, juris-Rn. 20 ff., m. krit. Anm. Renzikowski HRRS 2009, 347; vgl auch: OLG Celle 25.4.2012 – 31 Ss 7/12, NStZ-RR 2012, 247.

167 BGH 11.1.2011 – 5 StR 491/10, NStZ 2011, 341 (Psycholyse); BayObLG 4.7.1996 – 1 St RR 81/96, NStZ-RR 1997, 51, 52; Fischer, Vor § 13 Rn. 36b; MR/Renzikowski, Vor § 13 Rn. 120 jew. m. w. N.; zu den Grenzen: OLG Zweibrücken 24.10.1994 – 1 Ss 110/94, NStZ 1995, 89.

T dazu überreden, sein Moped zu verleihen. O verunglückt mit dem Moped wegen des Bremsversagens.

Das Überlassen des Mopeds durch T ist mitursächlich für den Tod des O. O schädigt sich aber durch das Fahren selbst, so dass grundsätzlich keine Zurechnung erfolgt. Eine Ausnahme wird dann gemacht, wenn T das Risiko besser überblickte als der O. Darauf stellte das Amtsgericht ab, indem es die Aspekte der fehlenden Fahrerlaubnis bei O, dessen geringeres Alter und die Kenntnis des eigenen Mopeds bei T als Begründung anführte. Dies reichte aber noch nicht aus: Wenn beide Freunde waren, lag es nahe, dass der O über das Moped und den länger bestehenden Defekt so gut Bescheid wusste wie der T. Zudem ist der fehlende Führerschein für sich die Grundlage einer Strafbarkeit wegen Überlassens eines Kraftfahrzeugs (§ 21 Abs. 1 Nr. 2 StVG), aber nicht die Grundlage einer Zurechnung im Rahmen eines Tötungsdeliktes, da letzteres die Selbstschädigung grundsätzlich nicht erfasst. Es mussten hier noch Feststellungen dazu getroffen werden, woraus sich ein überlegenes, also besseres Wissen des T gegenüber dem O ergab. Dies wäre etwa dann der Fall, wenn O angesichts seines geringeren Alters oder wegen einer Unreife die Gefahr weniger gut einschätzen konnte und dies dem T allein möglich war.[168]

7. Eigenverantwortliches Dazwischentreten Dritter

119 Beim **eigenverantwortlichen Dazwischentreten Dritter** greift ein Dritter fahrlässig oder vorsätzlich in ein Geschehen ein. Da kein Regressverbot[169] besteht, muss auch hier geprüft werden, von welchen Personen die Gefahr geschaffen wurde, die sich im Erfolg realisiert hat. Die Verantwortung für die Erstursache endet, wenn ein Dritter voll verantwortlich eine neue selbstständige Ursache setzt.[170]

Fallbeispiel:

T hat O schwer misshandelt, um ihn zu töten. O wird ins Krankenhaus verbracht. Der Dritte (D) erkennt in O einen Feind, dem er eine Spritze mit einem tödlichen Mittel verabreicht.

Das Verhalten des D stellt ein Tötungsdelikt dar (§ 212, ggf. § 211). Der Tod des O ist kausal von ihm herbeigeführt worden und ihm zuzurechnen.

Das Vorverhalten des T ist freilich ebenfalls kausal für den Tod des O, denn sonst wäre O nicht im Krankenhaus gelandet[171]. Ihm kann der Todeserfolg aber

168 BayObLG 4.7.1996 – 1 St RR 81/96, NStZ-RR 1997, 51, 52.
169 S. Rz 96.
170 OLG Rostock 11.8.1999 – 1 Ws 10/97, NStZ 2001, 199, 200.
171 Deshalb unterscheidet sich diese Konstellation von der überholenden Kausalität, s. Rz 95.

nicht zugerechnet werden, da das vorsätzliche Dazwischentreten des D ein andersartiges Risiko gesetzt hat. Dies war nicht vorhersehbar.[172]

Abwandlung: Anders läge der Fall, wenn D als behandelnder Arzt im Rahmen der Behandlung aus einer geringfügigen Unaufmerksamkeit ein falsches Präparat verabreicht. Dann wären sowohl dem D der Erfolg i. S. v. § 222 zuzurechnen als auch dem T, da es sich um eine typische Folge der Erstschädigung handelt, dass bei einer dadurch erforderlichen Behandlung leichte Fehler unterlaufen.[173]

Die Grenzen der Zurechenbarkeit sind durchaus umstritten. Es ist darauf zu achten, dass in den Ermittlungen die tatsächlichen Grundlagen herausgearbeitet werden, mittels derer ein Sachverständiger entscheiden kann, welches Verhalten noch im Rahmen des zu erwartenden Verhaltens liegt und ab welchem Zeitpunkt die Verantwortlichkeit des Erstschädigers endet. **120**

Fallbeispiel:

A wird wegen fehlendem Rücklicht und Reflektor an seinem Lkw vom Polizeibeamten P auf einer Autobahnauffahrt angehalten. P sichert den Lkw durch eine Leuchte, die er auf der Fahrbahn aufstellt. P weist den A an, den nächsten Parkplatz anzufahren. Dazu soll A mit dem vor dem Lkw stehenden Streifenwagen gesichert werden. Als P die Leuchte bereits wieder aufgenommen hat und bevor sich der Lkw vor dem Streifenwagen befindet, nimmt ein anderer Verkehrsteilnehmer den Lkw ohne Rückleuchte nicht rechtzeitig wahr. Bei dem Aufprall stirbt der O.

Das Verhalten des P mit dem Anhalten des Lkw an einer gefährlichen Stelle und dem vorzeitigen Entfernen der Leuchte wird ursächlich für den Tod des O und dieser ist ihm zuzurechnen. P hat durch das Anhalten eine Gefahr geschaffen und diese hat sich im Tod realisiert.

Das Nutzen eines Lkw mit fehlendem Rücklicht durch A wird ebenfalls ursächlich für den Tod des O. Die Rechtsprechung rechnet dem A diesen Erfolg auch zu: Es sei immer noch die von A geschaffene Gefahr, die zwar vorübergehend von P abgeschirmt wurde, die sich zuletzt aber im Todeserfolg realisiert hat.[174]

Eine Gegenansicht lehnt die Zurechnung ab, da mit dem Anhalten des Lkw an einer beengten Stelle von P eine neue Gefahr geschaffen wurde und der P die Gefahr nicht gesichert hat. Die Verantwortlichkeit des A habe damit geendet, zumal er den Weisungen des P Folge leisten musste und sich umgekehrt auf dessen korrektes Verhalten verlassen durfte.[175]

172 Eisele/Heinrich, AT, Rn. 165; Rengier, AT, § 13 Rn. 90 f.
173 BGH 12.11.1986 – 3 StR 260/86, juris-Rn. 10; Wessels/Beulke/Satzger, AT, Rn. 282, 296 ff.; Rengier, AT, § 13 Rn. 66.
174 BGH 1.10.1953 – 3 StR 854/52, NJW 1954, 41, 42.
175 MR/Renzikowski, Vor § 13 Rn. 129.

121 Es ist aber dann zuzurechnen, wenn zwar eine andere Person nach dem Erstschädiger eingreift, diese aber die zunächst gesetzte Gefahr nur fortführt. Man will darauf abstellen, ob es sich um eine typische Folge der Ausgangsgefahr handelt. [176]

> **Fallbeispiel**:
>
> Der Täter T hatte sein Opfer O durch Schlagen und Würgen so schwer verletzt, dass es alsbald sterben würde. Er berichtet seinem Freund F von der Tat, der das röchelnde Opfer findet und mit einer Glasflasche erschlägt, so dass es sofort tot ist.
>
> Das Verhalten des F ist ursächlich für den Tod des O, denn auch ein unrettbar verlorenes Leben steht unter dem Schutz der Tötungsdelikte und die nur geringfügige Verkürzung des Lebens stellt einen Tötungserfolg dar. Ohne den Schlag hätte O noch kurze Zeit länger gelebt. Im Tod verwirklicht sich auch das Risiko eines wuchtigen Schlages auf den Kopf des O.
>
> Das Verhalten des T war ebenfalls kausal. Ohne die Verletzungen, die T dem O beigebracht hatte, wäre F nicht zum Schlag motiviert worden. Zudem ist der Todeserfolg dem T zuzurechnen. Zwar handelt es sich um ein Verhalten des F, also eines Dritten, für dessen Tun der T grundsätzlich nicht verantwortlich ist, aber der T hatte eine Lage geschaffen, in der es nicht überraschend war, dass ein Dritter das Opfer von seinen Leiden erlöst oder aus sonstigen Gründen den Tod beschleunigt.[177]

122 Ebenfalls wird zugerechnet, wenn gegen Vorschriften verstoßen wird, die gerade verhindern sollen, dass Dritte in den Besitz gefährlicher Gegenstände, wie Waffen oder chemischer Substanzen, gelangen, um so die Schädigung anderer Menschen zu verhindern.[178]

> **Fallbeispiel**:
>
> D beging mit einer Schusswaffe einen Amoklauf und tötete neun Menschen und sich selbst. Die Waffe hatte er bei X gekauft, was über eine Darknet-Plattform vermittelt wurde, welche der Y als Administrator betrieben hatte. Es gab dort neben den Kategorien „Betrug", „Drogen" auch die Kategorie „Waffen". X überließ dem D die Waffe bei einem Treffen. Weder X noch Y wussten, dass der D ein Attentat plante.

176 BGH 6.7.1956 – 5 StR 434/55, juris-Rn. 24; 12.2.1992 – 3 StR 481/91, NStZ 1992, 333, 335; 30.8.2000 – 2 StR 204/00, NStZ 2001, 29, 30; 10.1.2008 – 3 StR 463/07, juris-Rn. 21; Rengier, AT, § 13 Rn. 88; Wessels/Beulke/Satzger, AT, Rn. 285.

177 BGH 30.8.2000 – 2 StR 204/00, NStZ 2001, 29.

178 Wessels/Beulke/Satzger, AT, Rn. 284; vgl § 36, § 52 WaffG; § 5 AtomG.

X hat die Waffe dem D überlassen, obwohl ihm dies nach § 52 WaffG untersagt war. Sein Verhalten ist kausal für den Tod der neun Menschen. Fraglich ist, ob man ihm den Todeserfolg auch zurechnen kann. Dies wird von vielen bejaht, da gegen die Vorschriften des Waffengesetzes verstoßen wurde, womit gerade die Gefahr für andere Menschen gesteuert werden soll, mit Waffen verletzt oder getötet zu werden. Daher handelt es sich nicht um das Dazwischentreten eines Dritten, das den Zurechnungszusammenhang unterbricht.[179] Gleiches gilt auch für das unsachgemäße Verwahren von Schusswaffen.[180]

Y bekam den Todeserfolg in neun Fällen zugerechnet. Sein Betreiben der Plattform war nicht nur kausal für den Tod, sondern es war gerade das von ihm mit dem Betreiben einer auf Illegalität angelegten Plattform gesetzte Risiko, das sich im Tod der Menschen niedergeschlagen hat.[181]

Hierzu kann man auch eine andere Ansicht vertreten mit dem Argument, dass der D vorsätzlich gehandelt hat und das Verhalten des X und Y lediglich nach dem Waffengesetz bestraft wird, aber eine Zurechnung im Rahmen eines Tötungsdeliktes abgelehnt wird.[182]

Zugerechnet werden grundsätzlich tödliche Verletzungen von **Rettern**, die zu ihrem Eingreifen durch die vom Täter geschaffene Lage herausgefordert wurden. Die Zurechnung ist zu bejahen, wenn der Retter ein einsichtiges Motiv für sein Verhalten in der vom Täter geschaffenen Lage findet, insbesondere bei berufsmäßig tätigen Rettern oder Helfern mit einer Garantenstellung.[183] Nicht mehr zuzurechnen sind dagegen sinnlose oder offensichtlich unvernünftige Verhaltensweisen Dritter, wobei die Abgrenzung zwischen unvernünftigem Verhalten, das nicht zugerechnet wird und noch nachvollziehbaren Entscheidungen wertungsabhängig im Einzelfall getroffen werden muss. Grundlage dafür sind die Ermittlungen (auch) zum Verhalten der zum Handeln sich herausgefordert fühlenden Dritten. **123**

Fallbeispiel:

T hatte ein Wohnhaus angezündet. In dem Haus wohnt A, der sich aber über ein Vordach in Sicherheit bringen kann. Dessen alkoholisierter Bruder B kommt zum Brandort. Es bleibt ihm unbekannt, dass A sich selbst gerettet hat. Trotz

179 LG München I 19.1.2018 – 12 KLs 111 Js 239798/16, BeckRS 2018, 5795, Rz. 670 (Münchner Amoklauf).

180 BGH 22.3.2012 – 1 StR 359/11, juris-Rn. 35 (Amoklauf von Winnenden).

181 BGH 6.8.2019 – 1 StR 188/19, Vorinstanz: LG Karlsruhe, 19.12.2018 – 4 KLs 608 Js 19580/17, m. Bespr. Eisele, JuS 2019, 1122.

182 Eisele, JuS 2019, 1122 m. w. N. in Fn. 1.

183 BGH 8.9.1993 – 3 StR 341/93, juris-Rn. 9 f.; 5.5.2021 – 4 StR 19/20, juris-Rn. 23 ff.

Warnung der umstehenden Personen begibt sich B in das Haus, um Sachen oder Menschen zu retten und erstickt.

Der T hat den Tod des B verursacht. Fraglich ist, ob der Todeserfolg auch zugerechnet wird. Manche lehnen dies ab, weil es ein freier Entschluss des B war, in das Haus zu gehen.

Zugerechnet wird von der Rechtsprechung der Todeserfolg, weil B sich zum Rettungsversuch herausgefordert fühlen durfte. Die besondere Beziehung zu einem nahen Angehörigen lässt dies nicht unverständlich oder unverhältnismäßig, sondern als nachvollziehbares Motiv erscheinen. Aus der Perspektive des T habe man mit einem solchen Verhalten zu rechnen und eine erfolgreiche Rettung komme dem T auch zugute.[184]

Dagegen soll keine Zurechnung im Rahmen von § 222 für einen Brandstifter erfolgen, wenn ein Feuerwehrmann im Gebäude erstickt, weil ein Einsatzleiter elementare Sicherheitsvorgaben (Zeitmessung beim Einsatz mit Druckluftflaschen) unbeachtet ließ.[185]

124 Umstritten ist, wie mit dem **eigenverantwortlichen Dazwischentreten des Opfers** umzugehen ist. Dies kann etwa bedeuten, dass ein Verletzter in freier Entscheidung auf Hilfsangebote, wie etwa ärztliche Behandlungsmaßnahmen, verzichtet. Einige Stimmen in der Literatur wollen dies dem Schädiger grundsätzlich nicht zurechnen.[186] Für die Rechtsprechung entfällt die Zurechnung dagegen erst dann, wenn das Verhalten des Opfers offensichtlich unvernünftig erscheint.[187] Man muss zudem das Recht auf selbstbestimmtes Sterben[188] und die Autonomie zur Ablehnung von Behandlungsmaßnahmen[189] berücksichtigen.

Wesentlich ist es daher in den Ermittlungen die Tatsachengrundlage für eine wertende Entscheidung zu schaffen, insbesondere die mit einer Behandlung verbundenen Risiken.

184 BGH 8.9.1993 – 3 StR 341/93.

185 OLG Stuttgart 20.2.2008 – 4 Ws 37/08, NStZ 2009, 331, 332; mit zurecht krit. Anm. Puppe, NStZ 2009, 333.

186 Wessels/Beulke/Satzger, AT, Rn. 282; Rengier, AT § 13 Rn. 86; MR/Renzikowski, Vor § 13 Rn. 122 m. w. N.

187 BGH 9.3.1994 – 3 StR 711/93, NStZ 1994, 394; OLG Celle 14.11.2000 – 32 Ss 78/00, NJW 2001, 2816: Mortalitätsrate der angebotenen Operation von 5–15 % soll ein einsichtiges Motiv für deren Ablehnung durch den beim Unfall lebensgefährlich Verletzten darstellen.

188 BVerfG 26.2.2020 – 2 BvR 2347/15, NJW 2020, 905.

189 BGH 3.7.2019 – 5 StR 132/18 und 5 StR 393/18, NJW 2019, 3089 jeweils zur hausärztlichen Sterbebegleitung; BGH 17.3.2020 – 3 StR 574/19, NJW 2020, 3669, 3770 f. m. Anm. Mitsch: Das Opfer eines Raubes war schwer verletzt und hatte lebenserhaltende Maßnahmen in einer Patientenverfügung ausgeschlossen, so dass es an den Verletzungen verstarb.

Fallbeispiel:

Der Angeklagte A misshandelte das alkoholkranke Opfer O durch Tritte und Schläge in brutaler Weise. Das Opfer wurde im Krankenhaus untersucht und aufgeklärt. Das Opfer lehnte bewusst die vital indizierte Behandlung einer Hirnblutung ab, da es nicht auf den Konsum von Alkohol verzichten wollte. Das Opfer starb an der sonst behandelbaren Hirnblutung.

A hat einen Körperverletzungserfolg hervorgerufen, der ihm unzweifelhaft zuzurechnen ist, weshalb §§ 223, 224 Abs. 1 Nr. 5 verwirklicht sind. Durch sein Verhalten hat er zudem den Tod bei O hervorgerufen, so dass je nach Vorsatz auch § 212 bzw. § 227 verwirklicht sein könnten. Fraglich ist, ob man diesen Todeserfolg auch objektiv zurechnen kann. O entscheidet sich bewusst und in Kenntnis des Risikos gegen eine mögliche Behandlung, weshalb einige Literaturstimmen diesen Erfolg dem A nicht zurechnen. Das freiverantwortliche Verhalten des O und den damit verbundenen Todeserfolg könne man nicht dem A zurechnen, da es sonst von der Willkür des Opfers abhänge, ob und wie der Erstschädiger strafbar wird, zumal er auf die Entscheidungsfindung beim Opfer keinen Einfluss nehmen könne.

Dagegen sieht die Rechtsprechung[190] es als naheliegenden Verlauf an, dass ein alkoholkrankes Opfer sich gegen eine Behandlungsmaßnahme entscheidet und rechnet dem A den Todeserfolg zu. Hierfür spricht, dass ein Schädiger sein Opfer so anzunehmen hat, wie es ist. Die Grenze sind unverständliche und offensichtlich unvernünftige Entscheidungen, so dass der A vor einer völligen Willkür geschützt bleibt.

Im konkreten Fall kann man freilich über die Wertung streiten, ob die Ablehnung einer Behandlung bei einer lebensbedrohlichen Hirnblutung motiviert durch den Wunsch nach Alkoholkonsum nicht doch „offensichtlich unvernünftig" war.

190 Der Fall ist BGH 9.3.1994 – 3 StR 711/93, NStZ 1994, 394 nachempfunden. § 226 StGB a. F. entspricht nunmehr § 227 StGB.

D. Subjektiver Tatbestand

I. Vorbemerkungen

125 In § 15 ist der **Grundsatz** festgelegt, dass ein Tatbestand nur mit **Vorsatz** begangen werden kann. **Ausnahmsweise** ist aber im Besonderen Teil oder im Nebenstrafrecht ausdrücklich bestimmt, dass auch eine **fahrlässige Begehungsweise** sanktioniert werden kann. Beispielsweise setzen §§ 316 Abs. 1, 212 oder 223 die vorsätzliche Begehung voraus, dagegen lassen §§ 316 Abs. 2, 222 oder 229 die fahrlässige Verwirklichung ausreichen. Dabei entscheidet sich, ob überhaupt eine Strafbarkeit vorliegt (bspw. gibt es keine fahrlässige Sachbeschädigung im Strafrecht) oder es unterscheiden sich die Strafrahmen, weshalb die Abgrenzung zwischen Vorsatz und Fahrlässigkeit sehr bedeutsam ist. Es gibt auch Tatbestände, die bestimmte Merkmale enthalten, bei denen Fahrlässigkeit ausreicht, die aber mit anderen Tatbestandsmerkmalen kombiniert werden, die Vorsatz voraussetzen (z. B. § 315c Abs. 3 Nr. 1 oder § 227 i. V. m. § 18). Delikte mit einer **Kombination aus Vorsatz und Fahrlässigkeit** gelten gemäß § 11 Abs. 2 als Vorsatzdelikte (vgl. Rz 70), was Bedeutung für die Teilnahme oder den Versuch hat.

Teilweise hat der Gesetzgeber auch **gesteigerte Anforderungen** an die **Vorsatzform** normiert, bspw. Absicht oder Wissentlichkeit in § 258 oder in § 145d. Dies ist jeweils den Tatbeständen im Besonderen Teil oder dem Nebenstrafrecht zu entnehmen.

126 Zu Aufbaufragen braucht man in Gutachten nicht Stellung zu nehmen. Es hat sich der Aufbau durchgesetzt, der einen subjektiven Tatbestand verwendet. Dies entspricht der finalen Handlungslehre. Die Rechtsprechung hat lange am klassischen Aufbau festgehalten und eine Zuordnung zur Schuld vorgenommen, was aber als überholt angesehen wird[191]. Freilich haben Vorsatz und Fahrlässigkeit mit dem jeweiligen Grad ihrer Ausprägung zugleich Bedeutung für die Schuld (s. Rz 73).

127 Der Aufbau des vorsätzlichen Begehungsdeliktes kann weiter fortgeschrieben werden.

Aufbauschema

I. Tatbestand
   1. Objektiv
   2. **Subjektiv**
      a) **Vorsatz**

191 Fischer, § 15 Rn. 2; MR/Gaede § 15, Rn. 3 je m. w. N.

b) **Sonstige subjektive Tatbestandsmerkmale**

II. Rechtswidrigkeit

III. Schuld

II. Vorsatz

1. Begriff

Auf eine Legaldefinition von Vorsatz ist im Strafgesetzbuch bewusst verzichtet worden, um das Gesetz entwicklungsoffen zu halten[192]. Damit kommt der Literatur und insbesondere der Rechtsprechung die Aufgabe zu, die Begriffe Vorsatz und Fahrlässigkeit auszulegen. **128**

Vorsatz wird häufig verkürzt als Wissen und Wollen der Tatbestandsverwirklichung beschrieben.[193] Etwas genauer kann man formulieren: Ein Handeln in Kenntnis der Umstände, die die objektiven Tatbestandsmerkmale erfüllen und mit dem Willen der Tatbestandsverwirklichung[194]. Aus § 16 Abs. 1 S. 1 ergibt sich das **kognitive (Wissens-)Element**, dagegen ist das **voluntative (Wollens-)Element** eine Frage der Auslegung. Verbreitet, insbesondere von der Rechtsprechung, werden beide Elemente verlangt.[195]

2. Gegenstand des Vorsatzes

a) Zeitpunkt des Vorsatzes

Der Vorsatz muss zum **Zeitpunkt der Begehung der Tat**, d. h. der Ausführungshandlung vorliegen. Man nennt dies Koinzidenz- bzw. Simultaneitätsprinzip[196]. Hat der Täter ein Geschehen in Gang gesetzt und seine Handlung abgeschlossen, ist es irrelevant, wenn er vor Eintritt des Erfolgs seinen Vorsatz aufgibt[197]. **129**

192 BT-Drs. V/4095, S. 8 f.

193 RG 10.6.1936 – 2 D 343/36, RGSt 70, 257, 258; BGH 4.11.1988 – 1 StR 262/88, BGHSt 36, 1, juris-Rn. 25.

194 BGH 5.5.1964 – 1 StR 26/64, BGHSt 19, 295, juris-Rn. 7.

195 BGH 16.5.2013 – 3 StR 45/13, NStZ 2013, 581, 582; 13.7.2016 – 1 StR 128/16, NStZ 2016, 570, 571; 27.7.2017 – 3 StR 172/17, NStZ 2018, 37, 38; 18.6.2020 – 4 StR 482/19, NJW 2020, 2900, 2902 f.; Rengier, AT, § 14 Rn. 5; Wessels/Beulke/Satzger, AT, Rn. 313; MR/Gaede, StGB, § 15, Rn. 4 m. w. N.; anders: Freund/Rostalski, AT, § 7 Rn. 54 ff., 59, 73; Kindhäuser/Zimmermann, AT, § 14, Rn. 29 ff.; NK/Puppe, § 15 Rn. 23 ff. mit dem Argument, es gebe kein gleichrangiges Nebeneinander von Wissen und Wollen, es werde das Wollenselement nur als Surrogat in beliebiger Weise herangezogen. Dem wird entgegengehalten, dass eine sachgerechte Abgrenzung zur bewussten Fahrlässigkeit ohne ein Willenselement nicht möglich sei, näher: Küpper, ZStW 100 (1988) 758; Otto, JURA 1996, 468.

196 Ausführlich mit Fallbeispielen: Hruschka, Strafrecht, S. 1 ff., 64.

197 RG 16.2.1923 – IV 847/22, RGSt 57, 193, 194 f.

Fallbeispiel:

Der Täter hat in einem Streit seinem Opfer mit einer Machete tiefe Schnitte im Bauchbereich zugefügt, um es zu töten. Nachdem sein Opfer stark blutet, ist T über seine Tat erschrocken und versucht vergeblich, den Tod zu verhindern. Die alarmierten Polizeikräfte finden ihn schluchzend vor.

Der objektive Tatbestand von § 212 liegt vor; T müsste aber auch mit Vorsatz gehandelt haben. Der Zeitpunkt der Tatbegehung war der Einsatz der Machete zur Verletzung des Opfers. Zu diesem Zeitpunkt handelte T mit Wissen und Wollen der Merkmale von § 212, insbesondere auch hinsichtlich des Todeserfolgs. Die spätere Aufgabe des Tötungsvorsatzes ist nicht von Bedeutung. Zudem hat er § 224 Abs. 1 Nr. 2 verwirklicht.

130 Es reicht für den Vorsatz aus, wenn ein Täter ein **sachgedankliches Mitbewusstsein** hat, also ein ständig verfügbares Begleitwissen vorhanden ist. Nicht ausreichend wäre es dagegen, wenn der Täter keine Kenntnis hatte, selbst wenn er sich diese hätte verschaffen können.[198] So liegt bspw. bei einem Polizeibeamten das ständige Begleitwissen und damit Vorsatz vor, dass er Beamter ist, auch wenn er sich dies im Augenblick des Verprügelns eines Festgenommenen (§ 340) nicht konkret bewusst macht.

131 Nicht ausreichend ist, wenn der Täter während der Tathandlung von der Durchführung des Tatplans abrückt und damit sein Vorsatz entfällt.[199] Der *vor* der Tat gefasste Vorsatz ist nicht ausreichend, wenn er *bei* der Tathandlung nicht mehr vorliegt (sog. **dolus antecedens**). Gleiches gilt für den erst *nach* der Tathandlung gefassten Vorsatz (**dolus subsequens**) [200].

Fallbeispiel:

Der Täter (T) hatte seine Frau zunächst ohne Tötungsvorsatz durch Faustschläge misshandelt. Auf der Flucht zog sich die Frau bei einem Sturz eine tödliche Kopfverletzung zu. Der Täter verfolgte sie und trat nunmehr mit Tötungsvorsatz wuchtig gegen den Kopf der Frau[201].

Der objektive Tatbestand von § 212 ist von T z. N. seiner Frau durch die Schläge verwirklicht worden. Der subjektive Tatbestand liegt dagegen nicht vor, weil

198 Wessels/Beulke/Satzger, AT, Rn. 357.

199 BGH 15.4.2010 – 5 StR 75/10, NStZ 2010, 503 mit deutlichen Zweifeln an den tatrichterlichen Feststellungen, wonach trotz Verschütten von 50 Litern Benzins in Räumlichkeiten und Entnahme eines Streichholzes der Entschluss zu dessen Wegstecken vor dessen Entzündung gefasst wurde und erst beim versehentlichen Entzünden durch ein ungeschicktes Wegstecken ein Brand ausbrach.

200 BGH 14.6.1983 – 4 StR 298/83, NStZ 1983, 452; 7.9.2017 – 2 StR 18/17, NStZ 2018, 27.

201 BGH 14.6.1983 – 4 StR 298/83, NStZ 1983, 452.

zum Zeitpunkt der Tathandlung, die zum Tode führte, nämlich die Faustschläge, (noch) kein Tötungsvorsatz vorhanden war. Hier kommt § 227 in Betracht.

Der nachfolgend gefasste Tötungsvorsatz bei den Tritten begründet nicht den vollendeten Totschlag, weil die Tritte nicht (mehr) todesursächlich wurden und es zu diesem Zeitpunkt am objektiven Tatbestand fehlt. Es kommt für die Tritte aber ein versuchter Totschlag in Betracht.

b) Bezugspunkt des Vorsatzes

Der Vorsatz muss sich grds. auf alle objektiven Tatbestandsmerkmale, s. Rz 83 ff., beziehen, was man aus § 16 Abs. 1 S. 1 entnehmen kann. Der Vorsatz ist also Spiegelbild des objektiven Tatbestands (**Kongruenzprinzip**).[202] Dazu gehört auch die Kausalität (s. Rz 91 ff.), die nicht in jedem Detail, aber in wesentlichen Zügen vom Vorsatz umfasst sein muss[203] (zu Irrtümern, s. Rz 163 ff.). Gleiches gilt für strafschärfende bzw. strafmildernde Merkmale in Qualifikations- und Privilegierungstatbeständen, s. Rz 22.[204] So kann bspw. nur dann über einen einfachen Diebstahl hinaus auch wegen § 244 Abs. 1 Nr. 3 bestraft werden, wenn der Täter in seinen Vorsatz aufgenommen hat, dass es sich um eine Wohnung handelt, in die er beim Diebstahl einbricht.[205] 132

133

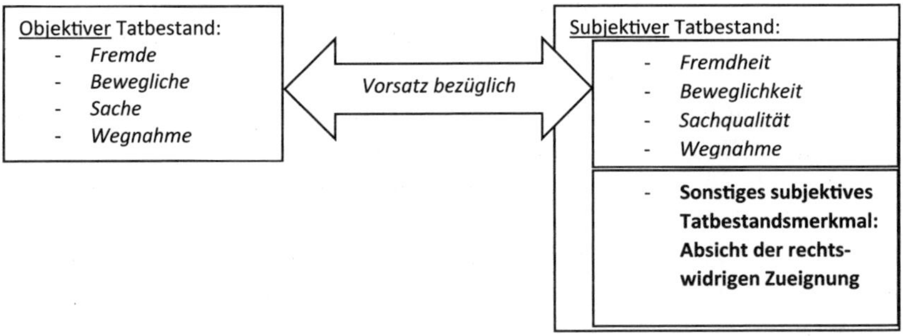

Abb. 3 Objektiver und subjektiver Tatbestand am Beispiel von § 242

Es gibt vereinzelte Abweichungen. Bspw. besteht keine vollständige Kongruenz bei der Anstiftung (§ 26), bei der objektiv eine nur versuchte Haupttat ausreicht, obwohl sich der Vorsatz auf die Vollendung der Tat beziehen 134

202 Wessels/Beulke/Satzger, AT, Rn. 321.

203 BGH 11.7.1991 – 1 StR 357/91, NJW 1991, 3161; 9.10.2002 – 5 StR 42/02 – NJW 2003, 150, 153; 15.2.2011 – 1 StR 676/10, NJW 2011, 2065, 2066.

204 Rengier, AT, § 14 Rn. 46.

205 Zum regelmäßig irrelevanten Problem des Irrtums über (gleichwertige) Tatbestandsvarianten, Rengier, AT, § 15 Rn. 66 ff.

muss, s. Rz458. Auch für eine Verleitung zur Falschaussage (§ 160) wird nach h. M. verlangt, dass sich der Vorsatz des Täters auf ein unvorsätzliches Verhalten des Aussagenden beziehen muss, unabhängig davon, ob der Aussagende objektiv vorsätzlich falsch aussagt.[206]

135 Nicht zum Tatbestand werden Regelbeispiele gezählt (bspw. § 243 Abs. 1 S. 2), dennoch soll § 15 nach der Vorstellung des Gesetzgebers sinngemäß auf diese tatbestandsähnlichen Strafzumessungsregeln angewendet werden.[207]

136 Soweit ein Tatbestand die Rechtswidrigkeit erwähnt, z. B. § 303 „rechtswidrig" oder § 123 „unbefugt", handelt es sich regelmäßig nicht um ein Tatbestandsmerkmal, sondern um einen bloßen Hinweis auf die Rechtswidrigkeit, welche nicht vom Vorsatz umfasst zu sein braucht.[208] Soweit es sich dagegen ausnahmsweise bei dieser Formulierung um ein Tatbestandsmerkmal handelt, muss es vom Vorsatz umfasst sein. Es ist daher durch Auslegung zu ermitteln, ob es sich jeweils um ein Tatbestandsmerkmal oder einen bloßen Verweis auf die Rechtswidrigkeit handelt.[209] So sind bspw. bei Eigentums- und Vermögensdelikten wie § 242 oder § 246 die „Rechtswidrigkeit" der Zueignungsabsicht[210] oder die „Unbefugtheit" im Sinne von § 263a jeweils Tatbestandsmerkmale[211].

137 Dagegen braucht sich der Vorsatz nicht auf die objektiven Bedingungen der Strafbarkeit, s. Rz378, die Schuldmerkmale und die strafprozessualen Erfordernisse zu beziehen. Es ist also unerheblich, ob im Bereich der §§ 248a, 247 der Täter weiß, dass die Sache geringwertig ist oder er seine Mutter bestiehlt.[212]

138 Bei erfolgsqualifizierten Delikten (s. Rz654) ist wegen der von § 15 abweichenden Regelung in § 18 kein Vorsatz bezüglich der schweren Folge erforderlich, sondern Fahrlässigkeit reicht dafür aus. Bspw. verlangen §§ 221 Abs. 3, 239 Abs. 4 oder 227 Vorsatz für alle Tatbestandsmerkmale mit Ausnahme des Todeserfolges. Typischerweise ist diese Art von Delikt an der Formulierung „verursacht ... durch" zu erkennen.

139 Das Wissenselement bedeutet Sachverhalts- und soziale Bedeutungskenntnis.[213] Soweit es sich um **deskriptive Tatbestandsmerkmale** (s. Rz79) handelt, liegt mit der Sachverhaltskenntnis regelmäßig zugleich die Bedeutungskenntnis vor, da der Täter den natürlichen Sinngehalt versteht. Da

206 Fischer, § 160 Rn. 7 m. w. N.
207 Rengier, AT, § 14 Rn 48; BGH 26.11.1975 – 3 StR 422/75, BGHSt 26, 245.
208 Rengier, AT, § 14 Rn. 46; Fischer, § 123 Rn. 33.
209 Dies ist für § 203 oder § 238 umstritten, vgl. Fischer, § 203 Rn. 61 f., § 238 Rn. 36 je m. w. N.
210 BGH 12.1.1962 – 4 StR 346/61, BGHSt 17, 87.
211 Fischer, § 263a Rn. 10, 18; OLG Köln 9.7.1991 – Ss 624/90, NStZ 1991, 586.
212 BGH 7.11.1962 – 2 StR 269/62; Fischer, § 247 Rn. 4; § 248a Rn. 6.
213 Sch/Sch/Sternberg-Lieben/Schuster, § 15 Rn. 40.

deskriptive Merkmale nicht leicht von **normativen Merkmalen** abzugrenzen sind, braucht der Täter auch hier die Bedeutungskenntnis im Sinne einer „Parallelwertung in der Laiensphäre“, ohne eine exakte juristische Subsumtion.[214] Ein bloßer Subsumtionsirrtum trotz zutreffender Kenntnis der Tatsachen entlastet nicht.

Fallbeispiel:

T lässt auf einem abgelegenen Wanderparkplatz die Luft aus den Reifen am Pkw von O.

Der objektive Tatbestand von § 303 ist erfüllt, weil es sich bei dem Pkw um eine für T fremde Sache handelt und er diese beschädigt, da der Pkw mit „platten“ Reifen zum bestimmungsgemäßen Gebrauch, d. h. Fahren, nicht mehr verwendet werden kann. Auf eine Substanzverletzung kommt es dabei nicht an.[215] Entscheidend ist dagegen, wie aufwändig es ist, die Gebrauchstauglichkeit wieder herzustellen. An einer abgelegenen Stelle sind aber weder vier Ersatzreifen noch ein Kompressor vorhanden[216].

In subjektiver Hinsicht muss er erfassen, dass es sich um einen Pkw mit Reifen handelt (Sachverhaltskenntnis) und dass die abgelassene Luft nicht leicht wieder aufgefüllt werden kann, weil sich z. B. keine Tankstelle in der Nähe befindet (Bedeutungskenntnis). Ob T sich dagegen vorgestellt hat, dass für eine Sachbeschädigung eine Substanzverletzung erforderlich ist, wäre als bloßer Subsumtionsirrtum für den Vorsatz nicht relevant.[217]

Bei den **normativen** Merkmalen hat die Bedeutungskenntnis neben der Sachverhaltskenntnis eine besondere Relevanz. Da diese Art von Tatbestandsmerkmalen von einer rechtlichen Normierung und damit verbundenen Wertung abhängen, muss der Täter den rechtlich-sozialen Bedeutungsgehalt des Tatumstandes zumindest laienhaft erfassen. Eine vollständige Subsumtion ist dagegen nicht erforderlich, da sonst nur juristisch ausgebildete Menschen Vorsatz hätten. Es reicht, dass der Täter laienhaft die Bewertung des Richters nachvollzieht, also eine **„Parallelwertung in der Laiensphäre“** vornimmt.[218] Normativ geprägt sind bspw. Tatbestands- **140**

214 Wessels/Beulke/Satzger, AT, Rn. 359, 361; differenzierend: Sch/Sch/Sternberg-Lieben/Schuster, § 15, Rn. 43 f.; ablehnend: NK/Puppe, StGB, § 16 Rn. 41.

215 BGH 14.7.1959 – 1 StR 296/59, BGHSt 13, 207, 208.

216 Noch strenger hinsichtlich des Kraft- und Zeitaufwandes: BayObLG, NJW 1987, 3271, Luftablassen aus Fahrradreifen als Sachbeschädigung trotz vor Ort befindlicher Luftpumpe.

217 Wessels/Beulke/Satzger, AT Rn. 360. Zum Verbotsirrtum als Rechtsirrtum, Rz 343.

218 BGH, 28.10.1952 – 1 StR 450/52, BGHSt 3, 248, 255; 24.9.1953 – 5 StR 225/53, BGHSt 4, 347; 8.11.1955 – 5 StR 348/55, BGHSt 8, 321; differenzierend für die Stellung als Arbeitgeber bei § 266a, BGH, 24.9.2019 – 1 StR 346/18, NStZ 2020, 89, 91; Heinrich, AT, Rn. 271; Rengier, AT, § 15 Rn. 4; krit. NK/Puppe, StGB, § 16 Rn. 45 ff.

merkmale wie „fremd“, „zueignen“ (vgl. §§ 242, 246) oder „rechtswidrig“ (vgl. §§ 253, 263).

Fallbeispiel:

T verkauft dem O Kokain. Er lässt sich darauf ein, dass O erst zwei Tage nach der Übergabe der Drogen den vereinbarten Preis von 250 Euro zahlen muss. O verbraucht das Kokain, zahlt aber nicht. T droht O daraufhin Schläge an, um ihn so zum Zahlen zu bewegen. O übergibt aus Angst 250 Euro. T nahm an, dass ihm die vereinbarte Zahlung zustehe, war sich aber im Klaren, dass wegen des Verbotes mit Drogen zu handeln, eine Klage gegen O vor einem Gericht erfolglos wäre.

T hat den Tatbestand einer Erpressung (§ 253) erfüllt, indem er mittels einer Drohung (Ankündigung von Schlägen) den O zu einer Handlung (Zahlung) veranlasst, die bei O zu einer Vermögensschädigung geführt hat.

In subjektiver Hinsicht handelt T mit Vorsatz. Fraglich ist, ob er auch die Absicht der rechtswidrigen Bereicherung aufweist. Nach seiner Vorstellung hatte er einen Anspruch auf 250 Euro gegenüber dem O. Richtig ist dagegen, dass der Besitz und der Handel mit Kokain ohne Erlaubnis bei Strafe verboten ist (§§ 3, 29 BtMG). Der Kaufvertrag zwischen T und O war deshalb gemäß § 134 BGB nichtig. Die Vorstellung von T wich zwar davon ab, aber er hatte in einer Parallelwertung in der Laienspäre nachvollzogen, dass sein Zahlungsanspruch nicht mit rechtlichen Mitteln durchsetzbar war. Daher ging er mit der Drohung direkt gegen O vor. Damit hat er das sonstige subjektive Tatbestandsmerkmal der rechtswidrigen Bereicherungsabsicht verwirklicht.[219]

141 Beim **Gefährdungsvorsatz** ist zu differenzieren. Bei den abstrakten Gefährdungsdelikten ist dies aufgrund der Struktur des Tatbestandes unproblematisch, wird aber bspw. für § 316 Abs. 1 in der Praxis selten bejaht.[220]

Nach h. M. reicht es bei Eignungsdelikten, wenn der Täter die Umstände kennt, aus denen sich die Gefährlichkeit seines Verhaltens ergibt. Nach dieser Ansicht muss der Täter bspw. im Rahmen von § 224 Abs. 1 Nr. 5 nur mit Wissen und Wollen bezüglich der Umstände seines Verhaltens handeln, aber nicht sein Verhalten selbst als gefährlich für das Leben des Opfers bewerten.[221]

219 BGH 7.8.2003 – 3 StR 137/03, NJW 2003, 3283, 3285.

220 Fischer, § 316 Rn. 44 m. w. N.

221 BGH 29.2.1952 – 1 StR 767/51, BGHSt 2, 160, 163; 8.3.2001 – 4 StR 477/00, NZV 2001, 266, 267; 26.3.2015 – 4 StR 442/14, NStZ-RR 2015, 172, 173; 24.3.2020 – 4 StR 646/19, NStZ- RR 2021, 107, 108; BeckOK/Eschelbach, StGB, § 224 Rn. 47; a. A. MüKo/Hardtung, StGB, § 224, Rn. 52 m. w. N. auch aus der Rspr.

Bei den konkreten Gefährdungsdelikten bedarf es dagegen eines Gefährdungsvorsatzes, der sich auf die konkrete Gefahr im Sinne einer Krisensituation oder eines Beinaheunfalls bezieht, d. h., eine Lage eintritt, in der es vom Zufall abhängt, ob das Rechtsgut geschädigt wird. Dies gilt bspw. für §§ 315b Abs. 1, 315c Abs. 1 oder 315d Abs. 2.[222] Besonders schwierig ist die Abgrenzung zwischen einem auf die konkrete Todesgefahr und dem auf den Todeserfolg bezogenem Vorsatz, bspw. §§ 177 Abs. 8 Nr. 2b, 221 Abs. 1, 250 Abs. 2 Nr. 3b oder 306b Abs. 2 Nr. 1.[223] Bspw. wurde ein Tötungsvorsatz verneint, aber der Gefährdungsvorsatz gem. § 250 Abs. 2 Nr. 3 für möglich gehalten bei einem räuberischen Dieb, der seinen Pkw beschleunigt, obwohl das Opfer sich daran festklammert und beim Aufprall auf der Fahrbahn verletzt wird.[224]

c) Kumulativ- und Alternativvorsatz

Selbstverständlich ist vom Vorsatz alles umfasst, was der Täter mit einer **142**
Handlung an Erfolgen bzw. Tatbeständen nebeneinander herbeiführen möchte. Man bezeichnet dies als **Kumulativvorsatz.**[225] Bspw. will der Täter mehrere Menschen mit einer Bombe ermorden (§§ 212, 211) und zugleich in der Nähe befindliche Autos anderer beschädigen (§ 303). Für die Personen, die das Attentat verletzt überleben, wird deutlich, dass der Täter neben deren Tötung auch die Begehung einer gefährlichen Körperverletzung (§ 224 Abs. 1 Nr. 2, 5) oder bei entsprechender Vorstellung des Verlusts von Gliedmaßen auch eine schwere Körperverletzung (§ 226) vorhatte.

Beispiel:

Der Täter (T) wollte seinen Sohn (S) töten. Als S in Begleitung seiner erkennbar schwangeren Ehefrau (E) erscheint, ist T überrascht, da er nur mit S gerechnet hatte. Um nicht als Versager dazustehen, gibt er mit zittrigen Händen bei schlechter Sicht zwei Schüsse ab. Er trifft E und tötet sie zusammen mit dem ungeborenen Kind (K).

T hat sowohl einen zum Totschlag an E sowie einen Schwangerschaftsabbruch (§ 218) an K verwirklicht. Auch in Bezug auf S handelt er im Rahmen des versuchten Tötungsdelikts mit Tötungsvorsatz, denn S war Ziel seines Handelns. Er

222 BGH 15.12.1967 – 4 StR 441/67, NJW 1968, 1244, 1245; 22.8.1995 – 4 StR 456/95, NZV 1995, 495; OLG Saarbrücken 6.2.2008 – Ss 70/07 (78/07), NJW 2008, 1396, 1397; Fischer, § 221 Rn. 19 m. w. N.

223 Rengier, AT, § 14 Rn. 40 ff. m. w. N.; vgl auch zu Regelbeispielen BGH 26.11.1975 – 3 StR 422/75, BGHSt 26, 245.

224 BGH 30.5.2000 – 4 StR 90/00, BeckRS 2000, 30114999.

225 Rengier, AT, § 14 Rn. 54; Eisele/ Heinrich, AT, Rn. 200.

handelt wegen der Abgabe zweier Schüsse daneben aber auch für E und K jeweils mit Tötungsvorsatz.[226]

143 Davon unterscheidet sich der **Alternativvorsatz** dadurch, dass der Täter zwar nur einen Tatbestand bzw. einen Erfolg herbeiführen will, aber in Betracht zieht, dass stattdessen auch ein anderer Tatbestand bzw. Erfolg eintreten kann. Sein Vorsatz bezieht sich auf zwei sich ausschließende, in einem Entweder-oder-Verhältnis stehende Erfolge.

Dies kann man am Fallbeispiel verdeutlichen, in dem ein Täter mit einem Stein nach einem Menschen wirft, der vor einem Haus steht. Er ist sich sicher, dass entweder das Opfer verletzt wird oder die in der Hauswand befindliche Fensterscheibe zerstört wird, aber nicht beides zugleich eintreten kann. Die Scheibe geht zu Bruch.

Insbesondere bei unterschiedlich schweren Straftaten ist dies umstritten. Teilweise will man vorrangig aus dem vollendeten Delikt strafen[227], konkret also der Sachbeschädigung. Eine andere Ansicht stellt auf das schwerere Delikt, teils unabhängig vom Erfolg ab, also die versuchte gefährliche Körperverletzung.[228] Beide Ansichten tragen dem Umstand Rechnung, dass der Täter nur für ein Objekt und damit einen Tatbestand mit Vorsatz gehandelt hat. Nach h. M. stehen dennoch beide Delikte nebeneinander (§ 303 und §§ 223, 224, 22, 23); lediglich bei den Konkurrenzen, also der Strafzumessung, wird berücksichtigt, dass nur ein Erfolg eintreten sollte.[229]

Beispiel:

Der Täter (T) schlug mit einem Hammer wuchtig nach einer Frau (F), um sie zu verletzen. Neben F stand ihr Bruder (B). T ging davon aus, dass er mit dem Schlag entweder die F oder den B treffen werde. B wird getroffen.

Nach h. M. steht die vollendete gefährliche Körperverletzung z. N. von B neben der versuchten gefährlichen Körperverletzung an F. Obwohl T davon ausging, dass er nur eine der beiden Personen treffen werde, soll doch für beide Tatbestände nebeneinander der Verletzungsvorsatz vorliegen.[230]

226 BGH 15.9.2005 – 4 StR 216/05, NStZ-RR 2006, 168.
227 NK/Zaczyk, § 22, Rn. 20.
228 Lackner/Kühl/Heger, StGB, § 15, Rn. 29 m. w. N.; differenzierend: Eisele/Heinrich, AT, Rn. 199; Wessels/Beulke/Satzger, AT, Rn. 350 ff. m. w. N.
229 Rengier, AT, § 14 Rn. 61; Roxin/Greco, AT, § 12 Rn. 94; Sch/Sch/Sternberg-Lieben/Schuster, StGB, § 15 Rn. 91 m. w. N.; nicht abschließend: BGH 14.1.2021 – 4 StR 95/20, NJW 2021, 795 m. krit. Anm. Mitsch.
230 BGH 14.1.2021 – 4 StR 95/20, NJW 2021, 795 m. krit. Anm. Mitsch.

3. Vorsatzformen

144 Man unterscheidet verschiedene Arten des Vorsatzes. Dies wird im Gesetz dadurch erkennbar, dass von „absichtlich" für die Vorsatzform der Absicht oder „wissentlich" bzw. „wider besseres Wissen" (für direkten Vorsatz) die Rede ist, vgl. §§ 226[231], 258 oder 164.

Bei einigen sonstigen subjektiven Tatbestandsmerkmalen gilt dies entsprechend und sie werden häufig durch „Absicht" (bspw. §§ 242, 263) oder „um ... zu" bzw. „zur ..." (bspw. §§ 253, 267) für ein Absichtserfordernis umschrieben.

Daraus ergibt sich im Umkehrschluss, dass neben diesen beiden Formen noch eine schwächere Vorsatzform (bedingter Vorsatz) vorhanden sein muss, der in § 15 in Abgrenzung von der Fahrlässigkeit verlangt wird.

> **Hinweis**:
>
> Für die Klausur folgt daraus, dass man dann auf eine genaue Definition der Vorsatzform eingehen muss, wenn das Gesetz dazu etwas vorgibt; umgekehrt sollte man sich im subjektiven Tatbestand[232] bei der Untersuchung des genauen Vorsatzgrades dann kurzhalten, wenn jede Art von Vorsatz ausreicht, was wegen § 15 die Regel ist.

145 Wie bereits dargelegt (Rz 128), besteht Vorsatz aus einem Wissens- und einem Willenselement. Bei den verschiedenen Vorsatzgraden wird der Akzent jeweils mehr auf das eine oder das andere Element gelegt. Dies wird vorab tabellarisch dargestellt und nachfolgend näher erläutert:

Tab. 1 Vorsatzgrade

	Wollenselement	Wissenselement
Absicht	**Zielgerichteter Erfolgswille**	Ernsthaft für möglich halten
Wissentlichkeit	Sich mit dem Erfolg abfinden	**Wissen/sicher vorhersehen**
Bedingter Vorsatz	Sich mit dem Erfolg abfinden	Ernsthaft für möglich halten

a) Absicht

146 Unter Absicht (dolus directus[233] 1. Grades) versteht man **zielgerichtetes Wollen**. Der Täter erstrebt also die tatbestandsmäßige Handlung oder den

231 BGH 7.2.1967 – 1 StR 640/66, BGHSt 21, 194.
232 Bedeutung kann der Vorsatzform aber für die Bemessung der Schuld zukommen.
233 Hier hat sich die lateinische Bezeichnung für direkten Vorsatz eingebürgert. Es ist aber völlig ausreichend, wenn man von Absicht spricht.

tatbestandsmäßigen Erfolg.[234] Es dominiert das Willenselement, da es dem Täter auf einen Erfolg ankommt. Häufig wird das Motiv des Täters, d. h. dessen Triebfeder bzw. Beweggrund, auf den Erfolg gerichtet sein, was aber nicht notwendige Voraussetzung für die Absicht ist. Ausreichend ist vielmehr, wenn der weiter gefasste Begriff der Zielvorstellung erfüllt wird[235]. Das Ziel des Täters braucht nicht der Endzweck seines Handelns zu sein, es genügt, wenn es sich um ein **notwendiges Zwischenziel** handelt, d. h. ein Nahziel auf dem Weg zum Fernziel.[236]

Beispiel:

T ist in finanzieller Not. Er entscheidet sich deshalb seinen Erbonkel (E) zu töten, obwohl er mit ihm sonst ein gutes Verhältnis hatte und dessen Tod bedauert.

T hat den objektiven Tatbestand von § 212 erfüllt. In subjektiver Hinsicht handelt er mit Vorsatz in Form von Absicht, da für ihn das Endziel Erbe zu werden nur erreicht wird, wenn der E stirbt. Der Tod des E stellt ein notwendiges Zwischenziel dar.

Genauer zu prüfen wäre, ob T § 211 verwirklicht, sofern er aus Habgier handelt, was ein sonstiges subjektives Merkmal darstellt, also nicht zum Vorsatz gehört.

Dagegen braucht das Wissenselement bei der Absicht nur schwach ausgeprägt zu sein. Ohne Bedeutung ist deshalb, ob der Täter auf der Wissensseite die Verwirklichung des Erfolges als sicher voraussieht oder dies nur für möglich hält.[237]

b) Wissentlichkeit

147 Wissentlichkeit (dolus directus 2. Grades) liegt vor, wenn der Täter sicher weiß bzw. es als sicher vorhersieht, dass durch sein Handeln die Merkmale eines Straftatbestands erfüllt werden.[238] Hier dominiert das kognitive Element, während das Willenselement schwächer ausgeprägt ist. Unerheblich ist deshalb, ob der Täter den Erfolg wünscht, ihn bedauert oder sogar ablehnt.[239] Es reicht in voluntativer Hinsicht, wenn er sich mit dem Erfolg abfindet.[240]

234 BGH 6.2.1963 – 3 StR 58/62, NJW 1962, 915; 28.11.1962 – 3 StR 39/62, BGHSt 18, 151; vgl. zum Parallelproblem bei der Bereicherungsabsicht: BGH 23.2.1961 – 4 StR 7/61, NJW 1961, 1172.

235 Wessels/Beulke/Satzger, AT, Rn. 326.

236 BGH 28.11.1962 – 3 StR 39/62, BGHSt 18, 151, 155.

237 BGH 26.7.1967 – 2 StR 368/67, BGHSt 21, 283, 284.

238 Fischer, § 15 Rn. 9 f; Rengier, AT, § 14 Rn. 9.

239 BGH 12.7.2005 – 1 StR 65/05, NStZ-RR 2006, 174, 175 zu § 226 Abs. 2.

240 Rengier, AT, § 14 Rn. 9; Roxin/Greco, AT I, § 12, Rn. 19.

Fallbeispiel:

T will seinen Liquiditätsengpass beheben, indem er ein Haus anzündet, um die Versicherungssumme zu kassieren. Er ist sich nicht sicher, ob die von ihm ausgebrachte Menge Zündstoff ausreicht. Im Haus schläft sein Onkel, den T gerne mochte. Wie von T für den Fall des Brandausbruchs sicher erwartet, kann der pflegebedürftige O nicht mehr rechtzeitig vor den Flammen gerettet werden.

T verwirklicht den objektiven Tatbestand von § 212. In subjektiver Hinsicht handelt er wissentlich, denn er sieht als sichere Folge seines Handelns voraus, dass der O in den Flammen umkommt. Dafür reicht es aus, wenn T zwar nicht den Brand, aber für diesen Fall dessen Folgen für O sicher erwartet. Dass er den Tod des O bedauert, ändert nichts daran.[241]

Er hat dagegen keine Absicht bezüglich des Todes von O. Das Ziel des T ist es, einen Betrug z. N. der Versicherung zu begehen. Dafür ist aber der Tod des O kein notwendiges Zwischenziel, sondern nur die Zerstörung des Hauses durch den Brand.

c) Bedingter Vorsatz

Der bedingte Vorsatz (dolus eventualis) ist die schwächste Form von Vorsatz. Hier sind sowohl das Wissens- als auch das Willenselement weniger ausgeprägt als bei den anderen Vorsatzformen. 148

Vielfach wird der bedingte Vorsatz auch als **Eventualvorsatz** bezeichnet. Damit will man deutlich machen, dass die Fälle bloßer Tatgeneigtheit nicht für einen Vorsatz ausreichen, wenn etwa ein Täter einen Tatort zunächst nur ausbaldowert, um erst später dort eine Tat zu begehen.[242] Ausreichend für den Vorsatz ist es dagegen, wenn der Täter bereits fest entschlossen ist, aber die Durchführung von äußeren Umständen abhängig macht, etwa zuzuschlagen, wenn sein Opfer zu schreien beginnt.

Der bedingte Vorsatz kann vorliegen, wenn auf der **Wissensseite** der Erfolgseintritt unsicher erscheint. Der Täter braucht die Tatbestandsverwirklichung nur ernsthaft für möglich zu erachten, d. h. die Möglichkeit der Rechtsgutverletzung als nicht ganz fernliegend zu erkennen und ernst zu nehmen.[243] 149

Auf der **Wollensseite** findet sich der Täter mit dem Erfolgseintritt ab. Die Rechtsprechung hat dafür – ohne Unterschied im Sinngehalt – die Formel

241 Roxin/Greco, AT I, § 12 Rn. 18; Eisele/Heinrich, AT, Rn. 188; Wessels/Beulke/Satzger, AT, Rn. 330.
242 Rengier, AT, § 14 Rn. 11, § 34 Rn. 8.
243 BGH NStZ 2007, 700, 701; abl. NK/Puppe, StGB, § 15, Rn. 33.

„billigend in Kauf nehmen“ geprägt.[244] „Billigen“ im ursprünglichen Wortsinn bedeutet, dass etwas für gut befunden, befürwortet wird. Deshalb hat die Rechtsprechung dies im sog. Lederriemenfall dahin präzisiert, dass ein Billigen *im Rechtssinne* gemeint sei.[245] Damit meint man gerade nicht mehr, dass der Täter den Erfolg gutheißt und befürwortet, sondern er billigt „im Rechtssinne“ auch einen unerwünschten, aber notwendigen Erfolg, wenn er sich mit ihm um eines erstrebten Ziels willen abfindet, damit einverstanden ist.[246]

150 Speziell für die Tötungsdelikte stellt die Rspr. und ihr folgend ein Teil der Lehre an den Nachweis des bedingten Tötungsvorsatzes hohe Anforderungen, indem man von einer hohen „**Hemmschwelle**“ bei der Vernichtung von menschlichem Leben ausgeht. Dies ist aber im Einzelnen hoch umstritten und letztlich muss in der Praxis regelmäßig aus den äußeren Indizien unter sorgfältiger Beachtung des Zweifelssatzes auf die innere Einstellung geschlossen werden.[247]

Hinweis:

Besondere Aufmerksamkeit hat der Nachweis des Tötungsvorsatzes in sogenannten Raserfällen auf sich gezogen.[248] Typischerweise fährt der Täter mit deutlich überhöhter Geschwindigkeit (bspw. 150 km/h statt erlaubter 50 km/h) durch die Innenstadt, um dadurch die Aufmerksamkeit auf sich zu ziehen und es kommt zu einer tödlichen Verletzung bei anderen Verkehrsteilnehmern. Dabei ist dem Täter bewusst, dass sein Verhalten sehr gefährlich ist. Schwierig ist hier aber der Nachweis des Willenselements angesichts des Eigenrisikos für den Täter. Einen pauschalen Verweis auf die moderne Sicherheitsarchitektur des vom Täter genutzten Kfz lässt der BGH nicht ausreichen und betont die Voraussetzungen des bedingten Vorsatzes: „wenn der Täter den Tod als mögliche, nicht ganz fernliegende Folge seines Handelns erkennt (Wissenselement) und dies billigt oder sich

244 BGH 9.2.1968 – 4 StR 582/67, NJW 1968, 660, 661.

245 BGH 22.4.1955 – 5 StR 35/55, NJW 1955, 1688, 1690.

246 BGH 26.7.2007 – 3 StR 221/07, NStZ 2007, 700, 701.

247 BGH 8.5.2001 – 1 StR 137/01, NStZ 2001, 475, 476, m. Anm. Trück JA 2002, 102; 11.12.2001 – 1 StR 408/01, NStZ 2002, 542; 23.1.2020 – 3 StR 385/19, NStZ 2020, 349 m. krit. Anm. Schneider; dagegen die begrenzte Bedeutung betonend: BGH 22.3.2012 – 4 StR 558/11, NJW 2012, 1524; 5.12.2017 – 1 StR 416/17, NStZ 2018, 206; Trück, NStZ 2005, 233; Fischer, § 15 Rn. 15; Momsen KriPoz 2018, 76, 86 f.

248 BGH 1.3.2018 – 4 StR 399/17, nachfolgend: 18.6.2020 – 4 StR 482/19, zuletzt: LG Berlin 2.3.2021 – 529 Ks 6/20 (Ku'damm); 1.3.2018 – 4 StR 158/17 (Frankfurt); 17.2.2021 – 4 StR 225/20 (Stuttgart); 16.1.2019 – 4 StR 345/18 (Hamburger Fluchtfall); 24.3.2021 – 4 StR 142/20 (Berliner Fluchtfall).

um des erstrebten Zieles willen zumindest mit dem Eintritt des Todes abfindet, mag ihm der Erfolgseintritt auch gleichgültig oder an sich unerwünscht sein (Willenselement)"[249]. Dagegen wäre es nur bewusst fahrlässiges Verhalten, „wenn der Täter mit der als möglich erkannten Tatbestandsverwirklichung nicht einverstanden ist und ernsthaft und nicht nur vage darauf vertraut, der tatbestandliche Erfolg werde nicht eintreten".[250]

Man muss daher auf den Einzelfall bezogen in einer Gesamtschau analysieren, ob sich aus den Umständen ein sicherer Rückschluss auf das Willenselement ziehen lässt, etwa wenn der Täter mit seinem Kfz Fußgänger und Radfahrer gefährdet, um den Preis des eigenen Lebens vor der Polizei flieht[251] oder mit ausgeschaltetem Licht in suizidaler Absicht auf einer Autobahn[252] oder in eine Kreuzung fährt[253].

Wegen der besonderen Bedeutung der Abgrenzung des Vorsatzes von der bewussten Fahrlässigkeit werden neben der oben vorgestellten h. M. zur Abgrenzung in der Literatur noch weitere Theorien vertreten. Man sollte in der Falllösung überlegen, ob die Darstellung dieser Ansichten überhaupt erwartet wird. In der Praxis kommt man kaum umhin, der Linie der Rechtsprechung zu folgen. 151

Die Theorien in der Literatur unterscheiden sich insbesondere dadurch, dass man teilweise auf ein Willenselement verzichten oder dieses zumindest einschränken möchte und (stärker) auf das Wissenselement abstellt:

Nach der **Möglichkeitstheorie** genügt es, wenn der Täter die konkrete Möglichkeit der Rechtsgutverletzung erkannt und dennoch gehandelt hat[254], nach der aus der **Wahrscheinlichkeitstheorie** hervorgegangenen **Lehre von der Vorsatzgefahr** verlangt man, dass nach dem Wissenshorizont des Täters die Gefahr des Erfolgseintritts relativ hoch ist.[255]

Ein Willenselement verlangt die **Gleichgültigkeitstheorie**. Hier genügt es, wenn der Täter die Tatbestandsverwirklichung aus Gleichgültigkeit gegenüber dem Rechtsgut in Kauf genommen hat.[256] Dieser Theorie wird vorgeworfen, dass sie eher auf Emotionen als auf eine Willenssteuerung abstelle.[257]

249 BGH 1.3.2018 – 4 StR 399/17, NStZ 2018, 409, Rz. 17.
250 BGH 4.2.2021 – 4 StR 403/20, NStZ 2023, 232, 233.
251 BGH 16.1.2019 – 4 StR 345/18, NStZ 2019, 276; 24.3.2021 – 4 StR 142/20, DAR 2021, 395.
252 BGH 16.3.2006 – 4 StR 594/05, NStZ 2006, 503.
253 BGH 4.2.2021 – 4 StR 403/20, NStZ 2023, 232; vgl aber: BGH 6.8.2019 – 4 StR 255/19, NStZ-RR 2019, 343.
254 LPK, StGB, § 15, Rn. 113, 120; HK-GS/Duttge, § 15 Rn. 19, 23; Kindhäuser/Zimmermann, AT, § 14, Rn. 16, 29 m. w. N. in Fn. 15.
255 NK/Puppe, StGB, § 15, Rn. 64 ff. m. w. N., insb. Rn. 71; wohl auch: Schlehofer/Putzke/Scheinfeld, AT, Rn. 260.
256 Sch/Sch/Sternberg-Lieben/Schuster, § 15, Rn. 82 m. w. N.
257 Rengier, AT, § 14 Rn. 25.

Fallbeispiel:

Der Täter (T) war Pflegekraft auf einer Intensivstation. Er wollte vor den anderen Mitarbeitern seine Kenntnisse bei der Reanimation unter Beweis stellen und nahm heimlich medizinisch kontraindizierte Maßnahmen bei einem Patienten (P) vor, der im Koma lag. Es kam dadurch zu lebensbedrohlichem Herzkammerflimmern. Ihm war bewusst, dass seine Handlungen hochriskant für das Leben des P waren und es vom Zufall abhing, ob eine Reanimation erfolgreich durchgeführt werden könnte. P stirbt später an seinem Grundleiden.

Es kommt hier nicht zu einer vollendeten Tötung, da es an der Kausalität fehlt. P starb unabhängig von der Handlung des T. Es kommt aber eine versuchte Tötung (§§ 212, 22, 23) in Betracht. Auch dafür müsste T zumindest mit bedingtem Vorsatz bezüglich des Todeserfolges bei P gehandelt haben. Das kognitive Element des Vorsatzes liegt vor, da T das Risiko erkannt hat. Das Willenselement des bedingten Vorsatzes ist aber nach h. M. nicht belegt: T hat zwar nur auf einen guten Ausgang gehofft, aber es war von ihm angestrebt, dass P überlebt, denn sonst hätte er seine Reanimationskenntnisse nicht unter Beweis stellen können. Der BGH[258] hob die Verurteilung auf und verlangte, dass eine weitere Aufklärung erfolgt.

Die Gegenansichten, die auf ein Willenselement verzichten, bejahen den bedingten Tötungsvorsatz, da der Täter bewusst ein Verhalten gewählt hat, das nach seiner Einschätzung hochriskant für das Leben des Opfers war.

152 Als plastische, aber nicht ganz präzise Richtschnur zur Abgrenzung kann man die sog. **Frank'schen Formeln** heranziehen: Beim Eventualvorsatz sagt sich der Täter, wenn der Erfolg eintritt, „mag es so oder anders sein, so oder anders werden, auf jeden Fall handele ich".[259] Bei der (bewussten) Fahrlässigkeit erwartet der Täter dagegen, dass es schon gut gehen werde bzw. dass er nicht gehandelt hätte, wenn er gewusst hätte, dass der Erfolg eintritt.[260]

III. Tatbestandsirrtum

1. Überblick

153 Von einem Irrtum spricht man, wenn Vorstellung und Wirklichkeit auseinanderfallen. Irrtümer können auf unterschiedlichen Ebenen (insbesondere bei

258 BGH 18.10.2007 – 3 StR 226/07, NStZ 2008, 93, 94; vgl. auch: BGH, 12.6.2008 – 4 StR 78/08, NStZ-RR 2008, 309, 310.

259 Frank, RStGB, § 59 Anm. V [S. 190]; NK/Puppe, StGB, § 15, Rn. 37.

260 Frank, RStGB, § 59 Anm. V [S. 190]: „Kommt man zu dem Ergebnis, dass der Täter auch bei bestimmter Kenntnis gehandelt hätte, so ist die oben charakterisierte Situation gegeben, der Vorsatz also zu bejahen; kommt man zu dem Ergebnis, dass er bei bestimmter Kenntnis die Handlung unterlassen hätte, so ist der Vorsatz zu verneinen".

Tatbestand, Rechtswidrigkeit und Schuld) auftreten.[261] Dafür gibt es unterschiedliche Regelungen, bspw. §§ 16, 17 (vgl. Rz 343), 35 Abs. 2 (s. Rz 375). Auch im Besonderen Teil finden sich spezielle Irrtumsregeln, bspw. § 113 Abs. 4. Im Unterschied zu § 16 stellen sie auf die Vermeidbarkeit ab und sind der Schuld bzw. Strafzumessung zuzuordnen,

Für den Tatbestand von Bedeutung ist § 16 und mittelbar § 17. § 16 betrifft die tatsächlichen Umstände, § 17 dagegen den Verbotsirrtum, also das Verbotensein, mithin die rechtliche Wertung.

2. Anwendungsbereich auf Tatbestandsebene

§ 16 regelt den **Irrtum über Tatbestandsmerkmale**: Der Vorsatz entfällt, **154**
wenn der Täter einen Umstand nicht kennt, der zum gesetzlichen Tatbestand gehört (§ 16 Abs. 1 S. 1). Deshalb ist die Prüfung von § 16 im subjektiven Tatbestand vorzunehmen. § 16 Abs. 1 S. 2 lässt dabei die Strafbarkeit wegen fahrlässigen Verhaltens (näher: Rz 629) unberührt, was gesondert zu prüfen ist, sofern ein Fahrlässigkeitstatbestand vorhanden ist.

Beispiel:

Ein Schütze zielt und schießt auf eine vermeintliche Pappfigur. Er bemerkt nicht, dass sich dort der Schießwart aufhält, der getötet wird.

Objektiv ist der Tatbestand von § 212 erfüllt, da ein anderer Mensch (der Schießwart) durch eine Handlung (Schussabgabe) getötet wird. Es fehlt aber am subjektiven Tatbestand, da der Schütze sich über das Tatbestandsmerkmal „anderer Mensch" irrt und gem. § 16 Abs. 1 S. 1 ohne Vorsatz handelt.

Die Prüfung einer fahrlässigen Tötung (§ 222) ist gesondert vorzunehmen.

§ 16 stellt auf die Kenntnis ab, meint also das Wissenselement und damit **155**
eine **soziale Bedeutungskenntnis**. Der Täter wird ohne diese Kenntnis nicht vom Normappell erreicht.[262] Eine juristisch exakte Einordnung der einzelnen Tatbestandsmerkale ist freilich nicht notwendig, sondern die Parallelwertung in der Laiensphäre reicht (s.o. Rz 139).

Beispiel:

Bemerkt ein Verkehrsteilnehmer nicht, dass ein erheblicher Schaden entstanden ist,[263] kann er nicht wegen Unfallflucht (§ 142) bestraft werden, da ihm der Vorsatz fehlt (§ 16) und die Norm nicht fahrlässig begehbar ist.

261 Eisele/Heinrich, AT, Rn. 695; ausführlicher schematischer Überblick: Kindhäuser/Zimmermann, AT, § 26 Rn. 18.
262 Wessels/Beulke/Satzger, AT, Rn. 364.
263 OLG Köln 3.6.2011 – 1 RVs 80/11, NStZ-RR 2011, 285.

Der Täter von § 142 muss zudem erkennen, dass er Unfallbeteiligter ist. Daran ändert sich nichts, wenn er rechtsirrig annimmt, er könne als Beifahrer nicht am Unfall beteiligt sein, indem er verkennt, dass schon ein Verdacht der Beteiligung ausreicht. Es reicht aus, wenn er versucht den Verdacht von sich als Halter abzulenken, indem er die Nummernschilder von seinem Unfallauto entfernt. Damit hat er die soziale Bedeutung erkannt, die ihn zum Wartepflichtigen gemacht hat, seine fehlerhafte Auslegung der Norm ist nicht relevant.[264]

156 Umgekehrt zu der in § 16 geregelten **Unkenntnis** kann eine **Fehlvorstellung** dahingehend auftreten, dass der Täter sich einen Umstand vorstellt, der objektiv gar nicht zutrifft. Dies ist als Versuch erfasst, der auch in Form des untauglichen Versuchs strafbar ist (s. Rz 510). Ein Beispiel wäre die Abgabe eines Schusses auf eine Leiche, die der Täter aber für einen lebenden Menschen hält. Hier käme eine versuchte Tötung bzw. versuchte gefährliche Körperverletzung in Betracht.

3. Sonderfälle

a) Irrtum über das Objekt

157 Bei einem Irrtum, der sich auf die Identität von Personen oder Eigenschaften von Objekten bezieht (error in persona vel obiecto), kann es sich ebenfalls um einen Fall von § 16 handeln. Hier muss man aber unterscheiden, ob es sich um ein tatbestandlich **gleich- oder ungleichartiges Objekt** handelt. Bei im Sinne des Tatbestandes gleichartigen Tatobjekten ist der Irrtum unbeachtlich.[265] Bei einer bloßen Verwechslung von zwei Personen oder zwei Sachen wirkt sich der Irrtum nicht auf den Vorsatz aus; es handelt sich um einen bloßen Motivirrtum, den § 16 nicht erfasst. Damit ist der Vorsatz auf das getroffene Tatobjekt konkretisiert und verbraucht. Deshalb kommt daneben keine Versuchsstrafbarkeit für das Objekt in Betracht, welches der Täter sich vorgestellt hat.[266]

Fallbeispiel:

T will seine frühere Freundin (F) verprügeln. Er beobachtet, wie eine weibliche Person den Wagen der F auf deren Parkplatz fährt. Als sie aussteigt, versetzt er

264 BGH 22.7.1960 – 4 StR 232/60, BGHSt 15,1, 4 f.; BayObLG 4.10.1999 – 2 St RR 177/99, NStZ-RR 2000, 140.

265 BGH 23.1.1958 – 4 StR 613/57, BGHSt 11, 270; BGH 25.10.1990 – 4 StR 371/90, NJW 1991, 331; vgl. dazu die Rose-Rosahl-Entscheidung, PrObTr 5.5.1859 – Crimin.-S. Nr. 6, GA 7, 36, 51 ff.; BayObLG 18.8.1986 – RReg. 1 St 34/86.

266 Eisele/Heinrich, AT, Rn. 721.

ihr einen Faustschlag ins Gesicht. Erst danach bemerkt er, dass er die Schwester (S) verletzt hat, was er bedauert.

T hat eine Körperverletzung in objektiver Hinsicht verwirklicht, indem er der S ins Gesicht geschlagen hat. Er handelt diesbezüglich auch mit Vorsatz, da er die vor ihm stehende S als andere Person im Sinne von § 223 wahrgenommen hat und diesbezüglich sicheres Wissen hat. Dass er sich vorgestellt hat, die F vor sich zu haben, lässt als bloßes Motiv für seine Handlung den Vorsatz nicht entfallen. § 16 greift nicht. Es liegt daher eine vollendete Körperverletzung (§ 223) zum Nachteil von S vor.

Dieser Irrtum wirkt sich dagegen aus, wenn es sich um tatbestandlich un- **158**
gleichartige Objekte handelt. Es fehlt dann am Vorsatz und es ist zu prüfen, ob eine fahrlässige Tat begangen wurde.

Fallbeispiel:

Ein Jäger (J) will ein Wildschwein erlegen. Als er eine Bewegung wahrnimmt, hält er dies für ein Wildschwein, legt an und trifft den O, der noch eine Runde laufen wollte. O verstirbt trotz aller Rettungsbemühungen des J.

J hat den objektiven Tatbestand von § 212 verwirklicht. Der subjektive Tatbestand von § 212 liegt aber nicht vor, denn es fehlt gem. § 16 am Vorsatz im Hinblick auf das Tatobjekt „Mensch". J hatte zum Zeitpunkt der Tathandlung angenommen, dass ein Wildschwein vor ihm auftaucht, was ein mit einem Menschen ungleichartiges Tatobjekt darstellt.

Daher hat J nur eine fahrlässige Tötung verwirklicht, indem er bei der Ansprache des vermeintlichen Wildes nicht sorgfältig genug war.

b) Fehlgehen der Tat

Unter einem Fehlgehen der Tat bzw. eines Angriffs (aberratio ictus) versteht **159**
man, dass bei einem Angriff auf ein Objekt gezielt wird und erst nach der Objektauswahl der Angriff ein gleichartiges anderes Objekt trifft. Der Täter hat ein bestimmtes Objekt ausgewählt und darauf seinen Vorsatz konkretisiert. Dieses Objekt wird aber nicht getroffen und für das tatsächlich getroffene Objekt hatte der Täter nicht mit einem Treffer gerechnet bzw. sich damit nicht abgefunden. Diese Irrtumskonstellation hat nur Bedeutung, wenn es sich um tatbestandlich gleichartige Objekte handelt.[267]

267 Murmann, GK ST, § 24 Rn. 53.

Hinweis:

Plastisch kann man sich diese Konstellation mit dem Bild eines von einem Bogen abgeschossenen Pfeiles verdeutlichen, der erst nach dem Zielen auf einen Menschen und Abfliegen von der Sehne eine andere Person als die anvisierte Person trifft, weil er an einer Mauer abprallt oder sich die anvisierte Person duckt.

160 Nach h. M. ist die Folge bei einem Fehlgehen der Tat ein Versuch bezüglich des anvisierten und Fahrlässigkeit für das betroffene Objekt – vorausgesetzt die Strafbarkeit des Versuchs bzw. der Fahrlässigkeit ist im Gesetz vorgesehen.[268] Der Täter hat seinen Vorsatz auf ein bestimmtes Objekt konkretisiert und damit andere Objekte ausgeschlossen (**Konkretisierungstheorie**). Eine Gegenmeinung hält diesen Irrtum bei gleichwertigen Tatobjekten für unbeachtlich, wenn das Fehlgehen der Tat nach der allgemeinen Lebenserfahrung zumindest vorhersehbar war (**Gleichwertigkeitstheorie**).[269] Gegen diese M. M. lässt sich einwenden, dass sich der Vorsatz auf ein bestimmtes Objekt zum Zeitpunkt der Handlung konkretisiert hat und dies mit der Annahme eines „Gattungsvorsatzes“ überspielt wird.

Es ist aber für beide Ansichten denkbar, dass ein Täter eine Abweichung vom anvisierten Ziel in seiner Tatplanung einkalkuliert hat und sich der bedingte Vorsatz dann konsequent auf den abweichenden Verlauf bezieht. Dies kann bspw. vorliegen, wenn der Täter erkennt, dass sich im Schussfeld neben der Zielperson noch andere Personen befinden, mit deren Tötung er sich abfindet (Alternativ- bzw. Kumulativvorsatz, näher: Rz 142 f.). Hier muss dies genau ermittelt werden, da selbstverständlich der Zweifelsgrundsatz gilt.

Beispiel:

T möchte X töten. Er zielt auf X, sein Schuss prallt aber ab und trifft den O, der schwer verletzt überlebt. Hier muss man differenzieren:

Wenn T nachgewiesen werden kann, dass er zwar X treffen wollte, aber damit gerechnet hat, dass er auch den O treffen und verletzen könnte, so liegt versuchte Tötung an X und O sowie eine vollendete gefährliche Körperverletzung an O vor.

Wenn T dagegen *nicht* mit der Verletzung des O neben dem X gerechnet hat, wäre nach h. M. bezüglich X eine versuchte Tötung und z. N. von O eine fahrlässige Körperverletzung anzunehmen. Die Gegenansicht will dagegen eine versuchte Tötung und vollendete gefährliche Körperverletzung bei O annehmen.

268 BGH 10.4.1986 – 4 StR 89/86, NJW 1987, 277; 15.5.1992 – 3 StR 535/91, NJW 1992, 2103; OLG Neustadt 23.10.1963 – Ss 125/63, NJW 1964, 311; Wessels/Beulke/Satzger, AT, Rn. 375; Heinrich, AT, Rn. 1108.

269 Frister, AT, § 11 Rn. 62; NK/Puppe, StGB, § 16 Rn. 95 ff., 104; Puppe, GA 1981, 1, 14 ff.; dies., AT, § 10 Rn. 41.

c) Abgrenzung von Objektsverwechslung und Fehlgehen der Tat

In bestimmten Fallkonstellationen ist es nicht einfach, die beiden Irrtumskonstellationen voneinander abzugrenzen. Auf Basis der Gleichwertigkeitstheorie stellt sich das Abgrenzungsproblem dagegen nicht, da von dieser M. M. beide Irrtumskonstellationen gleichbehandelt werden. **161**

Man unterscheidet auf dem Boden der h. M. die Objektsverwechslung vom Fehlgehen der Tat durch die zeitliche Komponente der Objektauswahl. Wenn vor oder bei der Auswahl die Verwechslung unterläuft, aber das ausgewählte Objekt getroffen wird, so liegt eine Objektsverwechslung vor; das Fehlgehen der Tat greift erst danach ein, der Verlauf ist ein anderer als der vorgestellte, es wird nicht das ausgewählte Objekt getroffen.[270]

Die Abgrenzung ist besonders für Distanzfälle umstritten, etwa bei Verwendung von Selbstschussanlagen, Gift- und Sprengfallen[271] oder der Personenverwechslung durch einen gedungenen Mörder.[272] Hier besteht die Besonderheit darin, dass derjenige, der die Anlage installiert bzw. der Auftraggeber die Auswahl des Opfers nicht selbst vor Ort vornimmt. Gleichwohl werden ihm die Verhaltensweisen Dritter nach den Regeln der Anstiftung (näher: Rz 445) bzw. mittelbaren Täterschaft zugerechnet (näher: Rz 392). **162**

Hier sieht die h. M. und insbesondere die Rechtsprechung auf der Basis der Konkretisierungstheorie einen für den Vorsatz unbeachtlichen Irrtum über das Tatobjekt.[273] Eine Gegenansicht nimmt dagegen einen Fall des Fehlgehens der Tat an.[274]

Fallbeispiele:

1. T will O töten. Er befestigt eine Handgranate am Auto, das vor der Garage des O steht, in der Annahme, es werde nur von O benutzt und beim nächsten Start die Explosion ausgelöst. In Wirklichkeit handelt es sich aber um den Pkw des X, der getötet wird.[275]

   T hat den objektiven Tatbestand von § 212 z. N. von X verwirklicht. Fraglich ist, ob er auch vorsätzlich gehandelt hat. Der BGH nimmt Vorsatz bezüglich des Todes von X an, da der T das Opfer beim Anbringen der Handgranate zwar nicht optisch, aber mittelbar individualisiert hat. Es handelt sich um einen für § 16 unbeachtlichen Irrtum über das Objekt.[276]

270 Krey/Esser, AT, Rn. 441.
271 BGH 7.10.1997 – 1 StR 635/96, NStZ 1998, 294.
272 BGH 25.10.1990 – 4 StR 371/90, NJW 1991, 331.
273 Wessels/Beulke/Satzger, AT, Rn. 380; Rengier, AT, § 15 Rn. 42 ff.; Murmann, GK ST, § 24 Rn. 62.
274 Heinrich, AT, Rn. 1112; Krey/Esser, AT, Rn. 445 f.
275 Der Sachverhalt ähnelt BGH 7.10.1997 – 1 StR 635/96.
276 BGH 7.10.1997 – 1 StR 635/96, NStZ 1998, 294, 295.

2. Bauer (B) möchte seinen Sohn (S) als Erben loswerden. Er gewinnt T für die Tötung des S und beschreibt ihm die Gewohnheiten von S. T wartet im Stall und ersticht O, den er in der Dunkelheit und aufgrund der Beschreibung für S hält.

   Der T hat einen Totschlag an O begangen. Bei ihm tritt zwar ein Irrtum bei der Person auf, indem er S und O verwechselt, aber es handelt sich um gleichartige Tatobjekte, so dass Vorsatz vorliegt. T hat die vor sich befindliche Person ausgewählt und getötet.

   B hat T zur Tötung angestiftet (§ 26). Fraglich ist, wie sich der Irrtum des Haupttäters T bei B auswirkt. Der BGH bejaht hier den Vorsatz, da sich die Abweichung bei T noch im Rahmen dessen bewegt hat, was der B mit seiner ungenauen Beschreibung vorgegeben hat.[277] Viele sehen dies anders und nehmen ein vorsatzrelevantes Fehlgehen der Tat an, denn für B erfolgt mit der Anstiftung des T die Selektion des Zieles und die Abweichung durch T stellt für B ein vorsatzausschließendes Element dar.[278]

3. Die Rocker R, S und T möchten einen Drogenhändler (D) überfallen, um an Ecstasy-Tabletten zu gelangen. Sie bestellen D mit den Drogen zu ihrem Haus. R wartet vor der Tür auf D, während sich S und T mit Knüppeln im Treppenhaus verstecken. In der Zwischenzeit kommt ihr Bekannter B. R schickt ihn ins Haus, wobei er in Betracht zieht, dass B mit D verwechselt werden kann. Er hofft darauf, dass S und T den B erkennen, will aber seinen Posten nicht verlassen. Im dunklen Treppenhaus schlägt S dem B mit einem Knüppel ins Gesicht, der dabei eine Fraktur erleidet.

   S hat eine gefährliche Körperverletzung (§§ 223, 224) begangen, als er B mit dem Knüppel ins Gesicht geschlagen hat. Die Verwechslung des B mit D lässt als bloßer Motivirrtum den Vorsatz nicht entfallen.

   Für R und T als Mittäter (§ 25 Abs. 2) ist fraglich, ob sich die Verwechslung des S für sie als Fehlgehen der Tat und damit auf den Vorsatz auswirkt. Der BGH behandelt dies ebenfalls als in diesem Fall unbeachtlichen Irrtum über das Tatobjekt.[279]

d) Irrtum über den Kausalverlauf

163 Der Vorsatz muss sich auf den Kausalverlauf in wesentlichen Zügen beziehen. Es können sich deshalb Irrtümer über den Kausalverlauf bei einem zweiaktigen Handeln ergeben, wenn der Täter mit dem Erfolgseintritt entweder bei seiner Erst- oder seiner Zweithandlung rechnet, abweichend davon der Erfolg aber zum anderen Zeitpunkt eintritt.

277 BGH 25.10.1990 – 4 StR 371/90, NJW 1991, 331.
278 Roxin/Greco, AT I, § 12, Rn. 199.
279 BGH 1.8.2018 – 3 StR 651/17, NStZ 2019, 511.

Es lassen sich strukturell zwei Fallkonstellationen unterscheiden:

Zum einen gibt es Fälle, in denen eine vorgelagerte Handlung vom Täter unbemerkt schon den Erfolg herbeiführt, obwohl der Täter die zur Erfolgsherbeiführung geplante Handlung erst später vornimmt: Hier liegt eine Vollendung nur dann vor, wenn sich der Täter schon bei der Ersthandlung zur Tötung entschlossen hatte, das Einschlagen auf das Opfer also bereits den Versuchsbeginn (Rz 489) darstellt.[280] Umgekehrt ist es nicht ausreichend, wenn der Täter ohne Vorsatz einen Erfolg herbeigeführt hat und sich erst später zur Tötung entschließt, also eine dem Versuchsbeginn vorgelagerte Vorbereitungshandlung vorgenommen hat, denn ein nachträglich gefasster Vorsatz ist nicht ausreichend, s. Rz 131. Dann kommt strukturell mit der Ersthandlung nur ein fahrlässiges Delikt neben einem Versuch bei der Zweithandlung in Betracht.[281] **164**

Fallbeispiele:

1. Der Täter hatte sich entschlossen, das Opfer mit einer intravenösen Injektion von Luft zu töten. Um die Injektion verabreichen zu können, sollte das Opfer mit Schlägen überwältigt werden; der Täter hielt das Opfer irrtümlich noch für lebendig und versuchte es nun durch Injektion von Luft zu töten.

   Der BGH bestätigte die Verurteilung wegen einer vollendeten Tötung (§ 212). Der objektive Tatbestand ist erfüllt. Vorsatz ist zu bejahen, da die Schläge vor der Injektion als einheitliches Geschehen bereits den Versuchsbeginn für die Tötungshandlung darstellen; der vorgestellte Kausalverlauf (Tod durch Injektion) weicht nicht wesentlich vom Tod durch Schläge ab.[282]

2. Der Täter wollte seine Frau (F) umbringen. Er hatte geplant, sie zu fesseln und zu knebeln, um sie zu entführen und ihr eine Unterschrift abzunötigen, bevor er sie töten wollte. Bereits beim Knebeln oder dem Transport im Pkw verstarb die F.

   Der Täter hat keinen Totschlag verwirklicht, da ihm der Vorsatz zum Zeitpunkt der Tathandlung gefehlt hat. Die Knebelung war eine der vom Täter geplanten Tötung vorgelagerte Handlung, die er ohne Tötungsvorsatz ausgeführt hat, denn er wollte ihr danach noch eine Unterschrift abnötigen. Die Frage nach der Wesentlichkeit der Abweichung vom vorgestellten Kausalverlauf stellt sich nicht mehr.[283]

280 BGH 10.4.2002 – 5 StR 613/01, NStZ 2002, 475; Fischer, § 16 Rn. 15 m. w. N.

281 BGH 12.12.2001 – 3 StR 303/01, NStZ 2002, 309; 4.12.2008 – 4 StR 438/08, NStZ 2009, 266; Nachweise zu weiteren Differenzierungen: Roxin/Greco, AT I, § 12, Rn. 182 ff.

282 BGH 10.4.2002 – 5 StR 613/01, NStZ 2002, 475, 476.

283 BGH 12.12.2001 – 3 StR 303/01, NStZ 2002, 309.

165 Zum anderen gibt es die umgekehrte Konstellation, bei der eine erste vorsätzlich ausgeführte Handlung nur vermeintlich zum (Todes-)Erfolg geführt hat, der aber bei einer zeitlich nachfolgenden Handlung eintritt, bspw. das Opfer erst bei der Beseitigung der vermeintlichen Leiche stirbt.

Man hat dieses Problem schon auf der Ebene der objektiven Zurechnung zu erörtern unter dem Aspekt des atypischen Kausalverlaufs (vgl. Rz 108). Zusätzlich muss aber auch der Vorsatz zum Zeitpunkt der Tathandlung vorliegen (s. Rz 131), was im subjektiven Tatbestand zu klären ist. Da es zwei Handlungen gibt, ist umstritten, ob der nur bei einer Handlung vorhandene Vorsatz gleichwohl für eine Strafbarkeit wegen vorsätzlicher, vollendeter Tat ausreicht. Nach h. M. stellt man darauf ab, ob der Erfolg als eine **wesentliche oder unwesentliche Abweichung vom vorgestellten Kausalverlauf** erscheint. Insbesondere die Rechtsprechung nimmt nicht vorschnell eine wesentliche Abweichung an und kommt zur Bestrafung wegen des vollendeten Vorsatzdelikts (Vollendungslösung).[284] Eine Gegenansicht will dagegen die Tathandlungen getrennt betrachten und dafür zum einen Versuch und zum anderen nur Fahrlässigkeit annehmen, sofern diese strafbar sind (Trennungslösung).[285]

Fallbeispiel:

Der Täter würgt sein Opfer und hält es für tot. Die vermeintliche Leiche übergießt er mit Benzin, um die Spuren zu beseitigen. Erst dabei tritt der Tod des bislang nur bewusstlosen Opfers ein.[286]

Zunächst hat T mit der Handlung des Würgens das Opfer zwar bewusstlos gemacht, aber noch keinen Todeserfolg herbeigeführt; beim nachfolgenden Entzünden des Benzins hat er sich vorgestellt, dass es am tauglichen Tatobjekt fehlt, mithin ohne Vorsatz gehandelt.

Nach h. M. ist auf das Würgen abzustellen und zu fragen, ob es sich beim Todeseintritt beim nachfolgenden Verbrennen um eine wesentliche Abweichung vom vorgestellten Kausalverlauf handelt. Das wird verneint, da es eine typische Folge darstellt, dass ein Täter die Todeszeichen missdeutet bzw. Spuren beseitigen will. Deshalb ist der Todeserfolg durch Verbrennen keine wesentliche Abweichung vom vorgestellten Tod durch Erwürgen, so dass eine vollendete, vorsätzliche Tötung gem. § 212 vorliegt.

---

284 BGH 21.4.1955 – 4 StR 552/54, NJW 1955, 1077, 1078; 26.4.1960 – 5 StR 77/60, NJW 1960, 1261; 9.10.1969 – 2 StR 376/69, NJW 1970, 715, 716; 3.12.2015 – 4 StR 223/15, juris-Rn. 11 ff., m. Bespr. Eisele JuS 2016, 368; 10.8.2021 – 3 StR 394/20; Wessels/Beulke/Satzger, AT, Rn. 390; Regnier, AT, § 15 Rn. 57; Fischer, § 16 Rn. 18; differenzierend: Roxin/Greco, AT I, § 12, Rn. 177 ff.

285 Freund/Rostalski, AT, § 7 Rn. 151 f.; Kindhäuser/Zimmermann, AT, § 27 Rn. 52; Lackner/Kühl/Heger, StGB, § 15 Rn. 11b m. w. N.

286 Ähnlich: BGH 26.4.1960 – 5 StR 77/60, NJW 1960, 1261.

Die Gegenmeinung trennt die beiden Handlungen strikt voneinander und nimmt beim Würgen eine versuchte Tötung (§§ 212, 22, 23) und beim Verbrennen eine fahrlässige Tötung (§ 222) an.

IV. Sonstige subjektive Tatbestandsmerkmale

Verschiedentlich hat der Gesetzgeber darüber hinaus noch weitere subjektive Merkmale im Tatbestand festgeschrieben[287]. Weil diese keine Entsprechung im objektiven Tatbestand haben, werden sie als **sonstige subjektive Tatbestandsmerkmale** bezeichnet und damit begrifflich vom Vorsatz abgegrenzt[288]. Die sonstigen subjektiven Tatbestandsmerkmale sollten deshalb erst nach dem Vorsatz geprüft werden. Da hier der subjektive Tatbestand mehr Elemente umfasst als der objektive Tatbestand, hat sich die Bezeichnung **Delikte mit überschießender Innentendenz** etabliert.[289] Um solche Merkmale handelt es sich bspw. in § 242 bei der Zueignungsabsicht, in § 263 und § 253 bei der Bereicherungsabsicht, in § 274 bei der Nachteilszufügungsabsicht sowie in § 211 bei der Straftatverdeckungsabsicht[290]. Diese Merkmale werden tatbestandsspezifisch ausgelegt und umfassen teils über die Absicht im engeren Sinne hinaus auch die Vorsatzform der Wissentlichkeit (s. Rz 147), bspw. §§ 164, 267, 274.[291] **166**

Es gibt zudem vereinzelt Tatbestände, in denen Merkmale enthalten sind, die eine bestimmte **Gesinnung** beschreiben, bspw. „böswillig“ (§ 225). Sie werden nach h. M.[292] nicht nur dem Unrechtstatbestand, sondern der Schuld als spezielle Schuldmerkmale zugeordnet, s. Rz 339. Es ist jeweils für den Tatbestand festzustellen, ob es sich ausnahmsweise um ein solches Merkmal oder um rein subjektive Tatbestandsmerkmale handelt.[293] **167**

287 Lackner/Kühl/Heger, StGB, § 15 Rn. 8.

288 Wessels/Beulke/Satzger, AT, Rn. 320.

289 Rengier, AT, § 16 Rn. 2; Wesssels/Beulke/Satzger, AT, Rn. 321.

290 Für § 211 ist umstritten, ob man die subjektiv gefassten Merkmale statt im Tatbestand bei der Schuld einordnen soll, vgl. Sch/Sch/Sternberg-Lieben/Schuster, StGB, § 15 Rn. 24 und ebd. Eser/Sternberg-Lieben, § 211 Rn. 6.

291 Rengier, AT, § 16 Rn. 3 ff.

292 Sch/Sch-Eisele, StGB, Vor § 13 Rn. 122; Roxin/Greco, AT I, § 10 Rn. 78 ff. jew. m. w. N.; krit. MR/Renzikowski, StGB, Vor § 13 Rn. 43 f.

293 So ist etwa umstritten, ob § 211 Mordmerkmale (bspw. Habgier, niedrige Beweggründe) enthält, die nach zutr. Meinung als subjektive Tatbestandsmerkmale gefasst sind oder ob sie spezielle Schuldmerkmale darstellen, Heinrich, AT, Rn. 260, 545.

3. KAPITEL Rechtswidrigkeit

A. Allgemeines

I. Struktur

Aufbauschema 168

I. Tatbestand
   1. Objektiv
   2. Subjektiv

II. **Rechtswidrigkeit**
   1. Objektive Elemente der Rechtfertigung
   2. Subjektive Elemente der Rechtfertigung

III. Schuld

Der Tatbestand und die Rechtswidrigkeit umschreiben zusammen das missbilligte **Unrecht**. Unrecht liegt vor, wenn ein Verhalten im Widerspruch zur Rechtsordnung steht. Man grenzt das (objektive) Unrecht von der Schuld als Kategorie der persönlichen Vorwerfbarkeit ab. Nach dem Tatbestand wird die Rechtswidrigkeit als zweite Stufe im Prüfungsaufbau erörtert.

Hinweis:

Erst wenn ein Verhalten einen Tatbestand verwirklicht, stellt sich die Frage nach der Rechtswidrigkeit. Für jedes Verhalten ist tatbestandsbezogen die Rechtswidrigkeit festzustellen. Umgekehrt ist die Rechtswidrigkeit nicht zu erörtern, wenn ein Tatbestandsmerkmal fehlt und damit der Tatbestand insgesamt entfällt und deshalb kein Unrecht vorliegt.

Tatbestandsmäßiges Verhalten ist in der Regel unrechtmäßig. Es besteht eine 169
Vermutung, dass rechtswidrig handelt, wer einen Tatbestand verwirklicht.

Eine Besonderheit stellen Nötigung und Erpressung dar, bei denen die Rechtswidrigkeit gesondert festzustellen ist. Dies wird in § 240 Abs. 2 bzw. § 253 Abs. 2 als Verwerflichkeit bezeichnet. Man spricht insofern von **offenen Tatbeständen**, weil für diese beiden Tatbestände die Vermutungswirkung nicht gilt, was sie von anderen Tatbeständen unterscheidet.

Bei den anderen Straftatbeständen muss geprüft werden, ob die **Vermutungswirkung des Tatbestandes** ausnahmsweise widerlegt wird. Eine Ausnahme von dieser Vermutung greift nämlich dann ein, wenn ein Rechtfertigungsgrund ein Verhalten erlaubt. Man kann deshalb statt von einem **Rechtfertigungsgrund** auch von einem Erlaubnissatz sprechen.

Hinweis:

Man kann deshalb bei den meisten Tatbeständen in einem Gutachten formulieren, wenn der Tatbestand bejaht wurde:

„Die Verwirklichung des Tatbestandes indiziert die Rechtswidrigkeit. Es ist daher zu prüfen, ob ein Rechtfertigungsgrund eingreift."

Wenn ein Rechtfertigungsgrund eingreift, ist dann das Ergebnis festzustellen: „Das Verhalten ist rechtmäßig." Damit stellt sich die Frage nach der Schuld nicht mehr.

Falls kein Rechtfertigungsgrund eingreift oder offensichtlich ist, dass keine Rechtfertigungsgründe voriegen, hält man zumindest kurz fest: „Das Verhalten ist rechtswidrig."

II. Rechtfertigungsgründe in der Gesamtrechtsordnung

170 Ein Verhalten, das von der Gesamtrechtsordnung als rechtmäßig bewertet wird, muss auch im Strafrecht als erlaubt angesehen werden. Es gilt nach h. M. der Grundsatz der **Einheitlichkeit und Widerspruchsfreiheit der Rechtsordnung.**[294]

Rechtfertigungsgründe finden sich daher an verschiedenen Stellen im Recht. Im Strafgesetzbuch findet man sie im Allgemeinen Teil (bspw. § 32), aber auch im Besonderen Teil (bspw. § 193). Sie können zudem in anderen Gesetzen stehen, bspw. dem Bürgerlichen Gesetzbuch; man findet Rechtfertigungsgründe insbesondere in der Strafprozessordnung oder in den Polizeigesetzen der Länder. Hier spricht man von **öffentlich-rechtlichen Rechtfertigungsgründen**. Wenn deren formelle und materielle Voraussetzungen erfüllt sind, tritt eine rechtfertigende Wirkung ein.

Die Ableitung von Rechtfertigungsgründen unmittelbar aus der **Verfassung** wird nur ausnahmsweise in Betracht kommen, wenn kein sonstiger Rechtfertigungsgrund unter Berücksichtigung der verfassungsrechtlichen Vorgaben eingreift.[295]

Hinweis:

Wenn mehrere Rechtfertigungsgründe in Betracht kommen, sind diese nacheinander zu prüfen. Dabei gehen speziellere den allgemeinen Regelungen vor, bspw. Notwehr vor Notstand, Sachnotstandsregeln (§§ 228, 904 BGB) gehen dem allgemeinen Notstand (§ 34) vor.

294 Rengier, AT, § 17 Rn. 3; Wessels/Beulke/Satzger, AT, Rn. 400.

295 Eisele/Heinrich, AT, Rn. 345; Freund/Rostalski, AT, § 3 Rn. 46 m. w. N.; abw. OLG Jena 13.1.2006 – 1 Ss 296/05, NJW 2006, 1892, 1893.

Zudem werden **gewohnheitsrechtlich** oder durch **Analogie** begründete Rechtfertigungsgründe anerkannt, bspw. die Einwilligung oder früher das Züchtigungsrecht[296]. Da sie den Handelnden entlasten, ist dies kein Verstoß gegen das Verbot der Analogie zum Nachteil des Angeklagten. Mittelbar kann die Entlastung des einen Täters aber zu einer Belastung desjenigen führen, der sich dagegen verteidigt, denn es kann nur ein Verhalten für das Strafrecht rechtmäßig sein.[297] 171

Eine andere Ebene betrifft dagegen den Nachweis im Strafverfahren. Es gilt auch für Rechtfertigungsgründe der **Zweifelsgrundsatz** (in dubio pro reo). Das bedeutet, dass für den Beschuldigten bzw. Angeklagten die für ihn jeweils günstigere Version zu Grunde zu legen ist. Deshalb ist bspw. im Rahmen einer körperlichen Auseinandersetzung denkbar, dass keinem der Kontrahenten ein rechtswidriges Verhalten nachgewiesen werden kann. 172

III. Hoheitliches Handeln

Hoheitliches Handeln ist an Recht und Gesetz gebunden. Es muss daher regelmäßig unter Beachtung der Voraussetzungen der jeweiligen Eingriffsgrundlagen erfolgen (bspw. körperliche Eingriffe gem. § 81a StPO). Da diese **öffentlich-rechtlichen Normen** Rechtfertigungsgründe darstellen, ist das hoheitliche Handeln folglich rechtmäßig, wenn es den Voraussetzungen der Eingriffsnorm entspricht. Daher sind die Kenntnis und Beachtung der formellen und materiellen Voraussetzungen dieser Regelungen sehr wichtig, um bei Verwirklichung von Straftatbeständen durch dienstliche Handlungen nicht selbst strafbar zu werden. Auf die einzelnen öffentlich-rechtlichen Normen wird an dieser Stelle nicht eingegangen, da diese nicht im Strafgesetzbuch geregelt sind und deshalb andernorts erläutert werden.[298] 173

Beispiel:

Schläger S wird von der Polizei festgenommen, weil er auf einem Volksfest andere Menschen verletzt hat (§ 223). PHM P kommt zur Überzeugung, dass S unter Drogen steht und möchte zur Feststellung seiner Schuldfähigkeit (§ 20) eine Blutprobe entnehmen und analysieren lassen. P ordnet dies gegenüber dem widerstrebenden S an, da er das so bei jeder Trunkenheitsfahrt (§ 316) machen darf. P entnimmt als gelernter Krankenpfleger kunstgerecht das benötigte Blut, damit es schneller geht und die Fahrt ins Krankenhaus entfällt.

296 BGH 23.10.1957 – 2 StR 458/56, NJW 1958, 799.
297 Wessels/Beulke/Satzger, AT, Rn. 402; Roxin/ Greco, AT I, § 5 Rn. 42.
298 Vgl. dazu bspw. die Werke von Müller, Strafverfahrensrecht für Polizeistudium und -praxis; Trurnit, Eingriffsrecht; Zeitler/Trurnit, Polizeirecht für Baden-Württemberg; Lisken/ Denninger, Handbuch des Polizeirechts.

> Durch die Entnahme von Blut verwirklicht P z. N. von S den objektiven und subjektiven Tatbestand von § 223[299].
>
> Er könnte gerechtfertigt sein, wenn ein Rechtfertigungsgrund eingreift, hier § 81a StPO.
>
> § 81a Abs. 2 StPO sieht grundsätzlich vor, dass ein Richter die Blutentnahme anordnen muss. Lediglich für bestimmte Verkehrsdelikte ist ausnahmsweise eine Zuständigkeit der Ermittlungsperson der Staatsanwaltschaft, also auch für den P, vorgesehen. Dieser Fall lag nicht vor; folglich ist die Maßnahme formell unrechtmäßig und damit entfällt die Rechtfertigung für P.
>
> Zudem ist die materielle Rechtmäßigkeit nicht gewahrt, da P die Blutentnahme durchführt, obwohl ein Arztvorbehalt zu beachten war (§ 81a Abs. 1 S. 2 StPO).
>
> Andere Rechtfertigungsgründe sind nicht erkennbar; folglich handelt P rechtswidrig.

174 Sofern die Voraussetzungen einer Eingriffsnorm nicht beachtet werden, tritt für einen Untergebenen auch nicht allein deshalb Rechtfertigung ein, weil ein **Handeln auf Befehl** oder auf Weisung vorlag.[300] Nach überzeugender Ansicht kommt sogar bei einer für den Untergebenen verbindlichen, aber rechtswidrigen Weisung keine Rechtfertigung, sondern allenfalls eine Entschuldigung (s. Rz 348) in Betracht, str.[301]

175 Allerdings kann nach h. M. ein strafrechtlich gerechtfertigtes Verhalten in anderem Kontext (bspw. im Disziplinarrecht) als falsch bewertet werden, ohne dass dies auch für das Strafrecht als rechtswidrig bzw. strafbar[302] anzusehen wäre.[303] Dies wird mit dem fragmentarischen Charakter des Strafrechts zu erklären versucht, sodass hier **strafrechtsspezifisch** geprüft wird.[304]

176 Umstritten ist, ob sich **Polizeibeamte im Dienst** auch dann auf **allgemein geltende Rechtfertigungsgründe** im Strafrecht berufen können, wenn die spezielleren Regeln für **hoheitliches Handeln** strenger ausgestaltet sind.

---

299 Hier handelt es sich sogar um eine Körperverletzung im Amt, § 340. Dagegen liegt § 224 Abs. 1 Nr. 2 nicht vor, wenn P die Kanüle sachgerecht verwendet.

300 Eisele/Heinrich, AT, Rn. 346; vgl. § 63 BBeamtG; § 48 LBG BW; § 5 WStG.

301 BGH 3.11.1992 – 5 StR 370/92, juris-Rn. 88; im Erg. auch: BGH 20.3.1995 – 5 StR 111/94, juris-Rn. 12, 17; Fischer, Vor § 32 Rn. 16; Heinrich, AT, Rn. 511, 594; anders für rechtswidrige, aber verbindliche Befehle: Wessels/Beulke/Satzger, AT, Rn. 711 f.; Kühl, AT, 9/118e m. w. N.; zum „Befehlsnotstand": BGH 14.10.1952 – 1 StR 791/51, BGHSt 3, 271 – heute wäre § 34 zu beachten.

302 Diff. MR/Engländer, StGB, § 32, Rn. 41 m. w. N.

303 Umgekehrt gilt dies nicht, vgl. Rz 170.

304 BGH 30.6.2004 – 2 StR 82/04, NStZ 2005, 31; 23.9.1977 – 1 BJs 55/75, NJW 1977, 2172; Wessels/Beulke/Satzger, AT, Rn. 407 f.; Fischer, Vor § 32 Rn. 2; weiterführend: Günther, Strafrechtswidrigkeit, S. 55 ff., 133, 367; krit. SK/Hoyer, Vor § 32 Rn. 7 ff.

In der Praxis werden zwar zumeist die Regelungen in den Polizeigesetzen oder der Strafprozessordnung das dienstliche Handeln rechtfertigen; es können dort aber strengere Voraussetzungen bspw. für den Schusswaffengebrauch vorgegeben sein, als sie im StGB, insbesondere für die Notwehr (§ 32), statuiert sind. Dies gilt speziell für den **finalen Rettungsschuss**, der in den meisten Bundesländern polizeirechtlich geregelt ist.[305]

Auch Fälle der sog. „**Rettungsfolter**", d. h. einer (Androhung von) Folter zur Erlangung einer Aussage (§ 343) mit dem Ziel der Rettung eines Entführungsopfers, haben die Diskussion über die Anwendbarkeit der Notwehr oder des Notstands in diesem Kontext befördert, s. Rz 222.[306] Eine vergleichbare Frage stellt sich beim Einsatz von **verdeckt arbeitenden Ermittlungspersonen** (insb. für verdeckte Ermittler, vgl. §§ 110a ff. StPO) bei Begehung von (milieuspezifischen) Straftaten.[307] Gerade für den letzteren Fall hat der Gesetzgeber in § 110c S. 3 StPO zwar auf die allgemeinen Befugnisse (d. h. auch die Rechtfertigungsgründe) verwiesen, andererseits aber (nur) § 110d StPO als besondere Regelung geschaffen.

Eine M. M. führt Bedenken dagegen an, die allgemein geltenden Rechtfertigungsgründe in diesen Fällen anzuwenden, weil sonst die gesetzlichen Vorgaben für hoheitliches Handeln unterlaufen werden können.[308] Nach der überzeugenden h. M. sind die strafrechtlichen Rechtfertigungsgründe wie bei jedem anderen Bürger heranzuziehen, weil nicht mit dem Strafrecht die disziplinarische Verfehlung (übermäßig) sanktioniert werden soll und der „**Bürger in Uniform**" die gleichen Rechte behält.[309] Ob die allgemeinen Rechtfertigungsgründe als Legitimation für staatliche Eingriffe dienen können, ist zweifelhaft, kann aber für die hier interessierende Frage der Strafbarkeit dahinstehen.[310]

305 Gesamtdeutscher Überblick: Wolff, NVwZ 2021, 695–699.

306 LG Frankfurt a. M. 20.12.2004 – 5/27 KLs 7570 Js 203814/03 (4/04), NJW 2005, 692; EGMR (Große Kammer) 1.6.2010 – 22978/05 (Gäfgen/Deutschland), NJW 2010, 3145.

307 Schwarzburg, Einsatzbedingte Straftaten Verdeckter Ermittler, NStZ 1995, 469.

308 LK/Rönnau/Hohn, StGB, § 32, Rn. 220; NK/StGB/Paeffgen/Zabel, Vor § 32, Rn. 151; Jakobs, AT 12. Abschn. Rn. 42 ff.; Jahn Staatsnotstand S. 416 ff. m. w. N. in Fn. 665.

309 BGH 30.6.2004 – 2 StR 82/04, NStZ 2005, 31; BayObLG 13.12.1990 – RReg. 5 St 152/90, BayObLGSt 1990, 141, 142; Murmann, GK-ST, Rn. 5; Kühl, AT, § 7 Rn. 153, 155; MüKo/Erb, StGB, § 32, Rn. 189 ff.; Günther, Strafrechtswidrigkeit, S. 367 ff.; Schütze/Kische in: Staller/Körner, Handbuch polizeiliches Einsatztraining, S. 539, 543.

310 Das lässt die h. M. zu: BGH 23.9.1977 – StB 215/77, BGHSt 27, 260; OLG Frankfurt am Main 29.11.1974 – 2 Ws 239/74, NJW 1975, 271, Entnahme von Leichenblut für Zwecke der gesetzlichen Unfallversicherung nach § 34; a. A. Wessels/Beulke/Satzger, AT, Rn. 433; vgl. auch Müller, Strafverfahrensrecht, Rn. 11, 556.

IV. Rechtsfolgen

177 Innerhalb von Rechtfertigungsgründen strukturiert man die Prüfung nach objektiven und subjektiven Elementen. Der objektive Teil bezieht sich auf den Erfolgsunwert und der subjektive Teil auf den Handlungsunwert, s. Rz 73.[311] Wenn lediglich nach dem Vorstellungsbild des Handelnden ein Rechtfertigungsgrund vorliegt, obwohl es objektiv daran fehlt, so handelt er nicht rechtmäßig, es kommt aber ein Erlaubnistatbestandsirrtum in Betracht, näher: Rz 350.[312]

Umstritten ist bei Vorliegen der objektiven Elemente, ob und in welchem Umfang das **subjektive Element** vorhanden sein muss und welche Folgen sich ergeben.

Nach der klassischen **Vollendungslösung** ist der Täter aus dem vollendeten Delikt zu bestrafen, wenn er nicht zumindest in Kenntnis der objektiven Elemente der Rechtfertigung gehandelt hat.[313] Nach der zunehmend vertretenen **Versuchslösung** soll in diesem Fall nicht wegen Vollendung, sondern – sofern unter Strafe gestellt – wegen eines Versuchs bestraft werden, da die objektiv vorliegenden Elemente der Rechtfertigung das Erfolgsunrecht aufheben und somit nur der Handlungsunwert verbleibt. Diese überzeugende, weil präzisere Lösung wird auch zunehmend in der Rechtsprechung angewendet.[314]

B. Notwehr

I. Überblick

178 In § 32 ist die Notwehr normiert. Es handelt sich um eine Regelung, die verbreitet anerkannt wird[315] und die für das Strafrecht vorrangig vor gleichlautenden Regelungen in § 227 BGB oder § 15 OWiG ist.[316] Neben der Notwehr zur Verteidigung eigener Rechtsgüter umfasst der Wortlaut von § 32 („...um einen ... Angriff von sich oder einem anderen abzuwenden“) auch die **Nothilfe**. Darunter versteht man eine Verteidigung zugunsten eines Dritten, der

311 Rengier, AT, § 17 Rn. 9; Wessels/Beulke/Satzger, AT, Rn. 410.

312 MR/Engländer, StGB, Vor § 32 Rn. 5.

313 BGH 6.10.2004 – 1 StR 286/04, NStZ 2005, 332, 333; BGH 15.1.1952 – 1 StR 552/51, juris-Rn. 10; Eisele/Heinrich, AT, Rn. 214.

314 BGH 11.10.2016 – 1 StR 462/16, NJW 2017, 1186, 1188, m. zust. Anm. Mitsch; 3.12.1991 – 1 StR 120/90, NJW 1992, 763, 767; OLG Naumburg 24.4.2013 – 2 Ss 58/12, NStZ 2013, 718, 719; OLG Celle 25.1.2013 – 2 Ws 17 – 21/13, juris-Rn. 34; Kühl § 6 Rn. 14, Fischer, § 32 Rn. 27.

315 Näher: Kühl, JuS 1993, 177. Den Grundgedanken der Notwehr findet man schon im römischen Recht: „vim vi repellere licet“, Digesten 43,16,1; vgl. Art. 51 UN-Charta.

316 Eisele/Heinrich, AT, Rn. 323.

angegriffen wird. Dies hat besondere Bedeutung für die Tätigkeit der Einsatzkräfte der Polizei. Es gelten für die Nothilfe die gleichen Voraussetzungen wie für die Notwehr (s. Rz 224).

§ 32 stellt einen speziellen und weitreichenden Rechtfertigungsgrund **179** dar. Deshalb ist die Notwehr (gedanklich) als erster Rechtfertigungsgrund in Betracht zu ziehen. Der Anwendungsbereich von § 32 ist enger als derjenige der Notstandsregelungen (bspw. § 34), da ein **Angriff** und nicht lediglich eine Gefahr vorausgesetzt wird.

Es handelt sich andererseits auf der Rechtsfolgenseite um einen Rechtferti- **180** gungsgrund, der weitreichende Verteidigungsbefugnisse eröffnet, da § 32 grundsätzlich **keine Güterabwägung** kennt. Deshalb ist sogar eine Verteidigung von Sachwerten auf Kosten von Leib oder gar Leben eines Angreifers denkbar.[317] Man bezeichnet die Notwehr daher als ein „schneidiges" Recht. Es gilt der Grundsatz: „**Das Recht braucht dem Unrecht nicht zu weichen**", d. h., der Verteidiger braucht sich einem Angriff grundsätzlich nicht durch Flucht zu entziehen oder Dritte um Hilfe zu bitten.[318]

Die Notwehr dient in erster Linie der Verteidigung von **Individualrechts- 181 gütern**.[319] Nach h. M. dient sie auch der **Bewährung der Gesamtrechtsordnung**.[320] Der Einzelne übernimmt daher nicht nur die Abwehr des Angriffs auf seine Rechtssphäre, sondern zugleich auch eine staatliche Aufgabe. Damit ist die Notwehr aber begrenzt, bis das Gewaltmonopol vom Staat effektiv wahrgenommen werden kann.

Das oben skizzierte Aufbauschema für Rechtfertigungsgründe kann für **182** die Notwehr weiter ergänzt werden.

Aufbauschema § 32:

I. Objektive Elemente:

  1. Notwehrlage

    a) Angriff

317 RG 20.9.1920 – I 384/20, RGSt 55, 82, 85 f.; BGH 12.2.2003 – 1 StR 403/02, NJW 2003, 1955, 1957; anders ist dies bspw. in Frankreich, wo die Notwehr verhältnismäßig sein muss und eine Verteidigung von Gütern die vorsätzliche Tötung nicht rechtfertigt, vgl. Art. 122–5 des französischen Code pénal.

318 BGH 24.7.1979 – 1 StR 249/79, NJW 1980, 2263.

319 Nach einer beachtlichen M. M. ist die Notwehr allein auf diesen Aspekt zurückzuführen, denn der Schutz subjektiver Rechte ist Grundlage einer freiheitlich verfassten Rechtsordnung: MR/Engländer, StGB, § 32, Rn. 4 m. w. N.; Renzikowski, Notstand und Notwehr, S. 231 ff.

320 BGH 12.2.2003 – 1 StR 403/02, NJW 2003, 1955, 1957; 25.4.2013 – 4 StR 551/12, NJW 2013, 2133, 2135, Wessels/Beulke/Satzger, AT, Rn. 494; Lackner/Kühl/Heger, StGB, § 32 Rn. 1 je m. w. N.

b) Gegenwärtigkeit des Angriffs
c) Rechtswidrigkeit des Angriffs
2. Notwehrhandlung
a) Geeignetheit
b) Erforderlichkeit
c) Gebotenheit
II. Subjektive Elemente:
1. Kenntnis der Notwehrlage
2. Verteidigungswille

II. Notwehrlage

183 Eine Notwehrlage umfasst einen gegenwärtigen, rechtswidrigen Angriff. Festzustellen ist die Notwehrlage **objektiv** und nicht nach subjektiven Kriterien. Es sind Tatsachen zu berücksichtigen, die sich erst später herausstellen, also aus einer **nachträglichen Perspektive** („ex post").[321] Bspw. ist das Vorhalten einer ungeladenen Pistole kein Angriff auf das Leben, aber es kann ein Angriff auf die Willensentschließungsfreiheit sein.[322] Bei Irrtümern kommt aber ein Erlaubnistatbestandsirrtum in Betracht, s. Rz 350.

1. Angriff

184 Die Notwehr setzt einen Angriff voraus.

Nach h. M. wird unter einem Angriff eine menschliche Handlung verstanden, die ein individuelles Rechtsgut oder rechtlich anerkanntes Individualinteresse zu verletzen droht.[323]

185 Als **Individualrechtsgüter** sind bspw. Leib, Leben, (Willensentschließungs- und Fortbewegungs-)Freiheit[324], sexuelle Selbstbestimmung, Eigentum, Vermögen, Ehre[325], aber auch das Hausrecht[326] oder das allgemeine Persönlich-

321 BGH 1.3.2011 – 3 StR 450/10, NStZ 2011, 630; 25.9.2019 – 2 StR 177/19, NStZ 2020, 147 m. Anm. Kulhanek; Murmann, GK-ST, § 25, Rn. 74; Rengier, AT, § 18 Rn. 12.
322 MR/Engländer, StGB, § 32, 8.
323 Eisele/Heinrich, AT, Rn, 225.
324 Auch die Freiheit sich im Straßenverkehr zu bewegen, wird dazu gezählt: BayObLG 14.8.1992 – 2 St RR 128/92, NJW 1993, 211.
325 Zum Anpusten mit Zigarttenqualm als Angriff auf die Ehre: LG Bonn 9.12.2011 – 25 Ns 555 Js 131/09, BeckRS 2012, 3545; AG Erfurt, 18.9.2013 – 910 Js 1195/13 48 Ds, NStZ 2014, 160.
326 OLG Düsseldorf 29.8.1997 – 22 U 17/97, NJW 1997, 3383.

keitsrecht[327] geschützt. Beim Vermögen ist freilich die gewaltsame Durchsetzung zivilrechtlicher Forderungen in §§ 229, 230, 859 BGB speziell und damit vorrangig ausgestaltet.[328] Weiter zählen zu den Individualrechtsgütern der rechtmäßige **Besitz**, etwa des Mieters, nach h. M. aber auch der unrechtmäßige Besitz des Diebes gegenüber einem anderen Dieb.[329] Ausprägungen des **allgemeinen Persönlichkeitsrechts** (Art. 2 Abs. 1 i. V. m. Art. 1 Abs. 1 GG) werden nach h. M. erfasst, z. B. das Recht am eigenen Bild, das gegenüber einem Fotografen durchgesetzt wird.[330] Auch die zumindest über die **allgemeine Handlungsfreiheit** geschützte Nachtruhe soll ebenfalls ein notwehrfähiges Interesse sein.[331]

Nicht erfasst werden dagegen **Rechtsgüter der Allgemeinheit**, bspw. die **186** (abstrakte) Sicherheit des Straßenverkehrs oder Sauberkeit von Luft und Gewässern. Anders kann dies dann liegen, wenn der Wasservorrat oder die Gesundheit bestimmter Menschen konkret betroffen sind.[332] Daher können sich Proteste gegen die allgemeine Umweltverschmutzung oder Überwachungsmaßnahmen von die Allgemeinheit schützenden Ordnungswidrigkeiten, die Straftatbestände verwirklichen, regelmäßig nicht auf Notwehr bzw. Nothilfe stützen.[333]

Andererseits hat aber der **Staat** als juristische Person durchaus Individual- **187** rechtsgüter, etwa Eigentum an Streifenwagen, deren Beschädigung im Wege der Nothilfe verhindert werden darf;[334] die Durchsetzung der Ordnung im Straßenverkehr oder gar die allgemeine Rechtsordnung sind aber nicht notwehrfähig.[335]

Zweifelhaft ist, ob der **Gemeingebrauch** an Parkplätzen ein notwehrfähi- **188** ges Rechtsgut darstellt, etwa wenn Autofahrer ihren Vorrang an Parklücken (§ 12 Abs. 5 StVO) mit Gewalt erzwingen.[336]

327 Wessels/Beulke/Satzger, AT, Rn. 497.
328 Kühl, AT, § 17 Rn. 36; Rengier, AT, § 18 Rn. 18 m. w. N.
329 RG 11.6.1926 – I 159/26, RGSt 60, 273, 278; a. A. MR/Engländer, StGB, § 32 Rn. 11; umfassend zum Streitstand: Kühl, AT, § 17 Rn. 36 m. w. N.
330 BGH 23.1.2003 – 4 StR 267/02, NStZ 2003, 599, Rz. 5; OLG Karlsruhe 1.10.1981 – 1 Ss 200/81, NStZ 1982, 123; Fischer, § 32 Rn. 8; zum Filmen von Demonstranten durch die Polizei: BGH 12.8.1975 – 1 StR 42/75, NJW 1975, 2075.
331 Sch/Sch-Perron/Eisele, StGB, § 32 Rn. 5a; allg. zur Ruhestörung: OLG Koblenz 19.10.1972 – 1 Ss 203/72, NJW 1973, 290.
332 Lackner/Kühl/Heger, StGB, § 32 Rn. 3; Sch/Sch-Perron/Eisele, StGB, § 32 Rn. 8.
333 AG Bonn 28.1.2014 – 109 C 228/13, BeckRS 2014, 6752.
334 Ob andere Rechtsgüter des Staates notwehrfähig sind, ist zweifelhaft: Sch/Sch-Perron/Eisele, StGB, § 32, Rn. 6 f.; Kühl, AT, § 17 Rn. 37, je m. w. N.; restriktiv zu § 34 bei der Sicherheit des Flugverkehrs: OLG Düsseldorf 25.10.2005 – III-5 Ss 63/05 – 33/05 I, NStZ 2006, 243.
335 BGH 2.10.1953 – 3 StR 151/53, NJW 1954, 438; OLG Düsseldorf 29.3.1961 – (2) Ss 101/61, NJW 1961, 1783, 1784.
336 Verneinend: OLG Stuttgart 8.12.1965 – 1 Ss 632/65, NJW 1966, 745; bejahend: BayObLG 22.1.1963 – RevReg. 2 St 579/62, NJW 1963, 824, 825; 7.2.1995 – 2 St RR 239/94, NJW 1995, 2646; Rengier, AT, § 18 Rn. 9, Sch/Sch-Perron/Eisele, StGB, § 32 Rn. 9 m. w. N.

Ebenfalls zweifelhaft ist, ob Verstöße gegen den **Tierschutz**, also Ansprüche von Tieren als „andere“ i. S. v. § 32, im Rahmen der Nothilfe gegen den Willen der Tierhalter durchgesetzt werden können oder ob allein die staatlichen Stellen zum Einschreiten befugt sind.

Fallbeispiel:

T hat im Rahmen seiner Arbeit für eine Tierschutzorganisation Hinweise auf tierschutzwidrige Zustände in einem großen Schweinemastbetrieb. Die Behörden schreiten nicht dagegen ein und nehmen seine Anzeigen nicht ernst. Daraufhin schleicht er sich heimlich in die Stallung ein und nimmt Fotos auf, die verschiedene Verstöße und Leiden von Schweinen dokumentieren. Diese Fotos bringt er an die Öffentlichkeit und danach schreiten die Behörden ein. Der Schweinemäster ist mit dem Vorgehen nicht einverstanden und meint, er sei im Konkurrenzkampf auf gewisse Ausnahmen angewiesen.

T hat den Tatbestand eines Hausfriedensbruchs (§ 123) in objektiver und subjektiver Hinsicht verwirklicht.

Umstritten ist, ob sein Verhalten gerechtfertigt ist. Es kann Notwehr in Form von Nothilfe nur eingreifen, wenn es sich um ein Individualrechtsgut handeln würde bei den Ansprüchen von Tieren auf tierschutzgerechte Haltungsbedingungen.

Eine Ansicht will hier auf das Empfinden von Mitleid als notwehrfähiges Rechtsgut abstellen oder sogar unmittelbar aus Art. 20a GG bzw. aus § 1 TierSchG für den Schutz von Tieren als Mitgeschöpfen eine Befugnis zum Einschreiten ableiten.[337]

Die h. M.[338] lehnt dagegen die Notwehr ab, weil es sich um ein Rechtsgut der Allgemeinheit handelt und der Staat für Kontrolle und Abhilfe sorgen muss, aber nicht der Einzelne einzuschreiten berechtigt ist. Es mag zwar im Ergebnis hartherzig erscheinen, wenn man hier den Tierschutz nicht anerkennt, aber zuletzt ist in der Rechtsordnung nur eine Verhaltensweise richtig und es leuchtet nicht ein, wenn selbsternannte Tierschützer sogar Wohnungen betreten dürften, um dort „Beweismittel" zu suchen, Tiere freilassen oder ähnliche Verteidigungsmittel wählen und sich der Betroffene dies ohne Gegenmaßnahmen gefallen lassen müsste. Deshalb ist es überzeugender, wenn man nur individuelle Rechte im Rahmen der Notwehr erfasst.

189 Das Verhalten eines Angreifers muss keine Straftat verwirklichen und setzt weder vorsätzliches noch schuldhaftes Handeln voraus. Es muss aber **Hand-**

337 LG Magdeburg 11.10.2017 – 28 Ns 182 Js 32201/14 (74/17), StV 2018, 335, 336 m. zust. Anm. Keller/Zetsche; Roxin/Greco, AT I, § 15, Rn. 34 m. w. N.; nicht auf Notwehr, sondern auf Notstand (§ 34) abstellend: OLG Naumburg 22.2.2018 – 2 Rv 157/17, NStZ 2018, 472, 473.

338 Fischer, § 32 Rn. 10; MüKo/Erb, StGB, § 32 Rn. 100; MR/Engländer, StGB, § 32 Rn. 11; Wessels/Beulke/Satzger, AT, Rn. 497; LK/Rönnau/Hohn, StGB, § 32 Rn. 82; Bock, ZStW 131 (2019), 555, 561.

lungsqualität[339] aufweisen. Es wird nach h. M. nur menschliches Verhalten erfasst, so dass ein Angriff durch ein Tier nur dann ausreicht, wenn etwa ein Hund vom Menschen gehetzt und damit gesteuert wird.[340] Ein vom **Tier** selbst ausgehender „Angriff" kann deshalb nicht durch Notwehr, aber im Rahmen eines Notstands abgestellt werden, s. Rz 240.

2. Gegenwärtigkeit des Angriffs

Wegen der weitreichenden Verteidigungsrechte wird die Notwehrlage einschränkend ausgelegt.[341] Die Gegenwärtigkeit in § 32 wird daher enger als etwa die Gegenwärtigkeit der Gefahr beim Notstand (§ 34) interpretiert. **190**

Definition:

Gegenwärtig ist ein Angriff, wenn er unmittelbar bevorsteht, gerade stattfindet oder noch andauert.

Unproblematisch ist die Phase erfasst, wenn ein Angriff vorgetragen wird, also stattfindet. Dann hat der Angriff begonnen, ist aber noch nicht abgeschlossen. **191**

Umstritten ist der Beginn der Gegenwärtigkeit, also die Phase, in der der Angriff unmittelbar bevorsteht. Manche wollen sich am Versuchsbeginn gem. § 22, dem unmittelbaren Ansetzen, orientieren.[342] Insbesondere für die Rechtsprechung ist noch weitgehender nicht erst die Vornahme der Verletzungshandlung gegenwärtig, sondern bereits der Zeitpunkt der durch den bevorstehenden Angriff geschaffenen bedrohlichen Lage entscheidend; bei einem vorsätzlichen Angriff reicht schon die Handlung aus, die dem Versuchsbeginn unmittelbar vorgelagert ist.[343] Die h. M. erfasst zudem die Phase, in der überhaupt noch eine effektive Abwehr des Angriffs möglich erscheint.[344] Gegenwärtig in diesem Sinne soll auch ein Verhalten sein, das zwar noch kein Recht verletzt, aber unmittelbar in eine Verletzung umschlagen kann und deshalb ein Hinausschieben der Abwehrhandlung unter den gegebenen Umständen entweder deren Erfolg gefährden oder den Verteidiger zusätzlicher nicht mehr hinnehmbarer Risiken aussetzen würde.[345] Gegenwärtig soll außerdem ein Angriff sein, **192**

339 Selten praktisch dürfte der Streit darüber werden, ob auch ein Unterlassen als Angriff ausreicht, vgl. Kühl, AT, § 7 Rn. 29 f.; Rengier, AT, § 18 Rn. 7 jew. m. w. N.

340 Fischer, § 32 Rn. 6; Kühl, AT, § 7 Rn. 26; Rengier, AT, § 18 Rn. 7; a. A. LK/Spendel, StGB, 11. Aufl. 1992 Rn. 38 (aufgegeben von LK/Rönnau/Hohn, StGB, § 32 Rn. 99).

341 Murmann, GK-ST, § 25 Rn. 81.

342 Bock, AT, 6/29; Kühl, AT, § 7 Rn. 40 m. w. N.

343 BGH 6.10.2021 – 6 StR 348/21, NStZ 2023, 27, 28.

344 Rengier, AT, § 18 Rn. 20; umfassende Darstellung bei Roxin/Greco, AT I, § 15 Rn. 22 ff.

345 BGH 7.6.2017 – 4 StR 197/17, NStZ-RR 2017, 270; 21.3.2017 – 1 StR 486/16, BeckRS 2017, 108089, Rz. 28.

wenn eine Wiederholung eines vorangegangenen Angriffs jederzeit und unmittelbar zu erwarten ist.[346]

193 Dagegen scheiden nicht aktualisierte Angriffe, sog. **Dauergefahren,** für § 32 aus: Es liegt kein gegenwärtiger Angriff vor, wenn ein unberechenbarer Tyrann sich noch im Schlaf befindet[347] oder sich Angreifer, die planen später einen Bordellbetreiber anzugreifen, noch nicht vollständig versammelt haben [348]. **Präventivnotwehr** ist nicht von § 32 abgedeckt. Geprüft werden kann dann, ob ein Notstand gem. § 34 vorliegt.[349]

194 Bei der **„antizipierten Notwehr"** fehlt es i. d. R. nicht an der Gegenwärtigkeit bei einer automatisierten Angriffsabwehr, bspw. durch Sprengfallen, Selbstschussanlagen, stromführende Kabel zur Abwehr von Diebstählen o. dgl. Problematisch ist dabei vielmehr das Ausmaß der Verteidigungshandlung.

195 Der Angriff dauert so lange fort, bis die Rechtsgutsverletzung endgültig eingetreten ist oder keine Gefahr mehr für das Schutzgut besteht.[350] So ist eine einzelne beleidigende Aussage oder eine einzelne Ohrfeige rasch abgeschlossen und damit zugleich die Gegenwärtigkeit des Angriffs beendet.[351] Anders gestaltet sich die Lage jedoch, wenn eine Serie von Beleidigungen oder Schlägen vorliegt oder zumindest objektiv zu erwarten ist.[352] Nach einem ersten Schlag bleibt der Angriff gegenwärtig, wenn – nach objektiver Sachlage – eine Wiederholung und damit ein erneutes Umschlagen in eine Verletzung unmittelbar zu befürchten ist.[353]

Bei Dauerdelikten kann die Gegenwärtigkeit dagegen einen längeren Zeitraum umfassen, etwa bei Freiheitsberaubung, Erpressung[354] oder Hausfriedensbruch so lange, wie der Angriff auf das Rechtsgut andauert.[355]

Beim Diebstahl (§ 242) von Gegenständen ist die Tat mit der Wegnahme zwar vollendet, aber der Angriff auf das Rechtsgut dauert fort. Erst wenn

346 BGH 9.8.2005 – 1 StR 99/05, BeckRS 2005, 10286; 25.9.2019 – 2 StR 177/19, NStZ 2020, 147 m. Anm. Kulhanek.

347 BGH 25.3.2003 – 1 StR 483/02, NJW 2003, 2464, 2466.

348 BGH 3.2.1993 – 3 StR 356/92, NStZ 1993, 333, 334 m. Anm. Roxin.

349 BGH 3.2.1993 – 3 StR 356/92, NStZ 1993, 333, 334; Fischer, § 32 Rn. 19 f.; anders: OLG Frankfurt 8.6.1966 – 2 Vs 2/66, NJW 1967, 1047, 1048.

350 Rengier, AT, § 18 Rn. 23.

351 BayObLG 9.1.1985 – RReg. 5 St 272/84, NJW 1985, 2600, 2601; LG Bonn 9.12.2011 – 25 Ns 555 Js 131/09 – 148/11, juris-Rn. 53.

352 BGH 17.5.2018 – 3 StR 622/17, NStZ-RR 2018, 272, 273; OLG Koblenz 17.1.2011 – 2 Ss 234/10, juris-Rn. 15.

353 BGH 25.1.2017 – 1 StR 588/16, BeckRS 2017, 103216.

354 Das Problem bei einer Erpressung liegt darin, dass die Drohung i. d. R. beendet ist, der Angriff auf das Vermögen aber noch nicht unmittelbar bevorsteht. Deshalb wird vorgeschlagen, in der Drohung einen andauernden Angriff auf die Willensfreiheit zu sehen, MR/Engländer, StGB, § 32 Rn. 16; zur Notwehr bei Chantage: Eggert, NStZ 2001, 225.

355 BGH 12.2.2003 – 1 StR 403/02, NJW 2003, 1955; Rengier, AT, § 18 Rn. 24.

der Täter gesicherten Gewahrsam, d. h. eine gefestigte Sachherrschaft, erlangt hat, ist der Angriff beendet und erst dann entfällt das Notwehrrecht.

Fallbeispiele:

Ausgangsfall: T hat das Fahrrad des O unverschlossen vor dem Wohnheim gefunden, ergreift es am Lenker und schiebt es in Richtung Straße, um es für sich zu nehmen. O beobachtet dies, folgt dem T bis zur Straße und entreißt dem T das Rad, wobei der T eine schmerzhafte Muskelzerrung erleidet, womit O gerechnet hatte und was ihm recht war.

Unproblematisch hat T durch das Wegschieben des Rades des O hier den Tatbestand eines Diebstahls (§ 242) in objektiver und subjektiver Hinsicht verwirklicht. Er hat dafür keinen Rechtfertigungsgrund.

O hat dagegen eine Körperverletzung (§ 223) begangen, da er durch das Wegreißen des Rades bei T eine Zerrung hervorgerufen hat. In subjektiver Hinsicht hat er zumindest mit bedingtem Vorsatz gehandelt.

Das Verhalten des O könnte gerechtfertigt sein, wenn seine Handlung durch Notwehr gedeckt wird. Es liegt eine Notwehrlage vor, denn T hat einen Angriff auf das Eigentum von O am Rad verübt. Dieser Angriff wurde gerade vorgetragen und war noch nicht abgeschlossen, denn T hatte noch keinen gefestigten Gewahrsam am Rad erlangt. Er befand sich noch unmittelbar in Tatortnähe. Deshalb ist der Angriff auch gegenwärtig.

Abwandlung 1: T lässt das Rad sofort fallen, als O heranstürmt. Der O stößt den T gleichwohl zur Seite. Die Verletzungen des T beim Sturz hatte O in Kauf genommen.

In dieser Konstellation ist die Körperverletzung des O z. N. von T nicht durch § 32 gerechtfertigt, da der Angriff auf das Eigentum von O nicht mehr angedauert hat, sondern mit dem Loslassen des Rades abgeschlossen war. Es fehlt daher zum Zeitpunkt der Verteidigungshandlung an der Gegenwärtigkeit des Angriffs. Da dies objektiv festzustellen ist, kommt es nicht auf die Vorstellung des O an. Bei einer entsprechenden Fehlvorstellung könnte man aber einen Erlaubnistatbestandsirrtum prüfen, s. Rz350.

Abwandlung 2: O sieht am nächsten Tag den T mit dem Rad am Hörsaalgebäude und entreißt ihm wiederum das Rad auf gleiche Weise wie im Ausgangsfall.

Auch hier ist im Unterschied zum Ausgangsfall der Angriff auf das Eigentum bereits abgeschlossen und deshalb fehlt es an einem gegenwärtigen Angriff. Mangels Notwehrlage rechtfertigt § 32 das Verhalten des O nicht. Es kann aber § 229 BGB eingreifen, s. Rz230.

3. Rechtswidrigkeit des Angriffs

196 Der Angriff muss rechtswidrig sein, um eine Notwehrlage gem. § 32 Abs. 2 darzustellen.

Definition:

Rechtswidrig ist ein Angriff, der im Widerspruch zur Rechtsordnung steht.[356]

197 Grundsätzlich sind Eingriffe, die der Betroffene von Rechts wegen hinzunehmen hat, nicht rechtswidrig. Aber auch andere Rechtfertigungsgründe sind zu berücksichtigen, bspw. Wegnahme eines Mobiltelefons oder Versperren des Ausgangs bei einem Unbekannten zur Sicherung von Schadensersatzansprüchen (§§ 229, 230 Abs. 1 BGB)[357] bzw. einer vorläufigen Festnahme durch Privatpersonen (§ 127 Abs. 1 StPO)[358].

Daraus folgt, dass es **keine Notwehr gegen Notwehr** geben kann.[359] Die Rechtsordnung erkennt nur ein Verhalten als rechtmäßig an, s. Rz 171 f. Bei wechselseitigen Angriffen ist deshalb eine Gesamtbetrachtung vorzunehmen unter Berücksichtigung des der Verteidigungshandlung vorausgehenden Geschehens.[360] Umgekehrt kann eine Rechtfertigung unter Notstandsgesichtspunkten (§ 34) in Betracht kommen, falls es an einem rechtswidrigen Angriff fehlt.[361]

Hinweis:

Für den Aufbau der Prüfung empfiehlt es sich mit demjenigen zu beginnen, dessen Verhalten im Ergebnis als rechtswidrig eingeordnet wird. Danach kann man bei der Prüfung des Notwehr Übenden auf das Ergebnis der ersten Prüfung verweisen.

a) Erfolgs- oder Handlungsunwert

198 Die Ebene der Rechtswidrigkeit ist von der Schuld zu unterscheiden. Daher kann nach h. M. auch das Verhalten von Kindern (§ 19), Menschen mit einer schweren seelischen Störung, Intelligenzminderung oder stark Betrunkenen[362] (§ 20) rechtswidrig sein und zu einer Notwehrlage führen. Es kommt nur auf den **drohenden Erfolgsunwert** an.[363] Viele verlangen darü-

356 Fischer, § 32 Rn. 21.
357 BGH 5.4.2011 – 3 StR 66/11, NStZ 2012, 144; BayObLG 18.10.1990 – RReg. 5 St 92/90, NJW 1991, 934.
358 BGH 10.2.2000 – 4 StR 558/99, NStZ 2000, 603; auch zu § 229 BGB: OLG Düsseldorf 24.7.1991 – 2 Ss 223/91 – 48/91 III, NJW 1991, 2716.
359 BGH 26.10.1993 – 5 StR 493/93, BGHSt 39, 376; 22.11.2000 – 3 StR 331/00, NStZ 2001, 143, 144; 23.1.2003 – 4 StR 267/02, NStZ 2003, 599, 600.
360 BGH 23.1.2003 – 4 StR 267/02, NStZ 2003, 599, 600 m. w. N.
361 BGH 14.3.1989 – 1 StR 25/89, NJW 1989, 2479, 2481.
362 OLG München 11.2.1966 – 10 U 2121/65, NJW 1966, 1165, 1166.
363 Lackner/Kühl/Heger, StGB, § 32 Rn. 5 m. w. N.

ber hinaus noch ein **pflichtwidriges Verhalten**, so dass zumindest fahrlässiges Verhalten als **Handlungsunwert** beim Angriff vorliegen muss.[364] Hier kann es zu unterschiedlichen Ergebnissen kommen, wenn Irrtümer auftreten, die nicht zu vermeiden waren.

b) Spezieller Rechtmäßigkeitsbegriff bei hoheitlichem Handeln

Umstritten ist, inwiefern hoheitliches Handeln als rechtswidriger Angriff **199**
im Rahmen von § 32 Abs. 2 anzusehen ist. Eine Duldungspflicht kann sich insbesondere aus gesetzmäßigem polizeilichem Handeln ergeben, bspw. bei einer Durchsuchung (§ 102 StPO)[365], vorläufigen Festnahme (§ 127 StPO) usw. Es ist aber umstritten, welcher Rechtmäßigkeitsbegriff gelten soll, wenn die hoheitliche Maßnahme gegen die spezialgesetzlichen Regelungen, bspw. des Verwaltungsrechts, verstößt. Da Polizeivollzugsbeamte häufig rasche Entscheidungen treffen müssen und zugleich Verteidigungshandlungen eine Eskalationsgefahr bergen und es nachgelagerten Rechtsschutz gibt, wird von der h. M. ein **strafrechtlicher Rechtmäßigkeitsbegriff** herangezogen, wie er auch beim Widerstand gegen Vollstreckungsbeamte (§ 113) verwendet wird. Demnach ist nur zu prüfen, ob der Amtsträger örtlich und sachlich zuständig ist, die wesentlichen Förmlichkeiten wahrt, die Anwendungsvoraussetzungen der Norm situationsangemessen prüft, ggf. eingeräumtes Ermessen pflichtgemäß ausübt oder eine Weisung seines Vorgesetzten bzw. ein Vollstreckungsauftrag einer anderen Behörde zugrunde liegt, die nicht offensichtlich rechtswidrig sind.[366] Auf die weiteren materiellen Rechtmäßigkeitsvoraussetzungen der Eingriffsnorm für das hoheitliche Handeln soll es für § 32 nicht ankommen. Wenn Notwehr oder Nothilfe ausscheiden, kann aber § 34 eingreifen.[367]

Fallbeispiel:

Ausländer A ist ausreisepflichtig. Die Ausländerbehörde bittet den Polizeivollzugsdienst, den A in seiner Wohnung abzuholen, um ihn zum Flughafen zu bringen; A sei informiert. Dazu legt sie den Bescheid vor. Später wird eine Duldung ausgesprochen, ohne dass die Ausländerbehörde dies der Polizei mitteilt.

364 Fischer, § 32 Rn. 21a; MR/Engländer, StGB, § 32 Rn. 19 m. w. N.

365 Krit. bei heimlicher Durchführung, BGH 2.11.2011 – 2 StR 375/11, NStZ 2012, 272, 273.

366 BGH 9.6.2015 – 1 StR 606/14, NStZ 2015, 574 m. instruktiver Anm. Engländer NStZ 2015, 577; Fickenscher NJW 2015, 3109; Erb JR 2016, 24; ders. in: FS Gössel, 217 ff.; krit. Rönnau/Hohn StV 2016, 313, 316 f.; OLG Hamm 7.5.2009 – 3 Ss 180/09, NStZ-RR 2009, 271 (nicht situationsadäquate Identitätsfeststellung); OLG Celle 23.7.2012 – 31 Ss 27/12, BeckRS 2012, 18009 (fehlerhafte Belehrung); Lackner/Kühl/Heger, StGB, § 32 Rn. 5; Sch/Sch-Perron/Eisele, StGB, § 32 Rn. 21; MR/Engländer, StGB, § 32 Rn. 22; a. A. Wessels/Beulke/Satzger, AT, Rn. 508, 545: Lösung über die Gebotenheit.

367 Sch/Sch-Perron/Eisele, StGB, § 32 Rn. 21.

PHM P ist mit Kollegen zum angekündigten Termin eingesetzt, um den A abzuschieben. P schickt sich an, den A festzunehmen, um ihn zwangsweise zum Flughafen zu verbringen. A versucht vergeblich seine Duldung vorzuzeigen, will aber unbedingt verhindern, abgeschoben zu werden. Nach erfolglosem Fluchtversuch führt er mit Tötungsvorsatz einen Messerstich gegen P, um seine Ergreifung zu vereiteln. P bleibt dank seiner Schutzweste unverletzt.

A hat tatbestandlich durch den Messerstich einen versuchten Totschlag z. N. des P begangen (§§ 212, 22, 23).

Es ist fraglich, ob A durch Notwehr (§ 32) gerechtfertigt ist. Dazu müsste eine Notwehrlage vorliegen. P hat damit begonnen, den A seiner Freiheit zu berauben, was einen gegenwärtigen Angriff darstellt. Wegen der Duldung war die Vollstreckung der Ausreisepflicht materiell rechtswidrig. Dennoch soll nach h. M. die Festnahme durch P nicht rechtswidrig sein, da nach dem strafrechtlichen Rechtmäßigkeitsbegriff der P sachlich und örtlich zuständig war, die wesentlichen Förmlichkeiten der Abschiebung beachtet und situationsadäquat die Voraussetzungen seines Handelns geprüft hat, wobei er sich auf die Rechtmäßigkeit des von der Ausländerbehörde übermittelten Verwaltungsaktes verlassen durfte. Es fehlt somit an einer Notwehrlage und damit an einer Rechtfertigung des Verhaltens durch A. A ist auf nachgelagerten Rechtsschutz verwiesen, indem er auf dem Weg zum Flughafen oder am Flughafen noch einstweiligen Rechtsschutz hätte erlangen können.[368]

III. Notwehrhandlung

200 Eine **Notwehrhandlung** ist eine Handlung, die den Angriff abwehren soll, vom **Verteidigungswillen** getragen, objektiv **geeignet** und **erforderlich** sowie in wertender Betrachtung **geboten** ist.

201 Die Verteidigung darf sich im Rahmen der Notwehr nur gegen die Rechtsgüter des Angreifers, **nicht** aber **gegen Dritte** richten; es ist bspw. nicht durch § 32 erlaubt, einen Unbeteiligten zu erschießen, der vom Angreifer als „Kugelfang" vor sich gezogen wurde[369]. Diese Einschränkungen sind auch beim Schusswaffengebrauch bei polizeilichen Einsätzen zu beachten.

202 Die Rechtsprechung will teilweise auch **Rechtsgüter der Allgemeinheit** über die Notwehr rechtfertigen, etwa Verstöße gegen das Waffengesetz oder Gefährdungen des Straßenverkehrs, wenn diese **untrennbar** mit der Verteidi-

368 BGH 9.6.2015 – 1 StR 606/14, NStZ 2015, 574. Vgl. aber: BGH 2.11.2011 – 2 StR 375/11, NStZ 2012, 272 m. zust. Anm. Engländer.
369 BGH 26.10.1993 – 5 StR 493/93, NJW 1994, 871, 872.

gungshandlung gegen den Angreifer zusammenfallen.[370] Überzeugender ist es zu differenzieren und neben der Notwehr die anderen Verletzungen der Allgemeinrechtsgüter über Notstandsregeln zu erfassen, denn die Notwehr bezieht sich nach dem Wortlaut und ihrem Sinn und Zweck auf einen Angriff, der nicht von der Allgemeinheit ausgeht.[371]

1. Geeignetheit

Die Geeignetheit der Notwehrhandlung birgt selten Probleme. Der Verteidiger darf Handlungen vornehmen, die den Angriff endgültig beenden oder zumindest abmildern, erschweren oder verzögern. Bspw. ist es auch geeignet, wenn ein Schlag vom Kopf auf den Rumpf abgelenkt wird oder nur einer von mehreren Angreifern ausgeschaltet wird, obwohl die anderen nicht aufgehalten werden können. Andererseits ist es nicht geeignet, gegen eine rechtswidrige polizeiliche Festnahme und Fesselung mit beleidigenden Äußerungen vorzugehen.[372] **203**

2. Erforderlichkeit

Erforderlich ist die Verteidigungshandlung, die eine sofortige und endgültige Beendigung des Angriffs mit Sicherheit erwarten lässt, aber dabei die Rechtsgüter des Angreifers soweit wie möglich schont. Die Pflicht zur Wahl des mildestens Mittels bedeutet nicht, dass sich der Verteidiger auf unzuverlässige oder gefährliche Verteidigungsmittel verweisen lassen müsste. Auf einen Kampf mit ungewissem Ausgang muss er sich nicht einlassen.[373] Ein milderes Mittel, dessen Wirkung zweifelhaft erscheint, muss aber dann gewählt werden, solange im Fall eines Fehlschlags noch genügend Zeit verbleibt, um unmittelbar danach eine sichere Abwehrmaßnahme zu ergreifen.[374] **204**

Es ist in Erinnerung zu rufen, dass es bei der Erforderlichkeit nicht auf eine Verhältnismäßigkeit zwischen den Rechtsgütern des Verteidigers und des Angreifers ankommt; insbesondere bei polizeilichem Einschreiten ist nicht relevant, was ursprünglich der Grund für den Einsatz war.[375] Es kann äußerstenfalls sogar eine tödliche Verletzung erforderlich sein, um einen Angriff auf das Eigentum abzuwenden.[376] Daran ändert auch

370 BGH 5.10.1990 – 2 StR 347/90, NJW 1991, 503, 504; 4.8.2010 – 2 StR 118/10, NStZ 2011, 82, 83; 25.4.2013 – 4 StR 551/12, NJW 2013, 2133, Rz. 29 m. w. N.

371 MüKo/Erb, StGB, § 32 Rn. 122; Rengier, AT, § 18 Rn. 32a je m. w. N.

372 OLG Köln 18.2.2020 – 1 RVs 188/19, BeckRS 2020, 2338, Rz. 17.

373 BGH 24.6.1998 – 3 StR 186/98, juris-Rn. 8; 2.11.2011 – 2 StR 375/11, NStZ 2012, 272, 273; 12.4.2016 – 2 StR 523/15, NStZ 2016, 526, 527; 25.10.2017 – 2 StR 118/16, NStZ-RR 2018, 69, 70; 13.9.2018 – 5 StR 421/18, NStZ 2019, 136, Rz. 8.

374 BGH 12.8.2021 – 3 StR 447/20, juris-Rn. 9.

375 BGH 30.6.2004 – 2 StR 82/04, NStZ 2005, 31; zum finalen Rettungsschuss, s. Rz 176.

376 BGH 25.10.2022 – 5 StR 276/22, NStZ 2023, 222 m. Anm. Horter; Murmann, GK-ST, § 25 Rn. 92.

Art. 2 Abs. 2 lit. A EMRK nach h. M. nichts, da die Regelung nicht die Tötung im Rahmen einer Verteidigung regelt, jedenfalls nicht unmittelbar zwischen Privatpersonen gilt.[377] Freilich bleibt sorgfältig zu prüfen, ob nicht doch ein milderes, effektives Mittel zur Verfügung stand.[378]

205 Die Erforderlichkeit verlangt eine Auswahl des Verteidigungsmittels. Dazu ist eine Prognose objektiv aus der Sicht eines vernünftigen, umfassend informierten, aber nicht allwissenden **Dritten in der Lage des Angegriffenen** zu erstellen.[379] Maßgeblich ist die konkrete Notwehrsituation („**Kampflage**"), dabei insbesondere Gefährlichkeit und Intensität des Angriffs sowie zeitlicher Entscheidungsdruck.[380] Im Unterschied zur Feststellung der Notwehrlage („ex post") wird nicht auf Erkenntnisse nach Abschluss, sondern auf die jeweils aktuelle Perspektive („**ex ante**") des Angegriffenen zum Zeitpunkt der Verteidigungshandlung abgestellt.[381]

Beispiel:

Es kommt nicht darauf an, dass ein Angreifer mit einer Waffe nur droht, also insgeheim nicht vorhat, damit zu verletzen. Objektiv und rückblickend lag für die Feststellung der Notwehrlage kein Angriff auf Leib oder Leben, sondern nur auf die Willensfreiheit vor. Für die Notwehrhandlung ist das Mittel erforderlich, das eine effektive Abwehr eines Angriffs mit einer Waffe verspricht. Aus der Perspektive des Bedrohten ist der innere Vorbehalt des Angreifers nicht erkennbar und lässt eine Verteidigung durch einen Gegenangriff mit einer Waffe zu.

206 Zudem muss sich der Verteidiger im Rahmen der Erforderlichkeitsprüfung dem Angriff nicht durch Flucht entziehen, sondern kann über die bloße **Schutzwehr** hinaus einen Gegenangriff, die sog. **Trutzwehr**, wählen.[382] Aus dem Rechtsbewährungsprinzip wird abgeleitet, dass das Recht dem Unrecht nicht weichen muss, s. Rz 180.

207 Bei der Verwendung von **Waffen**, insbesondere Schusswaffen, gilt eine **abgestufte Verteidigungsintensität**. Regelmäßig hat der Verteidiger den Waffeneinsatz konkludent oder verbal anzudrohen, ggf. einen Warnschuss ab-

377 Eisele/Heinrich, AT, Rn. 249; Wessels/Beulke/Satzger, AT, Rn. 527 ff. m. w. N.

378 Instruktive Falllösung: Kische in: Kische/König/Wick-Rentrop/Woeste, Strafrecht in polizeilichen Ermittlungen, S. 47–51.

379 BGH 25.4.2013 – 4 StR 551/12, NJW 2013, 2133, 2135; 3.6.2015 – 2 StR 473/14, NStZ 2016, 84, 85.

380 BGH 25.11.1980 – 1 StR 563/80, NStZ 1981, 138; 28.2.1989 – 1 StR 741/88, NJW 1989, 3027; 12.4.2016 – 2 StR 523/15, NStZ 2016, 526, 527; 25.10.2017 – 2 StR 118/16, NStZ-RR 2018, 69, 70.

381 BGH 25.10.2022 – 5 StR 276/22, NStZ 2023, 222 m. Anm. Horter; BGH 25.10.2017 – 2 StR 118/16, NStZ-RR 2018, 69, 70; instruktiv: Bosch, JURA 2023, 410–418.

382 BGH 12.4.2016 – 2 StR 523/15, NStZ 2016, 526, 527; BayObLG, NJW 1963, 824, 825.

zugeben, oder zunächst auf Extremitäten[383] statt sofort auf Kopf oder Rumpf zu zielen.[384] Allerdings kann die Androhung entfallen, wenn der Verteidiger durch die Ankündigung sein zuverlässiges Verteidigungsmittel verlieren würde, etwa den einzigen Schuss abfeuern müsste[385], sich durch den Warnschuss in einem Raum selbst gefährden würde oder durch sein Rufen und die damit verbundene Preisgabe seines Standortes einen für die effektive Verteidigung notwendigen Überaschungsmoment verlieren würde.[386] Praktisch ist zweifelhaft, ob das Zielen auf Extremitäten den Angriff zuverlässig genug beendet.

Wenn **mehrere Handlungen** zur Verteidigung erfolgen, bspw. mehrere Schüsse abgefeuert werden, muss man diese je nach Verlauf differenziert betrachten, etwa wenn die Notwehrlage entfällt oder ein erster Schuss zwar fehlgeht, damit aber eine deutliche Warnung verbunden ist.[387] **208**

Fallbeispiel: **209**

T und O sind in einen Konflikt geraten, weil der köperlich überlegene O das Zimmer von T unberechtigt betreten wollte, davon aber ablässt, als der T zu einem Hammer greift. Später treffen sie wieder aufeinander. O fragt, ob T immer noch den Hammer habe, was dieser verneint. Daraufhin kündigt O an, er werde dann auf die Straße zu T kommen, um die Sache zu klären. T versteht zutreffend, dass O ihn schlagen will. Er hat die Möglichkeit wegzugehen, will aber nicht als Feigling gelten; er hat ein langes Küchenmesser eingesteckt. Der O läuft auf T zu und schlägt mit der Faust nach ihm. Dem kann T ausweichen und O läuft einige Meter weiter. Als O erneut mit erhobener Faust heranläuft, sticht T mit dem kurzfristig gezogenen Messer gezielt in Richtung der Herzgegend von O. Er fügt ihm tödliche Verletzungen zu.

O hat eine versuchte Körperverletzung z. N. des T verübt, als er mit der Faust nach ihm geschlagen hat (§§ 223, 22, 23). Er handelt rechtswidrig.

T hat z. N. des O einen Totschlag (§ 212) mit dem Messerstich in die Brust verübt. Er handelt objektiv und subjektiv tatbestandsmäßig. Bei einem Stich mit einem Messer in die Brust ist ihm klar, dass es tödliche Verletzungen geben kann, und er nahm diese zumindest in Kauf.

383 BGH 27.10.2015 – 3 StR 199/15, NStZ 2016, 333; zu den Grenzen aber: 13.9.2018 – 5 StR 421/18, NStZ 2019, 136, m. Anm. Rückert.

384 BGH 25.10.2022 – 5 StR 276/22, NStZ 2023, 222 m. Anm. Horter; 24.6.1998 – 3 StR 186/98, juris-Rn. 8 ff.; 12.4.2016 – 2 StR 523/15, NStZ 2016, 526, 527.

385 BGH 21.3.2001 – 1 StR 48/01, NStZ 2001, 591.

386 BGH 2.11.2011 – 2 StR 375/11, NStZ 2012, 272, 274 m. w. N.

387 BGH 25.10.2022 – 5 StR 276/22, NStZ 2023, 222, 224 m. Anm. Horter; 16.6.2021 – 1 StR 126/21, juris-Rn. 9 ff.

T wäre gerechtfertigt, wenn er im Rahmen der Notwehr (§ 32) gehandelt hätte. Eine Notwehrlage lag durch den rechtswidrigen Angriff des O vor. Dieser war auch gegenwärtig, da sich der O nach einem ersten Schlag zum nächsten Schlag angeschickt hat. Die Verteidigung mit dem Messer war geeignet, den Angriff abzuwehren. Fraglich ist aber, ob dies erforderlich war. Auf die Flucht war T nicht zu verweisen, sondern er durfte im Rahmen der Notwehr zu einem Gegenangriff übergehen. Gegenüber dem unbewaffneten O hätte er aber den Einsatz des Messers androhen müssen. Dies war auch nicht aussichtslos, nachdem dies bei der ersten Auseinandersetzung mit dem Hammer erfolgreich war. Die Androhung des Messereinsatzes war auch möglich, da der erste Faustschlag bereits abgeschlossen und bis zum zweiten Faustschlag noch Zeit verblieben war, das Messer vorzuzeigen oder verbal damit zu drohen. Es fehlt deshalb an der Erforderlichkeit der Verteidigung, so dass § 32 ausscheidet.[388]

Abwandlung:

Es kam zwischen T und dem nicht alkoholisierten O erstmals zu einer Auseinandersetzung. Zwei Unbeteiligte versuchen vergeblich, den auf T eindringenden O von weiteren Faustschlägen abzuhalten, bevor T zusticht.

Hier ändert sich die Beurteilung, da in der Kampflage nicht zuverlässig davon ausgegangen werden konnte, dass der O sich von einer Drohung mit dem Messer werde beeindrucken lassen, nachdem er sogar trotz des Einschreitens von zwei Unbeteiligten weiter auf T eingedrungen ist.[389] Der Messereinsatz war erforderlich.

210 Wenn mit einer erforderlichen Verteidigung **Gefahren** verbunden sind, entfaltet § 32 ebenfalls rechtfertigende Wirkung. Dies kann in Betracht kommen, wenn sich mit der Androhung des Schusswaffeneinsatzes, der Abgabe eines Warnschusses oder einem ungezielten Messerstich verbundene Risiken realisieren. Es kann deshalb auch ein nur **fahrlässig** herbeigeführter (Todes-)Erfolg bei erlaubtem Verteidigungsverhalten gerechtfertigt sein.[390]

211 **Private Hilfe** muss der Verteidiger nicht in Anspruch nehmen[391]; präsente oder rechtzeitig erreichbare **staatliche Hilfe** lässt dagegen das Notwehrrecht entfallen, es sei denn, der Amtsträger ist nicht in der Lage oder nicht willens den Angriff zuverlässig abzuwehren.[392]

388 BGH 1.7.2014 – 5 StR 134/14, NStZ 2015, 151, 152.
389 BGH 23.9.2021 – 1 StR 321/21, NStZ 2022, 352, 353; 17.4.2019 – 2 StR 363/18, NStZ 2019, 598, 599 m. Anm. Kudlich; 21.11.2012 – 2 StR 311/12, NStZ-RR 2013, 105 f.
390 BGH 21.3.2001 – 1 StR 48/01, NStZ 2001, 591; 22.11.2000 – 3 StR 331/00, NStZ 2001, 143, 145.
391 BGH 21.11.2019 – 4 StR 166/19, NStZ 2020, 725, 726 m. w. N. und Anm. Rückert.
392 BGH 12.8.2021 – 3 StR 447/20 –, juris-Rn. 12; 3.2.1993 – 3 StR 356/92, juris-Rn. 15; 20.10.1970 – 1 StR 225/70, juris-Rn. 6; 5.10.1965 – 1 StR 325/65, juris-Rn. 6; Rengier, AT,

3. Gebotenheit

Im Rahmen der Gebotenheit (§ 32 Abs. 1) werden sozialethische Einschränkungen der Notwehrhandlung geprüft. Diese Einschränkungen ergeben sich aus einer rechtlichen Wertung. Es liegt die Überlegung zu Grunde, dass die in der Notwehr nach h. M. enthaltene Rechtsbewährung eine modifizierte Verteidigungshandlung gebieten kann. Die Berufung auf die Notwehr kann sogar rechtsmissbräuchlich sein. **212**

Der Umfang der Notwehrhandlung wird verbreitet in drei aufeinander aufbauenden Stufen eingeschränkt: **213**
- In erster Linie ist dem Angriff auszuweichen.
- Sofern dies nicht möglich ist, muss vorrangig Schutzwehr geübt werden.
- Erst in letzter Konsequenz darf ein Gegenangriff („Trutzwehr") erfolgen. Teilweise werden dem Verteidiger leichte Einbußen bei seinen Rechtsgütern abverlangt.

Diese normativ fundierten Einschränkungen werden typischerweise in Fallgruppen zusammengefasst: **214**

a) Krasses Missverhältnis

In dieser Fallgruppe sind zunächst bagatellhafte Angriffe erfasst, die an der Grenze des sozial üblichen Verhaltens liegen und die umfassende Verteidigung nicht gebieten. Bspw. sollen das Anrempeln beim Vordrängeln in einer Warteschlange oder geringfügige Beleidigungen im sozialen Nahbereich nur eine gemäßigte Reaktion gebieten.[393]

Grundsätzlich kennt die Notwehr keine Angemessenheitsprüfung. Davon wird aber eine eng zu verstehende Ausnahme gemacht, wenn geringwertige Rechtsgüter mit einer dazu in einem krassen Missverhältnis stehenden Verteidigungshandlung geschützt werden.[394]

Beispiel: Die Verteidigung des Hausrechts mit lebensgefährlichen Schüssen auf fliehende Täter ist nach der Rechtsprechung nicht geboten.[395] Hier bestehen schon Zweifel, ob die Schüsse überhaupt geeignet sind, den aktuellen Hausfriedensbruch zu beenden und andererseits besteht (noch) kein gegenwärtiger Angriff auf den Hausfrieden, wenn man erwartet, dass die Täter irgendwann wieder erscheinen.

Wenn die Verteidigung von Sachwerten nur mit lebensgefährlichen Mitteln möglich bleibt, kann sich bei **sehr geringem Sachwert** ein krasses Missver- **215**

§ 18 Rn. 50; Murmann, GK-ST, § 25 93.
393 Murmann, GK-ST, § 25 Rn. 97; Rengier, AT, § 18 Rn. 63 ff.
394 BGH 1.3.2011 – 3 StR 450/10, NStZ 2011, 630, 631.
395 BGH 27.10.2015 – 3 StR 199/15, NStZ 2016, 333, 334.

hältnis ergeben. Dies wird bejaht, wenn z. B. Obst oder Injektionsnadeln im Wert von wenigen Euro gestohlen wurden und als einzig verbleibende Verteidigung ein Schuss auf den Fliehenden abgegeben wird.[396] Die Grenze des bagatellhaften Wertes einer Sache ist nicht festgeschrieben. In der Rechtsprechung wurden 2.500 Euro nicht als ein bagatellhafter Wert angesehen.[397] Es wird vorgeschlagen, sich an der Geringwertigkeitsgrenze von § 243 Abs. 2 von ca. 25–50 Euro zu orientieren.[398] Da es sich um eine Wertung handelt, wird ergänzend vorgeschlagen, die Vermögensverhältnisse des Opfers zu berücksichtigen.[399] Ab 100–200, spätestens 500 Euro wird man aber nicht mehr von einem bagatellhaften Vermögenswert sprechen können.[400]

b) Schuldlos Handelnde

216 Da es für die Notwehrlage nicht darauf ankommt, ob schuldhaft gehandelt wird, greift § 32 auch bei Angriffen von **Kindern, stark berauschten, kranken** oder **irrenden Menschen** ein. Bei Betrunkenen greifen Einschränkungen der Gebotenheit aber erst, wenn diese volltrunken sind.[401] Es wird in dieser Situation bei der Gebotenheit der Umfang der Verteidigungsbefugnis entsprechend der oben dargestellten Reihenfolge (s. Rz 213) abgestuft. Die Rechtsordnung verlangt Nachsicht mit diesen Menschen, weshalb auszuweichen und schonend vorzugehen ist.[402] Es bleibt aber trotz der größtmöglichen Schonung äußerstenfalls erlaubt, das Rechtsgut des Angegriffenen auf Kosten des Angreifers zu retten.[403]

c) Enge persönliche Näheverhältnisse

217 Bei Angriffen von **nahestehenden Personen** mit enger, persönlicher Verbundenheit, insbesondere bei einer Garantenstellung, die eine besondere Schutz- und Einstandspflicht nach sich zieht, ist umstritten, ob Einschränkungen des Notwehrrechts entsprechend der Stufenfolge (s. Rz 213) geboten sind. Konkrete Beispiele sind Auseinandersetzungen zwischen Ehegatten[404],

396 BGH 15.5.1979 – 1 StR 749/78, juris-Rn. 16; bei einem Obstdiebstahl hat aber RG 19.9.1920 – I 184/20, RGSt 55, 82, 85 f. die Gebotenheit bejaht.

397 BGH 12.2.2003 – 1 StR 403/02, NJW 2003, 1955, 1957.

398 Rengier, AT, § 18 Rn. 59; Fischer, § 243 Rn. 25.

399 LG München I 10.11.1987 – Ks 121 Js 4866/86, NJW 1988, 1860, m. krit. Anm. Mitsch, NStZ 1989, 25, 26.

400 Rengier, AT, § 18 Rn. 59.

401 BGH 21.11.2019 – 4 StR 166/19, NStZ 2020, 725, 726.

402 BGH 14.2.1952 – 5 StR 1/52, BGHSt 3, 217; BayObLG 28.2.1991 – RReg. 5 St 14/91, NStZ 1991, 433; diff. BayObLG 14.8.1998 – 2 St RR 143/98, NStZ-RR 1999, 9; Murmann, GK-ST, § 25 Rn. 96 m. w. N.

403 OLG Düsseldorf 2.6.2016 – 1 Ws 63/16, BeckRS 2016, 14622; OLG Hamm 8.5.2015 – I-9 U 103/14, NJOZ 2015, 1863; BayObLG 14.8.1998 – 2 St RR 143/98, NStZ-RR 1999, 9.

404 BGH 25.9.1974 – 3 StR 159/74, NJW 1975, 62; BGH 11.1.1984 – 2 StR 541/83, NJW 1984, 986; 18.4.2002 – 3 StR 503/01, NStZ-RR 2002, 203.

Eltern und ihren Kindern, Geschwistern[405] oder sogar Cousins (zw.).[406] Ein Gegenbeispiel sind Mitglieder einer bloßen Wohngemeinschaft, wo das Notwehrrecht ohne diese Einschränkungen gilt.[407]

Es erscheint zwar im Ansatz nachvollziehbar, dass bei einer intakten Beziehung[408] keine Verteidigung mit der vollen Schärfe des Notwehrrechts geboten ist. Allerdings übertritt zuerst der Angreifer seine rechtlichen Grenzen und das wegen der auch für ihn geltenden Nähebeziehung in besonders gravierender Weise. Wenn dann dem Angegriffenen auferlegt wird, auszuweichen oder gar leichte körperliche Misshandlungen hinzunehmen, kann dies zu einem Freiraum für körperliche Gewalt führen, was im Ergebnis nicht überzeugen kann.[409] Der BGH hat seine das Notwehrrecht einschränkende Rechtsprechung bislang zwar noch nicht aufgegeben, aber zwischenzeitlich selbst kritisiert.[410]

d) Absichtsprovokation

Die h. M. versagt das Notwehrrecht demjenigen gänzlich, der selbst einen **218**
Angriff plant, diesen aber **rechtsmissbräuchlich** unter dem Deckmantel der Notwehr durchführt: Er provoziert mit Absicht einen Angriff auf sich, um dann im Rahmen der scheinbaren Verteidigung zielgerichtet die Schädigung des Opfers vornehmen zu können.[411] Einige wollen zumindest in Fällen, in denen der Provokateur in eine lebensbedrohliche Lage gerät, ihm doch eine Verteidigungsbefugnis zubilligen.[412] Eine a. A. schränkt das Notwehrrecht hier mit beachtlichen Argumenten entsprechend der abgestuften Verteidigung (s. Rz 213) ein, lässt es aber nicht entfallen.[413]

Fallbeispiel:

Der körperlich überlegene O weist den schmächtigen T darauf hin, dass ein Wartehäuschen keine Toilette ist, nachdem T dort uriniert hatte. Daraufhin entfernt sich O. T beginnt auf der anderen Seite des Wartehäuschens herumzuspringen und macht dabei Kampfgeräusche. Unbemerkt von O hat T sein Messer

405 BGH 1.6.2016 – 1 StR 597/15, NStZ-RR 2016, 272, 273 f.
406 BGH 25.3.2014 – 1 StR 630/13, NStZ 2014, 451, 452.
407 BGH 12.4.2016 – 2 StR 523/15, BeckRS 2016, 137222, Rn. 18.
408 Zu den Grenzen bei Trennung: BGH 24.7.2003 – 3 StR 153/03, NJW 2003, 3212.
409 Wessels/Beulke/Satzger, AT, Rn. 534.
410 BGH 25.9.1974 – 3 StR 159/74, NJW 1975, 62; 25.3.2014 – 1 StR 630/13, NStZ 2014, 451, 452; 1.6.2016 – 1 StR 597/15, NStZ-RR 2016, 272, 273 f.; dagegen: BGH 11.1.1984 – 2 StR 541/83, NJW 1984, 986; 18.4.2002 – 3 StR 503/01, NStZ-RR 2002, 203.
411 BGH 17.1.2019 – 4 StR 456/18, NStZ 2019, 263, m. w. N. aus der Rspr. in Rz. 6; 12.2.2003 – 1 StR 403/02, NStZ 2003, 425, 427; 22.11.2000 – 3 StR 331/00, NStZ 2001, 143; 12.12.1975 – 2 StR 451/75; Murmann, GK-ST, § 25 Rn. 101.
412 Krey/Esser, AT, Rn. 557; Rengier, AT, § 18 Rn. 88.; NK/Kindhäuser, § 32 Rn. 123.
413 Bock, AT, 6/49.

gezückt. Wie von T gewünscht, kommt O herübergelaufen und schlägt mit der Faust in Richtung Oberarm des T. Bevor O zum nächsten Schlag ausholen kann, sticht T mit dem Messer in den Oberkörper von O und verletzt ihn damit.[414]

O hat mit dem Faustschlag auf T eine Körperverletzung (§ 223) begangen. Dies erfolgte vorsätzlich. Ein Rechtfertigungsgrund ist nicht gegeben, da ein bloßes Umherspringen mit Kampfgeräuschen noch keinen gegenwärtigen Angriff des T auf O darstellt. O handelte rechtswidrig.

T hat mit dem Messerstich zumindest eine gefährliche Körperverletzung (§§ 223, 224 Abs. 1 Nr. 2) z. N. von O begangen. Dies erfolgte mit Absicht.

Fraglich ist, ob T durch Notwehr gerechtfertigt war. Es lag eine Notwehrlage vor, da der O einen rechtswidrigen und gegenwärtigen Angriff auf den T mit den Faustschlägen verübt hat. Der Einsatz des Messers war geeignet und erforderlich, wenn man davon ausgeht, dass eine Androhung des Messers den O nicht mehr am unmittelbar angesetzten Schlag hätte hindern können und weil bei der Annäherung beider Kontrahenten das Risiko bestand, dass der kräftigere O dem T das Messer hätte entreißen und gegen ihn einsetzen können.

Es fehlt aber an der Gebotenheit, denn der T hat den O zu dem Angriff durch sein unangemessenes Verhalten im unmittelbar zeitlich-räumlichen Zusammenhang absichtlich provoziert, um mit dem Messer sein eigentliches Ziel zu erreichen, unter dem Deckmantel der Notwehr den O zu verletzen. Hier entfällt nach h. M. die Verteidigungsbefugnis des T vollständig. Nach der Gegenansicht hätte T sich in erster Linie durch Flucht dem Schlag des O entziehen und notfalls leichte Verletzungen in Kauf nehmen müssen. Folglich ist nach beiden Ansichten die Notwehr abzulehen, sodass T rechtswidrig gehandelt hat.

e) Sonst vorwerfbares Vorverhalten

219 Von der Absichtsprovokation wird von der h. M. die Fallgruppe sonst vorwerfbaren Verhaltens abgegrenzt und hier lediglich die abgestufte Verteidigung (s. Rz 213) als geboten angesehen.

Umstritten ist, wie weit diese Fallgruppe reichen soll: Zunächst soll die **Vorsatzprovokation** darunterfallen, d. h., der Angriff wird zwar nicht absichtlich, aber zumindest bedingt vorsätzlich ausgelöst.[415] Zudem ist anerkannt, dass fahrlässig **verschuldetes Vorverhalten** erfasst wird, da an ein rechtswidriges Vorverhalten angeknüpft werden kann, was zu einer Einschränkung der Gebotenheit führt.[416] Dies können nach der Rechtspre-

414 Ähnlich: BGH 17.1.2019 – 4 StR 456/18, NStZ 2019, 263.

415 BGH 26.10.1993 – 5 StR 493/93, NStZ 1994, 277, 278.

416 BGH 1.6.2016 – 1 StR 597/15, NStZ-RR 2016, 272, 273; 25.3.2014 – 1 StR 630/13, NStZ 2014, 451, 452; zusammenfassender Überblick zu den verschiedenen Fallgruppen der Provoka-

chung vorangegangene, sogar beendete Straftaten sein,[417] wobei die Grenzen unklar sind.[418]

Andererseits ist ein **erlaubtes** Verhalten **grundsätzlich** nicht geeignet, um Grundlage für die Einschränkung des Notwehrrechts zu bilden, selbst wenn dieses Verhalten den Geboten der Vernunft, Lebensklugheit und Vorsicht zuwiderläuft.[419] So ist es bspw. erlaubt, die Wohnung zu verlassen bzw. einen bestimmten Ort aufzusuchen, selbst wenn zu erwarten steht, dass dort ein Angriff erfolgt[420], sich auf eine körperliche Auseinandersetzung einzulassen, selbst wenn zu befürchten steht, dass diese eskaliert[421], oder einen Erpresser[422] bzw. erkennbar bewaffnete Unbekannte in die eigene Wohnung einzulassen.[423]

Insbesondere die Rechtsprechung weitet die Fallgruppe auch auf Konstellationen aus, in denen zwar kein rechtswidriges, aber im weitesten Sinne vorwerfbares, **sozial-ethisch missbilligtes Verhalten** vorliegt.[424] Das können bspw. Hänseleien, störende, taktlose oder belästigende Verhaltensweisen sein, die aber zumindest belegt sein müssen.[425] Dies wird von der h. L. abgelehnt, da so die Grenze zwischen dem rechtswidrigen und erlaubten Vorverhalten verwischt wird.[426]

Fallbeispiel:

T hat sich eine Fahrkarte für die erste Klasse geleistet, um ungestört zu reisen. In sein Abteil setzt sich der unangenehm nach Bier riechende O ohne entsprechenden Fahrschein. T möchte den O zum Verlassen des Abteils bringen. Er öffnet trotz kalter Temperaturen mehrmals das Fenster, welches der O immer wieder zuzieht und zuletzt dem T Schläge androht, wenn das Fenster erneut aufgemacht werde, wovon T sich nicht beeindrucken lässt. O geht daraufhin auf den im Sitz halb liegenden T mit Fäusten los. T zückt ein Messer und führt – bedingt vorsätzlich – einen tödlichen Stich in den Bauchraum des O.[427]

---

tion: BGH 17.1.2019 – 4 StR 456/18, NStZ 2019, 263, 264.

417 BGH 14.6.1972 – 2 StR 679/71, NJW 1972, 1821 f. (Fahrerflucht); 2.11.2005 – 2 StR 237/05, NStZ 2006, 332, 333 (Hausfriedensbruch); 3.6.2015 – 2 StR 473/14, NStZ 2016, 84, 85 (Beleidigung).

418 BGH 12.12.1975 – 2 StR 451/75, NJW 1976, 634.

419 BGH 4.8.2010 – 2 StR 118/10, NStZ 2011, 82, 83.

420 BGH 26.6.2018 – 1 StR 208/18, BeckRS 2018, 19966, Rz 13 f.; 11.8.2010 – 1 StR 351/10, NStZ 2011, 238.

421 BGH 10.11.2010 – 2 StR 483/10, NStZ-RR 2011, 74, 75.

422 BGH 12.2.2003 – 1 StR 403/02, NJW 2003, 1955; m. Fallbeispiel: Erhardt, Strafrecht, Rn. 103.

423 BGH 19.11.1992 – 4 StR 464/92, BeckRS 1992, 31081377.

424 BGH 21.3.1996 – 5 StR 432/95, NJW 1996, 2315; 2.7.2015 – 4 StR 509/14, NStZ-RR 2015, 303.

425 BGH 3.3.2021 – 4 StR 318/20, NStZ 2021, 607, 608.

426 Rengier, AT, § 18 Rn. 78 m. w. N.

427 Ähnlich: BGH 21.3.1996 – 5 StR 432/95, NJW 1996, 2315.

T hat mit dem Stich z. N. von O den objektiven und subjektiven Tatbestand eines Totschlags (§ 212) verwirklicht.

Fraglich ist, ob er durch Notwehr gerechtfertigt war. Die Faustschläge des O stellen einen gegenwärtigen und rechtswidrigen Angriff dar und der Stich mit dem Messer war geeignet und erforderlich, diesen Angriff des O sofort und endgültig abzuwehren. Umstritten ist aber, ob der T sich unter Inkaufnahme von leichteren Verletzungen durch die Faustschläge aus dem Abteil durch Flucht hätte zurückziehen müssen: Die h. M. betrachtet das Verhalten des T beim vorangehenden wiederholten Öffnen des Fensters als ein sozial-ethisch klar zu missbilligendes Verhalten. Zwar sei der Tatbestand der Beleidigung hier nicht verwirklicht worden, aber das Verhalten des T sei mindestens so provozierend wie eine schwere Beleidigung. Die Verteidigung des T sei daher eingeschränkt gewesen und es war nicht geboten gegenüber dem unbewaffneten O zur Waffe zu greifen.[428]

Eine beachtliche Gegenansicht lehnt hier Einschränkungen im Rahmen der Gebotenheit ab, da sonst die Grenzen zwischen erlaubtem Verhalten des T und dem rechtswidrigen Angriff durch O verwischt werden.[429]

220 Die Absichtsprovokation, aber auch die anderen Formen der Notwehrprovokation nötigen die h. M. zur Einschränkung durch einen **Provokationszusammenhang:** Es wird ein enger zeitlich-räumlicher Zusammenhang mit der ursprünglichen Provokation verlangt. Zudem muss die Gegenreaktion bei vernünftiger Würdigung des Einzelfalls eine adäquate und vorhersehbare Folge des Vorverhaltens des Verletzten sein.[430] Man will hier an die Kriterien der objektiven Zurechnung anknüpfen.[431] Dies kann zu einer unübersichtlichen Ausdifferenzierung besonders in Fällen **wechselseitiger Provokationen** („Provokation der Provokation") führen.[432]

Fallbeispiel:

T war von O vor Jahren erheblich verletzt worden und möchte sich rächen: Er will O mit einem Faustschlag zu Boden bringen und danach mit einem Schrotschuss ins Knie schwer verletzen (§ 226 Abs. 1 Nr. 2, Abs. 2). Er holt zum Schlag aus, als O überraschend dem T eine Stahlrute wuchtig über den Kopf zieht, so

428 BGH 21.3.1996 – 5 StR 432/95, NJW 1996, 2315, 2316; Wessels/Beulke/Satzger, AT, Rn. 539; Heinrich, AT, Rn. 379 f.

429 SK/Hoyer, StGB, § 32 Rn. 88 f.; Baumann/Weber/Mitsch/Eisele, § 15 Rn. 56; Krey/Esser, AT, Rn. 558; Freund/Rostalski, AT, § 3 Rn. 122.

430 BGH 17.6.2020 – 4 StR 658/19, NStZ 2021, 93, 94 m. w. N. zur Rechtsprechung und krit. Anm. Mitsch; BGH 10.11.2010 – 2 StR 483/10, NStZ-RR 2011, 74, 75.

431 Rengier, AT, § 18 Rn. 79.

432 Vertiefend: Murmann, AT, § 25 Rn. 102; Kühl, AT, § 7 Rn. 262 m. w. N.

dass T zu Boden geht. Nunmehr stürzt sich O auf den liegenden T, um ihn durch einen weiteren Schlag mit der Stahlrute zu töten. T gelingt es im letzten Moment, den O mit einem Schrotschuss aus nächster Nähe zu töten.

Es ist zwischen den verschiedenen Handlungenszeitpunkten (Faustschlag und Schussabgabe) zu differenzieren. Durch die Schussabgabe hat T zwar einen Totschlag (§ 212) z. N. von O in objektiver und subjektiver Hinsicht verwirklicht, aber er handelt gerechtfertigt. Zu diesem Zeitpunkt war sein Angriff mit dem Faustschlag abgeschlossen, so dass der Vorstoß des O mit der Stahlrute einen gegenwärtigen und rechtswidrigen Angriff darstellt. Die Verteidigungshandlung war geeignet, erforderlich und geboten. T musste sich nicht von O töten lassen, denn trotz der grundsätzlich eingeschränkten Verteidigungsbefugnis bestand faktisch keine Alternative.[433]

T hat eine versuchte schwere Körperverletzung absichtlich begangen, indem er mit dem Faustschlag dazu angesetzt hat[434], dem O ins Bein zu schießen (§§ 223, 226 Abs. 1 Nr. 2, Abs. 2, 22). Die h. M. nimmt daneben zwar wegen der Notwehr keine Körperverletzung mit Todesfolge, aber durch die Schussabgabe eine fahrlässige Tötung an mit dem Argument, dass T sich diesen Erfolg durch sein schuldhaftes Vorverhalten zurechnen lassen muss[435]; dies wird nach a. A. abgelehnt, da sein Verhalten (Schussabgabe) entweder rechtmäßig oder rechtswidrig ist.[436]

f) Sonstige Fallgruppen

Es wird diskutiert, ob bei der Schweigegelderpressung durch Drohung mit der Veröffentlichung wahrer, aber unangenehmer Tatsachen (**Chantage**) Verteidigungshandlungen ausgeschlossen sind, die schwere oder gar tödliche Verletzungen zur Folge hätten; andere Verteidigungsmaßnahmen bleiben aber gerechtfertigt, etwa die heimliche Aufzeichnung von Anrufen.[437] **221**

Einschränkungen sollen sich unter dem Gesichtspunkt der Menschenwürde (Art. 1 Abs. 1 GG) ergeben. Da die Menschenwürde oberster Zweck allen staatlichen Handelns ist (vgl. Art. 104 Abs. 1 S. 2 GG, § 136a StPO, Art. 3, 15 Abs. 2 EMRK), stelle sie eine unüberwindbare Grenze auch für die Verteidigungshandlung dar. Daraus folgt nach h. M., dass eine „**Rettungsfolter**“, **222**

433 BGH 22.11.2000 – 3 StR 331/00, NStZ 2001, 143, 144; die problematische Rechtsfigur der „actio illicita in causa“, d. h. eine Verwirkung des Notwehrrechts wegen des vorangehenden Angriffs mit dem Faustschlag, wird abgelehnt; krit. dazu Fischer, § 32 Rn. 46; Frister, AT, § 14 Rn. 6.

434 Krit. Eisele, NStZ 2001, 416, 418.

435 BGH 22.11.2000 – 3 StR 331/00, NStZ 2001, 143, 145; MüKo/Freund, StGB, Vor § 13, Rn. 286.

436 Eisele, NStZ 2001, 416; Rengier, AT, § 18 Rn. 83; Roxin/Greco, AT I, § 15 Rn. 74 ff.

437 Ausdrücklich offen gelassen in BGH 12.2.2003 – 1 StR 403/02, NJW 2003, 1955, 1959, weil nicht Schweigegeld, sondern darüber hinaus Schutzgeld erpresst wurde; Roxin/Greco, AT I, § 15 Rn. 100 ff.; Rengier, AT, § 18 Rn. 90 ff.; Wessels/Beulke/Satzger, AT, Rn. 544, je m. w. N.

z. B. die Androhung von Schmerzen gegenüber dem Entführer, um von ihm das Versteck einer Geisel zu erfahren, um deren Leben zu retten, nicht gerechtfertigt ist, insbesondere um einen Tabu- bzw. Dammbruch zu vermeiden.[438] Im „Fall Daschner"[439] ist eine Rechtfertigung für das Handeln eines Polizeibeamten abgelehnt worden, s. Rz 176. Es ist aber zweifelhaft, ob dieser Grundsatz allgemein im Rahmen der Gebotenheit gilt, was dann auch Privatpersonen einschränken würde; die Rechte des Entführten dürfen nicht geringer als die des Angreifers veranschlagt werden.[440]

223 Eine besondere Fallgruppe ist die **Abwehrprovokation**, die nicht mit der Notwehrprovokation zu verwechseln ist. Bspw. steckt der einen Angriff Befürchtende eine Schusswaffe ein statt lediglich ein Messer, so dass er sich später in der Notwehrsituation nicht anders als durch den Gebrauch der Schusswaffe verteidigen kann, obwohl der Messereinsatz ausgereicht hätte. Da der Angreifer sich rechtswidrig verhält, muss er die Lage einschließlich der – womöglich waffenrechtlich verbotenen – Bewaffnung seines Opfers akzeptieren, ohne dass eine Einschränkung der Verteidigungsbefugnis geboten wäre.[441]

IV. Verteidigungswille

224 Das Gesetz schreibt für die Notwehrhandlung die Absicht der Verteidigung vor (§ 32 Abs. 2: „um … zu"). Nach h. M. ist ein **Verteidigungswille**, d. h. ein zielgerichtetes Verhalten, erforderlich.[442] Unschädlich ist, wenn der Täter daneben noch andere Motive verfolgt, solange der Verteidigungswille nicht völlig in den Hintergrund tritt.[443]

Fallbeispiel:

Gegen Bürger B besteht der Tatverdacht einer Trunkenheitsfahrt. Der Polizeibeamte P droht fruchtlos die Anwendung unmittelbaren Zwangs zur Durchsetzung einer Blutentnahme (§ 81a StPO) an und setzt die Maßnahme gegen den

438 Sch/Sch-Perron/Eisele, StGB, § 32 Rn. 62a; Fischer, § 32 Rn. 13 ff.; Rengier, AT, § 18 Rn. 97 f. je m. w. N.

439 LG Frankfurt a. M. 20.12.2004 – 5/27 KLs 7570 Js 203814/03 (4/04), NJW 2005, 692; EGMR (Große Kammer) 1.6.2010 – 22978/05 (Gäfgen/Deutschland), NJW 2010, 3145.

440 Erb, NStZ 2005, 593, 599 f.; Fahl, JURA 2007, 743, 748f.; krit. Rengier, AT, § 18 Rn. 99.

441 BGH 7.6.1983 – 4 StR 703/82, NJW 1983, 2267; 19.3.1986 – 2 StR 38/86; LK/Rönnau/Hohn, StGB, § 32 189 f.; MüKo/Erb, StGB, § 32 Rn. 236; Rengier, AT, § 18 Rn. 101 f.; diff. Sch/Sch/Perron/Eisele, StGB, § 32 Rn. 61b.

442 Die Gegenansicht lässt die Kenntnis der Notwehrlage ausreichen – der Unterschied zur h. M. ist kaum praktisch relevant, Nachw. bei Fischer, § 32 Rn. 25.

443 BGH 16.6.2021 – 1 StR 126/21, BeckRS 2021, 29594, Rz. 12; 3.3.2021 – 4 StR 318/20, NStZ 2021, 607, 608; 25.4.2013 – 4 StR 551/12, NJW 2013, 2133, 2135 je m. w. N.

alkoholbedingt uneinsichtigen B durch. B gelingt es beim Anlegen von Handfesseln, den P zu treten; es sind weitere Tritte zu befürchten. P schlägt daraufhin B mit der Faust gegen den Kopf. Es lässt sich nicht genauer aufklären, ob P auch zuschlägt, um weitere Tritte abzuwehren und die Maßnahme durchzuführen oder allein aus Wut über die vorangehenden Tritte und die Schmerzzufügung.

P hat den objektiven und subjektiven Tatbestand einer Körperverletzung im Amt verwirklicht (§ 340). Er handelt nicht rechtswidrig, denn er ist durch Notwehr gerechtfertigt, da objektiv Notwehrlage und Notwehrhandlung vorliegen. Für den Verteidigungswillen ist im Zweifel die für P günstigere Version heranzuziehen, deshalb hat er zumindest auch mit dem Willen gehandelt, sich zu verteidigen. Das ist ausreichend, da die Verteidigungsabsicht nicht völlig zurückgedrängt wurde.[444]

Eine Besonderheit ist für den Fall der Nothilfe (s. Rz 178) zu beachten: Es ist auf den Verteidigungswillen des Angegriffenen abzustellen, so dass eine **aufgedrängte Nothilfe** nicht rechtfertigt.[445] Sofern aber die Willensbildung nicht frei erfolgt, ist auf den mutmaßlichen Verteidigungswillen abzustellen[446]; so ist etwa im Fall einer Geiselnahme die Bitte des Opfers, nicht zu schießen, gleichwohl dahin zu verstehen, dass das Opfer aus der Lage befreit werden möchte. **225**

Für die **Staatsnotwehr**, wenn also Rechtsgüter des Staates betroffen sind, ist der Staat selbst zuständig, so dass die Entscheidungen staatlicher Stellen vorrangig zu beachten sind, vgl. Rz 186 f.[447]

Fehlt der Verteidigungswille, ist nach überzeugender Ansicht wegen Versuchs zu strafen, sofern die Versuchsstrafbarkeit im Gesetz vorgesehen ist, zum Streitstand s. Rz 177. **226**

C. Selbsthilferechte

Im Bürgerlichen Gesetzbuch sind verschiedene Selbsthilferechte zum Schutz von **Forderungen**, **Eigentum** oder **Besitz** geregelt. Soweit diese ein Verhalten rechtfertigen, ist diese Wertung auch für das Strafrecht zu beachten. **227**

444 BayObLG 13.12.1990 – RReg. 5 St 152/90, BayObLGSt 1990, 141, 144 f.
445 BGH 2.10.1953 – 3 StR 151/53, NJW 1954, 438.
446 Rengier, AT, § 18 Rn. 113.
447 BGH 2.10.1953 – 3 StR 151/53, NJW 1954, 438.

I. Besitzwehr und Besitzkehr

228 § 859 BGB regelt die **Besitzwehr** (Abs. 1) und das Recht zur **Besitzkehr bei beweglichen Sachen** (Abs. 2). Dies setzt eine „**frische Tat**" voraus, weshalb sie in der strafrechtlichen Praxis neben § 32 keine eigene Bedeutung erlangt.[448]

Es wird von einer beachtenswerten M. M. vorgeschlagen, **Besitzkehr bei Grundstücken** wegen der Spezialität der Regelung in § 859 Abs. 3 BGB, der nur **sofortige Maßnahmen** zulässt, als vorrangig zu § 32 anzusehen.[449] Wenn bspw. ein Haus widerrechtlich besetzt wird oder Fahrzeuge auf einem Grundstück abgestellt werden, lässt § 859 Abs. 3 nur die *sofortige* Besitzkehr durch Heraustragen der Person oder Abschleppen des Kfz zu: Sofort bedeutet, so schnell wie objektiv möglich zu handeln, d. h. noch am gleichen oder dem Folgetag.[450] Danach darf man – so die M. M. – nur noch auf dem Rechtsweg, aber nicht mehr im Rahmen der allgemeinen Notwehr vorgehen, um so Selbstjustiz zu begrenzen.

II. Pfandrechte

229 Es gibt verschiedene Pfandrechte zur **Sicherung von Forderungen**. Teilweise wird im Gesetz zur Durchsetzung ein **Selbsthilferecht** eingeräumt: Bspw. darf der **Vermieter** gem. §§ 562 i. V. m. 562b BGB, der **Verpächter** gem. §§ 581 Abs. 2, 592 Abs. 4 i. V. m. § 562b BGB oder der **Gastwirt** gem. § 704 Abs. 2 i. V. m. § 562b BGB die Entfernung von eingebrachten Gegenständen seines Vertragspartners im Rahmen der Selbsthilfe verhindern, die diesem Pfandrecht unterliegen. Aber nicht jedes Pfandrecht darf mit den Mitteln der Selbsthilfe durchgesetzt werden; so kann insbesondere für den Werkunternehmer ein Pfandrecht entstehen (§ 647 BGB), das aber nicht im Wege der Selbsthilfe, sondern nur nach allgemeinen Regeln über Selbsthilfe und ggf. Notwehr (§§ 859, 229, 230 BGB, § 32) durchgesetzt werden kann.

III. Erlaubte Selbsthilfe

230 Einen weiteren Rechtfertigungsgrund stellt die allgemeine Selbsthilfe gem. **§§ 229, 230 BGB** dar.[451] Sie dient der **vorläufigen Sicherung zivilrechtlicher Ansprüche** mit dem Ziel ein gerichtliches Verfahren durchzuführen. Dies ist unabhängig von einer Straftat denkbar, bspw. wenn ein Gast im Restau-

448 Rengier, AT, § 21 Rn. 20; anders: OLG Schleswig 26.8.1986 – 1 Ss 303/86, NStZ 1987, 75 m. krit. Anm. Hellmann NStZ 1987, 456.
449 Rengier, AT, § 21 Rn. 24; anders die h. M. Hellmann, NStZ 1987, 456; MüKo/Erb, StGB, § 32 Rn. 92 je m. w. N.
450 LG Frankfurt a. M. 12.12.2002 – 2/24 S 145/02, NJW-RR 2003, 311.
451 Instruktiv: Duchstein, JuS 2015, 105.

rant, ein Kunde nach dem Tanken oder am Ende einer Taxifahrt feststellt, dass er seinen Geldbeutel vergessen hat. In der Praxis zieht man die Selbsthilferegeln heran, wenn die Notwehrlage mangels Gegenwärtigkeit entfallen ist: So kann bspw. der Anspruch auf Herausgabe eines gestohlenen Fahrrades (§ 985 BGB), das der Eigentümer am nächsten Tag wiederentdeckt, weder über § 32 noch § 127 StPO bzw. § 859 BGB durchgesetzt werden, da der Angriff auf das Eigentum nicht mehr gegenwärtig, die Tat nicht mehr frisch ist.

Vorrang hat **staatliche Hilfe**, insbesondere die Anrufung von Gerichten, einschließlich des vorläufigen Rechtsschutzes, aber – nach h. M. aus pragmatischen Gründen – erfolgt i. d. R. das Einschalten der Polizei.[452] Bis zum staatlichen Eingreifen muss eine **Vereitelung** bzw. **Erschwerung** des Anspruchs drohen[453], bspw., wenn am Wochenende die Gerichte nicht erreichbar sind. **231**

Es ist nur eine **vorläufige Sicherung** und keine endgültige Durchsetzung des Anspruchs gestattet (§ 230 BGB).[454] § 230 BGB lässt Handlungen gegen den Anspruchsgegner oder dessen Sachen zu, etwa die Wegnahme, Beschädigung, Zerstörung von Sachen oder das Festhalten von Personen zur Verhinderung von Flucht bzw. zuverlässigen Feststellung der Identität.[455] Die erforderliche Maßnahme kann durch Überwindung von Widerstand durchgesetzt werden.[456] Praktisch bedeutsam sind etwa die Sicherung einer gestohlenen Sache[457], das Festhalten des nichtzahlenden Kunden[458] oder das Wegnehmen eines Handys als Druckmittel zur Identitätsfeststellung[459], in der Praxis häufig mit Einschaltung der Polizei.[460] Nach der Sicherstellung bzw. Identitätsfeststellung muss bspw. der Bestohlene nach § 230 Abs. 4 BGB seinen Anspruch auf das sichergestellte Rad **unverzüglich** vor **Gericht** verfolgen, anderenfalls die Sache wieder an den Dieb herausgeben[461]; dies erscheint manchmal lebensfremd[462]. **232**

452 OLG Düsseldorf 24.7.1991 – 2 Ss 223/91 - 48/91 III, NStZ 1991, 599, 600; enger: MüKo/Grothe, BGB, § 229 Rn. 4.

453 BGH 3.11.1993 – VIII ZR 106/93, NJW 1994, 188, 189 zu Taschenkontrollen im Supermarkt.

454 BayObLG 18.10.1990 – RReg. 5 St 92/90, NJW 1991, 934, 935.

455 BayObLG 18.10.1990 – RReg. 5 St 92/90, NJW 1991, 934, 935; AG Grevenbroich 26.9.2000 – 5 Ds 6 Js 136/00, NJW 2002, 1060, 1061.

456 Murmann, GK-ST, § 25 Rn. 113; Rengier, AT, § 21 Rn. 13.

457 Rengier, AT, § 21 Rn. 15.

458 OLG Düsseldorf 24.7.1991 – 2 Ss 223/91 – 48/91 III, NStZ 1991, 599, 600; AG Grevenbroich 26.9.2000 – 5 Ds 6 Js 136/00, NJW 2002, 1060, 1061.

459 BGH 5.4.2011 – 3 StR 66/11, NStZ 2012, 144.

460 Der Schutz privater Rechte ist nach den Polizeigesetzen eine (gegenüber den Zivilrechten subsidiäre) Aufgabe der Polizei, Einzelnachweise bei Bäcker in: Lisken/Denninger PolR-HdB, D. Rn. 14, Fn. 23.

461 MüKo/Grothe, StGB, § 230 Rn. 2; Wessels/Beulke/Satzger, AT, Rn. 620.

462 Rengier, AT, § 21 Rn. 14. Dies wird man in der Praxis dadurch zu lösen versuchen, dass der Herausgabepflichtige auf eine gerichtliche Klärung verzichtet, schon um Kosten zu sparen; andererseits ist bei unklarer Rechtslage eine Klärung geboten, wenn etwa eine

Die Maßnahme muss **erforderlich** sein, also das mildeste Mittel darstellen (§ 230 Abs. 1); von der Rechtsprechung wird zudem Angemessenheit verlangt[463], jedenfalls stellt der Rechtsmissbrauch eine äußerste Grenze dar.[464]

Fallbeispiel:

O ist früh morgens auf dem Heimweg zu ihrer Wohnung. Sie wird von dem ihr unbekannten T belästigt, was zu einem Handgemenge führt. Dabei wird der Kopfhörer der O zerstört. Die O nimmt das auf den Boden gefallene Handy des T und kündigt an, sie werde es erst herausgeben, wenn er für die zerstörten Kopfhörer Schadensersatz leiste. T lehnt das ab und will nicht seine Personalien angeben. O ruft die Polizei. Als T inzwischen versucht, sein Handy wieder zu erlangen, droht O ihm mit einem Messer und verletzt zuletzt damit den nach dem Handy greifenden T am Arm.[465] Strafbarkeit der O durch den Messerstich?

O hat durch den Stich mit dem Messer z. N. von T eine gefährliche Körperverletzung (§§ 223, 224 Abs. 1 Nr. 2) objektiv und subjektiv tatbestandlich verwirklicht.

Fraglich ist, ob ihr Verhalten nach § 32 gerechtfertigt ist. Die Belästigung und das Handgemenge waren abgeschlossen, aber der versuchte Zugriff auf das Handy stellt einen gegenwärtigen Angriff des T auf den Besitz der O am Handy[466] dar. Dieser müsste auch rechtswidrig sein. Regelmäßig darf T auf sein Handy zugreifen – ausnahmsweise kann aber ein Selbsthilferecht der O zur Wegnahme des Handys und Begründung von Besitz gegenüber T bestehen (§§ 229, 230 BGB).

Dann müsste O zur Sicherung ihres Anspruchs auf Schadenersatz gehandelt haben.

Es bestand eine Selbsthilfelage: O stand ein Anspruch auf Ersatz des zerstörten Kopfhörers zu. T war weder bereit, Schadensersatz vor Ort zu leisten noch seine Identität anzugeben. Ohne Personalien des T konnte O aber ihre Ansprüche nicht gerichtlich durchsetzen, der Anspruch drohte ohne Selbsthilfe vereitelt zu werden. Staatliche Hilfe war nicht erreichbar, da zum einen früh morgens Gerichte geschlossen zu sein pflegen und zum anderen die Polizei nicht vor Ort war.

Die Selbsthilfehandlung bestand in der Wegnahme des Handys. Diese war geeignet, den T am Weggehen zu hindern, denn das Interesse am Handy des T war so groß, dass er ohne dieses nicht weglaufen wollte. Es war als mildestes Mittel auch erforderlich. Ein Missverhältnis zwischen dem Schadensersatzanspruch an den Kopfhörern und dem vorübergehenden Einbehalt des Handys bestand nicht.

Verwechslung unterläuft, vgl. dazu § 231 BGB. Bei einem Straftatverdacht wird ein strafprozessuales Vorgehen, ggf. eine Rückgewinnungshilfe, befrieden.

463 RG 3.10.1935, 2 D 640/35, RGSt 69, 308, 310.

464 MüKo/Grothe, BGB, § 230 Rn. 1.

465 Ähnlich: BGH 5.4.2011 – 3 StR 66/11, NStZ 2012, 144.

466 Im juristischen Sprachgebrauch wird zwischen Eigentum und Besitz unterschieden. Dies kann auseinanderfallen, sodass die O durchaus Sachherrschaft ein einem fremden Gegenstand begründen kann.

Die O hatte auch den Willen, Schadensersatzansprüche durchzusetzen. Mithin war ihr Festhalten des Handys rechtmäßig, der Versuch der Wegnahme durch dessen Eigentümer T rechtswidrig.

Mithin lag eine Notwehrlage für O vor.

Ihre Notwehrhandlung war geeignet, um die drohende Entziehung des Handys abzuwehren. Es war auch erforderlich: Von O wird keine Flucht verlangt; sie hat mit der Androhung des Messereinsatzes und dem Stich in die Extremitäten die abgestufte Verteidigungsintensität beachtet. Eine sozialethische Einschränkung des Notwehrrechts ist abzulehnen, insbesondere da O nicht die Situation provoziert hat.

Sie handelt mit Verteidigungswillen.

Somit ist O gerechtfertigt und hat sich durch den Stich nicht strafbar gemacht.

Wenn die **Identität** (zuverlässig) bekannt ist, kann man seinen Anspruch ge- 233
richtlich geltend machen; auf die **Beweissicherung** bezieht sich die Selbsthilfe nicht, denn Bezugspunkt ist das **gerichtliche Verfahren**.[467] Deshalb muss der jeweilige Anspruch nicht nur fällig und einredefrei sein, sondern auch einklag- und vollstreckbar.[468] Selbsthilfe ist abzulehnen, wenn bestimmte Verfahren ein Abwarten vorsehen, etwa im Rahmen eines gerichtlichen Erkenntnisverfahrens, einer Insolvenz oder der Zwangsvollstreckung eines Titels.[469]

Aufbauschema §§ 229, 230 BGB: 234

I. Objektive Elemente:
   1. Selbsthilfelage
      a) Einredefreier, fälliger Anspruch (hypothetisch einklag- und vollstreckbar)
      b) Staatliche Hilfe nicht rechtzeitig zu erlangen
      c) Gefährdung des Anspruchs ohne Eingreifen
   2. Selbsthilfehandlung zur vorläufigen Sicherung des Anspruchs
      a) Geeignet
      b) Erforderlich
      c) Angemessen

II. Subjektive Elemente:
   1. Kenntnis der Selbsthilfelage
   2. Selbsthilfewille

467 BGH 11.5.1962 – 4 StR 81/62, NJW 1962, 1923, 1924.
468 MüKo/Grothe, BGB, § 229 Rn. 2; Eisele/Heinrich, AT, Rn. 335; Rengier, AT, § 21 Rn. 6.
469 Rengier, AT, § 21 Rn. 12.

D. Rechtfertigende Notstände

I. Allgemeines

235 Der rechtfertigende Notstand betrifft das Prinzip des **überwiegenden Interesses**, d. h. es sind unterschiedliche Interessen in Ausgleich zu bringen.[470] Notstandsregeln knüpfen an Gefahren an und reichen deshalb weiter als die Notwehr, die einen Angriff voraussetzt. Umgekehrt sind die Befugnisse zur Verteidigung bei der Notwehr umfassender als bei den Notstandsregeln. Deshalb ist die Notwehr der speziellere Rechtfertigungsgrund.

Notstände betreffen Fälle einer **Güterkollision**. Es ist umstritten, ob Notstände nur anwendbar sind, wenn die Rechtsgüter verschiedener Rechtsgutsträger betroffen sind: Überzeugend ist es, für den Konflikt innerhalb der Sphäre eines Rechtsgutsträgers nur die Regeln der Einwilligung, nicht aber die der Notstandsregeln anzuwenden.[471] Es besteht sonst die Gefahr, dass die Regeln der Einwilligung unterlaufen werden können, was bspw. bei einem freiverantwortlichen Suizid gilt.[472]

236 **Gefahren** können von Sachen, aber auch von Menschen ausgehen. Neben der allgemeinen Regelung in § 34[473], gleichlautend in § 16 OWiG[474], finden sich ausdifferenzierte Regelungen in § 228 BGB (**Defensivnotstand**) und § 904 BGB (**Aggressivnotstand**). Die Vorschriften im Zivilrecht regeln die Befugnisse zum Eingriff in Sachen. Dabei knüpft § 228 BGB an den Eingriff in eine Sache an, von der eine Gefahr droht; § 904 BGB nimmt dagegen Sachen eines unbeteiligten Dritten in Anspruch. Zugrunde liegt hier der Gedanke, dass ein für die Gefahr verantwortlicher **Störer** vorrangig in Anspruch zu nehmen ist, was in noch stärkerem Maße für den Angreifer bei der Notwehr als Handlungsstörer gilt. Mit dem Begriff „Defensivnotstand" bringt man zum Ausdruck, dass es um die Abwehr dieser Gefahr im Rahmen eines Verteidigungsnotstands geht.

---

470 BGH 13.11.1958 – 4 StR 199/58, juris-Rn. 31; Lackner/Kühl/Heger, StGB, § 34 Rn. 1 m. w. N.

471 Renzikowski, Notstand und Notwehr, S. 64 f.; Sch/Sch/Perron, StGB, § 34 Rn. 6; MüKo/Erb, StGB, § 34 Rn. 33; a. A.: LK/Zieschang, StGB, § 34 Rn. 9, 31, 111; Rengier AT § 19 Rn. 44; Wessels/Beulke/Satzger, AT, Rn. 489.

472 Übereinstimmend trotz unterschiedlicher Ausgangsposition: Rengier, AT, § 19 Rn. 44; MR/Engländer, StGB, § 34 Rn. 8, vgl. BVerfG 26.2.2020 – 2 BvR 2347/15, NJW 2020, 905.

473 Diese Regelungen haben sich aus der Rechtsprechung des Reichsgerichts zum (damals) übergesetzlichen Notstand zur Rettung des Lebens einer Schwangeren durch einen Schwangerschaftsabbruch (heute: § 218a Abs. 2) entwickelt, vgl. RG 11.3.1927 – I 105/26, RGSt 61, 242.

474 Dies kann etwa bei Geschwindigkeitsüberschreitungen bedeutsam sein, vgl. OLG Düsseldorf 22.12.1994 – 5 Ss (OWi) 411/94 (OWi) 211/94 I, NZV 1996, 122 (Schwangere im Taxi); BayObLG 22.11.1999 – 2 ObOWi 518/99, NJW 2000, 888 m. w. N.

Dagegen ist der Nichtverantwortliche (Nichtstörer) nur ausnahmsweise zur Gefahrenabwehr heranzuziehen;[475] er muss nur im Rahmen einer **Solidaritätspflicht** Einschränkungen hinnehmen.[476] Beim Aggressivnotstand kann man deshalb von einem „Angriffsnotstand" sprechen, da eine unbeteiligte Rechtssphäre betroffen ist.

Gedanklich ist beim Notstand daher in erster Linie mit dem Defensivnotstand und in zweiter Linie mit dem Aggressivnotstand in der Prüfung zu beginnen, danach kommt erst § 34 in Betracht. Vor einem Notstand werden aber die Notwehr (s. Rz 178 ff.) und die Einwilligung (s. Rz 272) geprüft.

Neben den Regelungen zum rechtfertigenden Notstand finden sich auch solche zum entschuldigenden Notstand (§ 35). Beide sind wegen der unterschiedlichen Rechtsfolgen getrennt zu betrachten. Wenn ein Verhalten rechtmäßig ist, darf man sich nicht dagegen wehren, sondern hat die Pflicht es zu dulden. Das gilt beim bloß entschuldigten Verhalten nicht, denn es geht dabei um die individuelle Zumutbarkeit.[477] 237

II. Defensiver Notstand

1. Aufbau

Aufbauschema § 228 BGB: 238

I. Objektive Elemente:
  1. Notstandslage
     a) Drohende Gefahr für ein Rechtsgut
     b) Gefahrenquelle: Sache
  2. Notstandshandlung
     a) Einwirkung auf die gefährliche Sache
     b) Geeignet
     c) Erforderlich (nicht anders abwendbar)
     d) Interessenabwägung: Angerichteter Sachschaden nicht außer Verhältnis zum abgewendeten Schaden

475 Im polizeirechtlichen Notstand kann ein Nichtverantwortlicher in Anspruch genommen werden. Das ist jeweils in den Polizeigesetzen vorgesehen, Bäcker in: Lisken/Denninger PolR-HdB, D. Rn. 218, Fn. 391 m. w. N.

476 Renzikowski, Notstand und Notwehr, S. 180 ff.; MR/Engländer, § 34 Rn. 5; Lackner/Kühl/Heger, StGB, § 34 Rn. 1; Murmann, GK-ST, § 25 Rn. 22.

477 Wessels/Beulke/Satzger, AT, Rn. 446.

II. Subjektive Elemente:
1. Kenntnis der Notstandslage
2. Rettungswille

2. Notstandslage

239 Ein Defensivnotstand setzt eine **drohende Gefahr** voraus. § 228 reicht deshalb weiter als § 904 BGB und § 34, die eine gegenwärtige Gefahr verlangen.[478] Eine Gefahr droht, wenn nach den tatsächlichen Umständen der Schadenseintritt naheliegt,[479] wenn über die allgemeinen Lebensrisiken hinaus ein Schaden wahrscheinlich ist.[480] Weder ist für eine Gefahr eine (pseudogenaue) Bezifferung mit Prozentzahlen[481] noch eine bestimmte Zeitspanne oder ein konkreter Zeitpunkt, zu dem der Schaden infolge der Gefahr eintreten wird, festzulegen.[482] Die Prognose erfolgt nach h. M. objektiv aus der Perspektive ex ante, also mit dem Wissen zum Zeitpunkt der Handlung.[483] Sonderwissen des Handelnden ist aber beachtlich.[484] Es ist nicht relevant, ob der tatsächliche Verlauf später anders ist, als zunächst zu erwarten. So ist es aus Sicht der Insassen eines Kleinflugzeugs, die nach Motorausfall Benzingeruch wahrnehmen, zu befürchten, dass beim Aufsetzen ein Brand ausbricht. Sie dürfen sich deshalb auf einen raschen Ausstieg vorbereiten, indem sie das Flugzeug beschädigen, selbst wenn es letztlich nicht zu einem Brand kommt.[485]

240 Geschützt sind **alle rechtlichen Interessen**, das sind neben **Individualrechtsgütern** auch **Allgemeinrechtsgüter**, bspw. Umwelt- und Tierschutz oder Sicherheit des Straßenverkehrs. Noch nicht abschließend geklärt ist, ob (menschengerechter) Klimaschutz dazu zählt.[486]

Wem die Gefahr und welchem Recht sie droht, ist unerheblich. Wer zugunsten von Rechtsgütern eines Dritten handelt, kann sich auf **Notstandshilfe** berufen, für die die gleichen Regeln gelten.[487] Sie muss von einer Sache ausgehen. Zu den **Sachen** zählen fremde körperliche Gegenstände, sowohl

478 BeckOK/Dennhardt, BGB, § 228 Rn. 4.
479 BeckOK/Dennhardt, BGB, § 228 Rn. 4; Rengier, AT, § 20 Rn. 8.
480 Murmann, GK-ST, § 25 Rn. 28
481 BGH 15.2.1963 – 4 StR 404/62, NJW 1963, 1069.
482 BGH 29.7.1964 – 4 StR 236/64, NJW 1964, 1911.
483 Rengier, AT, § 19 Rn. 9; weiterführend: Sch/Sch-Perron, StGB, § 34 Rn. 13.
484 Murmann, GK-ST, § 25 Rn. 28.
485 OLG Hamm 29.8.2000 – 9 U 20/00, NJW-RR 2001, 237.
486 Bejahend: AG Flensburg 7.11.2022 – 440 Cs 107 Js 7252/22, BeckRS 2022, 34906, Rz. 16 m. w. N.; krit. Engländer JZ 2023, 255; Rönnau/Saathoff JuS 2023, 439; Lutzi, JuS 2023, 385, 390.
487 Kühl, AT, § 8 Rn. 33.

bußen hinnehmen muss. Es sind bei der Interessenabwägung Affektionsinteressen zu berücksichtigen und zu beachten, dass Tiere als Lebewesen eine besondere Stellung genießen (§ 90a BGB).[496]

Man darf sich daher gegen einen bissigen Hund wehren, um einen Schaden von seinem eigenen Hund abzuwehren, aber erst recht, um sich als Mensch vor drohenden Bissverletzungen zu schützen.[497] Selbst, wenn dabei der Schaden an dem gefährlichen Rassehund größer ist als an der geretteten Promenadenmischung oder einem Weideschaf, handelt der Verteidiger rechtmäßig.[498]

Wenn dagegen ein Hund lediglich droht durch Schütteln des Fells einen Passanten zu bespritzen, darf dieser nicht mit einem Stock den Hund erschlagen, um die Reinigungskosten zu vermeiden.

5. Rettungswille

Erforderlich ist neben der Kenntnis der Notstandslage nach überwiegender Ansicht ein **Rettungswille,** str.[499] Der Täter muss zumindest auch den Willen haben, durch die Handlung das Rechtsgut zu schützen. Deshalb greifen Notstandsregeln nicht bei einer absichtlichen Provokation der Gefahr, mit dem Ziel dann ein Rechtsgut verletzen zu können. **244**

III. Aggressiver Notstand

1. Überblick und Aufbau

§ 904 BGB regelt den Notstand, der ausnahmsweise im Rahmen einer Pflicht zu mitmenschlicher **Solidarität** die Einwirkung auf Sachen eines für die Gefahr nicht verantwortlichen Eigentümers[500] zulässt. **245**

§ 904 BGB liegt der **Aufopferungsgedanke** zugrunde; zum Ausgleich wird ein verschuldensunabhängiger Schadensersatzanspruch gewährt.[501] Anders als bei § 228 BGB muss wegen der Nichtverantwortlichkeit für die Gefahr das gerettete Rechtsgut wesentlich überwiegen. Es geht um das **Prinzip des überwiegenden Interesses.**[502]

496 Grüneberg/Ellenberger, § 228 Rn. 1, 8.
497 Wessels/Beulke/Satzger, AT, Rn. 442, 448.
498 OLG Koblenz 14.7.1988 – 5 U 115/88, NJW-RR 1989, 541; OLG Hamm 14.3.1994 – 6 U 7/93, NJW-RR 1995, 279; Murmann, GK-ST, § 25 Rn. 31; BeckOK/Dennhardt BGB, § 228, Rn. 10.
499 BGH 30.10.1984 – VI ZR 74/83, NJW 1985, 490, 492; BeckOK/Dennhardt, BGB, § 228, Rn. 8 m. w. N.; a. A. Jauernig/Mansel, § 228 Rn. 2; MüKo/Grothe, BGB, § 228 Rn. 11.
500 Neben dem Eigentümer wird auch ein bloßer Besitzer der Sache zur Duldung der Einwirkung verpflichtet, Jauernig/Berger, BGB, § 904 Rn. 5.
501 Wessels/Beulke/Satzger, AT, Rn. 452; BeckOK/Fritzsche, BGB, § 904 Rn. 1; Grüneberg/Herrler, § 904 Rn. 1, 5.
502 Wessels/Beulke/Satzger, AT, Rn. 445; HK-GS/Duttge, § 34 Rn. 1.

Aufbauschema § 904 BGB:

I. Objektive Elemente:
   1. Notstandslage: Gegenwärtige Gefahr
   2. Notstandshandlung
      a) Einwirkung auf Sache eines für die Gefahr Nichtverantwortlichen
      b) Geeignet
      c) Erforderlich (nicht anders abwendbar)
      d) Interessenabwägung: Geschütztes Interesse unverhältnismäßig viel größer als Sachbeeinträchtigung

II. Subjektive Elemente:
   1. Kenntnis der Notstandslage
   2. Rettungswille

2. Notstandslage

246 § 904 BGB und § 34 setzen eine Notstandslage voraus, die in einer gegenwärtigen Gefahr besteht. Eine **Gefahr** ist die auf tatsächliche Umstände gegründete Wahrscheinlichkeit eines Schadenseintritts, die über allgemeine Lebensrisiken hinausgeht, s. Rz 238.[503]

Gegenwärtig ist die Gefahr, wenn nach menschlicher Erfahrung der ungewöhnliche Zustand bei natürlicher Weiterentwicklung jederzeit in einen Schaden umschlagen kann, wenn also der Eintritt eines Schadens sicher oder doch höchst wahrscheinlich ist, sofern nicht sofort Abwehrmaßnahmen ergriffen werden.[504] Dazu zählt auch eine Dauergefahr.[505] Die Gegenwärtigkeit der Gefahr beim Notstand wird also wesentlich weiter gefasst als die Gegenwärtigkeit des Angriffs bei der Notwehr, s. Rz 190.

3. Notstandshandlung

247 Die Notstandshandlung muss sich gegen eine fremde Sache richten. § 904 BGB gestattet eine (mittelbare) Einwirkung auf die Sache und ist insofern weiter gefasst als § 228 BGB, der nur die Beschädigung oder Zerstörung der Sache regelt.[506] Eine Einwirkung kann strafrechtlich zu einer Sachbeschädigung (§ 303) oder Nötigung (§ 240) führen.

---

503 BGH 25.3.2003 – 1 StR 483/02, NJW 2003, 2464, 2466 zum insofern gleichlautenden § 35; Lackner/Kühl/Heger, StGB, § 34 Rn. 2; Murmann, GK-ST, § 25 Rn. 42.

504 BGH 28.6.2016 – 1 StR 613/15, NJW 2016, 2818; 25.3.2003 – 1 StR 483/02, NJW 2003, 2464, 2466; 30.6.1988 – 1 StR 165/88, NJW 1989, 176.

505 BGH 15.5.1979 – 1 StR 74/79, NJW 1979, 2053, 2054.

506 BeckOK/Fritzsche, BGB, § 904 Rn. 10; MüKo/Brückner, BGB, § 904 Rn. 6.

Beispiele:

Wenn man einem Passanten einen Regenschirm entreißt (§ 240), um sich gegen einen Angriff zu wehren und dabei den Schirm zerststört (§ 303), muss der Passant dies gem. § 904 BGB dulden.

Wer einem plötzlich auf die Straße laufenden Kind ausweichen muss und dabei vorsätzlich ein anderes Auto streift (§ 303) handelt rechtmäßig im Rahmen von § 904 BGB.[507]

Auch ein Bergwanderer, der sich im Schneesturm mit letzter Kraft gewaltsam Zutritt zu einer Hütte verschafft, handelt im Hinblick auf das Aufbrechen der Tür (§ 303) gerechtfertigt nach § 904 BGB; dagegen ist die Verletzung des Hausrechts (§ 123) über § 34 zu rechtfertigen.

Auch beim Aggressivnotstand ist die **Verhältnismäßigkeit** zu berücksichtigen. Neben der Geeignetheit ist die Erforderlichkeit wie beim Defensivnotstand zu prüfen, vorrangig muss man auch hierbei ausweichen (s. Rz 242).

4. Interessenabwägung und Rettungswille

§ 904 BGB verlangt eine **Interessenabwägung**: Der drohende Schaden muss gegenüber dem aus der Einwirkung dem Eigentümer entstehenden Schaden unverhältnismäßig groß sein. Damit ist gemeint, dass aus der Perspektive zur Zeit der Notstandshandlung das gerettete Interesse den durch die Einwirkung resultierenden Schaden wesentlich überwiegen muss. Wenn Sachwerte gegenüberstehen, wird vorgeschlagen, dass der gerettete Wert um mindestens 50% über dem Eingriffsgut liegen muss;[508] es kommt aber auf den Einzelfall an.[509] Affektionsinteressen sind zugunsten von Tieren zu berücksichtigen, s. Rz 243.[510] Zudem sollen die Aspekte von Würde und Autonomie berücksichtigt werden.[511] **248**

In den obigen Beispielen (Rz 247) überwiegt die Gefahr für Leib und Leben von Menschen die durch die Einwirkung auf die Sache entstehende Beeinträchtigung.

Nicht von § 904 erlaubt wäre es, wenn man sein eigenes Motorad vor Witterung schützt, indem man von einem fremden Moped eine Schutzhülle nimmt, selbst wenn das eigene Motorrad etwas wertvoller ist. Gleiches soll für leichte Blessuren oder ähnlich geringfügige körperliche Beeinträchti-

507 BGH 30.10.1984 – VI ZR 74/83, NJW 1985, 490.
508 MüKo/Brückner, BGB, § 904 Rn. 10.
509 BeckOK/Fritzsche, BGB, § 904 Rn. 14.
510 BeckOK/Fritzsche, BGB, § 904 Rn. 14; MüKo/Brückner, BGB, § 904 Rn. 11.
511 Murmann, GK-ST, § 25 Rn. 39: Man darf einer bescheiden gekleideten Person nicht den Regenschirm entziehen, um seine teure Kleidung damit zu retten.

gungen bei der Aufopferung hochwertiger Sachen gelten.[512] Ein verurteilter Straftäter, der sich dem Haftantritt entziehen will, muss die Freiheitsentziehung dulden und darf deshalb auch nicht einem Passanten den Regenschirm entreißen, um sich damit gegen seine Festnahme zu wehren.

249

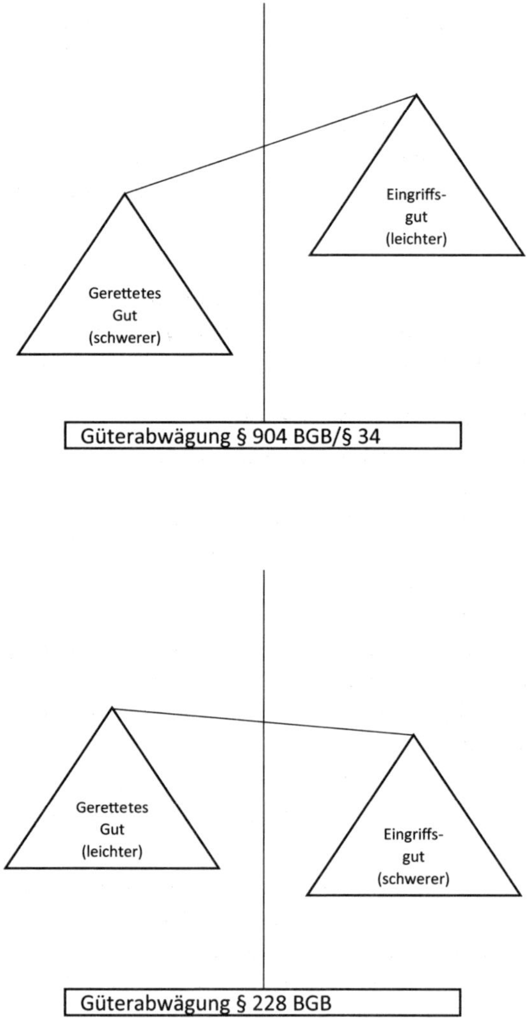

Abb. 4 Abwägung bei Notständen

512 BeckOK/Fritzsche, BGB, § 904 Rn. 14.

Erforderlich ist neben der **Kenntnis der Notstandslage** ein **Rettungswille** wie beim Defensivnotstand, s. Rz 244. **250**

IV. Allgemeiner rechtfertigender Notstand

1. Aufbau

251

Aufbauschema § 34:

I. Objektive Elemente:
   1. Notstandslage: Gegenwärtige Gefahr
   2. Notstandshandlung
      a) Geeignet
      b) Erforderlich (nicht anders abwendbar)
      c) Interessenabwägung: Geschütztes Interesse überwiegt wesentlich
      d) Angemessenheit des Mittels (§ 34 S. 2)

II. Subjektive Elemente:
   1. Kenntnis der Notstandslage
   2. Rettungswille

2. Notstandslage

Bei der Notstandslage setzt § 34 eine **gegenwärtige Gefahr** voraus; er ist ähnlich wie § 904 BGB formuliert, zu den Einzelheiten, s. Rz 246. Da § 34 neben den im Einzelnen benannten Individualrechtsgütern auch „andere Rechtsgüter“ aufzählt, kann nach h. M. die Gefahr alle anderen Rechtsgüter und Interessen, insb. der Allgemeinheit, betreffen. **252**

Die Gegenwärtigkeit der Gefahr umfasst auch die **Dauergefahr**, sofern spätere Notstandshandlungen nicht mehr effektiv sind.[513] Eine Dauergefahr ist ein gefährlicher Zustand von längerer Dauer, der zwar jederzeit in einen Schaden umschlagen kann, wobei sich der Schadenseintritt aber auch noch hinauszögern kann.[514] Hier werden Fälle der sog. **Präventivnotwehr** diskutiert. Dazu kann man auch die Tötung des Haustyrannen zählen.

---

513 LPK, § 34 Rn. 21.

514 BGH 15.5.1979 – 1 StR 74/79, NJW 1979, 2053, 2054; BGH 27.8.1998 – 4 StR 332–98, NStZ-RR 1999, 266, 267; einschränkend bei längerer Planungsmöglichkeit: BGH 1.12.2005 – 3 StR 243/05, juris-Rn. 12.

Beispiel:

O erwartet einen Raubüberfall durch seinen „Gast" T in den nächsten Nachtstunden. Ein Telefonanruf oder ähnliche Formen der Kontaktaufnahme mit Dritten würde dazu führen, dass T sofort O überwältigt. Als einzige Möglichkeit bleibt O dem T ein Schlafmittel in dessen Getränk zu mischen.

Das Schlafmittel zu verabreichen stellt eine Körperverletzung (§§ 223, 224 Abs. 1 Nr. 1) dar. Da der Angriff auf das Eigentum und die Willensfreiheit durch T erst später bevorstand, lag noch keine Notwehrlage vor. Es liegt aber schon eine gegenwärtige Gefahr im Sinne von § 34 vor.[515]

253 Für die Notstandslage gem. § 34 kommt es nicht auf den Ursprung der Gefahr an. Strukturell ist nach h. M. deshalb sowohl eine Defensivnotstandslage als auch eine Aggressivnotstandslage in § 34 erfasst.[516] § 228 BGB und § 904 BGB sind nach h. M. lediglich mit ihrem begrenzten Anwendungsbereich die jeweils spezielleren Normen.[517]

§ 34 erfasst nicht nur die von Sachen, sondern auch die von Menschen ausgehenden Gefahren, sofern diese nicht zu einer Notwehrlage gem. § 32 führen (Rz 236). Selbst bei einer verschuldeten Gefahrenlage kann § 34 die Gefahrenabwehr rechtfertigen; eine Ausnahme wird für eine Absichtsprovokation (näher: Rz 218, Rz 271) gemacht.[518]

Zudem kann § 34 auch bei Sachgefahren[519] bzw. bei Eingriffen in Sachen[520] rechtfertigende Wirkung für Tatbestände haben, die über die mit der Einwirkung auf die Sache verbundene Sachbeschädigung oder -zerstörung (§ 303) hinausgehen, etwa bei einem Hausfriedensbruch oder einer Körperverletzung.

3. Notstandshandlung

a) Nicht anders abwendbar

254 Der Wortlaut von § 34 sieht vor, dass die Notstandslage **nicht anders** als mit dieser Notstandshandlung **abwendbar** ist.

255 Das bedeutet zunächst, dass ein Eingriff in ein **„notstandspflichtiges" Rechtsgut** erfolgen muss. Neben Individualrechtsgütern (bspw. die körperliche Integrität) kommen auch Rechtsgüter des Staates oder der Allge-

515 Kühl, AT, § 8 Rn. 137.

516 Eine beachtliche M. M. sieht in § 34 nicht das Problem des Defensivnotstands geregelt und will daher § 228 BGB analog anwenden, MR/Engländer, StGB, § 34 Rn. 5 f., 47 m. w. N.

517 MüKo/Erb, StGB, § 34 Rn. 201 ff. m. w. N.

518 Fischer, § 34 Rn. 11.

519 Dann greift § 228 BGB als speziellere Norm.

520 Hier ist § 904 BGB vorrangig.

meinheit (bspw. die Sicherheit des Straßenverkehrs) in Betracht.[521] Ausgenommen bleibt nach h. M. das Leben.[522]

256 Daraus ergibt sich weiter, dass die Notstandshandlung **geeignet** sein muss, die Gefahr zu beseitigen oder zumindest abzumildern. Dies wird zum Zeitpunkt der Handlung aus Sicht eines vernünftigen Dritten, einschließlich Sonderwissen des Handelnden, festgestellt.[523]

257 Die Notstandshandlung muss **erforderlich** sein, es ist also von mehreren gleichermaßen geeigneten Handlungen zur Gefahrenabwehr die schonendste Handlung zu wählen. Anders als bei der Notwehr muss in erster Linie die Gefahr durch Ausweichen und mit staatlicher Hilfe[524] beseitigt werden (näher: Rz 242).

Fallbeispiel:

Gegen T wird wegen zu schnellen Fahrens mit dem Auto ein Fahrverbot vollstreckt. T ist also weiterhin Inhaber einer Fahrerlaubnis, aber darf davon vorübergehend keinen Gebrauch machen. Als seine schwangere Frau nachts zur Abwendung einer Lebensgefahr für das ungeborene Kind dringend ins Krankenhaus gefahren werden muss, nutzt er sein Auto für die Fahrt.

T verwirklicht vorsätzlich den Straftatbestand des Fahrens ohne Fahrerlaubnis (§ 21 StVG). Er könnte gerechtfertigt sein. Eine gegenwärtige Gefahr für ein notstandsfähiges Rechtsgut (ungeborenes Leben) ist eingetreten. Die Notstandshandlung kann auch in Allgemeinrechtsgüter, hier die Verkehrssicherheit, eingreifen. Die Fahrt ins Krankenhaus wäre eine zwar geeignete, aber regelmäßig nicht erforderliche Notstandshandlung: T hätte in erster Linie den Rettungsdienst verständigen müssen und in zweiter Linie andere Fahrerlaubnisinhaber für die Fahrt heranziehen sollen. Nur wenn diese Optionen nicht erreichbar gewesen wären, käme eine Rechtfertigung durch § 34 in Betracht.[525]

b) Interessenabwägung

258 § 34 verlangt eine Abwägung der widerstreitenden Interessen.

Hinweis:

Es sind zunächst das Rechtsgut, in das zur Gefahrenabwehr eingegriffen wird (**Eingriffsgut**) und das gerettete Rechtsgut (**Erhaltungsgut**) zu bezeichnen. Nach-

521 Fischer, § 34 Rn. 5, m. w. N. aus der Rspr.

522 Eine Tötung (§ 212) kann § 34 im Unterschied zu § 32 nicht rechtfertigen, da eine Interessenabwägung stattfinden muss, s. Rz 258.

523 BGH 29.3.1963 – 4 StR 500/62, NJW 1963, 1258; AG Recklinghausen Urt. v. 12.8.2021 – 32 Cs-33 Js 486/20-125/21, BeckRS 2021, 27893, Rz. 29; Rengier, AT, § 19 Rn. 21.

524 BGH 3.2.1993 – 3 StR 356/92, NStZ 1993, 333, 334.

525 Zu einer nicht erforderlichen Trunkenheitsfahrt: OLG Koblenz 16.4.1987 – 1 Ss 125/87, NJW 1988, 2316.

folgend muss man die Wertung im Rahmen der Abwägung am Sachverhalt so genau wie möglich festmachen. Nur so kann man in der Ermittlungsarbeit die maßgeblichen Beweise sichern.

259 Man muss verschiedene Faktoren zu einer **Gesamtabwägung** zusammenführen:

260 1. Abwägung nach dem abstrakten **Rangverhältnis** der betroffenen Rechtsgüter

Das abstrakte Rangverhältnis kann man mit einem Strafrahmenvergleich feststellen. Grundsätzlich stehen Personen über anderen Lebewesen und beide über sonstigen Sach- oder Vermögenswerten.

261 2. Abwägung nach dem **Grad** der konkret drohenden Gefahr

Der Gefahrengrad kann nach konkreten und abstrakten Gefahren unterschieden werden. Es kommt also darauf an, wie wahrscheinlich eine Rechtsgutsbeeinträchtigung durch die Notstandslage am Erhaltungsgut einerseits und durch die Notstandshandlung am Eingriffsgut andererseits eintreten wird.[526] Je größer die Wahrscheinlichkeit des Schadenseintritts am gefährdeten Rechtsgut, desto größer wiegt das Interesse an dessen Erhaltung. Je geringer die Rettungschance, desto eher ist der Eingriff zu unterlassen.[527]

262 3. **Ausmaß** der konkret drohenden Rechtsgutsverletzung

Korrespondierend zum Ausmaß der drohenden Rechtsgutsverletzung ist auch das Ausmaß der Chance bei der Gefahrenabwehr zu berücksichtigen.[528] Hier sind quantitative Kriterien maßgeblich. Dies ist bei Sachwerten anhand von deren Wert zu ermitteln. Eine leichte Körperverletzung wiegt weniger schwer als eine schwere oder dauerhafte. Ein großer, unersetzlicher Sachwert kann aber eine leichte körperliche Beeinträchtigung aufwiegen.

Fallbeispiel:

Autofahrerin A fährt mit über zwei Promille Alkohol im Blut und hat einen Verkehrsunfall verschuldet. Der Unfallgegner U will die Weiterfahrt der A verhindern und nimmt ihr den Schlüssel ab. Er fügt ihr im Gerangel durch festes Zupacken Hämatome an den Armen zu, während ein Zeuge die Polizei verständigt. A fügt U mit einem Holzclog eine schmerzhafte Hodenprellung zu, bevor sie ihm den Schlüssel entwinden kann und wegfährt.[529]

526 Umfassend: Kühl, AT, § 8 Rn. 116 ff.
527 SSW/Rosenau, § 34 Rn. 28.
528 Kühl, AT, § 8/ Rn. 123 ff.
529 Der Sachverhalt ähnelt OLG Frankfurt a. M. 28.8.1995 – 3 Ss 116/95, NStZ-RR 1996, 136.

A hat neben Verkehrsstraftaten auch eine gefährliche Körperverletzung (§§ 223, 224 Abs. 1 Nr. 2[530]) tatbestandlich verwirklicht. Fraglich ist, ob sie sich auf Notwehr berufen kann. Daher ist zunächst zu prüfen, ob das Verhalten von U rechtmäßig war.

U hat vorsätzlich eine Körperverletzung z. N. der A verwirklicht (§ 223)[531]. Fraglich ist, ob er sich auf § 34[532] als Rechtfertigungsgrund berufen kann. Eine Notstandslage lag vor, da durch die Weiterfahrt in stark alkoholisiertem Zustand die Sicherheit des Straßenverkehrs gefährdet war. Die Wegnahme des Schlüssels stellt eine geeignete Notstandshandlung dar. Dass die von U eingeleitete Maßnahme zuletzt erfolglos blieb, ändert nichts daran, dass sie geeignet erschien. Milder wirkende Mittel waren nicht vorhanden, insbesondere wurde die Polizei zwar verständigt, aber war noch nicht vor Ort. Die Gefahr für die Sicherheit des Straßenverkehrs war konkret und wegen der deutlichen Alkoholisierung nicht unerheblich. Demgegenüber war die Beeinträchtigung der körperlichen Integrität von A eher geringfügig. Die Handlung war angemessen, da die A nicht mehr am Straßenverkehr teilnehmen durfte. Da U auch subjektiv mit Gefahrabwendungswillen und in Kenntnis der Notstandslage gehandelt hat, war U gerechtfertigt. Er ist nicht strafbar.

Umgekehrt hat die A keinen Rechtfertigungsgrund für die von ihr begangene gefährliche Körperverletzung. Insbesondere fehlt es an einer Notwehrlage, da der U zwar einen gegenwärtigen Angriff mit dem Zupacken am Arm der A vorgenommen hat, dabei aber nicht rechtswidrig gehandelt hat.

Dagegen ist nach h. M. keine Abwägung **Leben gegen Leben** möglich. Weder kann man auf das Alter, Krankheit, Anzahl der geretteten Personen oder ähnliche quantifizierende Merkmale abstellen.[533] **263**

Es darf daher weder ein **Flugzeug** mit **unschuldigen Passagieren** abgeschossen werden, das von einem Terroristen in ein Hochhaus mit vielen Menschen gesteuert werden soll, noch darf ein (kranker) Mensch „**geopfert**" werden, um andere Menschen oder gar die **Menschheit** insgesamt zu retten.[534]

530 § 226 ist dagegen nicht verwirklicht, da die Hodenprellung nicht zum Verlust der Zeugungsfähigkeit führt.

531 Zudem hat U die A durch den Einbehalt des Schlüssels genötigt (§ 240), womöglich auch der Freiheit beraubt, wenn er sie länger festgehalten hätte, was hier nicht näher untersucht wird.

532 § 127 StPO käme nur in Betracht, wenn es U darum gegangen wäre, die A der Strafverfolgung zuzuführen. Diese Norm deckt nur ein Festhalten.

533 Fischer, § 34 Rn. 15; Lackner/Kühl/Heger, StGB, § 34 Rn. 7 je m. w. N.

534 BGH 15.9.1988 – 4 StR 352/88, NJW 1989, 912, 913; MR/Engländer, StGB, § 34 Rn. 33; Wessels/Beulke/Satzger, AT, Rn. 476 ff.; Rengier, AT, § 19 Rn. 33 f.; differenzierend: Bock, AT, 6/84; Murmann, GK-ST, § 25 Rn. 51 m. w. N. Vgl. zur Verfassungswidrigkeit von § 14 Abs. 3 LuftSiG: BVerfG 15.2.2006 – 1 BvR 357/05, NJW 2006, 751.

Nach h. M.[535] ist deshalb auch nicht die Tötung des **Familientyrannen** im Schlaf gerechtfertigt, wenn die von ihm immer wieder misshandelte Frau, die keine Aussicht mehr sieht, effektive Hilfe von staatlichen Stellen zu erlangen, bevor sie nach dem Aufwachen mit weiteren schweren Misshandlungen rechnen muss. Eine Notwehrlage scheidet hier aus, weil der Angriff noch nicht gegenwärtig ist. Eine Notstandslage liegt dagegen vor. Sofern es tatsächlich keine andere Möglichkeit gibt, die Gefahr zu bekämpfen, ergibt die Interessenabwägung kein Überwiegen des Lebens der Frau gegenüber dem Leben des Tyrannen. Eine a. A. will dies abweichend werten.[536]

264 4. Weitere Abwägungsfaktoren, insb. Gefahrverantworlichkeit

Hier kommen verschiedene Faktoren zum Tragen[537]: So kann man berücksichtigen, wer die Gefahr verschuldet hat oder ob die Gefahr zumindest aus der Sphäre des Gefahrverantwortlichen stammt (Defensivnotstand). Es ist einleuchtend, dass derjenige, der für die Gefahr selbst verantwortlich ist, für deren Beseitigung größere Einbußen hinnehmen muss. [538]

Fallbeispiel: „Spannerfall"

M und F sind verheiratet. In ihr Haus dringt nachts wiederholt eine unbekannte Person P ein. Die Eheleute werden geweckt, weil P im Schlafzimmer die F berührt. P flieht immer wieder. Sie schalten die Polizei ein. Verschiedene Maßnahmen bleiben erfolglos und es findet sich keine Erklärung für das Verhalten und die Absichten des P. Zuletzt wird M von den Behörden empfohlen, eine Waffe legal anzuschaffen, was er macht. Als P zum sechsten Mal in das Haus eindringt, weckt F den M, der seine Waffe zückt und den P auffordert stehenzubleiben. P flieht aus dem Haus. M droht den Schusswaffeneinsatz mehrmals an und auch ein Warnschuss stoppt den P nicht. Zuletzt schießt M dem P in die Wade, so dass er im Vorgarten vor der Gartenmauer liegenbleibt. Daraufhin kann er von der herbeigerufenen Polizei festgenommen werden und so seiner erneuten Wiederkehr Einhalt geboten werden.[539]

P hat durch das Eindringen in das Haus von M und F den Tatbestand des Hausfriedensbruchs in objektiver und subjektiver Hinsicht verwirklicht. Sein Verhalten ist rechtswidrig.

535 BGH 25.3.2003 – 1 StR 483/02, NJW 2003, 2464, 2466; Lackner/Kühl/Heger, StGB, § 34 Rn. 9; Sch/Sch-Perron, StGB, § 34 Rn. 31 je m. w. N.

536 Eine bedenkenswerte Gegenansicht wendet § 228 BGB analog als allgemeine Defensivnotstandsbefugnis an und lässt vereinzelt sogar die Tötung des Tyrannen als Gefahrverursacher zu, Renzikowski, Notstand und Notwehr, S. 268 f.; Frister, AT, § 17 Rn. 21 m. w. N.

537 Umstritten ist aber, ob dies im Rahmen von § 34 richtig platziert ist oder ob man dies nicht durch eine analoge Anwendung von § 228 BGB auf andere als Sachgefahren lösen sollte, vgl. Rz253.

538 Wessels/Beulke/Satzger, AT, Rn. 473; Murmann, GK-ST, § 25 Rn. 43.

539 Ähnlich: BGH 15.5.1979 – 1 StR 74/79, NJW 1979, 2053.

M hat durch die Schussabgabe den objektiven und subjektiven Tatbestand einer gefährlichen Körperverletzung (§§ 223, 224 Abs. 1 Nr. 2, 5) z. N. von P verwirklicht.

Fraglich ist, ob er gerechtfertigt war.

Notwehr (§ 32) scheidet aus. Es gab einen gegenwärtigen, rechtswidrigen Angriff (Notwehrlage) mit der Verletzung des Hausrechts, der erst geendet hätte, wenn P bereits das Grundstück verlassen hätte. Die Notwehrhandlung (Schussabgabe) richtet sich zwar gegen P als Angreifer, war aber kein geeignetes Mittel, um den Angriff auf das Hausrecht abzuwenden. Durch die Verletzung konnte P nicht mehr fliehen, so dass sein Angriff auf das Hausrecht länger angedauert hat.

Es kommt § 34 in Betracht. Eine Notstandslage setzt eine gegenwärtige Gefahr voraus. Nach der Prognose eines objektiven Dritten ist zur Zeit der Gefahrenabwehr nach einem sechsten Eindringen des P zu befürchten, dass er noch ein siebtes Mal erscheinen wird. Zwar ist nicht genau vorherzusehen, wann er wieder erscheinen könnte, aber auch eine Dauergefahr ist eine gegenwärtige Gefahr i. S. v. § 34, wenn durch Zuwarten die Möglichkeit für die Gefahrabwehr entfallen würde. So lag es hier: P hätte nach seiner Flucht jederzeit wieder erscheinen können, ohne dass ein ebenso effektives Mittel zur Gefahrenabwehr erkennbar wäre.

Die Notstandshandlung war zur Gefahrenabwehr geeignet. Sie war auch erforderlich, insbesondere nachdem die staatliche Hilfe oder andere Maßnahmen die Gefahr nicht beseitigt hatten.

Es müsste eine Abwägung ein überwiegendes Interesse am Hausfrieden und der Privatsphäre bei M und F gegenüber dem Eingriffsgut der körperlichen Unversehrtheit von P ergeben. Das abstrakte Rangverhältnis ergibt, dass die körperliche Integrität höher wiegt als das Hausrecht und nicht umgekehrt. Der Grad der Gefahr für das erneute Erscheinen war durch die Wiederholung konkretisiert, aber der Eintritt war nicht sicher zeitlich zu bestimmen. Das Ausmaß der Beeinträchtigung des Hausrechts war intensiv, allerdings stellt eine Schussverletzung der Wade eine lebensgefährliche und deshalb erhebliche Beeinträchtigung der körperlichen Integrität dar. Dies spricht gegen ein wesentliches Überwiegen des Erhaltungsgutes. Den Ausschlag gibt nach h. M.[540] der Gedanke des Defensivnotstandes: Der P ist für die Gefahr verantwortlich. Er muss sich daher in größerem Umfang als andere Personen Eingriffe in seine Sphäre gefallen lassen. Daher überwiegt im Ergebnis der Hausfrieden und das Recht auf Privatsphäre von M und F das Eingriffsgut des P.[541]

540 Die Gegenansicht wendet stattdessen § 228 BGB analog an und kommt ebenfalls überwiegend zur Rechtfertigung des Verhaltens von M; umfassende Nachweise bei Kühl, AT, § 8 Rn. 136.

541 Offengelassen, aber als naheliegend bezeichnet in: BGH 15.5.1979 – 1 StR 74/79, NJW 1979, 2053; näher: Murmann, GK-ST, § 25 Rn. 47a; Rengier, AT, § 19 Rn. 40; Schlehofer/Putzke/Scheinfeld, AT, Rn. 384 ff. jew. m. w. N.

Die Schussabgabe war auch ein angemessenes Mittel.

M handelt in Kenntnis der Notstandslage und mit dem Willen der Gefahrenabwehr.

M handelt gerechtfertigt und hat sich nicht durch die Schussabgabe strafbar gemacht.

265 Zudem kann es **besondere Gefahrtragungspflichten** geben, die Personen übernehmen, wenn sie bestimmte Berufe wählen. Diese Gefahrtragung betrifft aber nur **berufstypische Pflichten**. Bspw. zählen dazu Einsatzgefahren für Polizisten und Feuerwehrleute oder Infektionsgefahren für Ärzte.[542] Mit der Bereitschaft Gefahren zu bestehen, ist nicht übernommen worden, dass man in den sicheren Tod gehen oder Lebensgefahren zur Rettung von Sachwerten eingehen müsste.[543]

266 Im Rahmen einer **wertenden Gesamtbetrachtung** unter Berücksichtigung der vorstehenden Faktoren muss das Erhaltungsgut das Eingriffsgut wesentlich[544] überwiegen. So kann es bspw. gerechtfertigt sein, wenn ein Arzt oder Anwalt seine Schweigepflicht (§ 203) durchbricht, um Gefahren für andere Verkehrsteilnehmer zu bannen[545] oder um sich in einem Strafverfahren wirksam zu verteidigen[546].

c) Angemessenheit

267 Die Angemessenheit der Notstandshandlung ist im Wortlaut der Norm als weiteres Merkmal vorgezeichnet. Es kann mit der Interessenabwägung zu Überschneidungen kommen.[547]

268 Eine Notstandshandlung ist trotz Überwiegens des Erhaltungsgutes nicht angemessen, wenn ein **geordnetes staatliches Verfahren** oder eine **spezifische gesetzliche Vorgabe** etabliert ist, um bestimmten Gefahren zu gegenzusteuern. Es gibt Verfahrensregeln zur Versorgung mit Schmerzmitteln, so dass eine selbstorganisierte Therapie mit Heroin (§ 29 BtMG) strafbar bleibt.[548] Es ist zweifelhaft, ob es angemessen ist, durch Festkleben auf Straßen oder

542 Rengier, AT, § 19 Rn. 37.

543 Kühl, AT, § 8 Rn. 148.

544 Es ist umstritten, ob aus dem Merkmal wesentlich mehr als ein bloßes Überwiegen folgen muss. Für ein qualifiziertes Überwiegen: Rengier, AT, § 19 Rn. 43; dagegen für einfaches Überwiegen Roxin/Greco, AT I, § 16 Rn. 88 f. je m. w. N. Der Streit hat angesichts der vielschichtigen Gesamtbewertung kaum praktische Bedeutung.

545 BGH 8.10.1968 – VI ZR 168/67, NJW 1968, 2288.

546 BGH 9.10.1951 – 1 StR 159/51, NJW 1952, 151; bedenklich weitgehend bei Angaben zu im Krankenhaus eingelieferten Personen gegenüber der Ermittlungsbehörde: OLG Karlsruhe 25.11.1983 – 1 Ws 273/83, NJW 1984, 676.

547 Rengier, AT, § 19 Rn. 42. Teilweise will man erst bei der Angemessenheit die besonderen Gefahrtragungspflichten prüfen, Fischer, § 34 Rn. 24 f.

548 BGH 28.6.2016 – 1 StR 613/15, NJW 2016, 2818.

Festketten an Bäumen die dringend notwendigen, aber nicht zureichenden Maßnahmen zum Schutz des Klimas erreichen zu wollen.[549]

Hier kann man auch die Frage erörtern, ob sich **hoheitliches Handeln** auf § 34 stützen lässt, wenn der Gesetzgeber engere Voraussetzungen für Eingriffe im Rahmen von Gesetzen zur Gefahrenabwehr statuiert hat, s. Rz 176. Man darf die gesetzlichen Regelungen nicht durch die allgemeine Regelung in § 34 unterlaufen.[550]

Beispiele:

Man darf Geld nicht einem anderen Menschen wegnehmen, um sich damit eine dringend benötigte Krankheitsbehandlung zu finanzieren, sondern muss sich um Hilfe durch die Solidargemeinschaft (Krankenkasse oder Sozialleistungen) in einem geordneten Verfahren kümmern.[551]

Ein zu Unrecht in Straftatverdacht geratener oder gar zu Freiheitsstrafe verurteilter Mensch muss die dafür vorgesehenen Rechtsbehelfe wählen und deren Ergebnis hinnehmen. Es ist nicht angemessen durch Urkundenfälschung oder mit Gewalt seinen Anspruch auf Freiheit durchzusetzen.[552]

Eine dringend zur Rettung eines menschlichen Lebens erforderliche Blut- oder Knochenmarkspende darf nicht zwangsweise durchgesetzt werden, da der Spender in seinem Selbstbestimmungsrecht zur Entscheidung befugt ist. Man schlägt vor, dass bei Ehegatten oder Soldaten im Kampfeinsatz andere Maßstäbe gelten.[553]

Ein Verdeckter Ermittler darf nicht über die in §§ 110a–110d StPO vorgesehenen Befugnisse hinaus szenetypische Straftaten begehen („Keuschheitsprobe"), um andere Straftaten aufdecken zu können.[554]

Bei Missständen in Tiermastanlagen, die von staatlichen Stellen beharrlich nicht abgestellt werden, soll zunächst auf der Ebene der Interessenabwägung der Gedanke des Defensivnotstands (Gefahrverantwortlichkeit der Betreiber) berücksichtigt werden. Der mit dem Eindringen in den Stall zur Dokumentation begangene Hausfriedensbruch (§ 123) soll bei Behördenversagen eine angemessene Notstandshandlung sein.[555]

549 Bejahend: AG Flensburg 7.11.2022 – 440 Cs 107 Js 7252/22, BeckRS 2022, 34906, Rn. 44 f.
550 Umfassend: Kühl, AT, § 8 Rn. 180.
551 Eisele/Heinrich, AT, Rn. 290; Wessels/Beulke/Satzger, AT, Rn. 484; Rengier, AT, § 19 Rn. 62.
552 Kühl, AT, § 8 Rn. 175 ff.; Rengier, AT, § 19 Rn. 57. Bspw. darf der Vermieter nicht mit Gewalt den zahlungsunwilligen Mieter aus der Wohnung zerren, sondern muss ein gerichtliches Verfahren durchführen und dessen Ausgang akzeptieren.
553 Kühl, AT, § 8 Rn. 169 ff; Wessels/Beulke/Satzger, AT, Rn. 487 f.
554 BGH 9.4.1986 – 3 StR 551/85, NJW 1986, 2261 (heimliche Tonbandaufnahme); Kühl, AT, § 8 Rn. 180.
555 Murmann, GK-ST, § 25 Rn. 63a.

269 Auch der **Nötigungsnotstand** wird hier diskutiert.[556] Dabei handelt es sich um Konstellationen, in denen ein Mensch von einer anderen Person zur Begehung einer Straftat gezwungen wird. Häufig wird man sich dieser Nötigung auf andere Weise entziehen können, als die geforderte Handlung zu begehen. Wenn etwa ein Zeuge vor Gericht eingeschüchtert und zu einer Falschaussage genötigt wird,[557] kann der Zeuge die Gefahr meist anders abwenden, indem er sich an staatliche Stellen wendet, spätestens bei seiner Aussage vor Gericht.

Fallbeispiel:

Rocker R ist Zuhälter. Er hat durch ein Klima von Einschüchterung und Gewalt die aus dem Ausland stammende Frau F in eine sklavenähnliche Abhängigkeit gebracht. Er bedroht sie mit dem Tod, wenn sie nicht das unerfahrene Opfer O durch Schläge für die Prostitution gefügig mache. F will dies zwar nicht, hat aber keine Möglichkeit sich dem Zugriff des R zu entziehen, weil sie sich als Ausländerin sprachlich den deutschen Behörden nicht verständlich machen kann und beständig von R überwacht wird. Sie schlägt daher auf O ein, bis deren Widerstand gebrochen ist.

Das Verhalten von R erfüllt unter anderem eine Nötigung (§ 240) z. N. der F. Er benutzt F als menschliches Werkzeug und begeht eine Körperverletzung in mittelbarer Täterschaft z. N. der O (§§ 223, 25 Abs. 1, 2. Alt.).

Die F verwirklicht den objektiven und subjektiven Tatbestand einer Körperverletzung, als sie die O schlägt (§ 223).

Es ist umstritten, ob die Tatbestandsverwirklichung durch den Genötigten z. N. eines Dritten nach § 34 gerechtfertigt werden kann:

Vereinzelt wendet man § 34 an und hält das Verhalten der F für rechtmäßig (**Rechtfertigungslösung**). Dafür spricht, dass eine Notstandslage besteht, die Handlung geeignet und erforderlich ist sowie das Leben der F mehr wiegt als die körperliche Unversehrtheit der O.[558]

Nach h. M. (**Entschuldigungslösung**) handelt die genötigte Person nicht rechtmäßig, da sie keine angemessene Handlung zur Gefahrenabwehr vornehme. Die F tritt auf die Seite des Unrechts. Das Opfer muss sich gegenüber der Handlung der F im Rahmen der Notwehr verteidigen können; wenn man das Verhalten von F rechtfertige, scheidet eine Notwehrlage mangels rechtswidrigen Angriffs aus. F kann sich aber auf einen entschuldigenden Notstand (§ 35, s. Rz364) berufen und bleibt zumindest straffrei, falls es ausnahmsweise keine andere Möglichkeit gibt, die Gefahr abzuwenden.[559]

556 Bspw. Wessels/Beulke/Satzger, AT, Rn. 474. Es sprechen gute Gründe für eine Einordnung bei der Interessenabwägung. Da der Aufbau sich anders etabliert hat und inhaltlich keine Auswirkung hat, wird er übernommen.

557 Zum Sachverhalt vgl. Rengier, AT, § 19 Rn. 51.

558 Frister, AT, § 17 Rn. 18 ff.; diff. MR/Engländer, StGB, § 34 Rn. 41.

559 Roxin/Greco, AT I, § 16 Rn. 68 f.; Wessels/Beulke/Satzger, AT, Rn. 474; Sch/Sch-Perron, StGB, § 34 Rn. 41b; differenzierend für Sonderfälle, Rengier, AT, § 19 Rn. 54 jew. m. w. N.

Im Rahmen der **Rettungsfolter** (s. Rz 176, Rz 222) kann man zwar ein Überwiegen des Erhaltungsgutes (Leben des Entführungsopfers) gegenüber dem Eingriffsgut (Willensentschließungsfreiheit des Entführers, der das Versteck nicht nennen will) feststellen, korrigiert dies aber nach h. M. über die Angemessenheit: Das Folterverbot bindet zumindest staatliche Stellen und darf wegen der damit verbundenen Antastung der Menschenwürde (Art. 2 Abs. 1, Art. 1 Abs. 1 GG) nicht eingesetzt werden, selbst wenn bei Verzicht auf Folter ein unschuldiges Entführungsopfer stirbt.[560] **270**

4. Rettungswille

Der Täter muss nach h. M. zunächst die Notstandslage erkennen und einen Rettungswillen haben, durch die Handlung das Rechtsgut zu schützen[561], s. Rz 224, Rz 244. Es muss sich aber nicht um das alleinige Motiv handeln, andere Beweggründe können daneben verfolgt werden. **271**

Da es an einem Rettungswillen fehlt, greift § 34 nicht ein bei einer absichtlichen Provokation der Gefahr, mit dem Ziel dann ein Rechtsgut verletzen zu können.

E. Einwilligung

Die Voraussetzungen der Einwilligung sind nicht im Strafgesetzbuch normiert[562]; indirekt wird deutlich, dass die Einwilligung als Rechtfertigungsgrund vorausgesetzt wird, indem partiell deren Grenzen in § 216 und § 228 normiert sind. **272**

Durch die Einwilligung wird das Selbstbestimmungsrecht (Art. 2 Abs. 1 i. V. m. Art. 1 Abs. 1 GG) entfaltet: Unrecht geschieht grundsätzlich nur gegen den Willen des Rechtsgutsinhabers.[563] Allerdings handelt es sich nicht nur um einen bloßen Verzicht, sondern ein Recht zur Gestaltung.[564] Die Einwilligung ist deshalb vorrangig vor anderen Rechtfertigungsgründen zu prüfen.[565]

560 LG Frankfurt/M 20.12.2004 – 5/27 KLs 7570 Js 203814/03 (4/04), NJW 2005, 692, 693 f. (Fall Daschner); NK/Neumann, StGB, § 34 Rn. 118d m. w. N.
561 Fischer, § 34 Rn. 27 f.; BGH 15.1.1952 – 1 StR 552/51, BGHSt 2, 111, 114, juris-Rn. 10.
562 Heinrich, AT, Rn. 438; Freund/Rostalski, AT, § 3 Rn. 43.
563 BGH 22.12.2010 – 3 StR 239, NJW 2011, 1088; Kindhäuser/Zimmermann, AT, § 12 Rn. 1.
564 Murmann, GK-ST, § 25 Rn. 116.
565 Rengier, AT, § 23 Rn. 5.

I. Abgrenzung zum Einverständnis

273 Nach h. M. wird die Einwilligung als Rechtfertigungsgrund[566] vom Einverständnis abgegrenzt. Letzteres lässt schon den Tatbestand entfallen, wenn nicht gegen oder ohne Willen des Verletzten gehandelt wird.[567] Die Unterscheidung wird auf die jeweilige Formulierung des Tatbestandes zurückgeführt. So impliziert die Wegnahme in § 242 oder das Eindringen in § 123 ein Handeln gegen den Willen des Berechtigten; deshalb scheidet schon der Tatbestand aus, wenn man sich absprachegemäß den Stift des Kommilitonen aus dessen Wohnung holt.[568] Demgegenüber wirkt die Einwilligung bei der Körperverletzung oder einer Sachbeschädigung, deren Tatbestand auch mit dem Willen des Betroffenen erfüllt werden kann, als Rechtfertigungsgrund.[569]

Das Einverständnis ist grundsätzlich rein tatsächlicher Natur, muss aber freiwillig zustande gekommen sein. Das setzt voraus, dass zumindest ein natürlicher Wille gebildet werden kann, was bereits bei Minderjährigen möglich ist.[570] Das Einverständnis wirkt faktisch und damit unabhängig davon, ob es geäußert wurde[571], auf einem Irrtum bzw. Willensmängeln beruht oder durch Täuschung erschlichen wird.[572] Ein mutmaßliches Einverständnis gibt es deshalb nicht.[573] Wenn der Täter das Einverständnis nicht kennt, entfällt der objektive Tatbestand und es kann eine Versuchsstrafbarkeit geprüft werden, sofern dies unter Strafe steht.[574]

II. Aufbau

Aufbauschema Einwilligung:

I. Objektive Elemente:

1. Individualrechtsgut
2. Einwilligungserklärung
   a) Zur Zeit der Tathandlung

566 BGH 26.5.2004 – 2 StR 505/03, juris-Rn. 15; 22.1.1953 – 4 StR 373/52, juris-Rn. 7; 13.5.1969 – 2 StR 616/68, NJW 1969, 1582, 1583; Sch/Sch/Sternberg-Lieben, StGB, Vor § 32 Rn. 33a; SSW/Rosenau, Vor § 32 Rn. 34; Rengier, AT, § 23 Rn. 1. Eine a. A. will die Einwilligung schon auf Tatbestandsebene berücksichtigen: MüKo/Schlehofer, StGB, Vor § 32 Rn. 146 ff.; Roxin/Greco, AT I, § 13 Rn. 12 ff.; Kindhäuser/Zimmermann, AT, § 12 Rn. 2 ff.; Bock, AT, 5/71.

567 Wessels/Beulke/Satzger, AT, Rn. 558.

568 Wessels/Beulke/Satzger, AT, Rn. 555.

569 Rengier, AT, § 23 Rn. 1.

570 Wessels/Beulke/Satzger, AT, Rn. 561.

571 BGH 24.6.2014 – 2 StR 73/14, NStZ 2015, 156; Wessels/Beulke/Satzger, AT, Rn. 562.

572 BGH 27.11.1974 – IV ZR 117/73, juris-Rn. 8; Wessels/Beulke/Satzger, AT, Rn. 561.

573 Wessels/Beulke/Satzger, AT, Rn. 562.

574 Wessels/Beulke/Satzger, AT, Rn. 564.

b) Verfügungsbefugnis
c) Einwilligungsfähigkeit
d) Keine wesentlichen Willensmängel
e) Gesetzliche Grenzen
II. Subjektives Element: Kenntnis

III. Voraussetzungen

1. Disponibles Rechtsgut

Da die Einwilligung aus dem Recht zur Selbstbestimmung abgeleitet wird, ergibt sich als Konsequenz, dass man nur über **Individualrechtsgüter** verfügen kann; nur höchstpersönliche Rechtsgüter sind **disponibel**. **274**

Beispiele sind das Eigentum und die körperliche Integrität.[575]

> Wer sich ein Piercing oder Tattoo stechen lässt, sich einer Operation unterzieht oder zum Friseur geht, kann in die Veränderung seiner körperlichen Sphäre einwilligen, sodass die Handlungen gerechtfertigt sind.
>
> Auch die Freigabe einer Betonwand für Graffitikunst durch eine Stadt als Eigentümerin bedeutet, dass ein tatbestandliches Verhalten i. S. v. § 303 durch die Einwilligung gerechtfertigt wird.

Der Einwilligung entzogen sind dagegen Rechtsgüter der Allgemeinheit. **275** Beispiele sind der Schutz der Rechtspflege vor Falschaussagen (§ 153), die Sicherheit des Straßenverkehrs (§ 316), der Umwelt (§ 324) oder die (abstrakte) Brandgefahr (§ 306a).

Schwierig ist dies für die **partielle Einwilligung** bei Tatbeständen zu be- **276** urteilen, in denen der Schutz von Individualrechtsgütern mit dem von Allgemeinrechtsgütern kombiniert wird. Nach h. M. wird hier die rechtfertigende Wirkung der Einwilligung dann insgesamt abgelehnt, da in das Allgemeinrechtsgut nicht eingewilligt werden kann[576]. Eine a. A. will wegen der partiellen Rechtfertigung diesen Tatbestand entfallen lassen, weil zumindest der Eingriff in ein höchstpersönliches Rechtsgut durch Ein-

575 Auch das Leben ist ein Individualrechtsgut und grds. disponibel, allerdings statuiert § 216 eine Sonderregelung, vgl. BeckOK/Eschelbach, StGB, § 216 vor Rn. 1; MR/Safferling, StGB, § 216 Rn. 1 m. w. N.

576 BGH 21.5.1992 – 4 StR 81/92, NZV 1992, 370; 14.5.1970 – 4 StR 131/69, NJW 1970, 1380; Kühl, AT, § 9 Rn. 27; Fischer, § 315c Rn. 17 jew. m. w. N.; Eisele/Heinrich, AT, Rn. 303.

willigung gerechtfertigt ist, so dass ggf. auf einen anderen Tatbestand zurückzugreifen wäre, der allein das Allgemeinrechtsgut schützt.[577]

Beispiele:

Bei einer Trunkenheitsfahrt mit Einwilligung der Mitfahrer in ihre unfallbedingten Verletzungen, zieht die h. M. § 315c heran, die a. A. stellt nur auf § 316 ab.

§ 164 schützt neben der Rechtspflege auch den von der falschen Verdächtigung durch Maßnahmen Betroffenen. Diese Norm bleibt anwendbar, wenn der Betroffene sich ausdrücklich gewünscht hat wegen der Tat inhaftiert zu werden, derer er fälschlich verdächtigt wird, denn er kann nicht in das Rechtsgut der Rechtspflege wirksam einwilligen.

2. Einwilligungserklärung

277 Die Erklärung muss **eindeutig** sein. Sie kann ausdrücklich oder durch schlüssiges Verhalten abgegeben werden.[578] Bspw. reicht es aus, wenn man im Zahnarztstuhl Platz nimmt und den Mund für den Bohrer öffnet.

278 Die Erklärung muss zeitlich **vor** der Tathandlung abgegeben werden[579] und zu diesem Zeitpunkt noch **fortbestehen**. Eine nachträgliche Erklärung hat dagegen keine rechtfertigende Wirkung. Sie ist jederzeit frei widerruflich.[580] Bspw. kann man beim Friseur jederzeit den Abbruch verlangen.

279 Der Einwilligende muss verfügungsberechtigt sein, also der Träger des geschützten Interesses sein oder als Vertreter bzw. Organ einer juristischen Person handeln. Wenn das Rechtsgut mehreren zusteht (z. B. Miteigentum), müssen alle zustimmen.[581]

280 Grds. muss sich die Einwilligung sowohl auf die **Handlung** als auch den **Erfolg** beziehen. Wenn man in einen Erfolg einwilligen kann, darf erst recht in die bloße **Gefährdung** des Rechtsguts eingewilligt werden.

Wer in den vorsätzlich herbeigeführten Erfolg einwilligen kann, sollte auch in fahrlässig herbeigeführte Erfolge einwilligen dürfen.[582] Umstritten ist dabei, ob eine Einwilligung in ein **riskantes Verhalten** in der Hoffnung des Ausbleibens des Erfolges einen dennoch daraus resultierenden Erfolg rechtfertigen kann.[583] Dies kann bspw. bei einer tödlichen Verletzung des Beifah-

577 Rengier, AT, § 17 Rn. 22 ff.; Schlehofer/Putzke/Scheinfeld, AT, Rn. 426. Dies wird aber für verschiedene Tatbestände differenziert betrachtet.

578 Kühl, AT, § 9 Rn. 31.

579 BGH 10.7.1962 – 1 StR 194/62, NJW 1963, 165, 166.

580 Murmann, GK-ST, § 25 Rn. 125; Kühl, AT, § 9 Rn. 32.

581 MR/Engländer, StGB, Vor § 32 Rn. 16.

582 Rengier, AT, § 23 Rn. 39.

583 MR/Engländer, StGB, Vor § 32 Rn. 19; Murmann, GK-ST, § 25 Rn. 139 jew. m. w. N.

rers eines verbotenen Autorennens in Betracht kommen. Die inzwischen h. M. lässt die **Risikoeinwilligung** im Ausgangspunkt zu, korrigiert das Ergebnis aber, wenn die Grenzen der Einwilligung, bspw. gem. § 228, überschritten werden.[584]

a) Einwilligungsfähigkeit

Der Rechtsgutsinhaber soll in seiner autonomen Entscheidung geschützt **281**
werden. Das setzt voraus, dass er nach seinen individuellen Fähigkeiten ein ausreichendes **natürliches Einsichts- und Urteilsvermögen** besitzt, um die Bedeutung und Tragweite der Einwilligungserklärung zu erkennen und sachgerecht zu beurteilen.[585] Dabei handelt es sich nicht um eine Beurteilung nach starren Altersgrenzen, sondern eine Prüfung im Einzelfall; nach h. M. stellt man *nicht* auf die Geschäftsfähigkeit (§§ 104 ff. BGB) ab.[586]

> Ein 15-jähriger Jugendlicher kann regelmäßig in die mit einem Boxkampf verbundenen Körperverletzungen selbst einwilligen, da er die Risiken und Folgen ausreichend beurteilen kann.[587]

Es kann bspw. für **Kinder** oder Menschen mit einer **geistigen Behinderung** **282**
dazu führen, dass diese noch nicht selbst in der Lage sind, die Tragweite der Entscheidung zu überblicken, weshalb für sie sorgeberechtigte Eltern (§§ 1626 ff.) oder gesetzliche Betreuer (§§ 1814 ff. BGB) die Entscheidung treffen. Diese Vertreter haben sich dabei am Wohl und Interesse des Betroffenen zu orientieren und nicht eigene Anschauungen an dessen Stelle zu setzen. Falls sie diesem Auftrag nicht gerecht werden, kann ihre Entscheidung durch das Familiengericht ergänzt oder ersetzt werden (§§ 1666, 1862 BGB). Nur in seltenen Fällen kann die Einwilligung wegen evidentem Machtmissbrauchs unwirksam sein.[588]

In Einzelfällen kann neben der Erklärung des Vertreters noch eine abweichende Erklärung des Vertretenen abgegeben werden. Wenn bei kleinen Kindern deren Entscheidung durch die Erklärung der Eltern ersetzt wird,

---

584 BGH 20.11.2008 – 4 StR 328/08, NJW 2009, 1155, 1157 m. w. N.; 26.5.2004 – 2 StR 505/03, NJW 2004, 2458. Die frühere Rspr. lehnte die Risikoeinwilligung noch ganz ab: BGH 25.1.1955 – 2 StR 366/54, NJW 1955, 472.

585 BGH 10.2.1959 – 5 StR 533/58, NJW 1959, 825.

586 BGH 12.10.1999 – 1 StR 417/99, NStZ 2000, 87, 88; 13.5.1969 – 2 StR 616/68, NJW 1969, 1582, 1583; 22.1.1953 – 4 StR 373/52, NJW 1953, 912; BayObLG, Beschluß vom 7.9.1998 – 5 St RR 153/98, NJW 1999, 372; eine M. M. will davon abweichend bei Vermögensdelikten oder Sachbeschädigungen auf die zivilrechtliche Geschäftsfähigkeit abstellen, MüKo/Schlehofer, StGB, Vor § 32 Rn. 179 m. w. N.

587 BGH 12.5.2020 – 1 StR 368/19, NStZ 2021, 494, 497.

588 BGH 26.3.2003 – 1 StR 549/02 NJW 2003, 1824.

gilt nur letztere.[589] Soweit Kinder oder Jugendliche schon eine ausreichende Vorstellung über bestimmte Entscheidungen haben, kann dies bspw. bei aufschiebbaren Operationen dazu führen, dass diesen ein **Vetorecht** zusteht.[590] Im Ergebnis kann deren Erklärung dann der des Vertreters vorgehen.[591] Es gibt eine umstrittene Sonderregel zur Entscheidungsbefugnis von Erziehungsberechtigten über die sog. Knabenbeschneidung in § 1631d BGB[592].

b) Keine wesentlichen Willensmängel

283 Die Einwilligungserklärung muss frei von **wesentlichen Willensmängeln** sein, damit sie rechtfertigende Wirkung entfaltet. Die Einzelheiten sind umstritten und von einer Wertung abhängig. Maßstab ist aber der Schutz der Autonomie des Rechtsgutsträgers. Insbesondere darf die Erklärung nicht auf Drohung bzw. Gewalt, Täuschung oder Irrtum beruhen.

284 Man kann sich dabei für die **Drohung** bzw. **Gewalt** an der Nötigung (§ 240) orientieren: Die Drohung muss verwerflich sein.[593]

> **Beispiel:** Die Ankündigung durch Sportverbände, einen Sportler vom Wettkampf auszuschließen, wenn er nicht in die Entnahme einer Blutprobe (§ 223) einwilligt, ist keine verwerfliche Drohung, denn sie liegt im Interesse aller Sportler.[594]

285 Bei der **Täuschung** ist nach h. M. auch auf mit der Einwilligung verfolgte Ziele abzustellen; eine a. A. will darauf abstellen, ob die Täuschung rechtsgutsbezogen wirkt oder zumindest ein dominantes Motiv war.[595] Dies kann sich auswirken, wenn jemand eine Aufwandsentschädigung versprochen bekommt für eine Blutspende, diese aber hernach nicht ausgezahlt wird. Nach der abweichenden Ansicht war dem Betroffenen klar, dass er in die Entnahme von Blut einwilligt – nach h. M. wäre es dagegen eine nicht durch Einwilligung abgedeckte Körperverletzung.

> **Beispiel:** Bundeswehrsoldat B verschuldet einen Unfall. Er nennt dem Unfallgegner einen falschen Namen und eine falsche Adresse. Daraufhin verzichtet

589 Roxin/Greco, AT I, § 13 Rn. 92.
590 BGH 10.10.2006 – VI ZR 74/05, NJW 2007, 217; MüKo/Schlehofer, StGB, Vor § 32 Rn. 169.
591 Roxin/Greco, AT I, § 13 Rn. 92.
592 Wessels/Beulke/Satzger, AT, Rn. 571; Murmann, GK-ST, § 25 Rn. 126 jew. m. w. N.; krit: MüKo/Schlehofer, StGB, Vor § 32 Rn. 170 f.; dagegen ist die Genitalverstümmelung bei weiblichen Personen durch einen Verbrechenstatbestand verboten (§ 226a), wobei grundsätzlich eine Einwilligung in Betracht kommen kann, die aber nicht sittenwidrig sein darf, vgl. Fischer, § 226a Rn. 16 f.
593 Rengier, AT, § 23 Rn. 24.
594 Kühl, AT, § 9 Rn. 36.
595 BGH 1.2.1961 – 2 StR 457/60, NJW 1962, 682 (zum Irrtum über die Stellung als Arzt); OLG Stuttgart 21.6.1982 – 3 Ss (12) 184/82, NJW 1982, 2266, 2267; Rengier, AT, § 23 Rn. 25 ff. m. w. N. zu Gegenansichten.

der Unfallgegner auf die Einschaltung der Polizei und willigt ein, dass B weiterfährt. B verwirklicht den Tatbestand einer Unfallflucht (§ 142) und ist dabei nicht gerechtfertigt, denn die Einwilligung beruht auf einem Irrtum.[596]

Auch ohne eine Täuschung kann ein beim Einwilligenden vorhandener **Irrtum** auftreten und Zweifel an der Wirksamkeit der Einwilligung wecken. Der Irrtum wird entsprechend der für Täuschungen geltenden Kriterien für beachtlich gehalten. Soweit hier der Fehler bei der Willensbildung in der Sphäre des Einwilligenden liegt, wird zumindest seltener dem Handelnden subjektive Kenntnis nachgewiesen werden können.[597] **286**

Besondere Bedeutung hat die Einwilligung bei invasiven Eingriffen im Rahmen einer (zahn-)ärztlichen Heilbehandlung. Diese erfüllt den Tatbestand einer Körperverletzung und setzt eine Einwilligung nach Aufklärung über die wesentlichen Umstände, insb. Folgen und Risiken (informed consent), durch den Arzt voraus (§ 630d i. V. m. § 630e Abs. 1 BGB). Dabei hat sich eine umfangreiche Kasuistik entwickelt, die heutzutage wegen der ausdifferenzierten Beweislastregeln vorwiegend im Zivilrecht Bedeutung erlangt. **287**

Beispiel:

Patientin P muss nicht akut, aber innerhalb der nächsten sechs Monate ein Teil des Darms entfernt werden. Sie wird über die Risiken dieses Eingriffs aufgeklärt und willigt in die Behandlung ein. Arzt A behält sich vor, dass er bei Auftreten von unabhängig von Behandlungsfehlern auftretenden Entzündungen nach erfolgloser Antibiosebehandlung zusätzlich nicht sterilen Zitronensaft in die Wunde einbringen wird. Darüber klärt er P aber nicht vor dem ersten Eingriff auf, sondern wartet so lange ab, bis die P wegen ihres schwachen Zustands zuletzt nicht mehr in der Lage ist die Aufklärung zu verstehen.

Hier hat P zwar in die erste Operation als tatbestandliche Körperverletzung eingewilligt. Damit waren auch die Beeinträchtigungen durch die schicksalhaft aufgetretenen Entzündungen abgedeckt. Es war auch nicht nötig vor der Erstoperation schon über die Behandlungsschritte bei einer Komplikation aufzuklären. Die Einwilligung der P bezog sich daher nur auf die Erstoperation, erstreckt

596 OLG Stuttgart 21.6.1982 – 3 Ss (12) 184/82, NJW 1982, 2266, welches eine Einwilligung heranzieht, vgl. MR/Renzikowski, StGB § 142 Rn. 35.

597 Kühl, AT, § 9 Rn. 40. Hier wäre auch der Fall einzuordnen, wenn eine Patientin irrig glaubt, durch Extraktion aller Zähne könne sie etwas gegen ihre Kopfschmerzen machen. Ein Zahnarzt schafft es nicht, sie davon zu überzeugen, dass sie sich im Irrtum befindet, zieht aber alle Zähne und soll sich wegen Körperverletzung mangels wirksamer Einwilligung strafbar machen: BGH 22.2.1978 – 2 StR 372/77, NJW 1978, 1206; krit. Lackner/Kühl/Heger, StGB, § 228 Rn. 5 m. w. N.

sich aber nicht mehr auf die zweite Operation. Bei der Anwendung von wissenschaftlich nicht anerkannten Außenseitermethoden, konkret einer Behandlung mit (nicht sterilem) Zitronensaft, wäre unmissverständlich rechtzeitig vor der Revisionsoperation aufzuklären und die Einwilligung der P abzuwarten gewesen.[598]

288 Auch im Sport sind Einwilligungen von Bedeutung. Es wird in übliche Risiken eingewilligt, die über die Regeln hinaus dem entsprechen, was üblich ist. Das können einfache Fouls im Fußball sein, aber nicht mehr das grobe Foul.[599]

Beispiel: Boxen ist als Sportart mit der Zufügung von Körperverletzungen verbunden, in die der Gegner durch die Teilnahme einwilligt.[600] Wenn ein Boxer vor dem Boxkampf heimlich verbotene Dopingmittel einnimmt, erstreckt sich die Einwilligung des Gegners nicht auf die ihm zugefügten Verletzungen. Denn beim Doping handelt es sich um einen groben Verstoß gegen die Wettkampfregeln und verschafft einen vom Gegner nicht zu erwartenden Vorteil. Die durch die Boxschläge verwirklichte Körperverletzung ist dann rechtswidrig.[601]

c) Grenzen

289 Die Einwilligung ist nicht unbegrenzt wirksam. So zeigt **§ 216**, dass man nicht in die eigene **Tötung** durch vorsätzlich handelnde Dritte einwilligen kann, selbst wenn sich der Täter dem Wunsch des Opfers unterordnet.[602] Allerdings besteht das Grundrecht auf selbstbestimmtes Sterben und die autonome Entscheidung zur Ablehnung von medizinischen Behandlungsmaßnahmen (s. Rz 124).

290 Weiter statuiert **§ 228** die **Sittenwidrigkeit** als Grenze für die Einwilligung in Körperverletzungen. Was unter den guten Sitten zu verstehen ist, unterliegt einem Wandel und ist in den Einzelheiten umstritten. Eine konturen-

598 BGH 22.12.2010 – 3 StR 239, NJW 2011, 1088, 1090; es erscheint überhaupt zw., ob die Einwilligung beachtlich gewesen wäre, denn man kann grds. nicht wirksam in die nicht zwingend gebotene Missachtung ärztlicher Sorgfaltsstandards (unsterile Bedingungen) einwilligen. Vgl. auch zur Unwirksamkeit einer Einwilligung wegen fehlerhafter Aufklärung über medizinische Notwendigkeit einer Zahnextraktion: OLG Karlsruhe 16.3.2022 – 1 Ws 47/22, NStZ 2022, 687.

599 BayObLG 3.8.1961 – RReg. 4 St 36/61, NJW 1961, 2072; zur „Notbremse“: OLG Hamm 23.3.1998 – 13 U 187/97, BeckRS 1998, 3033; zur Verletzung eines Zuschauers durch regelwidrig weggetretenen Ball: OLG Karlsruhe 25.6.1981 – 3 Ss 310/80, NJW 1982, 394.

600 BGH 12.5.2020 – 1 StR 368/19, NStZ 2021, 494, 496.

601 OLG Köln 4.4.2019 – 2 Ws 122/19, BeckRS 2019, 5525; Wessels/Beulke/Satzger, AT, Rn. 574.

602 BGH 20.11.2008 – 4 StR 328/08, NJW 2009, 1155, 1157; zum Sonderfall des Kannibalismus: BGH 22.4.2005 – 2 StR 310/04, NJW 2005, 1876, 1879; anders für bedingten Vorsatz: Frister, AT, § 15 Rn. 27.

lose Formel sieht die Grenze erreicht, wenn die Körperverletzung[603] dem Anstandsgefühl aller billig und gerecht Denkenden widerspricht.[604] Man versucht durch Betrachtung der **Motive** einerseits und der **Schwere der Folgen** andererseits Fallgruppen zu bilden.[605] Dazu wird aus der Perspektive vor der Handlung (**ex ante**) die **Art** und das **Gewicht** der Körperverletzung sowie der **Gefahrengrad für Leib oder gar Leben** beurteilt.[606]

So leuchtet es ein, dass zur **medizinischen Behandlung** einer schweren Erkrankung Körperverletzungen mit gravierenden Folgen durch eine Einwilligung abgedeckt sind, denn hier werden alle Maßnahmen getroffen, um das Leben und die Gesundheit zu erhalten. Dagegen verstoßen **Mutproben** zur Aufnahme in eine Jugendgang[607], nicht genehmigte **Beschleunigungsrennen**[608] oder wilde **Prügeleien**[609] mit der Gefahr erheblicher Folgen oder Lebensgefahren gegen die guten Sitten. Andererseits ist **Sport**, einschließlich der damit verbundenen Körperverletzungen, durch eine wirksame Einwilligung abgedeckt, wenn anerkannte **Regeln für Wettkämpfe** vorhanden und durch Schiedsrichter gesichert werden; insbesondere gilt dies bei (Kick-)Boxzweikämpfen.[610]

Der Umstand, dass die Einwilligung wegen einer **sexuellen** Vorliebe erteilt wird, führt dagegen für sich genommen nicht zum Urteil der Sittenwidrigkeit, entscheidend ist das Ausmaß der (Lebens-)Gefahr.[611]

Man kommt aber letztlich nicht umhin, dass von Fall zu Fall entschieden **291**
wird, was zu einer bedenklichen **Rechtsunsicherheit** führt. Die Regelung ist daher zumindest einschränkend auszulegen und im Zweifel die Wirksamkeit der Einwilligung anzunehmen, um dem **Bestimmtheitsgebot** (Art. 103 GG) soweit wie möglich zu genügen.[612]

---

603 Nach dem Wortlaut ist auf die Sittenwidrigkeit der Tat, also der Körperverletzung und nicht auf die der Einwilligung abzustellen, BGH 11.12.2003 – 3 StR 120/03, NJW 2004, 1054, 1056; 22.1.1953 – 4 StR 373/52, NJW 1953, 912.

604 BGH 11.12.2003 – 3 StR 120/03, NJW 2004, 1054, 1055 f.; 29.1.1953 – 5 StR 408/52, NJW 1953, 473, 475; 22.1.1953 – 4 StR 373/52, NJW 1953, 912.

605 BeckOK/Eschelbach, StGB, § 228 Vor Rn. 1.

606 BGH 12.5.2020 – 1 StR 368/19, NStZ 2021, 494, 496; Wessels/Beulke/Satzger, AT, Rn. 577.

607 BayObLG 7.9.1998 – 5 St RR 153/98, NJW 1999, 372, 373.

608 BGH 20.11.2008 – 4 StR 328/08, NJW 2009, 1155, 1157.

609 BGH 22.1.2015 – 3 StR 233/14, NJW 2015, 270 (Drittortauseinandersetzung zwischen Hooligans trotz gewisser Regeln, aber wegen der Eskalationsgefahren); 20.2.2013 – 1 StR 585/12, NJW 2013, 1379; 22.1.1953 – 4 StR 373/52, NJW 1953, 912; anders, die Einwilligung bejahend, für nach Regeln ablaufende Mensur: 29.1.1953 – 5 StR 408/52, NJW 1953, 473, 475.

610 BGH 20.2.2013 – 1 StR 585/12, NJW 2013, 1379, 1381 mit Betonung der Gefahrsteuerung durch Regeln; diff. BGH 22.1.2015 – 3 StR 233/14, NJW 2015, 270, 275, wo man auf den Unterschied zwischen Gruppenkämpfen mit Eskalationspotenzial (§ 231) einerseits und Zweikämpfen andererseits abstellen will.

611 BGH 26.5.2004 – 2 StR 505/03, NJW 2004, 2458, 2059; 16.12.2009 – 2 StR 446/09, NJW 2010, 389, 390.

612 BGH 11.12.2003 – 3 StR 120/03, NJW 2004, 1054, 1056; 29.1.1953 – 5 StR 408/52, NJW 1953, 473, 475.

Zu Recht lehnt man es wegen solcher Unsicherheiten überwiegend ab, diesen Rechtsgedanken auf andere Tatbestände als Körperverletzungen entsprechend anzuwenden.[613]

292 Es finden sich verschiedentlich vorrangige **Spezialregelungen** für die Grenzen von Einwilligungen bei bestimmten Verfahren, etwa bei der Organentnahme (§ 8 TPG), freiheitsentziehenden Maßnahmen, ärztlichen Eingriffen oder Sterilisation bei Minderjährigen oder Betreuten (§§ 1799, 1829–1831 BGB), Kastrationen (§§ 2 ff. KastrG) oder klinischen Prüfungen von Arzneimitteln (§§ 40 f. AMG).

3. Subjektives Element

293 Der Täter muss in **Kenntnis** der Einwilligung gehandelt haben. Wenn er ohne Kenntnis einer vorher geäußerten Einwilligung gehandelt hat, kann eine Versuchsstrafbarkeit in Betracht kommen.[614]

F. Mutmaßliche und hypothetische Einwilligung

I. Vorbemerkungen

294 Die mutmaßliche oder die hypothetische Einwilligung können ebenfalls als Rechtfertigungsgründe in Betracht kommen, wenn eine ausdrückliche oder konkludente Einwilligung nicht vorliegt. Beide Rechtfertigungsgründe haben besondere Bedeutung für die ärztliche Heilbehandlung und sind insbesondere im Zivilrecht anerkannt.[615]

II. Mutmaßliche Einwilligung

295 Die **mutmaßliche Einwilligung** ist gesetzlich nicht geregelt; § 630d Abs. 1 S. 4 BGB setzt sie aber voraus. Sie umfasst zwei Fallgruppen:

1. Es erfolgt ein Eingriff in ein einwilligungsfähiges Rechtsgut zur Rettung **höherrangiger Interessen des Verletzten**, dessen Zustimmung nicht erreichbar ist.[616]

613 Frister, AT, § 15 Rn. 30.

614 Wessels/Beulke/Satzger, AT, Rn. 581 wollen zusätzlich noch ein Handeln *aufgrund* der Einwilligung verlangen. Es dürfte selten praktisch mit an Sicherheit grenzender Wahrscheinlichkeit nachzuweisen sein, dass der Handelnde zwar Kenntnis hatte, dann aber nicht (auch) aufgrund der Einwilligung gehandelt hat.

615 BGH 21.5.2019 – VI ZR 119/18, NJW 2019, 3072 zu beiden Rechtsinstituten; abl. für den Sonderfall einer Organspende (§ 8 TPG): BGH 11.2.2020 – VI ZR 415/18, NJW 2020, 2334.

616 BGH 4.10.1999 – 5 StR 712/98, NJW 2000, 885, 886; 25.3.1988 – 2 StR 93/88, NJW 1988, 406, 407; Krey/Esser, AT, Rn. 679; zu den verfassungrechtlichen Grenzen, aber die Rechtsfigur grundsätzlich anerkennend: BVerfG 14.12.2001 – 2 BvR 152/01, NJW 2002, 2164.

2. Der Eingriff ist geringfügig oder der Wert des verletzten Rechtsguts ist unbedeutend (Prinzip des **mangelnden Interesses**).[617]

Aufbauschema der mutmaßlichen Einwilligung: 296

I. Objektive Elemente:
   1. Individualrechtsgut
   2. Mutmaßliche Einwilligungserklärung
      a) Verfügungsbefugnis
      b) Einwilligungsfähigkeit
      c) Subsidiarität: Keine (zumutbare) Möglichkeit eine wirkliche Einwilligung einzuholen/Entbehrlichkeit der Befragung bei mangelndem Interesse
      d) Übereinstimmung mit dem hypothetischen Willen
      e) Gesetzliche Grenzen

II. Subjektives Element: Kenntnis

Wird **im vermuteten Interesse des Verletzten** gehandelt, ist der Handelnde auch dann gerechtfertigt, wenn er ein Rechtsgut des Verletzten beeinträchtigt, um ein vom Verletzten mutmaßlich höher bewertetes Rechtsgut zu retten. Es handelt sich um einen eigenständigen Rechtfertigungsgrund neben den Notstandsregeln (s. Rz 235), weil es sich um einen Konflikt innerhalb der Sphäre eines Rechtsgutsinhabers und nicht zwischen mehreren Personen handelt.[618] 297

Die mutmaßliche Einwilligung greift nur dann, wenn **keine Einwilligung** eingeholt werden kann, also ein **Eil- oder Notfall** vorliegt. Wenn ein Unfallopfer bewusstlos ist und eine Erstversorgung sowie nachfolgende Operation vital indiziert sind, sind die Ersthelfer und Rettungskräfte gerechtfertigt. Wenn der Patient dagegen befragt werden könnte, ob er einwilligt, ist der Rückgriff auf eine mutmaßliche Einwilligung versperrt.[619] Sonst könnte die autonome Entscheidung durch einen bevormundenden Ansatz ausgehebelt werden.

Die Handlung muss im Interesse des mutmaßlich Einwilligenden liegen und *seinem* wirklichen oder vermuteten Willen entsprechen, denn es geht um dessen Selbstbestimmungsrecht. Zu berücksichtigen sind seine individuellen Interessen, Wünsche, Bedürfnisse und Wertvorstellungen. An- 298

617 Wessels/Beulke/Satzger, AT, Rn. 595; Krey/Esser, AT, Rn. 679; Sch/Sch-Lenckner, Vor § 32 Rn. 55.
618 Sch/Sch/Sternberg-Lieben, StGB, Vor § 32 Rn. 54a m. w. N. auch zur Gegenansicht.
619 StA Mainz, Einstellungsverfügung vom 14.8.1987 – 2 Js 55.752/87, NJW 1987, 2946.

haltspunkte können sich in mündlichen oder schriftlichen Äußerungen (vgl. § 1827 BGB), religiösen Wertvorstellungen, Lebenserwartung und Schmerzen finden.[620]

Objektive Kriterien, insbesondere die Beurteilung einer Maßnahme als gemeinhin vernünftig und normal, dienen lediglich der Ermittlung des individuellen hypothetischen Willens. Mangels gegenteiliger Anhaltspunkte kann man aber davon ausgehen, dass der (hypothetische) Wille mit dem übereinstimmt, was gemeinhin als normal und vernünftig angesehen wird.[621]

299 Maßgeblich ist der **Zeitpunkt der Tathandlung**. Stellt sich später heraus, dass der Betreffende nicht einverstanden war, bleibt der Handelnde gerechtfertigt.[622] Bspw. sind Rettungskräfte gerechtfertigt, die eine invasive Maßnahme zur Lebensrettung bei einem Unfallopfer einleiten, wenn die Patientenverfügung oder die Glaubensrichtung bis dahin nicht festzustellen ist.

300 Weiter ist zu berücksichtigen, dass die Voraussetzungen der wirklichen Einwilligung vorliegen müssen. Es gelten hier die gleichen Grundsätze entsprechend.[623] Man kann bspw. nur über eigene Rechtsgüter disponieren.

Beispiel:

Aus dem Einfamilienhaus des E fließt Wasser wegen eines Rohrbruchs. Der Nachbar N weiß, dass E verreist ist und kann ihn auch telefonisch nicht erreichen. Er bricht die Wohnungstür auf und stellt das Wasser am Haupthahn ab.

Mit dem Aufbrechen der Wohnungstür hat N z. N. von E eine Sachbeschädigung (§ 303) und hernach mit dem Betreten der Wohnung einen Hausfriedensbruch (§ 123) vorsätzlich verwirklicht. Ein tatbestandsausschließendes Einverständnis für den Hausfriedensbruch durch E lag nicht vor.

E hatte in die Sachbeschädigung der Tür zwar nicht eingewilligt, aber durch die mutmaßliche Einwilligung[624] ist das Verhalten des N gerechtfertigt: N konnte E nicht vorab um dessen Erlaubnis bitten. Es handelt sich um Rechtsgüter des E, über die dieser verfügen konnte. Es war zu vermuten, dass E mit dem Eindringen in das Haus einverstanden gewesen wäre, um weitere Schäden für sein Vermögen zu minimieren.

620 GenStA Nürnberg, Verfügung vom 15.1.2008 – 4 BerL 144/07, NStZ 2008, 343, 344.

621 BGH 4.10.1999 – 5 StR 712/98, NJW 2000, 885, 886.

622 Wessels/Beulke/Satzger, AT Rn. 593: ex ante zu treffendes Wahrscheinlichkeitsurteil.

623 Wessels/Beulke/Satzger, AT, Rn. 594.

624 Es käme auch ein Defensivnotstand (§ 228 BGB) in Betracht, wenn Gefahren für andere beseitigt worden wären. Teilweise will man auf die Geschäftsführung ohne Auftrag (§§ 677 ff. BGB) als Rechtfertigungsgrund abstellen, die aber strengere Voraussetzungen hat: LK/Rönnau, StGB, Vor § 32 Rn. 215; Günther, Strafrechtswidrigkeit, S. 363.

Die mutmaßliche Einwilligung wegen **mangelndem oder weichendem Interesse** kann rechtfertigen, wenn man davon ausgehen kann, dass der Rechtsgutsinhaber zugestimmt hätte, weil er kein besonderes Interesse an dem Rechtsgut hat. Dies kann sich aus dem **geringen Wert** des Rechtsguts ergeben, etwa, wenn Wildblumen auf einer fremden Wiese gepflückt werden. Zudem darf man durch eine persönliche Verbundenheit auf die Zustimmung zählen, bspw. wer sich auf Terrassenmöbel auf dem eingefriedeten Grundstück von Bekannten während der Wartezeit setzt.[625] Der Eigentümer kann aber das Verhalten verbieten und dann ist seine Entscheidung vorrangig: Wer sich einen heruntergefallenen Apfel auf einer Wiese aufsammelt und vom Eigentümer aufgefordert wird, diesen wieder zurückzulegen, darf nicht weiter fremdes Obst verzehren. 301

Beispiel:

Kunde K hat sich eine Packung Eis im Supermarkt in den Einkaufswagen gelegt. Da es zu einer Wartezeit vor der Kasse kommt, entnimmt er ein Eis aus der Packung und verzehrt es, noch bevor er es bezahlt hat. Die Eisverpackung will er danach an der Kasse vorweisen und bezahlen.

Rechtlich steht die Eispackung mit Inhalt im Eigentum des Supermarktbetreibers, denn erst an der Kasse wird nach dem Bezahlen das Eigentum übereignet (§ 929 BGB). Im Öffnen der Eispackung liegt eine Sachbeschädigung (§ 303) und im Verzehr von Eis ein Diebstahl (§ 242) jeweils in objektiver und subjektiver Hinsicht vor.

Man darf aber davon ausgehen, dass ein Supermarktbetreiber damit einverstanden ist, wenn Kunden während der Wartezeit in Sichtweite des Kassenpersonals Ware verzehren, wenn sie diese unmittelbar danach bezahlen. Allerdings ist auch hier der tatsächlich erklärte Wille vorrangig und so käme die mutmaßliche Einwilligung nicht in Betracht, wenn der Kunde vom Supermarktbetreiber vorab einen anderslautenden Hinweis erhalten hätte oder einen Mitarbeiter dazu befragen könnte.

III. Hypothetische Einwilligung

Von der (mutmaßlichen) Einwilligung zu unterscheiden ist die **hypothetische Einwilligung**, die sich auf **rechtmäßiges Alternativverhalten** bei ärztlichen Heileingriffen bezieht. § 630h Abs. 2 S. 2 BGB setzt sie voraus, ohne die Voraussetzungen zu regeln. Ihr kommt nach h. M. rechtfertigende Wirkung zu, wenn der Patient nicht (vollständig) aufgeklärt worden ist, aber bei korrekter Aufklärung hypothetisch eingewilligt hätte.[626] Es 302

625 Rengier, AT, § 23 Rn. 55.

626 BGH 20.2.2013 – 1 StR 320/12, NJW 2013, 1688; 11.10.2011 – 1 StR 134/11, NStZ 2012, 205; 15.10.2003 – 1 StR 300/03, NStZ-RR 2004, 16, 17; BGH 25.9.1990 – 5 StR 342/90, BeckRS 2011,

gelten auch hier die Voraussetzungen der wirklichen Einwilligung entsprechend.

Beispiel:

Arzt A klärt Patient P über einen Eingriff wegen Beschwerden im Bereich der Wirbelsäule auf. Dabei bezieht sich die Aufklärung und Einwilligung auf den Bereich der Wirbelkörper L2/L3. Wegen einer Verwechslung wird in der Operation aber das Fach L4/L5 behandelt, wo sich ebenfalls ein behandlungsdürftiger Befund ergeben hatte.

A hat tatbestandlich eine Körperverletzung (§ 223) in objektiver und subjektiver Hinsicht verwirklicht. Er hat die Einwilligung des P eingeholt, die sich aber nicht auf den tatsächlich operierten Bereich bezogen hat. Daher scheidet die Einwilligung als Rechtfertigungsgrund aus. Auch die mutmaßliche Einwilligung greift nicht ein, da A den P ja vor der Operation um die Einwilligung für den Bereich L4/L5 hätte bitten können.[627]

Die h. M. nimmt an, man würde den A aber wegen der Verletzung der Aufklärungspflicht strafen und nicht das Unrecht einer Körperverletzung erfassen, wenn man nicht die hypothetische Einwilligung heranzöge. Wenn P wegen des Leidensdrucks in die Behandlung des einen Wirbelzwischenraums wirksam eingewilligt hat, ist nicht davon auszugehen, dass er bei dem anderen Bereich nicht zugestimmt hätte; zumindest kann man A nicht das Gegenteil nachweisen.[628] Folglich hat A gerechtfertigt gehandelt.

G. Pflichtenkollision

303 Die Pflichtenkollision ist ein ungeschriebener Rechtfertigungsgrund, der besondere Bedeutung bei Unterlassungsvorwürfen (Geboten zu Handeln) hat.[629] Wenn zwei strafrechtliche Pflichten zum Handeln eine Person treffen, diese aber nur eine erfüllen kann, muss die Rechtsordnung ein erlaubtes Verhalten aufzeigen.[630]

Es ist umstritten, ob ein Fall der Pflichtenkollision vorliegt, wenn eine Handlungs- und eine Unterlassungspflicht zusammentreffen;[631] eine über-

20708. Eine M. M. lehnt die Anerkennung dieser Rechtsfigur im Strafrecht ab, da dies einen paternalistischen Ansatz darstelle, vgl. Sch/Sch/Sternberg-Lieben, StGB, § 223 Rn. 40h; Fischer, Vor § 32 Rn. 4c jew. m. w. N.; diff.: Spickhoff/Knauer/Brose, Medizinrecht, § 223 StGB, Rn. 94.

627 Ähnlicher Sachverhalt: BGH 15.10.2003 – 1 StR 300/03, NStZ-RR 2004, 16.

628 Es gilt im Strafverfahren konsequenterweise „in dubio pro reo“: BGH 11.10.2011 – 1 StR 134/11, NStZ 2012, 205, 206.

629 Kindhäuser/Zimmermann, AT, § 18 Rn. 1.

630 Kindhäuser/Zimmermann, AT, § 18 Rn. 3; Fischer, Vor § 32 Rn. 11.

631 Fischer, Vor § 32 Rn. 11e.

zeugende Gegenmeinung will auf die Notstandsregeln abstellen.[632] Wenn bspw. ein fremder Regenschirm zur Abwehr eines Hundeangriffs auf das eigene Kind verwendet wird, ist die Sachbeschädigung durch § 904 BGB (s. Rz 245 ff.) gerechtfertigt.

Wenn **gleichartige Handlungspflichten** kollidieren, ist gerechtfertigt, wer zumindest eine der beiden erfüllt, denn das Recht kann nicht etwas Unmögliches verlangen. Welche der beiden Pflichten erfüllt wird, kann der Handelnde nach h. M. frei entscheiden (s. erg. Rz 306).[633] Praktisch wird diese Konstellation selten vorkommen. **304**

Beispiel:

Vater V entdeckt seinen Sohn S und seine Tochter T im See. Die kleinen Kinder sind ins Wasser gefallen. V schafft es nur T zu retten, bevor das andere Kind (S) ertrinkt. Wenn er S gerettet hätte, wäre in dieser Zeit T gestorben.

Nach überwiegender Ansicht hat V z. N. von S einen Totschlag durch Unterlassen begangen (§§ 212, 13). Sein Verhalten ist aber gerechtfertigt, da er sich in der Pflichtenkollision zumindest für die Erfüllung einer Rechtspflicht entschieden.[634] Überzeugender ist es in diesen Fällen aber schon auf tatbestandlicher Ebene zu berücksichtigen, dass V in dem Moment, als er T ergreift und herauszieht, gar keine andere Handlungspflicht mangels Möglichkeit mehr hat.[635] Im Ergebnis hat sich V nicht strafbar gemacht.

Bei **ungleichwertigen Pflichten** tritt dagegen nur scheinbar eine Pflichtenkollision auf: Wenn die Pflichten ungleichartig sind, muss die vorrangige Pflicht erfüllt werden; die Nichterfüllung der anderen Pflicht kann nach Notstandsregeln, bspw. § 34, gerechtfertigt sein.[636] Wenn ein rechtmäßiger Weg und eine unrechtmäßige Alternative vorhanden sind, muss rechtmäßig gehandelt werden.[637] **305**

Die Bewertung der Pflichten soll in einer Gesamtbetrachtung anhand folgender Kriterien erfolgen:
- Rang der Rechtsgüter (z. B. Leben vor Gesundheit vor Vermögen)

632 Krey/Esser, AT, Rn. 630.
633 Fischer, Vor § 32 Rn. 11; Wessels/Beulke/Satzger, AT, Rn. 1217.
634 Rengier, AT, § 49 Rn. 41; Krey/Esser, AT, Rn. 633; Wessels/Beulke/Satzger, AT, Rn. 1217.
635 Näher: Freund/Rostalski, AT, § 3 Rn. 44; Fischer, Vor § 32 Rn. 11.
636 Kindhäuser/Zimmermann, AT, § 18 Rn. 5.
637 BGH 30.7.2003 – 5 StR 221/03, NJW 2003, 3787, 3788; 25.3.1952 – 1 StR 172/51, BeckRS 1952, 31195702; anders und unrichtig für das bloß sittlich-religiöse Gebot zum Schächten: AG Balingen 14.1.1981 – 1 OWi 291/80, NJW 1982, 1006; zurecht krit. Böse ZStW 113 (2001), 40, 46, Fn. 34.

- Rechtliche Stellung zum Rechtsgut (Garantenstellung oder allgemeine Solidaritätspflicht)
- Grad der drohenden Gefahr (entferntes oder aktuelles Risiko)
- Ausmaß des drohenden Schadens.[638]

Beispiel:

In Abwandlung des obigen Beispiels muss V seiner Tochter und dem Sohn seiner Nachbarn helfen, die er beide im See findet.

Hier sind für beide Kinder die Rechtsgüter Leben und Gesundheit in gleicher Weise gefährdet. Allerdings ist V bei einem Unglücksfall als Garant seiner Tochter besonders verpflichtet und würde sich eines Totschlags durch Unterlassen (§§ 212, 13) strafbar machen, wenn er untätig bleibt. Soweit er einer ihm nicht nahestehenden Person, dem Nachbarsjungen, ebenfalls Hilfe leisten muss, käme allenfalls ein Verstoß gegen die allgemeine Hilfspflicht (§ 323c) in Betracht; letzterer Tatbestand sieht ausdrücklich vor, dass „andere wichtige Pflichten" zu erfüllen sind. Deshalb hat V die höherrangige Pflicht zu erfüllen: Er muss seine Tochter retten.[639]

306 In der Coronapandemie hat sich die Diskussion weiterentwickelt, welche Regeln anzuwenden sind, wenn begrenzte Behandlungskapazitäten eine **Triage** verlangen. Ähnliche Fragen stellen sich aber auch sonst bei einem massenhaften Anfall von Verletzten, etwa einem Amoklauf, Flugzeug- oder Bahnunglück.

307 Die Rettungskräfte haben eine Auswahl zu treffen, wem sie zuerst helfen und müssen schlimmstenfalls sogar auswählen, welchem Patienten sie helfen und wer absehbar versterben wird. Diese erste Fallgruppe nennt man **„Ex-ante-Konkurrenz"**, wenn vor Beginn der Behandlung die Entscheidung gefällt werden muss. Dabei wird maßgeblich die Dringlichkeit der Behandlung sein. So werden aufschiebbare oder wenig erfolgversprechende Behandlungen zurückgestellt.[640] Häufig greift deshalb mangels gleichwertiger Pflichten gar nicht die Pflichtenkollision ein, sondern es sind die Notstandsregeln heranzuziehen; z. B. wenn ein Arzt auf dem Weg zu seinem leicht erkrankten Patienten, für den er Garant ist, unterwegs einen Schwerverletzten versorgen muss.

638 Krey/Esser, AT, Rn. 631; krit. zum Kriterium der Chancengröße: Fischer, Vor § 32 Rn. 11b.

639 Rengier, AT, § 49 Rn. 42; eine a. A. rechtfertigt, wenn es bei beiden Menschen um das Rechtsgut Leben geht, Kühl, AT, § 18 Rn. 137.
Jedenfalls gerechtfertigt handelt, wer einem von zwei fremden Kindern hilft, da dann § 323c in beiden Fällen zu einer gleichwertigen Pflicht und damit zur einer echten Pflichtenkollision führt, Rengier, AT, § 49 Rn. 41.

640 Wessels/Beulke/Satzger, AT, Rn. 1218.

Umstritten ist, ob bei der Auswahl, welche Pflicht erfüllt wird, bestimmte Kriterien wegen der Einzigartigkeit menschlichen Lebens und wegen der grundlegenden Wertung von Art. 3 GG eine Rolle spielen dürfen: Alter, Vorerkrankungen, Behinderung,[641] Lebenserwartung, Rasse oder Geschlecht.[642] Allerdings soll dies in den seltenen Fällen einer *echten* Pflichtenkollision (s. Rz 304) für das Strafrecht nichts an der Freiheit des Auswählenden ändern, da die Strafnormen (bspw. zum Lebensschutz) nicht zu Anti-Diskriminierungsregeln umgedeutet werden dürfen, str.[643]

Eine zweite Fallgruppe wird „**Ex-post-Konkurrenz**" genannt, weil es erst später zu einer Auswahlentscheidung kommt. Bspw., wenn bereits ein Patient im Krankenhaus beatmet wird und ein anderer Patient später eingeliefert wird, der aber größere Überlebenschancen hat, wenn man ihm das einzige Beatmungsgerät vom zuvor schon versorgten Patienten überlassen würde, der dann sterben würde. Nach h. M. wäre das Entfernen des Beatmungsgerätes ein aktives Tun zum Nachteil des zuerst versorgten Patienten, das nicht über § 34 oder sonst gerechtfertigt werden kann, da eine Abwägung „Leben gegen Leben" unzulässig ist (s. Rz 263).[644] Eine Gegenansicht will die rechtfertigende Pflichtenkollision heranziehen.[645] **308**

H. Erziehungsrecht

Eltern haben für ihre Kinder ein **Erziehungsrecht** mit dem daraus abgeleiteten Erziehungsauftrag (Art. 6 GG). Früher wurde ein elterliches **Züchtigungsrecht** anerkannt.[646] Nachdem aber in § 1631 Abs. 2 BGB ein Recht auf **gewaltfreie Erziehung** festgeschrieben wurde, sind körperliche Strafen als tatbestandliches Verhalten (§ 223) nicht mehr durch ein Züchtigungsrecht gerechtfertigt.[647] **309**

641 Ein gesetzgeberischer Handlungsauftrag wird aus der Verfassung für das Merkmal der Behinderung abgeleitet: BVerfG 16.12.2021 – 1 BvR 1541/20, NJW 2022, 380. Dem wurde in § 5c InfSchG Rechnung getragen.

642 Wessels/Beulke/Satzger, AT, Rn. 1218.

643 Engländer/Zimmermann, NJW 2020, 1398, 1400; Rengier, AT, § 49 Rn. 46b; a. A. Fischer, Vor § 32 Rn. 11a.

644 NK/Neumann, StGB, § 34 Rn. 143; Murmann, GK-ST, § 25 Rn. 67b; Rengier, AT, § 49 Rn. 46c jew. m. w. N.; vgl. auch § 5 Abs. 2 S. 4 InfSchG.

645 Hoven/Hahn, JA 2020, 481, 483 f.; Hoven, JZ 2020, 449, 452 ff.; Gaede/Kubiciel/Saliger/Tsambikakis medstra 2020, 129, 135 f.

646 Weitgehend: BGH 25.9.1952 – 3 StR 742/51, NJW 1953, 1440.

647 BeckOK/Eschelbach, StGB, Lexikon des Strafrechts: „Züchtigungsrecht" Rn. 2; Schlehofer/Putzke/Scheinfeld, AT, Rn. 479 f.; Heinrich, ZIS 2011, 431–443; krit. Kühl, AT, § 9 Rn. 77b. Erst recht steht Lehrern kein Züchtigungsrecht zu: BGH 5.8.1993 – 1 StR 436/93, NStZ 1993, 591.

Andererseits können Eltern aber im Rahmen der Erziehung zur Abwehr von Angriffen oder Gefahren sich allgemein auf Notwehr oder Notstand stützen[648], bspw., wenn sie ihr Kind von einer hohen Mauer herunterziehen. Zudem wird anerkannt, dass eine Nötigung oder Freiheitsberaubung, bspw. im Rahmen eines Stubenarrestes, durch das **Erziehungsprivileg** (Art. 6 GG, §§ 1626, 1626a, 1631 BGB) gerechtfertigt sein kann, sofern sie nicht entwürdigend ist.[649]

648 BeckOK/Eschelbach, StGB, Lexikon des Strafrechts: „Züchtigungsrecht“ Rn. 9; noch weitergehend: Heinrich, ZIS 2011, 431, 441.

649 Kühl, AT, § 9 Rn. 57; Lackner/Kühl/Heger, StGB, § 239 Rn. 7; Murmann, GK-ST, § 25 Rn. 159 f.; SK/Wolter, StGB, § 239 Rn. 15; Wieck-Noodt, NStZ 2015, 645, 647. Es gibt daneben aber besondere Regelungen zur Unterbringung, vgl. Fuchs/Weber/Werner, in: Weber, Rechtswörterbuch, „Anstaltsunterbringung“.

4. KAPITEL Schuld

A. Allgemeines

Wer Unrecht verwirklicht hat, kann nur bestraft werden, wenn er auch schuldhaft gehandelt hat.[650] Der Grundsatz „**Keine Strafe ohne Schuld**“[651] hat Verfassungsrang und wird aus der Eigenverantwortlichkeit und Würde des Menschen (Art. 2 Abs. 1 i. V. m. Art. 1 Abs. 1 GG) sowie dem Rechtsstaatsprinzip (Art. 20 Abs. 3 GG) abgeleitet.[652] Die Schuld begrenzt die staatliche Strafgewalt. 310

Aufbauschema:

I. TB
   1. Objektiv
   2. Subjektiv

II. Rechtswidrigkeit

III. Schuld
   1. Schuldfähigkeit (§§ 19, 20)
   2. Spezielle Schuldmerkmale
   3. Unrechtsbewusstsein (Verbotsirrtum)
   4. Schuldform (Erlaubnistatbestandsirrtum)
   5. Entschuldigungsgründe

Schuld bedeutet **persönliche Vorwerfbarkeit**. Darunter versteht insbesondere die Rechtsprechung, dass der Täter sich zwar rechtstreu hätte verhalten können, aber er sich dennoch für das Unrecht entschieden hat.[653]

650 Zur Trennung zwischen Unrecht und Schuld: MR/Renzikowski, StGB, Vor § 13 Rn. 37 f.

651 Häufig auch in der lateinischen Wendung: nulla poena sine culpa.

652 BVerfG 19.3.2013 – 2 BvR 2628/10, BVerfGE 133, 168, juris-Rn. 53 ff. m. w. N.; 24.10.1996 – 2 BvR 1851/94, BVerfGE 95, 96, juris-Rn. 157; 25.10.1966 – 2 BvR 506/63, BVerfGE 20, 323, 331, juris-Rn. 38.

653 BGH 18.3.1952 – GSSt 2/51, BGHSt 2, 194, 200, juris-Rn. 15: „Mit dem Unwerturteil der Schuld wird dem Täter vorgeworfen, dass er sich nicht rechtmäßig verhalten, dass er sich für das Unrecht entschieden hat, obwohl er sich rechtmäßig verhalten, sich für das Recht hätte entscheiden können. Der innere Grund des Schuldvorwurfes liegt darin, dass der Mensch auf freie, verantwortliche, sittliche Selbstbestimmung angelegt und deshalb befähigt ist, sich für das Recht und gegen das Unrecht zu entscheiden, sein Verhalten nach den Normen des rechtlichen Sollens einzurichten und das rechtlich Verbotene zu vermeiden, sobald er die sittliche Reife erlangt hat und solange die Anlage zur freien sittlichen Selbst-

Schuld meint **Tatschuld**, nicht Täter- oder **Lebensführungsschuld**.[654] Verbreitet wird ein **normativer Schuldbegriff** vertreten: Demnach besteht das Wesen der Schuld in der Vorwerfbarkeit der Willensbildung und -betätigung, also in einer normativen Bewertung eines psychischen Sachverhalts bzw. der normativen Ansprechbarkeit des Täters.[655] Deshalb ändern wissenschaftliche Erkenntnisse über eine (mehr oder weniger starke) Determinierung menschlichen Handelns daran nichts, h. M.[656]

311 Unter dem Begriff Schuld werden die **Strafbegründungs**- und die **Strafzumessungsschuld** zusammengefasst. Man will damit die hier interessierende Frage nach der Schuld als Bestandteil der Verbrechenslehre von der dem Gericht überantworteten Entscheidung über die Strafzumessung (§ 46) abgrenzen.[657]

312 Unabhängig von der Schuld können zur Steuerung von Gefahren aber ggf. Maßregeln der Besserung und Sicherung verhängt werden (§§ 61 ff.). Anknüpfungspunkt für die repressiv ausgerichtete Strafe ist die Schuld, für die präventiv wirkenden Maßregeln der Besserung und Sicherung dagegen die Sozialgefährlichkeit.[658]

313 Die Schuld umfasst **positive Schuldmerkmale** (Schuldfähigkeit, Unrechtsbewusstsein, zum Teil Schuldform, spezielle Schuldmerkmale) und als **negatives Schuldmerkmal** das Fehlen von Entschuldigungsgründen.[659]

314 **Klausurtipp**:

In Prüfungen ist ohne weitere Hinweise in der Aufgabenstellung davon auszugehen, dass schuldhaft gehandelt wird. Dies ist ggf. kurz festzuhalten. Wenn in einer Aufgabenstellung dagegen Hinweise auf das Alter, die Steuerungsfähigkeit oder ähnliches vorhanden sind, muss man dazu Stellung nehmen, z. B., wenn eine geistige Störung, Alkoholisierung mit Angabe einer hohen Blutalkoholkonzentration oder ein kindliches Alter mitgeteilt werden. Ganz allgemeine Wendungen reichen dagegen nicht aus, bspw. „nach einer feuchtfröhlichen Feier", „im Überschwang der Gefühle", „wutentbrannt".

bestimmung nicht durch die in § 51 [heute: § 20] StGB genannten krankhaften Vorgänge vorübergehend gelähmt oder auf Dauer zerstört ist. Voraussetzung dafür, dass der Mensch sich in freier, verantwortlicher, sittlicher Selbstbestimmung für das Recht und gegen das Unrecht entscheidet, ist die Kenntnis von Recht und Unrecht. Wer weiß, dass das, wozu er sich in Freiheit entschließt, Unrecht ist, handelt schuldhaft, wenn er es gleichwohl tut."

654 MR/Renzikowski, StGB, Einl. Rn. 21.

655 Es geht also *nicht* um die psychische Beziehung des Täters zur Tat, sondern um deren normative Bewertung: MR/Safferling, StGB, § 20 Rn. 4; Wessels/Beulke/Satzger, AT, Rn. 628; MüKo/Radtke, StGB, Vor § 38 Rn. 22.

656 Lackner/Kühl/Heger, StGB, Vor § 13 Rn. 26 f.; Sch/Sch/Eisele, StGB, Vor § 13 Rn. 109 ff.; Rengier, AT, § 24 Rn. 2; Wessels/Beulke/Satzger, AT, Rn. 634 ff.; zu den normtheoretischen Grundlagen: MR/Renzikowski, StGB, Einl. Rn. 24 ff., jew. m. w. N.

657 MüKo/Radtke, StGB, Vor § 38 Rn. 15.

658 Wessels/Beulke/Satzger, AT, Rn. 625.

659 Wessels/Beulke/Satzger, AT, Rn. 628.

B. Schuldfähigkeit

Für die Schuldfähigkeit sind das Alter (§ 19 und § 3 JGG), aber auch die Einsichts- oder Steuerungsfähigkeit (§§ 20 f.) bedeutsam. 315

I. Schuldunfähigkeit von Kindern

Gemäß § 19 können **Kinder**, das sind Personen, die noch nicht das 14. Lebensjahr vollendet haben, zwar rechtswidrig handeln, sind aber **absolut** schuldunfähig. Es handelt sich hierbei um eine unwiderlegbare Vermutung, weshalb keine Strafsanktion verhängt werden kann. Es kommt also auf die geistige Reife des Betreffenden nicht an. 316

Bei der Altersberechnung ist der Tag der Geburt nicht mitzurechnen (§ 187 Abs. 2 S. 2 BGB), so dass frühestens mit Beginn des 14. Geburtstags um 0 Uhr Strafmündigkeit eintreten kann.[660] Maßgeblich ist der Zeitpunkt der Tathandlung, nicht der des Erfolgseintritts (§ 8). Es gilt der Zweifelsgrundsatz für das Alter und den Tatzeitpunkt.[661] 317

§ 19 wirkt als Prozesshindernis, d. h. weder Ermittlungs- noch Hauptverfahren dürfen betrieben werden; daher scheiden strafprozessuale Maßnahmen aus, wenn dies feststeht.[662] Es sind Maßnahmen der Jugendhilfe, evt. auch polizeirechtliche Maßnahmen zur Verhinderung bevorstehender Straftaten möglich.[663] 318

II. Bedingte Schuldfähigkeit von Jugendlichen

Jugendliche, also Personen zwischen dem 14. und noch nicht vollendetem 18. Lebensjahr (§ 1 Abs. 2 JGG), sind **bedingt** schuldfähig. Ihre Verantwortlichkeit muss positiv festgestellt werden und wird nicht vermutet (§ 3 Satz 1 JGG). Sie können nur bestraft werden, wenn sie über die erforderliche Einsichtsfähigkeit verfügen und nach dieser Einsicht handeln können. Die Rechtsfolgen der Tat eines Jugendlichen ergeben sich aus dem JGG, insbesondere steht der Erziehungsgedanke im Vordergrund (§ 2 Abs. 1 JGG). Ergänzend zum JGG gilt das StGB bzw. das Nebenstrafrecht, insbesondere für den Unrechtstatbestand (§ 2 Abs. 2 JGG). 319

---

660 RG 16.12.1901 – 4045/01, RGSt 35, 37, 40; BGH 16.2.2010 – 4 StR 574/09, NStZ-RR 2010, 205; BeckOK/v. Heintschel-Heinegg, StGB, § 19 Rn. 3; Fischer, § 19 Rn. 2; BeckOK/Putzke, JGG § 1 Rn. 11.

661 MüKo/Streng, StGB, § 19 Rn. 5.

662 MüKo/Streng, StGB, § 19 Rn. 11 f.

663 Es kann aber ermittelt werden, ob Strafmündige, bspw. Eltern, für die begangene Tat (mit-)verantwortlich sind. BeckOK/v. Heintschel-Heinegg, StGB, § 19 Rn. 13, 15, 30; zu Reformvorschlägen vgl. ebd. Rn. 22.

320 Die Gruppe der 18-, aber noch nicht 21-Jährigen bezeichnet man als **Heranwachsende** (§ 1 Abs. 2 HS. 2 JGG). Sie sind wie Erwachsene grds. schuldfähig, was sich aus §§ 105, 106 JGG entnehmen lässt, die nicht auf § 3 Satz 1 JGG verweisen. Die Sanktionen können sich aber dann aus dem JGG ergeben, wenn sie einem Jugendlichen gleichzustellen sind, d. h., wenn sie nicht über die erforderliche Reife verfügen.[664]

III. Schuldunfähigkeit wegen seelischer Störungen

321 Bei **Erwachsenen** wird die **Schuldfähigkeit** grds. vermutet. Ausnahmsweise kann diese Vermutung widerlegt werden, wenn die Voraussetzungen des **§ 20** bei Begehung der konkreten Tat vorliegen, so dass mangels Schuld zwar keine Strafe, aber eine Maßregel der Besserung und Sicherung verhängt werden kann. Die Norm gilt auch für Jugendliche und Heranwachsende.[665]

Die Voraussetzungen von § 20 basieren nach bislang h. M. auf einem zweistufigen Modell: erstens das **biologisch-psychologische** und zweitens das **psychologisch-normative** Stockwerk.[666] Ausgangspunkt sind im biologisch-psychologischen Stockwerk allein die in § 20 aufgezählten vier biologischen Merkmale, die Krankheitswert haben müssen; andere soziobiographische Einflüsse sind nicht heranzuziehen.[667] Es ist aber zweifelhaft, ob sich dies rein deskriptiv feststellen lässt. Anschließend ist im psychologisch-normativen Stockwerk zu klären, ob diese Störung zum Fehlen der Unrechtseinsicht oder der Steuerungsfähigkeit geführt hat.[668]

1. Biologisch-psychologisches Stockwerk

322 Die vier Eingangsmerkmale in § 20 (krankhafte seelische Störung, tiefgreifende Bewusstseinsstörung, Intelligenzminderung und schwere andere seelische Störung) sind dem Oberbegriff der **seelischen Störung** zugeordnet.[669] Die Begrifflichkeit ist spezifisch juristisch, es bedarf aber in diesem Kontext regelmäßig einer Beratung der Ermittlungsbehörde bzw. des Gerichts durch Sachverständige, typischerweise aus den Bereichen

664 Vgl. Schütze/Schmitz, in: Lempp/Schütze/Köhnken, Forensische Psychatrie, S. 131 ff.

665 BeckOK/Schlehofer, § 3 JGG Rn. 27 ff.; diff. BeckOK/Putzke, § 2 JGG Rn. 20; Schaffstein/Beulke/Swoboda, Jugenstrafrecht, Rn. 182 ff.

666 MüKo/Streng, StGB, § 20 Rn. 15 m. w. N.; Schütze in: Lempp/Schütze/Köhnken, Forensische Psychiatrie, S. 143 ff.; neuerdings als mehrstufigen Prüfung bezeichnet: BGH 26.3.2019 – 1 StR 684/18, NStZ-RR 2019, 238, 239; 1.7.2015 – 2 StR 137/15, NJW 2015, 3319, 3320; krit. Fischer, § 20 Rn. 5.

667 BGH 17.4.1958 – 5 StR 80/58, NJW 1958, 2123; Eggers/Röpcke in: Lempp/Schütze/Köhnken, Forensische Psychiatrie, S. 141 f.

668 Fischer, § 20 Rn. 5.

669 Ausführlich: MüKo/Streng, StGB, § 20 Rn. 31 ff.; Fischer, § 20 Rn. 8 ff.

Psychologie oder Psychiatrie. Vom Gericht ist zu bewerten, ob die seelische Störung als **schwer** (§ 20) eingestuft werden kann.[670]

> **Hinweis**: Polizeiliche Vernehmungen von Beschuldigten oder Zeugen können wichtige Grundlagen für die Begutachtung durch Sachverständige sein. Deshalb kann die Kenntnis dieser Materie in der Praxis sehr wichtig werden. In Prüfungsaufgaben stellen sich dagegen selten Probleme, da hierzu Angaben gemacht werden, bspw. zum Konsum von Drogen und deren Auswirkungen.

Die **tiefgreifende Bewusstseinsstörung** kann bei hochgradigen Affekten mit vergleichbarem Schweregrad einer krankhaften seelischen Störung vorliegen und Bedeutung bspw. bei Tötungsdelikten haben.[671] **323**

Eine **Intelligenzminderung** soll nur bei schweren Formen angeborener Defizite, etwa ab einem IQ von unter 50, in Betracht kommen.[672] **324**

Der Begriff der **schweren anderen seelischen Störung** umfasst auf *nichtsomatische* Ursachen zurückzuführende psychoreaktive Störungen der Persönlichkeitsstruktur, bspw. Persönlichkeitsstörungen, Neurosen, Störungen des Sexualverhaltens oder abnorme Belastungsreaktionen.[673] Dieser Störung kommt Auffangcharakter zu.[674] **325**

Von besonderer praktischer Bedeutung ist die **krankhafte seelische Störung.** Sie erfasst somatisch bedingte Störungen der Geistestätigkeit, d. h. exo- und endogene Psychosen. Nach h. M. zählen dazu insbesondere Folgen von Intoxikationen durch Alkohol oder andere Rauschmittel.[675] **326**

Es reicht nicht aus, dass jemand behauptet, überhaupt Tabletten unbekannter Art und Menge oder Rauschmittel unbekannter Menge zur Tatzeit konsumiert zu haben, sondern das Gericht muss sich – unter Beachtung des Zweifelsgrundsatzes – vom **Vorliegen einer Intoxikation** überzeugen.[676] **327**

Für den relativ häufigen Missbrauch von **Alkohol** als einer legalen Droge gibt es keinen allgemeinen Erfahrungssatz, dass jeder Mensch ab einer bestimmten Blutalkoholkonzentration aufgrund einer krankhaften seelischen Störung schuldunfähig ist.[677] Allerdings liegt zumindest eine Ein- **328**

670 BGH 22.1.2020 – 2 StR 562/19, NStZ-RR 2020, 222, 232; 26.8.1999 – 4 StR 329/99, NStZ 2000, 24, 25; näher zur Abgrenzung der Aufgabenbereiche zwischen Sachverständigen und Gericht: Fischer, § 20 Rn. 62 ff.

671 Fischer, § 20 Rn. 29 ff.; Sch/Sch/Perron/Weißer, StGB, § 20 Rn. 12.

672 BGH 20.7.2010 – 5 StR 240/10, BeckRS 2010, 18926; 10.9.2013 – 4 StR 287/13, BeckRS 2013, 17468.

673 Fischer, § 20 Rn. 36 ff.; Schütze in: Lempp/Schütze/Köhnken, Forensische Psychiatrie, S. 145.

674 Sch/Sch/Perron/Weißer, StGB, § 20 Rn. 19.

675 Fischer, § 20 Rn. 8 ff.; Schütze in: Lempp/Schütze/Köhnken, Forensische Psychiatrie, S. 144; teilw. diff. für die Drogenintoxikation: Sch/Sch/Perron/Weißer, StGB, § 20, Rn. 6 ff., 16 ff.

676 BGH 20.2.2006 – 1 StR 576/06, NStZ 2007, 266.

677 BGH 29.4.1997 – 1 StR 511/95, BGHSt 43, 66; 29.5.2012 – 1 StR 59/12, NJW 2012, 2672.

schränkung der Steuerungsfähigkeit näher, je höher der **Blutalkoholgehalt** ist, sodass man sich damit in einer **Gesamtwürdigung** auseinandersetzen muss.[678] Nicht nur bei Alkoholintoxikationen, sondern auch bei Einnahme anderer Drogen oder Medikamente können Aspekte wie Alkoholgewöhnung, körperliches und geistiges Leistungsvermögen (adäquate Reaktion, klares Bewusstsein), aber auch etwaige Angaben zu Trinkmengen, Körpergewicht und Resorptionsverhalten als Anknüpfungstatsachen Bedeutung erlangen, weshalb diese zu dokumentieren sind. Zumindest ab einem Wert von 3 ‰ BAK sind die äußeren und inneren Aspekte des Tatgeschehens und der Persönlichkeitsverfasssung besonders im Hinblick auf die vollständige Schuldunfähigkeit und ab 2 ‰ BAK für die Strafmilderung wegen verminderter Schuld (§ 21) zu berücksichtigen.[679] Bei vorsätzlichen Tötungsdelikten liegen diese Werte etwas höher.[680]

Hinweis:

Da der **Zweifelsgrundsatz** gilt, ist jeweils von der für den Täter günstigeren Annahme auszugehen. Das kann für eine Trunkenheitsfahrt (§ 316) bedeuten, dass auf der Ebene des **Tatbestandes** von einer nachträglich entnommenen Blutprobe mit einem niedrigen stündlichen Abbauwert von 0,1 ‰ zwei Stunden nach Trinkende zu rechnen ist, um auf einen niedrigen BAK-Wert zu kommen; umgekehrt ist bei der **Schuld** durchgängig mit einem stündlichen Abbauwert von 0,2 ‰ zuzüglich eines einmaligen Sicherheitsabschlags von 0,2 ‰ zu rechnen, so dass sich ein hoher BAK-Wert zur Tatzeit ergibt.[681] Es kann also für ein und dieselbe Tat auf den unterschiedlichen Ebenen von verschiedenen Werten auszugehen sein. Bei langen Rückrechnungszeiträumen verliert aber die BAK an Bedeutung gegenüber dem festgestellten Leistungsvermögen.[682]

2. Psychologisch-normatives Stockwerk

329 Diese biologischen Ursachen müssen dazu führen, dass dem Täter entweder die **Einsichts**- oder die **Steuerungsfähigkeit** fehlt. Es ist selten, dass die Fähigkeit das Unrecht der Tat einzusehen oder nach dieser Einsicht zu handeln **vollständig** aufgehoben ist, was § 20 verlangt, der die Schuld entfallen lässt.

678 BGH 14.10.2015 – 2 StR 115/15, NStZ-RR 2016, 103, 104 m. w. N.
679 Fischer, § 20 Rn. 20 ff. m. w. N.; BGH 9.2.2022 – 1 StR 492/21, NStZ 2022, 473.
680 BGH 22.11.1990 – 4 StR 117/90, NJW 1991, 852; vgl. aber zur Aufgabe einer starren Korrelation: BGH 29.4.1997 – 1 StR 511/95, BGHSt 43, 66.
681 Näher: Fischer, § 20 Rn. 12a f.; zur Berechnung bei Trinkmengenangaben ohne BAK-Bestimmung, ebd. Rn. 14 ff.
682 BGH 6.6.2002 – 1 StR 14/02, NStZ 2002, 532, 533.

Häufiger liegt eine **erhebliche Verminderung** einer dieser Fähigkeiten vor, so dass **§ 21** eingreift, der die Schuld bestehen lässt, aber wegen deren Minderung eine Milderung der Strafe ermöglicht.[683] § 21 braucht als Strafzumessungsvorschrift nicht weiter im Gutachten vertieft zu werden. 330

IV. Actio libera in causa

Die Schuld muss neben Tatbestand und Rechtswidrigkeit zur Zeit der Tathandlung (§ 8) vorhanden sein (**Koinzidenzprinzip**).[684] Ausreichend ist freilich, wenn der Täter zu Beginn einer Handlungsfolge schuldhaft gehandelt hat, selbst wenn er bei späteren Teilen schuldlos gehandelt hat, solange der dadurch verursachte Erfolg sich als unwesentliche Abweichung vom vorgestellten Kausalverlauf darstellt. 331

Fallbeispiel:

A will sich an B rächen und schlägt mit einem Hammer auf den Kopf von B ein. Sie entscheidet sich die schwer verletzte B zu töten und gerät nach den ersten Schlägen in einen Zustand tiefgreifender Bewusstseinsstörung („Blutrausch" als hochgradiger Affekt), der die Schuldfähigkeit (§ 20) aufgehoben hat. Nunmehr ergreift A noch ein Beil und schlägt auch damit zu. Nach insgesamt dreißig Schlägen ist B tödlich verletzt, allerdings kann nicht geklärt werden, welcher der dreißig Schläge tödlich war.

A hat unzweifelhaft den Tatbestand von § 212 verwirklicht und dabei rechtswidrig gehandelt. Sie hat aber auch schuldhaft gehandelt, da sie bei den ersten Schlägen bereits den Tatentschluss gefasst hatte und dabei noch nicht in ihrer Einsichts- bzw. Steuerungsfähigkeit beeinträchtigt war. Es kommt daher nicht darauf an, dass sie bei den späteren Schlägen schuldunfähig geworden ist, da es sich um Handlungssequenzen gehandelt hat, die dem Ablauf entsprochen haben, der in schuldfähigem Zustand begonnen wurde. Die Verwendung des Beils neben dem Hammer ändert nicht grundsätzlich den im schuldfähigen Zustand geplanten Handlungsablauf.[685]

Umstritten ist, ob das Koinzidenzprinzip ausnahmslos gilt oder wie man mit Fällen umgehen soll, etwa wenn ein Täter sich vorsätzlich oder fahrlässig in einen Zustand der Schuldunfähigkeit begeben hat oder keine Maßnahmen zur Steuerung ihm erkennbarer Gefahren getroffen hat. 332

683 Rengier, AT, § 24 Rn. 7.
684 Wessels/Beulke/Satzger, AT, Rn. 644.
685 BGH 21.4.1955 – 4 StR 552/54, NJW 1955, 1077, 1078; 30.4.2003 – 2 StR 503/02, NStZ 2003, 535, 536.

Der Gesetzgeber hat **§ 323a** geschaffen für Fälle des vorsätzlichen oder fahrlässigen Versetzens in einen Rauschzustand. Dessen Strafrahmen reicht aber nur bis zu fünf Jahren Freiheitsstrafe, weshalb man darüber streitet, ob man in diesen Fällen zu einer strengeren Strafe, bspw. aus § 212, kommen kann, weil eine andere Lösung dem Gerechtigkeitsempfinden widerspricht.[686]

Beispiel:

T trinkt sich bewusst planend bis zum Erreichen der Schuldunfähigkeit (§ 20) mit zwei Flaschen Schnaps Mut an, um seinen Nebenbuhler N zu töten. Er legt sich dafür schon ein Messer bereit, mit dem er später im schuldunfähigen Zustand den N ersticht.

Kann T allein wegen der Missachtung des Verbots des vorsätzlichen Berauschens mit Alkohol aus § 323a bestraft werden, aber nicht wegen des mit dem Messerstich verwirklichten Totschlags (§ 212) oder gar Mordes (§ 211)?

333 Es hat sich die Rechtsfigur der **actio libera in causa**[687] herausgebildet. Diese setzt voraus, dass beim Täter ein **doppelter Vorsatz** vorliegt: Zum einen muss er den Zustand der Schuldunfähigkeit vorsätzlich herbeiführen, zum anderen muss die in diesem Zustand begangene Straftat zumindest ihrer Art nach vom Vorsatz umfasst sein.[688] Dabei müssen der **Plan** des Täters und die **Ausführung** miteinander verglichen werden. Der Nachweis des Vorsatzes, im Rauschzustand irgendwelche Straftaten bzw. Aggressions- und Eigentumsdelikte zu begehen, reicht nicht.[689] Daher ist in der Praxis der Nachweis schwierig.

Wer sich vornimmt, im Rauschzustand einen bestimmten Menschen zu vergewaltigen (§ 177), verwirklicht seinen Plan nicht, wenn er einen anderen Menschen vergewaltigt. Es kann deshalb ein Irrtum vorliegen. Vorsätzlich handelt, wer von vornherein eine x-beliebige Person im Rausch vergewaltigen wollte.[690]

334 Falls eines der beiden Elemente des Doppelvorsatzes fehlt, scheidet eine Bestrafung wegen eines Tatbestandes aus, der Vorsatz verlangt. Es kann aber eine **fahrlässige Begehung** geprüft werden, wenn diese unter Strafe

686 Krey/Esser, AT, Rn. 704.
687 Wörtlich: „in der Ursache/im Ursprung freie Handlung", instruktiv: Rönnau, JuS 2010, 300.
688 BGH 24.11.1967 – 4 StR 500/67, juris-Rn. 12; 4.5.1962 – 4 StR 79/62, juris-Rn. 12.
689 BGH 21.7.1992 – 1 StR 358/92, NStZ 1992, 536.
690 BGH 24.11.1967 – 4 StR 500/67, juris-Rn. 12. Zu den Irrtümern, s. Rz 157 ff. Die bloße Verwechslung bei der Auswahl ist unbeachtlich, aber der Wechsel des Vorsatzes im Rausch ist beachtlich.

gestellt wurde. Die Rechtsprechung hat die **fahrlässige a.l.i.c.** anerkannt[691]; dies ist bei Erfolgsdelikten[692] (bspw. fahrlässiger Tötung gem. § 222) aber nicht erforderlich. Es ist fahrlässig, sich unter Drogeneinfluss zu setzen, wenn man damit rechnen muss, in diesem Zustand einen anderen Menschen zu töten und keine Vorkehrungen zur Vermeidung der Gefahr trifft.[693]

Aufbauschema a.l.i.c.

I. Prüfung des tatnächsten Verhaltens:
   1. TB
   2. Rechtswidrigkeit
   3. Schuld: § 20!

II. Prüfung des vorgelagerten Verhaltens (Berauschen) für obigen TB (a.l.i.c.)
   1. Vorprüfung: Anwendbarkeit der a.l.i.c.? Keine Anwendung auf verhaltensgebundene (Verkehrs-)Delikte
   2. TB im Zustand der Schuldunfähigkeit verwirklicht, s. o.
   3. Subjektiv:
      a) Vorsatz bzgl. TBM (Tatplan und Ausführung übereinstimmend)
      b) Vorsatz bzgl. des Versetzens in schuldunfähigen Zustand
   4. Rechtswidrigkeit
   5. Schuld

Falls beide obigen Prüfungen zur Straflosigkeit führen: Prüfung von § 323a

Nach einer stärker werdenden Ansicht wird die **Anwendbarkeit** der a.l.i.c. ganz **bestritten**.[694] Diese Ansicht erscheint konsequent und der Gesetzgeber wäre ggf. aufgerufen, das Gesetz zu ändern. **335**

Eine befürwortende Ansicht geht schlicht von einer gewohnheitsrechtlichen Ausnahme vom Koinzidenzprinzip aus und wendet in diesen Fällen § 20 nicht an (**Ausnahmemodell**). Dagegen sprechen nicht zuletzt verfassungsrechtliche Bedenken (Art. 103 GG).[695] **336**

691 BGH 10.3.2016 – 3 StR 483/15 –, juris-Rn. 17; 23.11.1951 – 2 StR 491/51, juris-Rn. 11.

692 Zu den Tätigkeitsdelikten, s. Rz 338.

693 BGH 22.8.1996 – 4 StR 217/96, NJW 1997, 138, 139; Eisele/Heinrich, AT, Rn. 409; Rengier, AT, § 25 Rn. 27 ff.

694 Sch/Sch/Perron/Weißer, StGB, § 20 Rn. 35b; NK/Schild/Zabel, StGB, § 20 Rn. 114; NK/Paeffgen, Vor § 323a Rn. 66; Zieschang, AT, Rn, 339; Kaspar, AT § 5, Rn. 372 ff.; Kindhäuser/Zimmermann, AT, § 23, Rn. 20 f.; Krey/Esser, AT, Rn. 709.

695 Lackner/Kühl/Heger, StGB, § 20 Rn. 25b m. w. N.

337 Die h. M. erkennt mit unterschiedlichen Begründungsansätzen[696] an, dass man bei Erfolgsdelikten an eine Handlung anknüpfen kann, wenn diese in einem schuldfähigen Zustand vorgenommen wird (**Vorverlagerungstheorie**[697]).[698] In diesen Fällen kann auch eine fakultative Milderung gem. § 21 ausscheiden, was wegen des anders als in § 20 abgefassten Wortlauts aber unproblematisch ist.[699]

338 Nach der Rechtsprechung des für **Verkehrsdelikte** zuständigen vierten Strafsenats am BGH ist die a.l.i.c. auf Tätigkeitsdelikte, zumindest Verkehrsdelikte (§ 21 StVG, §§ 316, 315c), nicht anwendbar:[700] Der Wortlaut verbiete das Abstellen auf eine andere vorgelagerte Handlung, denn das Trinken von Alkohol lasse sich nicht unter den Gesetzeswortlaut („Fahrzeug führt") subsumieren. Wenn es für das Trinken keine Strafe wegen § 315c nach den Grundsätzen der a.l.i.c. geben kann, verbleibt es bei der Anwendung von § 323a.[701]

Für **andere Deliktsbereiche** wollen andere Senate des BGH aber ausdrücklich an dieser Rechtsfigur festhalten.[702] Die Rechtsfigur der a.l.i.c. ist jedoch konsequent für alle verhaltensgebundenen Delikte abzulehnen, wenn ausgeschlossen ist, unter dem Gesetzewortlaut, konkret der Tathandlung, das Herbeiführen des Defektzustands zu verstehen.[703]

C. Spezielle Schuldmerkmale

339 Vereinzelt enthalten Straftatbestände neben Tatbestandsmerkmalen, die den Handlungs- und Erfolgsunwert beschreiben, zusätzlich „spezielle" Schuldmerkmale. Diese Schuldmerkmale sollen den **Gesinnungsunwert** einer Tat kennzeichnen.[704] Beispiele sind „böswillig" (§ 90a[705], § 130[706],

696 Zum Tatbestands- und Ausdehnungsmodell, vgl. Rengier, AT, § 25 Rn. 10 ff.; Wessels/Beulke/Satzger, AT, Rn. 661 ff.; MR/Safferling, StGB, § 20 Rn. 79 f.

697 Gegen die Vorverlagerungstheorie wird eingewendet, dass schon mit dem Trinken die Versuchsstrafbarkeit eintrete, was zu ungerechten Ergebnissen führe, wenn der Täter vor der Tötung einschläft, näher: NK/Engländer, StGB, § 22 Rn. 59; Sch/Sch/Perron/Weißer, StGB, § 20 Rn. 35.

698 BGH 24.11.1967 – 4 StR 500/67, juris-Rn. 12; 4.5.1962 – 4 StR 79/62, juris-Rn. 12; BGH 19.2.1997 – 3 StR 632/96, NStZ 1997, 230; 7.6.2000 – 2 StR 135/00, NStZ 2000, 584, 585; Rengier, AT, § 25 Rn. 15; Murmann, AT, § 26 Rn. 38 und für den verschuldeten Affekt: ebd. Rn. 41.

699 BGH 24.7.2017 – GSSt 3/17, NStZ 2018, 273, 274 f.; 12.1.2021 – 1 StR 488/20, juris-Rn. 9 (zum Alkoholkonsum); 26.2.2019 – 1 StR 614/18, NStZ-RR 2019, 302, 304; 5.5.1999 – 2 StR 529/98, NStZ 1999, 448 (bei dem Täter bereits bekannter Persönlichkeitsstörung, sofern beeinflussbar).

700 BGH 22.8.1996 – 4 StR 217/96, NJW 1997, 138, 139 ff.

701 Instruktiv zum Fall: Mutzbauer, JA 1997, 97.

702 BGH 19.2.1997 – 3 StR 632/96, NStZ 1997, 230; 7.6.2000 – 2 StR 135/00, NStZ 2000, 584, 585.

703 Frister, AT, §18 Rn. 19; Rengier, AT, § 25 Rn. 18, 29; Eisele/Heinrich, AT, Rn. 410.

704 Sch/Sch-Eisele, StGB, Vor § 13 Rn. 122; Wessels/Beulke/Satzger, AT, Rn. 677; Roxin/Greco, AT I, § 10 Rn. 71, 78 ff.

705 BGH 15.10.2002 – 3 StR 270/02, NStZ 2003, 145, Rz. 4.

706 OLG Stuttgart 19.5.2009 – 2 Ss 1014/09, NStZ 2010, 453, 454; MR/Altenhain, StGB, § 130 Rn. 8.

§ 225[707]), „roh" (§ 225)[708] oder „rücksichtslos" (§ 315c)[709]. Es wird eine besonders verwerfliche innere Einstellung des Täters in der konkreten Situation beschrieben, nicht aber eine dauerhafte Eigenschaft.[710]

Es erscheint zweifelhaft, ob Gesinnungsmerkmale etwas in einem liberalen Strafrecht zu suchen haben, das auf Rechtsgüterschutz ausgerichtet ist. Daher versucht man die vereinzelte Existenz solcher speziellen Schuldmerkmale damit zu erklären, dass es nur um eine Einschränkung eines zu weit gefassten Unrechtstatbestandes gehe.[711] Auswirkungen können sich bei der Frage nach der Anwendbarkeit von § 29 oder § 28 in Fällen von Täterschaft und Teilnahme ergeben[712], s. Rz 471.

D. Unrechtsbewusstsein

I. Begriff des Unrechtsbewusstseins

Um jemandem ein Verhalten persönlich vorwerfen zu können, muss ihm **340**
bei der Tathandlung bewusst gewesen sein, etwas **Rechtswidriges** zu tun[713]; das Unrechtsbewusstsein ist deshalb zentraler Bestandteil der Schuld. Das Unrechtsbewusstsein gehört dagegen nicht zum Vorsatz[714], was § 17 zeigt.

Um von einem Normappell erreicht werden zu können, muss man die Norm **341**
kennen. Damit ist nicht gemeint, dass man eine Norm genau kennt, sondern es genügt eine **laienhafe Vorstellung.**[715] Es reicht dafür aus, dass man sich **vorstellt** oder auch nur **vermutet**, ein Verhalten sei rechtlich verboten.[716] Es genügt sogar, dass man sich dies bewusst machen kann (**potenzielles Unrechtsbewusstsein**)[717], was für Fahrlässigkeitstatbestände bedeutsam ist.[718] Ob es sich in der Vorstellung um eine Norm des **Zivil-, Straf- oder Öffentli-**

707 BGH 6.6.1952 – 1 StR 113/52, NJW 1952, 943; Fischer, § 225 Rn. 11.
708 BGH 2.11.2021 – 6 StR 462/21, NStZ-RR 2022, 13, 14.
709 BGH 6.7.1962 – 4 StR 516/61, NJW 1962, 2165, 2166.
710 BGH 3.7.2003 – 4 StR 190/03, NStZ 2004, 94, Rz. 4; Fischer, § 225 Rn. 9 m. w. N.; MR/Renzikowski, StGB, Vor § 13 Rn. 43.
711 Sch/Sch-Eisele, StGB, Vor § 13 Rn. 122.
712 Kühl, AT, § 20 Rn. 156; Wessels/Beulke/Satzger, AT, Rn. 677.
713 St. Rspr. BGH 18.11.2020 – 2 StR 246/20, NStZ 2022, 30; 2.4.2008 – 5 StR 354/07, NJW 2008, 1827, 1830; 11.10.2012 – 1 StR 213/10, NJW 2013, 93, 96 jew. m. w. N.
714 So schon vor Einführung von § 17: BGH 18.3.1952 – GSSt 2/51, BGHSt 2, 194.
715 MüKo/Joecks/Kulhanek, StGB, § 17 Rn. 16. Nicht nur nur Rechtswissenschaftler können Unrechtsbewusstsein haben.
716 Heinrich, AT, Rn. 547; Schlehofer/Putzke/Scheinfeld, AT, Rn. 505.
717 OLG Karlsruhe 18.10.1999 – 2 Ws 51/99, NStZ-RR 2000, 60, 62; Wessels/Beulke/Satzger, AT, Rn. 684.
718 Fischer, § 17 Rn. 5a; Kindhäuser/Zimmermann, AT, § 28 Rn. 11.

chen Rechts handelt, ist nicht bedeutsam.[719] Nicht ausreichend ist, wenn das Verhalten nicht für rechtlich, sondern nur moralisch verboten gehalten wird, da umgekehrt auch Überzeugungstäter bestraft werden können.[720] Freilich wird ein moralisches „Störgefühl“ ein Indiz sein, dass zu intensiver Prüfung veranlasst.

Beispiel:

Ein Zeuge Jehovas verhindert aktiv im Krankenhaus eine vital indizierte Bluttransfusion für sein Kind (§ 212). Er hat Unrechtsbewusstsein, selbst wenn er den Normbefehl, das Leben des Kindes mit einer Blutgabe zu retten, aus religiöser Überzeugung ablehnt und staatliche Regeln für nicht bindend hält: Ihm ist bekannt, dass die staatlichen Regeln von ihm verlangen, die Bluttransfusion geschehen zu lassen.[721]

342 Das Unrechtsbewusstsein bezieht sich auf **konkrete Tatbestände**, sodass es denkbar ist, dass ein Täter, der mehrere Tatbestände mit einer Handlung verwirklicht, für eine bestimmte Norm und deren Rechtsgut das erforderliche Unrechtsbewusstsein hat, ihm dies jedoch bei einer andersartigen Norm fehlt (**teilbares Unrechtsbewusstsein**). Dabei genügt es nach h. M. den Rechtscharakter der Norm zu kennen.[722]

Klausurtipp:

Es ist regelmäßig davon auszugehen, dass Unrechtsbewusstsein vorliegt. Ohne weitere Angaben in der Aufgabenstellung ist eine diesbezügliche Prüfung nicht veranlasst.

II. Verbotsirrtum

343 In § 17 ist der **Verbotsirrtum** geregelt. Er betrifft Fehlvorstellungen über das rechtliche Verbotensein eines Verhaltens und ist daher von § 16 abzugrenzen, der Irrtümer über Tatsachen betrifft, s. Rz 153. Im Einzelfall kann die

719 BGH 11.10.2012 – 1 StR 213/10, NJW 2013, 93, 96 f.; 2.4.2008 – 5 StR 354/07, NJW 2008, 1827, 1830; Fischer, § 17 Rn. 3a; Frister, AT, § 19 Rn. 3; Rengier, AT, § 31 Rn. 5; a. A. begrenzt auf sanktionierbare Verbotsnormen: MüKo/Joecks/Kulhanek, StGB, § 17 Rn. 16; Kindhäuser/Zimmermann, AT, § 28 Rn. 8.

720 BGH 18.3.1952 – GSSt 2/51, BGHSt 2, 194, 208; Fischer, § 17 Rn. 3b; Sch/Sch/Sternberg-Lieben/Schuster, StGB, § 17 Rn. 7; Frister, AT; § 19 Rn. 3: Bspw., wenn ein Strommast als Protest gegen mangelnde Klimaschutzmassnahmen gesprengt wird (§ 316b), wird den Handelnden bewusst sein, dass sie eine Verbotsnorm übertreten.

721 BGH 23.12.1952 – 2 StR 612/52, BGHSt 4, 1, juris-Rn. 8.

722 BGH 10.4.1996 – 3 StR 5/96, NStZ 1996, 499; Fischer, § 17 Rn. 4; diff. für Qualifikationstatbestände: Sch/Sch/Sternberg-Lieben/Schuster, StGB, § 17 Rn. 8; MüKo/Joecks/Kulhanek, StGB, § 17 Rn. 17 ff.

Abgrenzung schwierig sein.[723] Die Norm kann auch bei einem Unterlassensvorwurf (s. Rz 569) angewendet werden (**Gebotsirrtum**). Dabei ist die Stellung als Garant ein Tatbestandsmerkmal, dagegen der Irrtum über die Reichweite der sich daraus ergebenden Pflicht ein Gebotsirrtum.[724]

Das Unrechtsbewusstsein und damit die Schuld werden durch einen **unvermeidbaren Verbotsirrtum** ausgeschlossen (§ 17 S. 1). Bei einem **vermeidbaren Verbotsirrtum** ist die Schuld lediglich gemindert und die Strafe kann gemildert werden (§ 17 S. 2).

Der Verbotsirrtum kann auf zwei Ebenen Bedeutung erlangen: **344**

1. Der Täter verkennt die Existenz eines Tatbestandes oder irrt sich über dessen Reichweite bzw. deren Gültigkeit (**direkter Verbotsirrtum**).[725]
2. Der Täter glaubt, sein Handeln sei gerechtfertigt, weil er über die normativen Voraussetzungen eines Rechtfertigungsgrundes irrt (**indirekter Verbotsirrtum, Erlaubnisirrtum**): Er nimt irrig einen nicht existierenden Rechtfertigungsgrund an (Erlaubnisnormirrtum) oder er irrt sich in anderer Weise über die Grenzen eines Rechtfertigungsgrundes (Erlaubnisgrenzirrtum).[726]

Beispiele:

Aktivist A glaubt, das Verschließens eines Tores mit Ketten und Schlössern sowie das Anketten seiner Person daran stelle keine verbotene Nötigung (§ 240) dar, obwohl er sieht, dass die Ein- und Ausfahrt aus dem Werk nicht mehr möglich ist. A interpretiert den Gewaltbegriff in § 240 falsch bzw. nimmt an, die Norm verstoße gegen die Verfassung. Es liegt strukturell ein direkter Verbotsirrtum vor.[727]

Ein Geflüchteter ist gerade nach Deutschland gekommen und nimmt – in Abstimmung mit seiner ebenfalls sorgeberechtigten Frau – bei der gemeinsamen 13-jährigen Tochter eine Genitalverstümmelung vor (§ 226a). Da in seinem Heimatland Mädchen in diesem Alter zu 98% genitalverstümmelt werden, kommt er nicht auf die Idee, dass dies in Deutschland anders ausgestaltet sein könne. Strukturell kann er sich in einem direkten Verbotsirrtum befinden, wenn er § 226a und das geschützte Rechtsgut verkennt.[728]

723 Fischer, § 17 Rn. 18 m. w. N.
724 BGH 29.5.1961 – GSSt 1/61, BGHSt 16, 155, 158, juris-Rn. 13.
725 Wessels/Beulke/Satzger, AT, Rn. 732 ff.; HK-GS/Duttge, § 17 RN 10.
726 Wessels/Beulke/Satzger, AT, Rn. 729; Jescheck/Weigend, AT, § 41 III (S. 461).
727 BVerfG 24.10.2001 – 1 BvR 1190/90, NJW 2002, 1031; Krey/Esser, AT, Rn. 717.
728 Beispiel bei Wessels/Beulke/Satzger, AT, Rn. 733. Dem Ausländer wird bekannt sein, dass eine (verbotene) Körperverletzung verwirklicht wird und insofern läge ein indirekter Irrtum (Unwirksamkeit der Einwilligung durch die Eltern) vor. Die Genitalverstümmelung ist eine Qualifikation der Körperverletzung, so dass es nach h. M. schon ausreichen wür-

Professor P nimmt an, er dürfe unaufmerksame Studenten in der Vorlesung durch eine Ohrfeige (§ 223) zum Lernen anspornen. P hat nicht nur kein brauchbares didaktisches Konzept, sondern stellt sich einen nicht existierenden Rechtfertigungsgrund (Züchtigungsrecht) vor. P erliegt einem (vermeidbaren) Erlaubnisnormirrtum.[729]

Geht jemand irrig davon aus, man dürfe bei der Wegnahme eines Müsliriegels im Wert von einem Euro (§ 32) von der Schusswaffe Gebrauch machen, so liegt ein Erlaubnisgrenzirrtum vor.

Regelmäßig kann man aber alle diese Irrtümer vermeiden.

345 Neben den Irrtümern über die rechtlichen Voraussetzungen eines Rechtfertigungsgrundes kann auch ein Irrtum in tatsächlicher Hinsicht auftreten; man nennt dies Erlaubnistatbestandsirrtum, s. Rz 350.

Ein **Doppelirrtum** ist dadurch gekennzeichnet, dass der Täter sich nicht nur über die tatsächlichen Voraussetzungen eines Rechtfertigungsgrundes irrt, sondern zusätzlich über die Reichweite bzw. das Vorliegen eines Rechtfertigungsgrundes. Dann muss nach den strengeren Regeln des Verbotsirrtums gewertet werden.[730]

Fallbeispiel:

Frau F erwartet einen Angriff mit einer Axt durch ihren Mann M. Sie zieht eine Pistole und schießt vier Mal unvermittelt auf M mit geschlossenen Augen. Erst als M tödlich verletzt ist, sieht sie, dass er unbewaffnet war.

F hat einen Totschlag tatbestandlich verwirklicht. Sie hat auch rechtswidrig gehandelt, da objektiv keine Notwehrlage vorlag. F erliegt einem Irrtum in tatsächlicher Hinsicht (vermeintlicher Axtangriff), aber zugleich stellt sie sich irrig vor, sie dürfe in dieser Notwehrsituation sofort schießen (indirekter Verbotsirrtum). § 32 lässt aber nur eine erforderliche Notwehr zu. Selbst wenn die tatsächliche Vorstellung der F zuträfe, wäre ihr normativer Irrtum nur im Rahmen von § 17 beachtlich, der regelmäßig vermeidbar ist.[731]

346 Das Unrechtsbewusstsein und damit die Schuld entfallen nur, wenn der Verbotsirrtum des Täters **unvermeidbar** war. Im Kernstrafrecht werden solche Irrtümer äußerst selten unterlaufen und noch seltener unvermeid-

de, wenn bekannt ist, dass eine solche „Beschneidung" als Körperverletzung (§ 223) und in weiteren Qualifikationstatbeständen (§§ 224, 225, 226) verboten ist.

729 Vgl. BGH 6.6.1952 – 1 StR 708/51, NJW 1952, 1023.

730 Kühl, AT, § 13 Rn. 80 f.; Wessels/Beulke/Satzger, AT, Rn. 770.

731 BGH 12.3.1987 – 4 StR 2/87, NStZ 1987, 322 f.

bar sein; eher kommt dies im Nebenstrafrecht in Betracht, wenngleich die Anforderungen hoch sind und nach der Rechtsprechung noch über dem üblichen Sorgfaltsmaßstab liegen sollen.[732]

Unvermeidbar ist der Verbotsirrtum, wenn der Täter das Unrecht nicht erkennen konnte, selbst wenn er sein Gewissen angespannt hätte, d. h., seine Erkenntniskräfte und Wertvorstellungen in seine Überlegungen einbezogen hätte.[733] Bei geringsten Zweifeln muss er, insbesondere, wenn er sich in einem geschäftlichen Rechtskreis bewegt[734], gründliche Erkundigungen durch objektiven, sorgfältigen und verantwortungsbewussten Rechtsrat einholen und ggf. aktualisieren, um seinen Irrtum zu vermeiden;[735] selbst einzelne Gerichtsentscheidungen im Gegensatz zu einer gefestigten Rechtsprechung oder eine behördliche Duldung von Verhaltensweisen sollen dafür nicht ausreichen.[736] Zwar ist dem Beschuldigten zu widerlegen, dass er bei Einholung von seriösem Rechtsrat eine eindeutige Aussage bekommen hätte, dass sein Verhalten unbedenklich sei[737]; andererseits darf er sich nicht einfach auf die Auskunft eines Rechtskundigen verlassen, sondern muss nach h. M. ein Rechtsgutachten noch kritisch prüfen.[738]

III. Handeln auf dienstliche Weisung und Befehl

Eine Besonderheit gilt für das Handeln von **Beamten** auf **Weisung** des Vor- 347
gesetzten, s. Rz 173 ff. Der Gesetzgeber hat Regelungen geschaffen, die im Interesse des Funktionierens der Verwaltungsstrukturen verlangen, dass der Weisungsempfänger beim unmittelbaren Vorgesetzten, erforderlichenfalls auch gegenüber dem nächsthöheren Vorgesetzten remonstriert. Sofern die Weisung bestätigt wird bzw. der unmittelbare Vorgesetzte die sofortige Ausführung wegen Eilbedürftigkeit verlangt, ist der Untergebene strafrechtlich nur verantwortlich, wenn er die Strafbarkeit und Rechtswidrigkeit des Handelns **erkennen konnte** (§ 63 Abs. 2 S. 3, 4, Abs. 3 BBG; § 36 Abs. 2 S. 3, 4, Abs. 3 BeamtStG).[739]

732 BGH 27.1.1966 – KRB 2/65, NJW 1966, 842 zum Verbotsirrtum bei Ordnungswidrigkeiten, heute § 11 OWiG.

733 BGH 23.12.1952 – 2 StR 612/52, NJW 1953, 431, 432.

734 BGH 2.4.2008 – 5 StR 354/07, NJW 2008, 1827, 1830; 13.12.1995 – 3 StR 514/95, NStZ 1996, 236, 237.

735 BGH 22.2.2017 – 2 StR 573/15, NStZ 2018, 215, 217; 23.7.2019 – 1 StR 433/18, NStZ-RR 2019, 388, 390 f.

736 BGH 18.11.2020 – 2 StR 246/20, NStZ 2022, 30.

737 BGH 7.4.2016 – 5 StR 332/15, NStZ 2016, 460, 462.

738 BGH 18.11.2020 – 2 StR 246/20, NStZ 2022, 30, 31; 27.1.1966 – KRB 2/65, NJW 1966, 842.

739 Frister, AT, § 19 Rn. 11.

348 Für **Vollzugsbeamte**, insbesondere die der Polizei, wird § 17 noch weitgehender modifiziert, um der Notwendigkeit zu raschem Handeln in **Befehlsstrukturen** zumindest auf der Ebene der Schuld Rechnung zu tragen: Diese Vollzugsbeamten handeln bei der Anwendung unmittelbaren Zwangs nur schuldhaft, wenn der Untergebene auf Befehl des Vorgesetzten handelt und entweder **erkannt** hat oder es ihm nach den ihm bekannten Umständen **offensichtlich** war, dass er durch die befohlene Handlung eine Straftat verwirklicht (§ 5 Abs. 1 WStG; § 7 Abs. 2 S. 2 UZwG; § 56 HSOG, § 78 RhPfPOG, § 64 SächsBG, § 48 BWLBG [740]); in den anderen Fällen verbindlicher Befehle tritt Entschuldigung ein.[741] Bei Fehlen entsprechender Regelungen für Vollzugsbeamte wird man den zeitlichen Druck, die Pflicht zur dienstlichen Verschwiegenheit und das begrenzte Remonstrationsrecht berücksichtigen müssen, um so die Anforderungen an die Vermeidbarkeit eines Irrtums nach § 17 zu modifizieren, so dass die oben genannten Maßstäbe gelten.[742] Die Frage stellt sich nicht mehr im Rahmen der Schuld, sofern man den rechtswidrigen, aber verbindlichen Befehl als Rechtfertigungsgrund anerkennt, s. Rz 174; wer dies mit guten Gründen anders sieht, wird der vorstehenden Lösung folgen.

Bei einer **fehlerhaften rechtlichen Bewertung** soll in dieser Konstellation ein Vorwurf nur erhoben werden können, wenn der Irrtum leicht zu vermeiden war.[743]

Die **Verantwortlichkeit** nach allgemeinen Regeln trifft den Untergebenen aber unverändert, wenn er selbst Entscheidungen trifft, insbesondere, wenn er die **Grenzen des Befehls** verlässt.[744]

740 Eine § 7 UZwG, der nur für Bundesbeamte gilt, entsprechende Regelung zur Entschuldigung bei Vollstreckungsbeamten findet sich nur vereinzelt in Ländergesetzen, vgl. näher: BeckOK/Sennekamp, BeamtenR BW, LBG, § 48 Rn. 1: § 36 BeamtStG lasse für Landesvollstreckungsbeamte Raum für eigene Regelung; a. A. BeckOK/Weinrich, BeamtenR Bund, BeamtStG, § 36, Rn. 109, da § 17 ein Bundesgesetz ist, das nicht von Ländern modifiziert werden dürfe.

741 BGH 26.10.1988 – 3 StR 198/88; NJW 1989, 1811 (zum UZwG); 14.1.2009 – 1 StR 158/08, NJW 2009, 1360, 1364; 3.11.1992 – 5 StR 370/92, NJW 1993, 141, 149; 2.8.1968 – 4 StR 623/67, NJW 1968, 2345 (zum WStG); Fischer, Vor § 32 Rn. 8, 16; diff.: MR/Engländer, StGB, Vor § 32 Rn. 42; Wessels/Beulke/Satzger, AT, Rn. 711 m. w. N.; zu § 113 noch weitergehend: KG 15.12.1971 – (1) Ss 180/71 (68/71), NJW 1972, 781, 782, m. bedenkenswert krit. Anm. Rostek, NJW 1972, 1335.

742 Heinrich, AT, Rn. 595; Sch/Sch/Sternberg-Lieben, StGB, Vor §§ 32 ff. Rn. 121; anderenfalls müsste man im Strafrecht für die nicht unmittelbar den Regelungen des UZwG unterfallenden Landespolizeibeamten eine analoge Anwendung in Betracht ziehen, was voraussetzen würde, dass der Bundesgesetzgeber in § 36 BeamtStG keine abschließende Regelung getroffen hat.

743 Frister, AT, § 19 Rn. 12.

744 Möllers, Wörterbuch der Polizei, „Handeln auf Befehl".

E. Schuldform

Für den heute herrschenden finalen Handlungsbegriff gehört der Vorsatz bereits zum Tatbestand und nicht nur zur Schuld[745]. Einig ist man sich, dass die Unterscheidung zwischen **Fahrlässigkeit** und **Vorsatz** auch Bedeutung für die Schuld hat, weil Vorsatztaten strenger bestraft werden als Fahrlässigkeitsdelikte.[746] 349

Umstritten ist dagegen, ob der Vorsatz eine **Doppelfunktion** hat und neben der Beschreibung des Unrechts zusätzlich auf der Schuldebene die **Fahrlässigkeits- und Vorsatzschuld** als Grundlage eines **Gesinnungsunwerts** vorhanden sein muss.[747]

F. Erlaubnistatbestandsirrtum

Im Gesetz sind Irrtümer über Tatbestandsmerkmale (§ 16) und über das Unrechtsbewusstsein (§ 17) geregelt. Es fehlt dagegen an einer ausdrücklichen Regelung für Irrtümer über die Tatsachen, die einen Rechtfertigungsgrund (= Erlaubnistatbestand) ausfüllen würden, wenn sie tatsächlich vorliegen würden (**Erlaubnistatbestandsirrtum**). 350

Fallbeispiel:

Rocker R hat glaubwürdige Hinweise, dass die verfeindeten Bandidos ihn umbringen wollen. Gegen R wird zeitgleich wegen des Verdachts einer schweren Erpressung ermittelt und ein richterlicher Durchsuchungsbeschluss erlassen. Bei dessen Vollstreckung gehen Spezialkräfte der Polizei verdeckt vor, indem sie die Tür mit einem hydraulischen Spreizer versuchen aufzubrechen. Durch die Geräusche wird R wach, greift seine legal besessene Waffe und macht Licht im Flur. Durch das Milchglasfenster der Haustür kann er schemenhaft einen Mann wahrnehmen, der die Tür versucht aufzubrechen. Der Polizeibeamte P hat noch nicht alle Riegel der Tür aufgebrochen und macht unverändert weiter. Es wird nicht angekündigt, dass die Polizei vor der Tür steht. R hält die Person vor der

745 Die von der Rechtsprechung lange vertretene kausale Handlungslehre ordnete dies allein der Schuld zu.

746 MR/Renzikowski, StGB, Vor § 13 Rn. 41; Sch/Sch/Eisele, StGB, Vor § 13 Rn. 120/121 m. w. N.

747 Wessels/Beulke/Satzger, AT, Rn. 680; Rengier, AT, § 30 Rn. 22; Eisele/Heinrich, AT, Rn. 107, 737; and. Sch/Sch/Eisele, StGB, Vor § 13 Rn. 120/121; abl. Sch/Sch/Sternberg-Lieben/Schuster, StGB, § 16 Rn. 18; NK/Puppe, StGB, § 16 Rn. 133 ff.; MR/Renzikowski, StGB, Vor § 13 Rn. 42.

Tür für einen Bandido, der ihn umbringen will. Daraufhin schießt er durch die Haustür auf die davor befindliche Person und verletzt P tödlich.[748]

R hat § 212 verwirklicht, als er auf den von ihm als Menschen erkannten P geschossen hat. Dass es sich nicht um einen Bandido, sondern einen Polizeibeamten gehandelt hat, ist ein unbeachtlicher Motivirrtum und ändert nichts am Vorsatz (s. Rz 157).

Eine Rechtfertigung durch Notwehr (§ 32) scheidet aus, da objektiv von P kein Angriff auf das Leben des R verübt wurde. Allerdings stellt sich R eine Situation vor, in der ein Angriff und damit eine Notwehrlage vorgelegen hätte.[749]

Dies führt im Ergebnis zur Straflosigkeit, sofern die Vorstellung des R (hypothetisch) die Voraussetzungen von § 32 erfüllen würde.

351 Man ist sich einig, dass ein Erlaubnistatbestandsirrtum zur Straflosigkeit führen kann. Die Begründung ist aber umstritten. Selten wird die **strenge Schuldtheorie** vertreten, die § 17 anwenden will.[750]

Verbreitet will man § 16 unmittelbar[751] oder entsprechend anwenden, so dass eine Strafbarkeit wegen vorsätzlichen Verhaltens entfällt (**eingeschränkte Schuldtheorie**). Es handelt sich um eine zulässige, da den Täter entlastende Analogie. Auf deren Grundlage stehen sich zwei Spielarten gegenüber: Eine Gruppe will schon auf der Ebene des Unrechtstatbestands[752], dagegen die sog. **rechtsfolgenverweisende Schuldtheorie**[753] erst bei der Vorsatzschuld (s. Rz 349) dem Erlaubnistatbestand Rechnung tragen. Als Argument für letztgenannte

748 BGH 2.11.2011 – 2 StR 375/11, NStZ 2012, 272.

749 Im Ergebnis wurde R freigesprochen, weil er – seine Vorstellung zu Grunde gelegt – die Grenzen von § 32 beachtet hat: Einen Warnschuss im Haus abzugeben, ist zu gefährlich für ihn selbst und eine bloße Warnung hätte seinen Standort verraten und den (vermeintlichen) Bandidos die Möglichkeit geboten, den R zu erschießen. Eine Möglichkeit den Irrtum zu vermeiden hatte R nicht, weshalb auch eine fahrlässige Tötung entfiel, BGH 2.11.2011 – 2 StR 375/11, NStZ 2012, 272, 274 m. zust. Anm. Engländer; krit. NK/Paeffgen/Zabel, StGB, Vor § 32 Rn. 105 m. w. N. in Fn. 520.

750 NK/Paeffgen/Zabel, StGB, Vor § 32 Rn. 108 m. w. N.

751 Eine Minderheit will § 16 unmittelbar in einem zweistufigen Deliktsaufbau anwenden. Der Tatbestand soll mit der Rechtswidrigkeit als negatives Tatbestandsmerkmal zum Gesamtunrechtstatbestand zusammengefasst werden; die Schuld bildet den zweiten Teil. LK/Walter, StGB, Vor § 13 Rn. 158; MüKo/Freund, StGB, Vor § 13 Rn. 216; modifizierend: Freund/Rostalski, § 7 Rn. 115.

752 BGH 6.6.1952 – 1 StR 708/51, NJW 1952, 1023; 11.9.1995 – 4 StR 294/95, NStZ 1996, 29, 30; 10.2.2000 – 4 StR 558/99, NStZ 2000, 603, 604; 9.5.2001 – 3 StR 542/00, NStZ 2001, 530; 21.8.2013 – 1 StR 449/13, NJW 2014, 1121, 1122; Kühl, AT, § 13 Rn. 74; Murmann, AT, § 25 Rn. 18 f.; NK/Puppe, StGB, § 16 Rn. 138; MR/Gaede, StGB, § 16 Rn. 35; Sch/Sch/Sternberg-Lieben/Schuster, StGB, § 16 Rn. 17 m. w. N.

753 BGH 2.11.2011 – 2 StR 375/11, NStZ 2012, 272, 273; 11.7.1986 – 3 StR 269/86, NStZ 1987, 20; Wessels/Beulke/Satzger, AT, Rn. 759 ff.; Rengier, AT, § 30 Rn. 21 ff.; Heinrich, AT, Rn. 1133 f.; Fischer, § 16 Rn. 38 m. w. N.

Ansicht wird angeführt, dass bei Wegfall der Vorsatzschuld dennoch eine vorsätzliche, rechtswidrige Tat vorliegt, an der sich andere beteiligen können[754] und gegen die Notwehr geübt werden darf.[755] Da diese Meinungen beide in den praktisch vorkommenden Fällen zum gleichen Ergebnis gelangen, hat sich die Rechtsprechung nie zwischend den beiden Strömungen zu entscheiden gehabt.

Klausurtipps:

Aufbaufragen brauchen nicht erläutert zu werden, so dass es praktikabel erscheint, einen etwaigen Erlaubnistatbestandsirrtum in der Schuld zu prüfen. Im Unterschied zur Darstellung der Rechtfertigungsgründe ist hier dann hypothetisch zu prüfen, ob die Vorstellung des Irrenden einen Rechtfertigungsgrund (= Erlaubnistatbestand) erfüllen würde, denn der Irrtum verändert nicht die rechtlichen Grenzen[756].

§ 16 lässt nur den Vorsatz entfallen, weshalb zusätzlich zu prüfen ist, ob ein Fahrlässigkeitsdelikt verwirklicht wurde, wenn der Irrtum vermeidbar war.

Irrtümer dieser Art können in vielgestaltigen Konstellationen auftreten und **352**
kommen häufig vor. Bei Erlaubnistatbestandsirrtümern über die Notwehrvoraussetzungen, spricht man von **Putativnotwehr**.[757] Strukturell können aber auch bei anderen Rechtfertigungsgründen entsprechende Irrtümer auftreten. Da sie den Schuldvorwurf entfallen lassen können, ist bei Ermittlungsverfahren zu prüfen, ob ein solcher Irrtum unterlaufen sein könnte.

Beispiele:

Wer einen Dieb in seiner Wohnung ertappt und auf ihn einschlägt, um ihm die vermeintliche Beute abzunehmen, handelt allenfalls im Rahmen eines Erlaubnistatbestandsirrtums, wenn dieser zuvor die gestohlenen Gegenstände fallengelassen hat.

Wenn ein Polizeibeamter eine Person erschießt[758], die ihn mit einer Feuerzeugpistole bedroht, kann er sich nicht auf Notwehr berufen. Er ist wegen des Erlaubnistatbestandsirrtums nach h. M. nicht wegen Totschlags, sondern bei Erkennbarkeit der Ungefährlichkeit der Feuerzeugpistole wegen fahrlässiger Tötung zu bestrafen.[759]

754 Rengier, AT, § 30 Rn. 22.
755 Eisele/Heinrich, AT, Rn. 737.
756 Zum Irrtum über rechtliche Grenzen, s. Rz 344.
757 Fischer, § 32 Rn. 50a f.
758 Auf das Polizeigesetz wird nicht näher eingegangen, vgl. Rz 176.
759 Zu einem ähnlichen, aber noch komplexer gelagerten Sachverhalt: OLG Hamm, 27.10.2020 – 2 Ws 20/20; Schütze/Kische in: Staller/Körner, Handbuch polizeiliches Einsatztraining, S. 539, 552 f.; gutacherliche Falllösung: Kische in: Kische/König/Wick-Rentrop/Woeste, Strafrecht in polizeilichen Ermittlungen, S. 52–57.

Gartenbauunternehmer G fällt irrtümlich den Baum auf dem Grundstück des Nachbarn statt den seines Auftraggebers. Hier ist eine Sachbeschädigung tatbestandlich verwirklicht und objektiv fehlt es an einer rechtfertigenden Einwilligung. Dennoch ist G straflos, da er sich vorgestellt hat, dass er einen Baum mit Einwilligung durch den Eigentümer fällt. Er handelt zwar fahrlässig, aber eine fahrlässige Sachbeschädigung ist nicht strafbar.

G. Entschuldigungsgründe

I. Unzumutbarkeit normgemäßen Verhaltens

353 Die **Zumutbarkeit** ist ein Element der Schuld. Die Unzumutbarkeit normgemäßen Verhaltens ist zu vage und deshalb kein allgemeiner „übergesetzlicher Entschuldigungsgrund" neben anderen Entschuldigungsgründen.[760] Inbesondere **Überzeugungstäter**, die aus politischen, religiösen bzw. ethischen Anschauungen handeln, werden nicht unter diesem Topos entschuldigt.[761] Allerdings ist bei der Auslegung des Strafrechts auch das Grundrecht auf Schutz der Glaubens- und Gewissensfreiheit, einschließlich des danach ausgerichteten Handelns (Art. 4 GG), heranzuziehen.[762]

Bei den **vorsätzlichen Begehungsdelikten** hat diese Kategorie daher keine eigenständige Bedeutung, aber es kann eine analoge Anwendung der Entschuldigungsgründe in Betracht kommen.[763] Bei den **Unterlassungsdelikten** hat die Zumutbarkeit Bedeutung, um die Handlungspflichten schon auf der Ebene des Tatbestands zu begrenzen (s. Rz 617).[764]

Eigenständige Bedeutung als Entschuldigungsgrund soll die **Unzumutbarkeit normgerechten Verhaltens** bei den **Fahrlässigkeitsdelikten** (s. Rz 652) erlangen.[765] Dabei sind aber die widerstreitenden Interessen abzuwägen.[766]

760 Sch/Sch/Sternberg-Lieben, StGB, Vor §§ 32 ff. Rn. 122/123.

761 Wessels/Beulke/Satzger, AT, Rn. 714.

762 BVerfG 19.10.1971 – 1 BvR 387/65, NJW 1972, 327; OLG Hamm, Beschluss vom 26.2.2015 – III-5 RVs 7/15, juris-Rn. 33 ff.; Sch/Sch/Sternberg-Lieben, StGB, Vor §§ 32 ff. Rn. 118; Frister, AT, § 20 Rn. 20 ff.

763 Sch/Sch/Sternberg-Lieben, StGB, Vor §§ 32 ff. Rn. 124 m. w. N.

764 Wessels/Beulke/Satzger, AT, Rn. 713; Sch/Sch/Sternberg-Lieben, StGB, Vor §§ 32 ff. Rn. 125; BGH 20.12.1983 – 1 StR, 746/83, NStZ 1984, 164 (Unterlassene Anzeige gegen Ehemann mit Wissen der fortgesetzten sexuellen Übergriffe auf die Kinder).

765 Kühl, AT, § 17 Rn. 97; Sch/Sch/Sternberg-Lieben, StGB, Vor §§ 32 ff. Rn. 126 jew. m. w. N.; im Ausgangspunkt auch: BGH 18.3.1952 – GSSt. 2/51; NJW 1952, 593, 595; RG 1.12.1931 – I 707/31, RGSt 67, 12, 19.

766 RG 23.3.1897 – 576/97, RGSt 30, 25, 28: Verletzung eines Passanten durch vom Arbeitgeber angeordnete Nutzung eines gefährlichen Pferdes aus Sorge um den Arbeitsplatz.

II. Überschreitung der Notwehr

1. Vorbemerkungen

§ 33 enthält einen **Entschuldigungsgrund.**[767] Dieser beruht nach h. M. auf einer **doppelten Schuldminderung**: Zum einen ist das **Unrecht gemindert**, da eine Notwehrlage vorliegt. Zum anderen verdient der Verteidiger Nachsicht, da seine Antriebe Ausdruck von Schwäche und Überforderung sind, die zu **Fehl- und Überreaktionen in einer Angriffssituation** führen.[768] 354

2. Voraussetzungen

§ 33 verlangt, dass die Grenzen der Notwehr überschritten werden, weshalb eine **Notwehrlage** vorliegen muss. 355

Nach h. M. setzt dies nicht nur einen rechtswidrigen, sondern auch **gegenwärtigen** Angriff voraus, so dass nur die Konstellation entschuldigt wird, wenn der Verteidiger sich intensiver als erforderlich oder als geboten wehrt (**intensiver** Notwehrexzess).[769]

Fallbeispiel:

O wird von T mit Faustschlägen angegriffen. O ist überrascht und gerät in Panik. Er zieht ein Messer und rammt es ohne Vorwarnung dem T mit tödlichen Folgen in den Bauch. O wäre aufgrund seiner körperlichen Überlegenheit auch in der Lage gewesen, entweder den T mit einem Tritt oder durch bloße Androhung des Messereinsatzes von weiteren Faustschlägen abzuhalten.

Hier hat O tatbestandlich einen Totschlag (§ 212) z. N. von T durch den Messerstich verübt.

Sein Verhalten ist auch rechtswidrig, obwohl durch die Faustschläge des T eine Notwehrlage gem. § 32 vorlag: O hat die Grenzen der Erforderlichkeit überschritten.

O ist entschuldigt, weil § 33 eingreift:

Es liegt eine Notwehrlage vor und er hat die Grenzen der Notwehrhandlung überschritten. Dabei handelte O aufgrund von Panik, also einer erheblichen Furcht, und mit Verteidigungswillen.

Umstritten ist, ob auch ein rechtswidriger Angriff, der noch nicht oder nicht mehr gegenwärtig ist, unter die Norm fällt. Fraglich ist also, ob auch 356

767 BGH 12.5.1981 – 5 StR 109/81, NStZ 1981, 299.

768 Murmann, GK-ST, § 26 Rn. 77; Wessels/Beulke/Satzger, AT, Rn. 702; anders: Frister, AT, § 16 Rn. 41: Sonderregelung des Erlaubnistatbestandsirrtums.

769 BGH 11.7.1986 – 3 StR 269/86, NStZ 1987, 20; Fischer, § 33 Rn. 2 m. w. N.

Fälle erfasst werden, die in zeitlicher Hinsicht über die Grenzen der Notwehr hinausgehen (**extensiver** Notwehrexzess).

> **Abwandlung:**
> Im obigen Fall (Rz355) wehrt sich O statt mit dem Messer mit einem Fußtritt, der aber T verfehlt. Daraufhin wendet sich T sofort von O ab und flieht. O setzt ihm nach und tritt wegen seiner fortbestehenden Panik nochmals nach. Dabei wird T verletzt (§ 223).

Die h. M. lehnt es ab, § 33 in zeitlicher Hinsicht auszudehnen, da es dann an der Unrechtsminderung durch eine Notwehrlage fehlt; bei Irrtümern über das Fortbestehen der Notwehrlage kommt ein Erlaubnistatbestand in Betracht.[770] In der Abwandlung wäre O nach h. M. wegen Körperverletzung strafbar.

Eine Gegenansicht wendet dagegen § 33 auf den extensiven Notwehrexzess an[771]; dabei will eine vermittelnde Ansicht § 33 zwar nicht anwenden, bevor eine Notwehrlage entsteht; sie lässt also § 33 nur beim nachzeitigen Notwehrexzess[772] eingreifen. Für die vermittelnde Meinung spricht, dass es keinen Unterschied macht, ob jemand bei einem Angriff sich mit einem Messer statt eines Fußtritts wehrt oder ob kurz nach Abwehr des Angriffs noch mehr Fußtritte verabreicht werden und zumindest anfänglich das Unrecht wegen des Angriffs gemindert war. In der Abwandlung wäre O nach diesen Ansichten entschuldigt.

Die Rechtsprechung dehnt teilweise die Voraussetzungen von § 32 in zeitlicher Hinsicht bedenklich weit aus[773]; demgegenüber wäre die Anwendung von § 33 auf den extensiven Notwehrexzess vorzuziehen.[774]

357 Der **Putativnotwehrexzess** bezeichnet den Fall, dass sich jemand irrtümlich eine Notwehrlage vorstellt (Putativnotwehr, s. Rz352) und zusätzlich die Grenzen der Verteidigung aus Verwirrung, Furcht oder Schrecken überschreitet. § 33 ist darauf nicht anwendbar, weil objektiv keine Notwehrlage vorliegt;[775] eine analoge Anwendung lehnt die h. M. zu Recht ab.[776] Es ist überzeugender

770 BGH 1.3.2011 – 3 StR 450/10, NStZ 2011, 630, 631; 24.10.2001 – 3 StR 272/01, NStZ 2002, 141; 11.7.1986 – 3 StR 269/86, NStZ 1987, 20; Murmann, GK-ST, § 26 Rn. 82; Krey/Esser, AT, Rn. 765; Frister, AT, § 16 Rn. 42; Fischer, § 33 Rn. 5 m. w. N.

771 Roxin/Greco, AT I, § 22 Rn. 88; Sch/Sch/Eisele, StGB, § 33 Rn. 7 m. w. N.

772 Rengier, AT, § 27 Rn. 19; Kindhäuser/Zimmermann, AT, § 25 Rn. 14; Wessels/Beulke/Satzger, AT, Rn. 705; Heinrich, AT, Rn. 587 m. w. N.

773 BGH 6.10.2021 – 6 StR 348/21, NStZ 2023, 27, 28; BayObLG 3.2.2022 – 202 StRR 9/22, NStZ 2023, 42, 43.

774 BeckOK/Heuchemer, StGB, § 33 Rn. 10.

775 BGH 18.4.2002 – 3 StR 503/01, NStZ-RR 2002, 203, 204; 24.10.2001 – 3 StR 272/01, NStZ 2002, 141.

776 BeckOK/Heuchemer, StGB, § 33 Rn. 13; Heinrich, AT, Rn. 593; a. A. Sch/Sch/Eisele, StGB, § 33 Rn. 8; teils will man § 35 Abs. 2 analog anwenden: Rengier, AT, § 27 Rn. 30 jew. m. w. N.

diese Fälle nach allgemeinen Irrtumsregeln (s. Rz 345 und Rz 350) zu behandeln, da sonst eine ungerechtfertigte Besserstellung durch § 33 erfolgen würde, der anders als § 16 auch die Strafe wegen Fahrlässigkeit ausschließt.[777]

Die **Verteidigungshandlung** darf sich – wie bei der Notwehr – nur gegen **Rechtsgüter des Angreifers**, nicht aber gegen Dritte richten.[778] **358**

Allgemein anerkannt ist, dass § 33 die Verteidigung entschuldigt, wenn die **Erforderlichkeit** (s. Rz 204) der Verteidigungshandlung überschritten wird. **359**

Umstritten ist dagegen, wie es sich bei der Überschreitung der **Gebotenheit** (s. Rz 212) verhält. Nach ganz h. M. ist § 33 nicht nur auf die unbewusste, sondern auch auf eine **bewusste Überschreitung** der Grenzen der Notwehr anzuwenden, da der Wortlaut keine Einschränkung vorsieht.[779] Dies gilt auch, wenn durch grob missbilligenswertes Verhalten eine Notwehrlage provoziert wird (s. Rz 219) und es deshalb zwar zu Einschränkungen bei der Gebotenheit kommt, aber doch eine Notwehrlage vorliegt.[780] Dagegen kann bei einer **Absichtsprovokation** (s. Rz 218) § 33 nicht eingreifen, da in diesem Fall jedes Notwehrrecht entfällt und es deshalb kein Notwehrrecht gibt, das überschritten werden könnte.[781] **360**

Nach h. M. soll § 33 nicht gelten, wenn der Täter sich planmäßig in eine tätliche Auseinandersetzung mit seinem Gegner eingelassen hat, um unter Ausschaltung der erreichbaren Polizei einen ihm angekündigten Angriff mit einer Schrotflinte abzuwehren;[782] dies erscheint zweifelhaft, denn das Notwehrrecht ist zwar eingeschränkt, aber nicht entfallen.[783]

Der Täter muss **aus Verwirrung**, **Furcht** oder **Schrecken** gehandelt haben. Dabei handelt es sich um Affekte der Schwäche (sog. asthenische Antriebe) im Gegensatz zu Motiven der Stärke, wie Wut, Zorn oder Hass. Es muss aber nur „aus" diesen Motiven gehandelt werden, somit reicht ein **mitursächlicher** Zusammenhang zwischen diesen Affektmerkmalen von einer gewissen Erheblichkeit und der Notwehrüberschreitung; andere Affekte können daneben bestehen.[784] **361**

---

777 BGH 24.10.2001 – 3 StR 272/01, NStZ 2002, 141, 142; Wessels/Beulke/Satzger, AT, Rn. 708.
778 MüKo/Erb, StGB, § 33 Rn. 25 m. w. N.
779 BGH 11.7.1986 – 3 StR 269/86, NStZ 1987, 20 f.
780 BGH 3.6.2015 – 2 StR 473/14, NStZ 2016, 84, 86 m. w. N.; anders noch: BGH 1.8.1961 – 1 StR 197/61, NJW 1962, 308, 309; OLG Hamm 10.6.1965 – 2 Ss 449/65, NJW 1965, 1928, 1930.
781 BGH 3.2.1993 – 3 StR 356/92, NStZ 1993, 333, 334; Fischer, § 33 Rn. 7.
782 BGH, 3.2.1993 – 3 StR 356/92, NStZ 1993, 333, 334. Dagegen ist nachvollziehbar, dass bei einer inneren Einstellung – dem Täter ging es darum „Krieg zu führen" – ein Handeln aus Verwirrung, Furcht oder Schrecken gefehlt haben kann.
783 Wessels/Beulke/Satzger, AT, Rn. 705.
784 BGH 21.3.2001 – 1 StR 48/01, NJW 2001, 3200, 3202; 9.10.1998 – 2 StR 443/98, NStZ-RR 1999, 264, 265 m. w. N.; Rengier, AT, § 27 Rn. 23; a. A. HK-GS/Duttge, § 33 Rn. 13; MüKo/Erb, StGB, § 33 Rn. 22, die Dominanz asthenischer Affekte verlangen.

Zudem muss nach h. M. – wie bei der Notwehr – ein **Verteidigungswille** vorhanden sein.[785]

362

Aufbauschema § 33:

1. Notwehrlage (Rechtswidriger Angriff, str: Gegenwärtigkeit)
2. Überschreiten der Grenzen der Notwehrhandlung (Erforderlichkeit/Gebotenheit)
3. Handeln aufgrund von Verwirrung, Furcht oder Schrecken
4. Verteidigungswille

III. Entschuldigender Notstand

1. Vorbemerkungen

363 § 35 stellt einen Entschuldigungsgrund dar, der von § 34 abzugrenzen ist, denn es macht einen Unterschied, ob jemand rechtmäßig oder nur entschuldigt handelt: bspw. ist gegen nur entschuldigtes Verhalten als rechtswidrigem Angriff Notwehr zulässig.[786]

Nach h. M. beruht der entschuldigende Notstand auf zwei Säulen: Zum einen auf der Notstandslage und zum anderen auf dem psychischen Motivationsdruck sich selbst oder besonders nahestehende Personen zu retten.[787]

2. Aufbau

364 **Aufbauschema § 35**

I. Objektiv:
   1. Notstandslage
      a) Gegenwärtige Gefahr für Leben, Leib oder Freiheit
      b) für den Täter/Angehörige/nahestehende Person
   2. Notstandshandlung
      a) Geeignet
      b) Nicht anders abwendbar

785 Wessels/Beulke/Satzger, AT, Rn. 706; instruktive Falllösung: Kische in: Kische/König/Wick-Rentrop/Woeste, Strafrecht in polizeilichen Ermittlungen, S. 47–51.

786 Dies wird von der Rspr. teilweise pragmatisch gehandhabt: BGH 15.5.1979 – 1 StR 74/79, juris-Rn. 8.

787 Sch/Sch/Sternberg-Lieben, StGB, Vorb. §§ 32 ff. Rn. 111; Murmann, GK-ST, § 26 Rn. 55 jew. m. w. N.; anders: MR/Engländer, StGB, § 35 Rn. 3; Frister, AT, § 20 Rn. 5.

3. Zumutbarkeit der Gefahrtragung
   a) Selbstverursachung der Gefahr
   b) Bestehen eines besonderen Rechtsverhältnisses
   c) Missverhältnis zwischen beeinträchtigtem und geschütztem Interesse

II. Subjektiv: Rettungsabsicht

3. Notstandslage

Es muss wie bei den rechtfertigenden Notständen (s. Rz 239, Rz 246) eine **Notstandslage** bestehen. Allerdings ist die **Gefahr** beim entschuldigenden Notstand allein auf die Rechtsgüter **Leben**, **Leib** (körperliche Unversehrtheit[788]) und **Freiheit** beschränkt. Unter Freiheit ist nach h. M. nur die körperliche **Fortbewegungsfreiheit** (vgl. § 239) zu verstehen.[789] Teilweise will man auch die sexuelle Selbstbestimmungsfreiheit[790] oder – weniger überzeugend – andere Freiheitsbetätigungen mit Persönlichkeitsbezug[791] erfassen. Soweit der BGH dies beim nächtlichen Erscheinen eines Spanners mit der Folge einer Beeinträchtigung der Entschließungs-, aber nicht der Fortbewegungsfreiheit des sich wehrenden Opfers § 35 bejaht, ist dies wegen des Ausnahmecharakters der Norm als zu weitgehend abzulehnen.[792] Andere Rechtsgüter, insbesondere Allgemeinrechtsgüter, reichen jedenfalls nicht aus.

Unerheblich ist dagegen, ob die Gefahr durch eine menschliche Handlung, behördliche Maßnahme oder ein Schicksal (bspw. Erdbeben, Überflutung oder Brand) droht.[793] Auch der **Nötigungsnotstand** wird erfasst (Fallbeispiel, s. Rz 269).

365 Wie sonst beim Notstand muss die Gefahr **gegenwärtig** sein; dafür reicht bereits eine **Dauergefahr**, sofern eine spätere Rettung weniger aussichtsreich wäre, s. Rz 252.[794]

366 Die Gefahr muss dem Verteidiger **selbst** oder einem **privilegierten Personenkreis** drohen. Neben einem Angehörigen (§ 11 Abs. 1 Nr. 1) ist eine

---

788 Hier wird eine gewisse Erheblichkeit verlangt, Rengier, AT, § 26 Rn. 5.

789 Rengier, AT, § 26 Rn. 6; Lackner/Kühl/Heger, StGB, § 35 Rn. 3; MüKo/Müssig, StGB, § 35 Rn. 15; Fischer, § 35 Rn. 5 m. w. N.

790 MR/Engländer, StGB, § 35 Rn. 5.

791 NK/Neumann, StGB, § 35 Rn. 13.

792 BGH 15.5.1979 – 1 StR 74/79, NJW 1979, 2053, 2054; a. A. Fischer, § 35 Rn. 5; Rengier, AT, § 26 Rn. 6 jew. m. w. N.; richtigerweise ist § 34 bzw. § 228 BGB analog heranzuziehen (s. Rz 264).

793 Fischer, § 35 Rn. 6.

794 BGH 1.12.2005 – 3 StR 243/05, juris-Rn. 12; 25.3.2003 – 1 StR 483/02, BGHSt 48, 255, juris-Rn. 23 ff.; zu § 54 StGB a. F.: BGH 12.7.1966 – 1 StR 291/66, juris-Rn. 14.

andere ihm nahestehende Person als Rechtsgutsinhaber genannt. Zum Begriff Angehöriger, s. Rz 67.[795]

Der Begriff „**nahestehende Person**“ ist nicht näher erläutert. Die Person muss dem Täter aber tatsächlich so nahestehen, dass eine vergleichbar starke seelische Zwangslage entsteht wie bei einem Angehörigen.[796] Das setzt voraus, dass zwischen ihm und der betreffenden Person tatsächlich eine enge persönliche Beziehung besteht, die von längerer Dauer ist. Das sind z. B. tiefe Freundschaften, das Zusammenleben mit einem langjährigen Hausangestellten in einer häuslichen Gemeinschaft sowie eheähnliche Lebensgemeinschaften, nicht ausreichend sind dagegen kollegiale oder nachbarschaftliche Verbundenheit.[797]

4. Notstandshandlung

367 Die **Notstandshandlung** muss **geeignet** erscheinen, die Gefahr abzuwehren oder abzumildern.

Bei der **Erforderlichkeit** muss nicht nur das relativ mildeste Mittel gewählt werden, sondern die Gefahr darf **nicht anders abwendbar**, insbesondere staatliche Hilfe nicht erreichbar sein.[798] Besonders in den sog. **Haustyrannenfällen**[799] legt der BGH einen strengen Maßstab an und geht davon aus, dass die Gefahr regelmäßig durch staatliche Hilfe beseitigt werden könne.[800]

Fallbeispiel:

Frau F ist mit Rockerboss R verheiratet. Sie war bereits einmal im Frauenhaus, kehrt aber wieder zu ihrem äußerst gewalttätigen Mann zurück. Sie und ihre Kinder leben in einem Klima ständiger Gewalt. F wird sklavenähnlich von R drangsaliert, gedemütigt und körperlich schwer misshandelt. Er droht ihr glaubhaft an, dass er sie überall finden und umbringen lassen könne, selbst wenn sie sich an die Polizei wende. Selbst ihre Eltern weigern sich aus Angst vor R, sie bei sich aufzunehmen. Zuletzt sieht sie keinen anderen Ausweg und erschießt R mit dessen Waffe.

F hat objektiv und subjektiv einen Totschlag (§ 212) z. N. von R begangen, indem sie ihn erschossen hat.

Sie handelt ohne Rechtfertigungsgrund (s. Rz 263).

795 Vgl. zu § 52 StPO, Müller, Strafverfahrensrecht, Rn. 600 ff.
796 Fischer, § 35 Rn. 7.
797 Murmann, GK-ST, § 20 Rn. 9; Rengier, AT, § 26 Rn. 7.
798 Kindhäuser/Zimmermann, AT, § 24 Rn. 9.
799 Zur Frage der Rechtfertigung, s. Rz 263.
800 BGH 25.3.2003 – 1 StR 483/02, BGHSt 48, 255, juris-Rn. 29, m. krit. Anm. Otto, NStZ 2004, 142; anders, wenn die Behörden zuvor nicht wirksam eingeschritten waren: BGH 12.7.1966 – 1 StR 291/66, juris-Rn. 14.

Dagegen kommt § 35 als Entschuldigungsgrund in Betracht: Eine Notstandslage liegt vor, denn für die F liegt eine Gefahr für ihre körperliche Integrität bzw. ihr Leben für sie selbst und bei ihren Kindern als Angehörige vor. Allerdings wurde hier vom BGH verlangt, dass sie sich trotz der glaubhaften Drohung an die Behörden hätte wenden müssen; sie war in der Vergangenheit im Frauenhaus und von dort freiwillig zurückgekehrt. Deshalb sei objektiv eine andere Abwendungsmöglichkeit gegeben gewesen und eine Entschuldigung gem. § 35 Abs. 1 würde entfallen.[801]

5. Ausschluss der Entschuldigung

Der Gesetzgeber hat zwei Beispiele dafür angeführt, wann es dem Täter zugemutet werden kann, die **Gefahr hinzunehmen** (§ 35 Abs. 1 S. 2). Die Aufzählung der möglichen **Ausschlussgründe** für eine Entschuldigung ist wegen der Formulierung „namentlich" **nicht abschließend**.[802] **368**

Zunächst ist die Entschuldigung ausgeschlossen, wenn der Täter die **Gefahr** in objektiv pflichtwidriger Weise **verursacht** hat[803] und ggf. auch alternative Rettungsmöglichkeiten pflichtwidrig nicht nutzt.[804] Ob die Gefahr hinzunehmen ist, ergibt sich aus einer Gesamtbewertung der Umstände, insbesondere der widerstreitenden Rechtsgüter. **369**

Der Täter hatte einen Tunnel zur Flucht für seine in der DDR verbliebene Familie gegraben und war von Westberlin nach Ostberlin gekommen. Um die Flucht notfalls mit Gewalt durchzusetzen, hatte er sich bewaffnet und erschoss einen Grenzbeamten der DDR, der bei ihm und seiner Familie die Identität feststellen wollte.

Hier war es zumutbar, auf die Tötung des auf Befehl handelnden Grenzpostens zu verzichten und die Freiheitsberaubung hinzunehmen, da sich der Täter in Kenntnis der Risiken in die Konfliktsituation begeben hatte.[805]

Im Rahmen der **Notstandshilfe** für Angehörige und nahestehende Personen ist es trotz des Wortlauts der Norm nach h. M. unschädlich, wenn der **Täter** selbst die **Gefahr verursacht** hat, da er sich in diesen Fällen beson- **370**

801 BGH 25.3.2003 – 1 StR 483/02, BGHSt 48, 255, juris-Rn. 29.

802 Wessels/Beulke/Satzger, AT, Rn. 694; Kaspar, AT, § 5 Rn. 394, 403.

803 Wessels/Beulke/Satzger, AT, Rn. 695; näher zu teilweise vertretenen Differenzierungen: LK/Zieschang, StGB, § 35 Rn. 69 ff.

804 RG 14.6.1938 – 4 D 90/38, RGSt 72, 246, 249, zu § 54 RStGB, der lautete: „Eine strafbare Handlung ist nicht vorhanden, wenn die Handlung außer dem Falle der Nothwehr in einem unverschuldeten, auf andere Weise nicht zu beseitigenden Nothstande zur Rettung aus einer gegenwärtigen Gefahr für Leib oder Leben des Thäters oder eines Angehörigen begangen worden ist."

805 BGH 5.7.2000 – 5 StR 629/99, NJW 2000, 3079, m. krit. Anm. Renzikowski JR 2001, 468.

ders zur Rettung der privilegierten Person gedrängt fühlen wird.[806] Dies kann in der Praxis bedeutsam werden, wenn der schon in Drogengeschäfte verstrickte Täter einen Drogentransport durchführt, weil ihm angedroht wird, dass sonst seine Familienangehörigen getötet werden und eine Anzeige bei der Polizei im Ausland keine Beachtung gefunden hat.

Hat die **privilegierte Person** die **Gefahr verursacht**, greift die Ausschlusswirkung nach h. M. ebenfalls nicht, wofür der Wortlaut spricht.[807] Letztlich bleiben für den Ausschluss nur Fälle, in denen der Täter die ihm drohende Gefahr selbst verursacht.

371 Nicht von § 35 ist entschuldigt, wer in einem **besonderen Rechtsverhältnis** steht, aufgrund dessen zugemutet werden kann, bestimmte Gefahren hinzunehmen; allerdings kann die Strafe in diesem Fall gemildert werden (§ 35 Abs. 1 S. 2).

Das besondere Rechtsverhältnis gilt unabhängig davon, ob es im Gesetz besonders geregelt und ob das Rechtsverhältnis beruflicher oder nur berufsähnlicher Natur ist.[808] Beispiele sind Soldaten (§ 6 WStG), Seeleute (§ 29 SeemannsG), Polizeibeamte, Feuerwehrleute, Bergwacht, Bademeister, Sanitäter und Ärzte. [809] Umstritten ist dies für private Bodyguards, professionelle Bergführer[810] oder bei einer Eltern-Kind-Beziehung[811]; nicht darunter fallen beispielsweise Menschen, die nur gefälligkeitshalber bei einer Bergtour anleiten.

Zu beachten ist dabei, dass diese Personen nur die **typischen Gefahren** tragen müssen, die sich aus dem besonderen Rechtsverhältnis ergeben.[812] Ein Arzt muss bspw. Ansteckungsgefahren hinnehmen; ein Richter oder Staatsanwalt ist trotz der Androhung einer Entführung durch Kriminelle nicht entschuldigt, wenn er falsche Verfügungen, Beschlüsse oder Urteile trifft.[813] Dabei kommt es in dieser Fallgruppe nicht darauf an, ob dem Berufsträger selbst oder seinen Angehörigen die Gefahr droht oder ob umgekehrt Angehörige handeln, um ihn zu retten.[814]

Eine generelle Grenze wird verbreitet aber dort gezogen werden, wo unmittelbar und konkret vorhersehbar der **sichere Tod** droht.[815] Bspw. müs-

806 BGH 3.12.1991 – 1 StR 619/91, juris-Rn. 4; 26.8.1993 – 1 StR 495/93, juris-Rn. 4; Wessels/Beulke/Satzger, AT, Rn. 695; a. A. SK/Rogall, StGB, § 35 Rn. 35 unter Hinweis auf den Wortlaut.

807 OLG Köln 21.10.1952 – Ss 148/52, NJW 1953, 116 f.; Kindhäuser/Zimmermann, AT, § 24 Rn. 14; NK/Duttge, StGB, § 35 RN 13; a. A. SK/Rogall, StGB, § 35 Rn. 36.

808 NK/Neumann, StGB, § 35 Rn. 41.

809 MR/Engländer, StGB, § 35 Rn. 11; NK/Neumann, StGB, § 35 Rn. 42; Fischer, § 35 Rn. 12.

810 Ablehnend: MR/Engländer, StGB, § 35, Rn. 11; bejahend: NK/Neumann, StGB, § 35 Rn. 42.

811 Als sonstigen Fall der Zumutbarkeitseinschränkung: Rengier, AT, § 26 Rn. 29.

812 BGH 14.1.1964 – 1 StR 498/63, NJW 1964, 730.

813 NK/Neumann, StGB, § 35 Rn. 43.

814 MR/Engländer, § 35, Rn. 12; Sch/Sch/Perron, StGB § 35 Rn. 28 f.

815 NK/Neumann, StGB, § 35 Rn. 44; Fischer, § 35 Rn. 12; anders: BGH 14.1.1964 – 1 StR 498/63, NJW 1964, 730.

sen Polizeibeamte Gefahren im Einsatz aushalten, sind aber nicht verpflichtet, dabei in den sicheren Tod zu gehen. Ebenso muss ein Kapitän nach einer Schiffshavarie an Bord verbleiben, um die Evakuierung von Passagieren und Besatzung zu leiten, kann sich aber in der letzten Phase des Untergangs selbst retten.[816]

Keine Entschuldigung entfaltet § 35 gegenüber **rechtmäßigen staatlichen Maßnahmen**, bspw. muss eine Vollstreckung von rechtskräftigen Freiheitsstrafen oder eine prozessual rechtmäßige Untersuchungshaft hingenommen werden;[817] es wird vorgeschlagen, bei materiell fehlerhaften, langjährigen Freiheitsstrafen davon eine Ausnahme zu machen.[818] **372**

§ 35 unterscheidet sich vom rechtfertigenden Notstand dadurch, dass keine Abwägung der betroffenen Rechtsgüter stattfindet[819], insbesondere kann die Rettung des eigenen Lebens auf Kosten eines anderen zwar nicht gerechtfertigt, aber doch entschuldigt sein. Allerdings wird zumindest bei einem **Missverhältnis** zwischen den betroffenen Rechtsgütern zugemutet, die Gefahr hinzunehmen. Besteht bspw. nur die Gefahr einer geringfügigen Körperverletzung, kann damit nicht ein Meineid oder gar die Tötung entschuldigt werden.[820] **373**

6. Subjektive Elemente

Der Täter muss nicht nur in Kenntnis der Notstandssituation handeln, sondern Voraussetzung ist weiter seine **Rettungsabsicht**, d. h., er muss zur Abwendung der Gefahr handeln.[821] Darüber hinaus verlangt der BGH eine **gewissenhafte Prüfung** der Voraussetzungen, was besonders für die Behandlung von Irrtümern bedeutsam ist.[822] **374**

7. Irrtumsregelung

Da § 35 weder einen Tatbestand noch einen Erlaubnistatbestand darstellt, können bei einem Irrtum die §§ 16, 17 nicht (entsprechend) angewendet **375**

816 Esser/Bettendorf, NStZ 2012, 233, 237.

817 RG 14.5.1920 – III 1111/19, RGSt 54, 338, 339; Roxin/Greco, AT I, § 20 Rn. 42.

818 Frister, AT, § 20 Rn. 15; Lackner/Kühl/Heger, StGB, § 35 Rn. 9. Dies erscheint zw., da vorrangig justizförmige Verfahren zu wählen sind und die Grenzen zu unbestimmt erscheinen.

819 Rengier, AT, § 26 Rn. 10.

820 RG 11.11.1932 – I 1227/32, RGSt 66, 397, 399; Rengier, AT, § 26 Rn. 30.

821 BGH 14.10.1952 – 1 StR 791/51, BGHSt 3, 271, juris-Rn. 27; 15.9.1988 – 4 StR 352/88, BGHSt 35, 347, juris-Rn. 8, Rengier, AT, § 26 Rn. 11.

822 BGH 2.8.2023 – 5 StR 80/23, BeckRS 2023, 31238, Rn. 13 m. Bspr. Eisele JuS 2024, 80; m. krit. Anm. Seel NStZ 2024, 222; 25.3.2003 – 1 StR 483/02, BGHSt 48, 255, juris-Rn. 34; 15.9.1988 – 4 StR 352/88, BGHSt 35, 347, juris-Rn. 9; 29.3.1963 – 4 StR 500/62, BGHSt 18, 311, juris-Rn. 23: je schwerer der Eingriff, desto gewissenhafter muss der Täter die Voraussetzungen prüfen. Es erscheint zweifelhaft, ob man dies aus dem Merkmal der „nicht anders abwendbaren Gefahr" ableiten kann.

werden; § 35 Abs. 2 enthält vielmehr eine eigene **Irrtumsregelung** für den **Putativnotstand**.

Es reicht für einen Irrtum nicht aus, wenn der Täter es lediglich für möglich hält, dass die Voraussetzungen von § 35 Abs. 1 vorgelegen haben.[823] Die vollständige Entschuldigung greift ein, wenn zwar die Voraussetzungen von § 35 Abs. 1 objektiv nicht vorgelegen haben, aber der Täter einem **unvermeidbaren** Irrtum erlegen ist.[824] Bei Vermeidbarkeit des Irrtums ist zwingend die Strafe zu mildern.[825]

IV. Übergesetzlicher entschuldigender Notstand

376 Praktisch sehr selten sind Fälle, in denen über eine erweiternde Auslegung von § 35 in besonderen Grenzfällen diskutiert wird. Es stellt sich die Frage, ob entschuldigt ist, wer das Leben von Menschen auf Kosten des Lebens anderer Menschen rettet, die alle dem Täter nicht nahestehen. Da jedes Menschenleben einzigartig ist, wird nach h. M. nicht gerechtfertigt, wer zwar einer Vielzahl von Menschen das Leben rettet, wenn er dabei das Leben eines anderen Menschen opfert, s. Rz 263.[826] Allerdings kann es gleichwohl nicht vorwerfbar sein, wenn sich der Täter in einem ausweglosen Entscheidungskonflikt für das kleinere Übel entscheidet.[827]

Beispiele:

Wer ein vollbesetztes Passagierflugzeug über dünn besiedeltem Gebiet abschießt, um zu verhindern, dass es von Terroristen in ein Hochhaus gesteuert werden kann, handelt im Hinblick auf die Tötung der bereits gefährdeten Menschen im Flugzeug nach verbreiteter Ansicht entschuldigt, dagegen wird für die Tötung der ohne den Abschuss ungefährdeten Menschen am Boden eine Entschuldigung abgelehnt.[828]

Die Rechtsprechung hatte sich mit der Einlassung auseinanderzusetzen, dass ein in einer Anstalt zur Tötung behinderter Menschen (verharmlosend: Euthanasie) tätiger Arzt durch die „Opferung" einiger Menschen versucht hat, andere Menschen vor dem Tod zu bewahren, die sonst von einem linientreuen Arzt ebenfalls getötet worden wären. Eine Entschuldigung wurde abgelehnt.[829]

823 Fischer, § 35 Rn. 16; NK/Neumann, StGB, § 35 Rn. 65; diff.: MüKo/Müssig, StGB, § 35 Rn. 82
824 BGH 25.3.2003 – 1 StR 483/02, BGHSt 48, 255, juris-Rn. 31.
825 BGH 1.12.2005 – 3 StR 243/05, NStZ-RR 2006, 200 f.; Fischer, § 35 Rn. 18.
826 Frister, AT, § 20 Rn. 26; Murmann, GK-ST, § 26 Rn. 93; Rengier, AT, § 26 Rn. 40 ff; Wessels/Beulke/Satzger, AT, Rn. 715 ff.
827 Zur Ex-post-Triage: Murmann, GK-ST, § 26 Rn. 95a m. w. N.
828 Näher: Wessels/Beulke/Satzger, AT, Rn. 719; Rengier, AT, § 26 Rn. 45.
829 BGH 28.11.1952 – 4 StR 23/50, NJW 1953, 513, 514; Murmann, GK-ST, § 26 Rn. 93.

5. KAPITEL Sonstige Strafbarkeitsvoraussetzungen

A. Allgemeines

377 Regelmäßig kann ein Täter bestraft werden, wenn er tatbestandsmäßig, rechtswidrig und schuldhaft gehandelt hat. Bei einigen Tatbeständen müssen aber noch zusätzliche Merkmale erfüllt sein. Es handelt sich um heterogene Aspekte, die nur bei Bedarf im Anschluss an die Schuld geprüft werden.

> **Klausurtipp**:
>
> Sonstige Strafbarkeitsvoraussetzungen werden nur dann gesondert als sog. „Vierte Ebene der Strafbarkeit" in der Klausur nach der Schuld erörtert, wenn sich dazu Anhaltspunkte aus der Aufgabenstellung ergeben.

B. Objektive Bedingungen der Strafbarkeit

378 In einzelnen Strafnormen hat der Gesetzgeber objektive Bedingungen der Strafbarkeit aufgenommen, die zwar den Tatbestandsmerkmalen ähneln, die aber objektiv zu verstehen sind.[830] Es muss sich darauf nach h. M. weder der Vorsatz, die Rechtswidrigkeit noch die Schuld beziehen.[831] Es handelt sich um Merkmale, die den Tatbestandsmerkmalen nahestehen.[832] Beispiele sind „die schwere Folge" bei § 231[833], „die rechtswidrige Tat" (Rauschtat) bei § 323a[834] oder „die Nichterweislichkeit der Tatsache" bei § 186.[835]

C. Persönliche Strafausschließungsgründe

379 Persönliche Strafausschließungsgründe sind gesetzlich festgelegte Umstände, die an persönliche, d. h. individuelle Gründe anknüpfen und von

830 Teilweise wird deshalb vorgeschlagen, diese als Tatbestandsannex zu prüfen. Der hier vorgeschlagene Aufbau nach der Schuld ist aber für Studierende weniger fehleranfällig.
831 Wessels/Beulke/Satzger, AT, Rn. 212; Roxin/Greco, AT I, § 23 Rn. 2.
832 Umfassend zur Systematik: Roxin/Greco, AT I, § 23 Rn. 6 ff.
833 BGH 5.2.1960 – 4 StR 557/59, NJW 1960, 874, 875; 16.6.1961 – 4 StR 176/61, NJW 1961, 1732; 20.1.2022 – 4 StR 430/21, NStZ 2023, 235, Rz 7 m. w. N.
834 BGH 22.2.1974 – 8 St 52/73, NJW 1974, 1520, 1521; 2.5.1961 – 1 StR 139/61, NJW 1961, 1733; BayObLG 22.2.1974 – 8 St 52/73, NJW 1974, 1520, 1521; Lackner/Kühl/Heger/Heger, StGB, § 323a Rn. 5; zumindest Vorhersehbarkeit irgendeiner Rauschtat verlangen: BGH 7.5.1957 – 5 StR 127/57, NJW 1957, 996, 997; OLG Hamm 10.6.1975 – 5 Ss 407/74, NJW 1975, 2252.
835 BGH 12.2.1958 – 4 StR 189/57, NJW 1958, 797, 798; BayObLG, Urteil vom 25.9.1964 – RReg. 3 b St 102/64, NJW 1965, 58, 59; Wessels/Beulke/Satzger, AT, Rn. 213.

vornherein zur Straflosigkeit führen, wenn sie zum Zeitpunkt der Tat gegeben sind.[836] Beispiele sind die Indemnität von Abgeordneten, § 36; das jugendliche Alter, § 173 Abs. 3; das Angehörigenverhältnis, § 258 Abs. 6; die Beteiligung an der Vortat, § 257 Abs. 3 bzw. § 258 Abs. 5.

D. Persönliche Strafaufhebungsgründe

380 Persönliche Strafaufhebungsgründe treten erst nach Begehung der Tat ein und **beseitigen** die Strafbarkeit **rückwirkend**.[837] Sie gelten nur für denjenigen, bei dem sie vorliegen. Beispiele sind der Rücktritt vom Versuch, §§ 24, 31, s. Rz 529 ff.; die Berichtigung falscher Angaben, § 161 Abs. 2; die tätige Reue, z. B. §§ 306e Abs. 2, 314a Abs. 2, 3, 320 Abs. 3, 330b Abs. 1 S. 2.

Davon zu unterscheiden sind Vorschriften, die die Möglichkeit der Strafmilderung oder eines Absehens von Strafe, d. h. einen Strafverzicht, in das Ermessen des Gerichts stellen, bspw. § 306e Abs. 1. Dies betrifft lediglich Strafwürdigkeitserwägungen. Im Unterschied zu Strafaufhebungsgründen wird der Angeklagte bei Letzteren nicht freigesprochen und muss die Verfahrenskosten tragen.[838]

E. Strafverfolgungsvoraussetzungen bzw. -hindernisse

381 Die **Strafverfolgungsvoraussetzungen** haben verfahrensrechtlichen Charakter.[839] Beispiele sind der Strafantrag, §§ 77 ff.;[840] die Ermächtigung durch eine Körperschaft, § 194 Abs. 4; die Genehmigung des Bundestages, Art. 46 Abs. 2 GG. Bei Strafanträgen kann zwischen absoluten, bei denen allein dem Verletzten die Antragsbefugnis zusteht (bspw. § 123 Abs. 2) und relativen Antragsdelikten, bei denen zusätzlich auch die Staatsanwaltschaft ein besonderes öffentliches Interesse an der Strafverfolgung bejahen kann (bspw. § 230), unterschieden werden.

Ebenfalls verfahrensrechtlicher Natur sind die **Strafverfolgungshindernisse**, die im Einzelfall einer Strafverfolgung entgegenstehen, bspw. die Verjährung, § 78; die Exterritorialität, §§ 18, 19 GVG; die Abgeordnetenimmunität, Art. 46 Abs. 2 GG; der Strafklagverbrauch (Art. 103 Abs. 3 GG).

Beide betreffen die **Zulässigkeit des Strafverfahrens**.[841]

836 Eisele/Heinrich, AT, Rn. 415 ff.; Wessels/Beulke/Satzger, AT, Rn. 779.
837 Wessels/Beulke/Satzger, AT, Rn. 784.
838 Eisele/Heinrich, AT, Rn. 422.
839 Wessels/Beulke/Satzger, AT, Rn. 786.
840 Zum Strafantrag Müller, Strafverfahrensrecht, Rn. 154.
841 Wessels/Beulke/Satzger, AT, Rn. 786.

F. Irrtümer über Strafbarkeitsvoraussetzungen

Soweit die vorstehenden Regelungen objektiv wirken, bleiben Irrtümer ohne Auswirkung.

Beispiele:

Es ist auch dann ein Strafantrag (§ 247) erforderlich, wenn jemand Geld seiner Mutter stiehlt, das er irrtümlich einem Fremden zuordnet.[842]

Umgekehrt ist aber kein Strafantrag erforderlich, wenn der Täter Geld einem Fremden wegnimmt, dass er irrtümlich seiner Mutter zuordnet.

Allerdings wird teilweise in Betracht gezogen, dass sich bei einem Irrtum eine vergleichbare Motivation ergeben könne, etwa bei Verwechslung eines Angehörigen bei einer Strafvereitelung, und man für diese Konstellation die Rechtsfolgen von § 258 Abs. 6 oder § 35 Abs. 2 entsprechend eingreifen lassen will.[843]

842 BGH 7.11.1962 – 2 StR 269/62, NJW 1963, 57.
843 Wessels/Beulke/Satzger, AT, Rn. 788 ff.

6. KAPITEL Täterschaft und Teilnahme

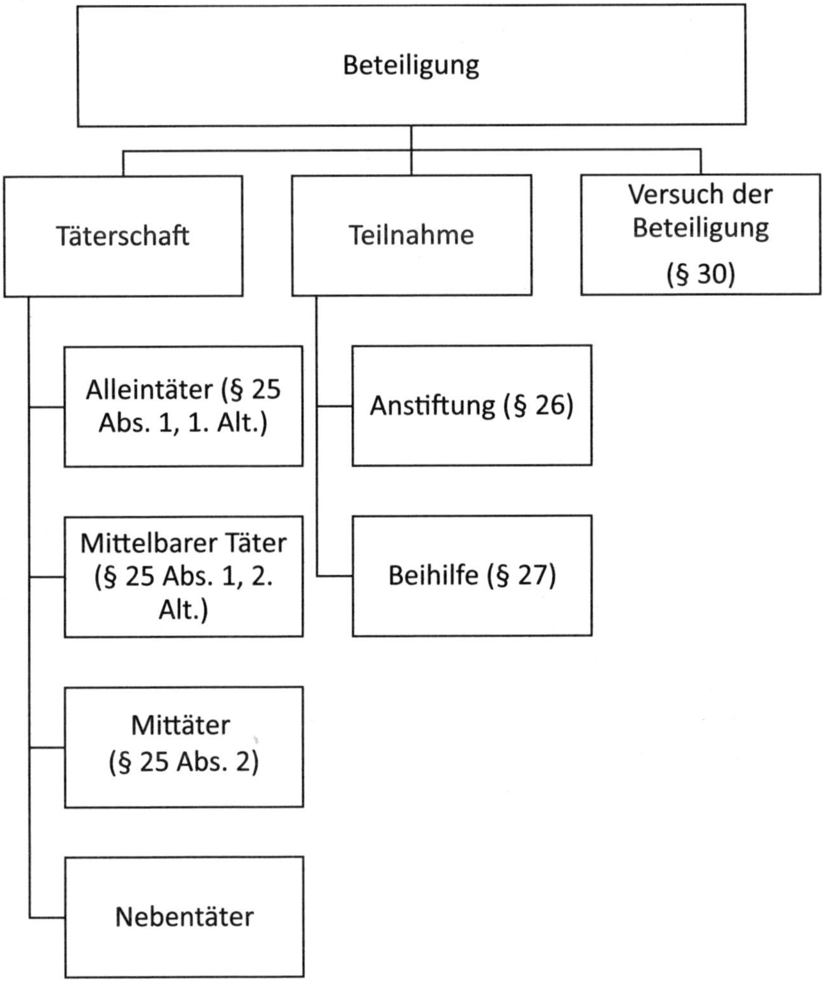

Abb. 5 Beteiligung

A. Allgemeines

382 Der Gesetzgeber versteht unter dem Begriff „Beteiligung" die Täterschaft und die Teilnahme (§ 28 Abs. 2) und differenziert bereits auf Tatbestandsebene, denn schon der Unrechts- und Schuldgehalt unterscheiden sich[844]. Teilnahme bedeutet Anstiftung (§ 26) und Beihilfe (§ 27), was sich aus § 28 Abs. 1 ergibt. Einen Sonderfall stellt § 30 dar, der bestimmte Vorbereitungshandlungen regelt, s. Rz 517.

Die Täterschaft ist in § 25 geregelt. Allerdings unterscheidet die h. M. zwischen Täterschaft und Teilnahme nur bei den **vorsätzlich** begangenen Delikten.

Im Bereich der **Ordnungswidrigkeiten** wurde auf die Unterscheidung zwischen Tätern und Teilnehmern bewusst verzichtet und der **Einheitstäterbegriff** festgeschrieben; es kommt nur darauf an, ob jemand irgendeinen kausalen Beitrag leistet (§ 14 OWiG), damit er als Täter anzusehen ist.[845] Für die **Fahrlässigkeit** fehlt im Strafgesetzbuch eine ausdrückliche Regelung, wenngleich die Teilnahmevorschriften (§§ 26, 27, 30) eine vorsätzlich begangene Haupttat voraussetzen. Nach h. M. geht man auch hier vom Einheitstätersystem aus und lehnt eine Teilnahme ab.[846]

383 Für die Vorsatzdelikte muss man also zwischen Täterschaft und Teilnahme unterscheiden; insbesondere sieht § 27 Abs. 2 S. 2 eine Milderung für den Beihelfer vor. Man geht bei den Vorsatzdelikten überwiegend von einem **restriktiven Täterbegriff** aus, d. h. die Regelungen zur Teilnahme (§§ 26 f.) erweitern die Strafbarkeit.[847] **Täterschaft** bedeutet dann, dass eine Person den Tatbestand selbst verwirklicht oder ihr dies zugerechnet werden kann, also dass sie **eigenes Unrecht** begeht.[848] **Teilnahmer** beteiligen sich dagegen an **fremdem Unrecht**.[849]

384 Bei **Sonderdelikten** bzw. **eigenhändigen Delikten** (s. Rz 36) kommt nicht jeder als Täter in Betracht. Das ergibt sich aus der Fassung des Tatbestandes im Besonderen Teil und stellt eine Modifikation der allgemeinen Re-

844 Rengier, AT, § 40 Rn. 1; Eisele/Heinrich, AT, Rn. 761.

845 Kühl, AT, § 20 Rn. 8.

846 Kühl, AT, § 20 Rn. 10 m. w. N. auch zur Gegenansicht; vgl. umfassend: Renzikowski, Täterbegriff, S. 282 ff.

847 Dagegen lässt der extensive Täterbegriff jede Verursachung der Tat genügen, so dass § 26 und § 27 Einschränkungen sind, Bock, AT, Kap. 5, Rn. 140 m. w. N. Dieser Täterbegriff würde zu Problemen bei Sonderdelikten und eigenhändigen Delikten führen und wird überwiegend abgelehnt, Kühl, AT, § 20 Rn. 5; Fischer, Vor § 25 Rn. 1; MR/Haas, StGB, Vorbem. zu § 25 Rn. 2; SSW/Murmann, Vor § 25 Rn. 4.

848 Fischer, Vor § 25 Rn. 2; Wessels/Beulke/Satzger, AT, Rn. 800.

849 SSW/Murmann, Vor § 25, Rn. 17.

gelungen (§§ 25 ff.) dar. Wer die besondere Subjektqualität, bspw. als Beamter, nicht aufweist bzw. nicht eigenhändig die Tathandlung vornimmt, kann daher nur Teilnehmer, aber insbesondere weder Mittäter noch mittelbarer Täter sein.[850]

Beispiel:

Es kann nur derjenige § 316 als Täter verwirklichen, der das Fahrzeug steuert, da nur er das Fahrzeug führt. Wer aber dem betrunkenen Fahrer erfolgreich vorschlägt noch zu fahren, das Fahrzeug öffnet und hilft den Motor zu starten, kann nur Teilnehmer sein.

Vergleichbar kommt bei Delikten mit „überschießender Innentendenz" (s. Rz 166), bspw. einem Diebstahl[851], als Täter nur in Betracht, wer alle **subjektiven Elemente** erfüllt;[852] § 28 trifft eine Regelung für die **besonderen persönlichen Merkmale** (s. Rz 469 ff.), etwa für die strafbegründenden subjektiven Unrechtselemente (s. Rz 167), z. B. die Böswilligkeit in § 225.[853]

Umgekehrt stellt **§ 14** eine **Erweiterung des Anwendungsbereichs** täterschaftlichen Verhaltens bei arbeitsteiligem Zusammenwirken dar, indem besondere persönliche Merkmale des Vertretenen (bspw. die Zahlungsunfähigkeit einer GmbH gem. § 283) dem Vertreter (bspw. dem handelnden Geschäftsführer) zugerechnet werden.[854]

Ebenfalls finden sich im Besonderen Teil Tatbestände, die ein materielles Teilnahmeverhalten formal dem täterschaftlichen Verhalten gleichstellen, bspw. § 259.[855]

B. Abgrenzung zwischen Täterschaft und Teilnahme

Wie man Täterschaft und Teilnahme voneinander abgrenzen soll, ist umstritten. Insbesondere sind dabei Mittäterschaft von der Beihilfe und mittelbare Täterschaft von der Anstiftung abzugrenzen. **385**

850 Fischer, § 25 Rn. 10, 28; Wessels/Beulke/Satzger, AT, Rn. 802 ff.

851 § 242 verlangt auf der subjektiven Seite über den Vorsatz hinaus als besonderes subjektives Merkmal die Zueignungsabsicht, wobei aber neben der Sich-Zueignung auch die Drittzueignung ausreicht, die aber beim Täter selbst vorliegen muss, BGH 2.10.1997 – 4 StR 410/97, NStZ 1998, 158.

852 Wessels/Beulke/Satzger, AT, Rn. 828, 848.

853 Sch/Sch/Sternberg-Lieben, StGB, § 15 Rn. 24; MR/Haas, StGB; Vorbem. § 25 Rn. 17; Kindhäuser/Zimmermann, AT, § 38 Rn. 22 ff., mit schematischem Überblick in Rn. 32.

854 Wessels/Beulke/Satzger, AT, Rn. 806.

855 MR/Haas, StGB, Vorbem. zu § 25 Rn. 1.

386 Grundsätzlich geht die Rechtsprechung von einer **subjektiven**[856], die Literatur überwiegend von einer **objektiven Theorie** (Tatherrschaftslehre) aus[857]; beide Lager haben sich aber angenähert und kommen zu ähnlichen Ergebnissen.

Soweit früher in der Rechtsprechung eine extrem subjektive Theorie vertreten wurde, die es zuließ, dass jemand nur als Gehilfe betrachtet werden konnte, der selbst den Tatbestand voll verantwortlich verwirklicht hatte[858], so ist dies durch die Neufassung von § 25 mit dem Zweiten Gesetz zur Reform des Strafrechts vom 4.7.1969 überholt.[859]

Beispiel:

Der russische Agent Staschinski (S) wurde beauftragt, einen ukrainischen Dissidenten Bandera (B) in München mit einer Giftpistole zu töten. Ihm wurden sonst Repressalien für nahe Angehörige angedroht. Daraufhin schießt S die Giftampulle dem B mit kaum wahrnehmbaren Spuren ins Gesicht, der daran verstirbt.

S hat durch das Abfeuern der Giftampulle einen Totschlag (§ 212), qualifiziert zum Mord (§ 211), verwirklicht. Er hat als Täter gehandelt. Die damalige Entscheidung des BGH[860], ihn nur als Gehilfen anzusehen, weil der Geheimdienstchef die Tat angeordnet hat, war vom Bemühen getragen, eine Strafmilderung (§ 27 Abs. 2) zu gewähren. Dies lässt sich heute nicht mehr vertreten, weil § 25 Abs. 1 ausdrücklich regelt, dass Täter ist, wer die Tat selbst begeht.

Soweit S aus Sorge um seine Angehörigen gehandelt hat, kommt ein Nötigungsnotstand (s. Rz 364) in Betracht.

I. Subjektive Theorie

387 Die Rechtsprechung stellt weiterhin im Ausgangspunkt darauf ab, ob jemand den Willen hat, eine eigene Tat zu begehen (Täterwille), oder ob er lediglich eine fremde Tat unterstützen will (Teilnahmewille).[861]

856 BGH 19.10.1962 – 9 StE 4/62, NJW 1963, 355, 356: Der eigenhändig Handelnde wurde nur als Gehilfe betrachtet (Fall Staschinski). Dies würde einen extensiven Täterbegriff voraussetzen und ist wegen der später erfolgten Änderung von § 25 überholt. Anders daher: BGH 14.8.1963 – 2 StR 181/63, NJW 1965, 699, 701.

857 Wessels/Beulke/Satzger, AT, Rn. 810; LK/Schünemann/Greco, StGB, § 25 Rn. 43; mit umfassender Kritik: Haas, ZStW 119 (2007), 519 ff.

858 RG 19.2.1940 – 3 D 69/40, RGSt 74, 84, 85 f. (Badewannenfall); BGH 19.10.1962 – 9 StE 4/62, NJW 1963, 355, 356 (Staschinskifall); ausdrücklich gegen die Entscheidung des RG aber schon BGH 10.1.1956 – 5 StR 529/55, NJW 1956, 475, 476.

859 OLG Stuttgart 16.9.1977 – 3 Ss 497/77, NJW 1978, 715, 716; offengelassen, ob dies ausnahmslos gilt: BGH 26.11.1986 – 3 StR 107/86, NStZ 1987, 224, 225.

860 BGH 19.10.1962 – 9 StE 4/62, NJW 1963, 355.

861 Hier finden sich oft die Bezeichnungen animus auctoris für Urheber- bzw. Täterwille und animus socii für den Willen zur Teilnahme.

Sie erkennt allerdings die Tatherrschaft als ein Indiz für den Täterwillen an.[862] Daneben werden aber noch weitere Indizien in eine wertende Betrachtung vom BGH eingestellt: Wesentliche Anhaltspunkte können der Grad des eigenen **Interesses am Taterfolg**, der **Umfang der Tatbeteiligung** und die **Tatherrschaft** oder wenigstens der **Wille zur Tatherrschaft** sein.[863]

Die Kriterien sind insgesamt zu bewerten, so dass es nicht darauf ankommt, ob alle Kriterien auf die Täterschaft hindeuten; bspw. kann die Tatherrschaft ein geringes Interesse am Taterfolg ausgleichen. Wenn die Tat maßgeblich vom Willen bzw. dem Verhalten eines Beteiligten abhängt, hat dieser regelmäßig die Stellung als Täter. Umgekehrt deutet es auf Teilnahme hin, wenn der Beitrag von untergeordneter Bedeutung ist, wenn er leicht auswechselbar wäre.[864] Dagegen ist nicht allein ausschlaggebend, ob sich der Beitrag auf das Kerngeschehen oder etwa nur das Vorbereitungsstadium bezogen hat, solange ein maßgeblicher Einfluss im Verhältnis zur Ausführungshandlung besteht.[865]

II. Tatherrschaftslehre

Die Tatherrschaftslehre wird als materiell-objektive Theorie bezeichnet, **388**
denn sie stellt nicht formal auf die eigenhändige Tatverwirklichung ab, sondern geht von einem objektiven Ansatz aus, den sie mit finalen Elementen ergänzt.[866] Tatherrschaft ist das **vom Vorsatz umfasste In-Händen-Halten des tatbestandsmäßigen Geschehensablaufs.**[867] Zunächst hat immer Tatherrschaft, wer die Tat selbst ausführt.[868] Darüber hinaus können aber auch der „Zentralgestalt des Geschehens“ fremde Verhaltensweisen zugerechnet werden, wenn sie das „Ob und Wie der Tat“ maßgeblich bestimmt. Täter ist, wer die Tat beherrscht, ihren „Ablauf in den Händen hält“, über das „Ob und Wie der Tat maßgeblich entscheiden kann“.[869]

Es sind dabei drei Typen zu unterscheiden[870]:

- **Handlungsherrschaft** hat derjenige, der die tatbestandsmäßige Handlung ausführt, z. B. wer den tödlichen Schuss abgibt,[871] s. Rz 390.

862 BGH 6.11.1984 – 1 StR 588/84, NStZ 1985, 165.
863 BGH 15.1.1991 – 5 StR 492/90, NStZ 1991, 280, 281; m. krit. Anm. Puppe, NStZ 1991, 571.
864 BGH 21.4.2020 – 4 StR 287/19, NStZ 2020, 730, 731; 29.11.2007 – 4 StR 425/07, NStZ 2008, 273, 275.
865 BGH 12.8.2021 – 3 StR 441/20, NJW 2021, 2896, 2889 f.; 28.11.2017 – 3 StR 266/17, NStZ 2018, 650; 31.10.2001 – 2 StR 315/01, NStZ-RR 2002, 74, 75.
866 Rengier, AT, § 41 Rn. 10; Wessels/Beulke/Satzger, AT, Rn. 812; krit: Maurach/Gössel/Zipf/Renzikowski, AT II, § 47 Rn. 98 ff. m. w. N.
867 Murmann, GK-ST, § 27 Rn. 8.
868 Frister, AT, § 26 Rn. 20.
869 HK-GS/Ingelfinger, § 25 Rn. 7.
870 Murmann, GK-ST, § 27 Rn. 9.
871 Wessels/Beulke/Satzger, AT, Rn. 810; Rengier, AT, § 41 Rn. 13.

- **Tatherrschaft kraft überlegenen Willens oder Wissens** hat, wer die Handlungen des Ausführenden, insbesondere durch Täuschung oder Zwang, beherrscht, bspw. wenn der Pfleger der nichtsahnenden Ärztin eine mit Gift versetzte Ampulle vorlegt, damit sie diese aufzieht und der Patientin injiziert,[872] s. Rz 392.
- **Funktionale Tatherrschaft** liegt vor, wenn bei arbeitsteiligem Vorgehen die Tatausführung wesentlich mitbeherrscht wird, bspw. wenn ein Beteiligter das Opfer mit einem Faustschlag niederstreckt und der andere Beteiligte dies nutzt und dessen Kasse wegnimmt,[873] s. Rz 419.

C. Formen der Täterschaft

389 Innerhalb der Täterschaft lassen sich vier Formen unterscheiden: Alleintäter und mittelbare Täterschaft sind in § 25 Abs. 1 geregelt und betreffen einzelne Personen als Täter. Die praktisch seltene Nebentäterschaft folgt den Regeln der Alleintäterschaft.

Die vierte Form ist die Mittäterschaft (§ 25 Abs. 2); sie unterscheidet sich von den anderen drei Formen dadurch, dass mehrere Personen zusammen Täter sind.

I. Allein- und Nebentäterschaft

390 **Alleintäter** ist, wer den Tatbestand vollständig selbst und ohne Beteiligung eines anderen Täters verwirklicht. Es ist aber möglich, dass andere Personen als Teilnehmer den Alleintäter unterstützen.

391 **Nebentäterschaft** liegt vor, wenn mehrere Täter zusammen den Erfolg eines Tatbestands erfüllen, dabei aber nicht bewusst und zielgerichtet auf einem gemeinsamen Tatentschluss zusammenwirken. Nebentäter agieren im Gegensatz zu Mittätern **unabhängig** voneinander. Da es keine Zurechnung des Verhaltens eines anderen gibt, werden die **Regeln der Alleintäterschaft** angewendet, weshalb diese Figur entbehrlich erscheint.[874]

---

872 Wessels/Beulke/Satzger, AT, Rn. 810; Rengier, AT, § 41 Rn. 13.
873 Wessels/Beulke/Satzger, AT, Rn. 810; Rengier, AT, § 41 Rn. 13.
874 Murmann, GK-ST, § 20 Rn. 19; ausf. NK/Schild/Kretschmer, StGB, § 25 Rn. 132 ff. Bei der Fahrlässigkeit gilt der Einheitstäterbegriff, so dass hier die Figur zwar häufiger vorkommen dürfte, aber ebenfalls entbehrlich ist.

II. Mittelbare Täterschaft

1. Vorbemerkung

Die mittelbare Täterschaft ist in § 25 Abs. 1 als zweite Alternative („wer die Straftat ... durch einen anderen begeht") eingefügt worden, um die vormals von der Rechtsprechung entwickelte Rechtsfigur zu kodifizieren.[875] Dies betrifft Fälle, in denen der mittelbare Täter (Hintermann) zwar nicht selbst den Taterfolg unmittelbar herbeiführt, aber einen **anderen Menschen** zur Begehung der Tat als **Werkzeug** (auch: Vordermann, Tatmittler) benutzt. Das Verhalten des Vordermanns, das den Erfolg herbeiführt, wird vom Hintermann durch sein eigenes Verhalten gesteuert, weshalb es sich als Unterfall der Alleintäterschaft darstellt.[876] Zugerechnet wird dem Hintermann das Verhalten des Vordermanns; er wird also so behandelt, als ob er die Handlungen des Vordermanns selbst ausgeführt hätte. Für die Stellung als mittelbarer Täter ist nach h. M. charakteristisch, dass er **überlegenes Wissen oder Wollen** gegenüber dem Werkzeug hat, der Vordermann dagegen ein deliktisches Minus aufweist, also auf Ebene von Tatbestand, Rechtswidrigkeit oder Schuld ein Mangel vorliegt.[877] Grund für die Zurechnung ist nach der Tatherrschaftslehre ein Zurechnungsdefizit beim Vordermann und die Tatherrschaft des Hintermanns; ein anderer Erklärungsansatz ist die Verantwortlichkeit des Hintermanns für den Entschluss und das darauf basierende Verhalten des Vordermanns.[878] Das Verhalten des Vordermanns wird deshalb regelmäßig straflos sein, kann sich nach h. M. aber ausnahmsweise als strafbare Täterschaft oder Teilnahme darstellen, wenn man in besonderen Fällen sogar voll schuldhaft Handelnde als Werkzeuge („Täter hinter dem Täter") einordnet.[879] **392**

Dagegen muss der mittelbare Täter die subjektiven Merkmale und die Schuld in eigener Person erfüllen. Das gilt auch für spezielle Anforderungen an die Stellung als Täter; für die besonderen persönlichen Merkmale regelt dies § 28, s. Rz 384. **393**

875 Frister, AT, § 25 Rn. 11.
876 Frister, AT, § 25 Rn. 8.
877 Rengier, AT, § 43 Rn. 2.
878 MR/Haas, StGB, § 25 Rn. 7.
879 BGH 8.11.1999 – 5 StR 632/98, NJW 2000, 443, 448; Fischer, § 25 Rn. 11 ff.; a. A. Kindhäuser/Zimmermann, AT, § 39 Rn. 40 jew. m. w. N.

2. Aufbau

394 **Aufbauschema mittelbare Täterschaft** (vorsätzliches Erfolgsdelikt):

A. Prüfung der Strafbarkeit des Verhaltens des Tatnächsten (Vordermann)

B. Prüfung der Strafbarkeit des Verhaltens des mittelbaren Täters (Hintermann)

- I. Tatbestandsmäßigkeit
  - 1. Objektiv
    - a) Ggf. besondere Täterqualität (Sonder-/eigenhändiges Delikt); evt. § 28 Abs. 2
    - b) Hintermann hat objektive TBM nicht selbst erfüllt, aber diese liegen vor (vgl. A.)
    - c) Zurechnung des Verhaltens des Vordmanns wegen Tatbeherrschung (Steuerung) durch Verhalten des Hintermanns; Abgrenzung zur Anstiftung
  - 2. Subjektiv
    - a) Vorsatz (insb. bzgl. der täterschaftsbegründenden Umstände)
    - b) Sonstige subjektive TBM
- II. Rechtswidrigkeit
- III. Schuld

3. Voraussetzungen (Fallgruppen)

395 Die aus rechtlichen bzw. tatsächlichen Gründen überlegene Stellung des Hintermanns leitet sich typischerweise aus einem Defizit beim Vordermann ab. Verbreitet werden **Fallgruppen** gebildet, je nachdem, ob der Mangel im Tatbestand, bei Rechtswidrigkeit oder Schuld auftritt.

a) Objektiv-tatbestandslos handelndes Werkzeug

396 Tatbestandslos handelt, wer seine eigene Sache beschädigt, sich selbst verletzt oder gar tötet. Wenn Tatopfer und Werkzeug identisch sind, handelt es sich um eine Zweier-Konstellation, so dass das Opfer als **Werkzeug gegen sich selbst** eingesetzt wird.[880]

Es stellt sich dann zunächst die Frage der Abgrenzung von strafloser Teilnahme an selbstschädigendem Verhalten von der strafbaren mittelbaren Täterschaft als fremdschädigendem Handeln, s. ab Rz 113. Nach h. M. wird nicht nur bei einem Opfer, das hypothetisch schuldlos handeln würde (§ 3 JGG, §§ 19, 20, 35), sondern darüber hinaus schon dann, wenn eine

880 BGH 5.7.1983 – 1 StR 168/83, NJW 1983, 2579; MR/Haas, StGB, § 25 Rn. 17.

Einwilligung (s. Rz 281) wegen fehlerhafter Willensbildung unwirksam wäre, eine Fremdschädigung angenommen (Rz 116).

Zurechenbar ist das Verhalten des Vordermanns, wenn der mittelbare Täter über das selbstverletzende Geschehen die Tatherrschaft hat, insbesondere bei **überlegenem Wissen**, wenn das Opfer sich in einem Irrtum befindet. **397**

> **Fallbeispiel**:
>
> T will O umbringen und serviert ihr ein Getränk, das er heimlich mit Gift versetzt hat. Die nichtsahnende O trinkt das Glas leer und stirbt.
>
> Offensichtlich handelt O tatbestandslos, da sie durch das Trinken von Gift ihre eigene Gesundheit schädigt und ihr Leben beendet. Sowohl § 223 als auch § 212 setzen eine Handlung z. N. eines anderen Menschen voraus.
>
> Dies liegt wegen der Ahnungslosigkeit bei O anders, weil die Handlung (Trinken) der O dem T im Rahmen von § 25 Abs. 1, 1. Alt. zugerechnet werden kann. Es handelt sich deshalb um eine Fremdschädigung: T hat überlegenes Wissen gegenüber der O, die nichts vom Gift ahnt, sich also nicht bewusst selbst schädigen will. T hat dieses Wissensgefälle ausgenutzt, um seinen Plan zur Tötung der O umzusetzen, indem er sie als menschliches Werkzeug gegen sich selbst eingesetzt hat. Er hat daher sowohl eine gefährliche Körperverletzung als auch eine Tötung in mittelbarer Täterschaft z. N. der O begangen.

Schwierig kann die Beurteilung werden, wenn Irrtümer auftreten, die auf der Naivität der Opfer beruhen. Dann kommt es für den BGH darauf an, ob der Irrtum sich in Art und Umfang (quasi-tatbestandlich) auswirkt. **398**

> **Fallbeispiel**:
>
> T gibt sich zu Unrecht als Arzt aus und findet über das Internet Probandinnen, denen er vormacht, dass er einen wissenschaftlichen Test zur Schmerzempfindlichkeit durchführe, der aber nicht zu bleibenden Schäden oder dem Tod führen könne. Er stellt eine Aufwandsentschädigung in Aussicht. Daraufhin führt sich u. a. die Biologiestudentin O abisolierte Drähte, die mit einer Haushaltssteckdose verbunden waren, zunächst an den Fuß und in einem zweiten Schritt an die Schläfen. Sie überlebt durch einen glücklichen Zufall, erleidet aber starke Schmerzen. T sah jeweils per Live-Chat zu und hatte den Tod der O in Kauf genommen.[881]
>
> Hier handelt es sich nicht um straflose Teilnahme an einer Selbstschädigung, sondern um mittelbare Täterschaft an einem versuchten Totschlag, denn es blieb der O verborgen, dass sie ein tödliches Risiko einging, als sie die stromführenden Drähte an

881 LG München II 20.1.2020 – 1 Ks 21 Js 5718/18, m. Anm. Jahn JuS 2020, 987.

ihre Schläfen führte. Sie vertraute dem T, der sich als Wissenschaftler mit überlegenem Wissen geriert hatte. Dies hatte der T erkannt und nutzte den Irrtum der O aus.

Bei welcher **Art und Umfang** ein Irrtum als „Quasi-Tatbestandsirrtum" bzw. als Irrtum über den „Handlungssinn" zu einer überlegenen Stellung des Hintermanns führt oder wann ein bloßer **Motivirrtum** unbeachtlich bleibt, ist in Grenzfällen umstritten. So soll es eine mittelbare Täterschaft begründen, wenn eine Ehefrau ihre Bereitschaft zum gemeinsamen „Doppelselbstmord" lediglich vorspiegelt und ihre wahre Absicht erst offenbar wird, nachdem ihr Mann eine tödliche Menge Gift aufgenommen hat;[882] es soll auch das Vorspiegeln einer unheilbaren Erkrankung, mit dem Ziel das Opfer zu einem Suizid zu bewegen, die mittelbare Täterschaft begründen können.[883]

Fallbeispiel:

Die O lernt den T kennen und sie begründen eine spirituelle Beziehung. O hat volles Vertrauen zu T, der ihr vorspiegelt, er komme vom Stern Sirius und sie sei als besonderer Mensch dazu ausgewählt, in einer neuen körperlichen Hülle in Genf weiterzuleben. Dazu brauche sie Startkapital, das er ihr überbringen werde, wenn sie später als Künstlerin am Genfer See weiterlebe. Sie schloß daraufhin eine Lebensversicherung ab und setzte T als Bezugsberechtigten ein. Sie folgte danach der Anweisung des T, sich in die Badewanne zu begeben und einen eingeschalteten Fön hineinzuwerfen, was – anders als von T erwartet – nur zu einem Kribbeln an den Füßen führte. Zum Erstaunen des T ging O beim Kontrollanruf ans Telefon. O glaubte im Gegensatz zu T an die Transformation in einen neuen Körper und wollte sich nicht töten.[884]

Der BGH lehnte eine freiverantwortliche Selbstschädigung der O ab; der T war mittelbarer Täter eines versuchten Tötungsdelikts (§§ 212, 211, 22, 23). Da die O gerade nicht sich selbst töten wollte, blieb ihr die **Art und Tragweite** des Handelns verborgen, dagegen nutzte der T diesen Irrtum für seinen Plan sich zu bereichern aus. Diesem Irrtum sei die Annahme von O gleichzustellen, dass sie zunächst die irdische Existenz beende und erst danach mit einer neuen Existenz beginne.[885]

Letzterem Ansatz halten manche zutreffend entgegen, dass es O dann bewusst war, ihr Leben im Diesseits zu beenden, also sie sich selbst töten wollte, denn auf die bloßen **Motive** komme es im Unterschied zu Irrtümern bei einer Selbsttötung nicht an.[886]

882 BGH 3.12.1985 – 5 StR 637/85, BeckRS 1985, 31103771.
883 NK/Neumann, StGB, Vorbem. §§ 211–217 Rn. 71.
884 Ähnlich: BGH 5.7.1983 – 1 StR 168/83, NJW 1983, 2579 „Siriusfall".
885 BGH 5.7.1983 – 1 StR 168/83, NJW 1983, 2579 f.
886 MüKo/Joecks/Scheinfeld, StGB, § 25 Rn. 34 m. w. N.

Auch ein **überlegener Wille** soll die Tatherrschaft begründen können, etwa wenn ein Krankenpfleger einen psychisch Kranken dazu bringt, Tabak bis zum Erbrechen zu essen und dann einen anderen Patienten veranlasst, das Erbrochene aufzuessen.[887] Nach der Lehre vom Verantwortlichkeitsprinzip kann man die Zurechnung mit dem Defizit beim Werkzeug begründen,[888] vgl. Rz 406. **399**

Für eine praktisch seltene Konstellation hat sich die Bezeichnung **qualifikationslos handelndes Werkzeug** eingebürgert. Dies betrifft die Sonderdelikte, bei denen der Hintermann die besonderen Merkmale aufweist, sich aber zur Ausführung eines bösgläubigen Werkzeugs bedient. Wenn bspw. ein Rechtsanwalt seinem Ehemann Auszüge aus der Behandlungsdokumentation zugänglich macht, die einen Dritten betreffen, damit der Ehemann als Journalist daraus eine Zeitungsmeldung schreiben kann, so handelt der Ehemann nicht tatbestandsmäßig nach § 203. Der Rechtsanwalt hat dagegen die besondere Täterqualifikation (§ 203 Abs. 1 Nr. 3). Es ist umstritten, ob der Rechtsanwalt in mittelbarer Täterschaft gehandelt hat, obwohl er seinem Ehemann gegenüber weder überlegenes Wissen noch überlegenes Wollen hat.[889] Die dabei behaupteten Strafbarkeitslücken erscheinen überschaubar, denn der Rechtsanwalt ist schon strafbar, wenn er seinem Ehemann die Informationen über seinen Mandanten offenbart, und ggf. können Straf- und Ordnungswidrigkeiten im Nebenstrafrecht eingreifen.[890] **400**

b) Subjektiv-tatbestandslos handelndes Werkzeug

Der Vordermann kann als **vorsatzloses Werkzeug** handeln, insbesondere bei einem Tatbestandsirrtum (§ 16, s. Rz 154), den der Hintermann für die Tatbegehung ausnutzt oder hervorruft.[891] **401**

Fallbeispiele:

1. T beabsichtigt, sich Unterhaltszahlungen für seinen Sohn S zu sparen. Er versetzt einen Brei mit Gift, den die nichtsahnende Mutter M dem S füttert. S verstirbt.

   M handelt zwar objektiv tatbestandsmäßig gem. § 212, aber sie hat keinen Tötungsvorsatz.

   T ist das Verhalten der M (Füttern von Brei) zuzurechnen, weil er wegen überlegenen Wissens mittelbarer Täter ist: Er hat den Irrtum der M bewusst ausgenutzt und sie dadurch als Werkzeug gegen den S eingesetzt. Er hat vorsätzlich getötet und zudem das Mordmerkmal der Habgier (§ 211) erfüllt.

887 BGH 23.1.1974 – 3 StR 324/73, NJW 1974, 958, 959; RG 30.11.1894 – 3937/94, RGSt 26, 242 f.
888 Kühl, AT, § 20 Rn. 51.
889 Wessels/Beulke/Satzger, AT, Rn. 847; Rengier, AT, § 43 Rn. 14 ff. m. w. N.
890 Zum Streitstand der Ahndung von Verstößen gegen die DSGVO über § 42 BDSG als Jedermanns- oder Sonderdelikt, vgl. BeckOK/Brodowski/Nowak, DatenschutzR, § 42 BDSG, Rn. 16.
891 Rengier, AT, § 43 Rn. 12; Murmann, GK-ST, § 27 Rn. 27.

2. A will sich an seiner früheren Partnerin P rächen. Er gibt sich in einem Dating-Portal als P aus und erweckt bei X den Eindruck, an einem Vergewaltigungsrollenspiel interessiert zu sein. Als X an der von A mitgeteilten Adresse der nichtsahnenden P erscheint, kann P die Ausführung verhindern. A ging davon aus, dass es zu einer Vergewaltigung kommen werde.[892]

   X hat sich mangels Vorsatzes nicht einer versuchten Vergewaltigung (§ 177 Abs. 1, 5, § 22, § 23, § 177 Abs. 6 Nr. 1) strafbar gemacht.

   A hat sich dagegen als mittelbarer Täter das Verhalten von X zurechnen zu lassen. Er hat dessen Irrtum hervorgerufen und für seinen Racheplan bewusst eingesetzt. Bei ihm lag der Vorsatz für eine sexuelle Nötigung in besonders schwerem Fall vor. Dazu hatte er auch unmittelbar angesetzt.[893]

402 Ausreichend ist ebenfalls, wenn zwar der Vordermann vorsätzlich im Hinblick auf ein Delikt handelt, aber ihm verborgen bleibt, dass ein weiteres Delikt verwirklicht werden soll, auf das sich sein Vorsatz nicht bezieht. Diesen **Irrtum über die Unrechtsqualifizierung** kann der Hintermann im Rahmen der mittelbaren Täterschaft wegen des überlegenen Wissens ausnutzen.[894]

403 Zweifelhaft ist dagegen, ob darüber hinaus jeder erhebliche **Irrtum über den konkreten Handlungssinn** beim Vordermann für eine mittelbare Täterschaft ausreichen kann.[895] Dies betrifft lediglich die Unrechtsquantifizierung, d. h. außerhalb eines Tatbestands liegende Umstände, z. B. über den Wert einer zerstörten Sache.

Fallbeispiel:

T will O umbringen. Er schlägt X vor, dass er bei O einen lohnenden Raubüberfall begehen könne, indem er bei O klingele und ihm unmittelbar danach ein Schlafmittel einflöße. T übergibt an X eine Flasche, die statt des angeblichen Schlafmittels ein tödlich wirkendes Gift enthält. Als X dem O das Schlafmittel verabreicht, stirbt dieser sofort. Entsetzt ergreift der X die Flucht.

X hat sich eines versuchten schweren Raubes mit Todesfolge (§§ 249, 250 Abs. 2, §§ 22, 23, 251) strafbar gemacht. Er hatte keinen Tötungsvorsatz, weshalb ein Totschlag oder Mord ausscheidet.

892 BGH 8.9.2020 – 4 StR 44/20, NStZ 2021, 92.

893 Die „Vergewaltigung“ ist ein Regelbeispiel, das von der h. M. nicht (mehr) als eigenhändiges Delikt verstanden wird, sodass Täterschaft des A in Betracht kommt: BGH 24.9.2018 – 5 StR 358/18, NStZ 2019, 275, 276; MüKo/Renzikowski, StGB, § 177, Rn. 182; krit., aber im Erg. zust. Fischer, § 177 Rn. 138.

894 BGH 31.7.2012 – 3 StR 231/12, NStZ 2013, 103; Rengier, AT, § 43 Rn. 54.

895 Dafür Sch/Sch-Heine/Weißer, StGB, § 25 Rn. 23 m. w. N.; dagegen: Rengier, AT, § 43 Rn. 48 f.; Murmann, GK-ST, § 27 Rn. 38 f.

T hat den X zu einem schweren Raub angestiftet (§§ 249, 250 Abs. 2, 26). Darüber hinaus hat er aber auch einen Totschlag in mittelbarer Täterschaft begangen (§§ 212, 25 Abs. 1, 2. Alt.). Er hatte hinsichtlich des tödlichen Giftes überlegenes Wissen gegenüber dem X, weshalb ihm dessen Handeln zugerechnet werden kann.[896]

Ein Mangel im subjektiven Tatbestand kann weiter entstehen, wenn das Werkzeug zwar mit Vorsatz handelt, ihm aber ein sonstiges subjektives Merkmal fehlt. Soweit im Zusammenhang mit einem Diebstahl beim Vordermann die Absicht fehlt, sich die weggenommene Sache zuzueignen, ist im Gesetz auch die Drittzueignungsabsicht ausreichend; deshalb hat die Fallgruppe des sog. **absichtslos dolos** handelnden Werkzeugs kaum noch Relevanz.[897] **404**

c) Rechtmäßig handelndes Werkzeug

Ein mittelbarer Täter kann auch einen Menschen, der zwar tatbestandsmäßig, aber **gerechtfertigt** handelt, als Werkzeug benutzen.[898] Bspw. begeht eine Frau eine Freiheitsberaubung in mittelbarer Täterschaft, wenn sie einen anderen bewusst zu Unrecht einer Vergewaltigung bezichtigt, so dass er von der Polizei vorläufig festgenommen und von der zuständigen Richterin Untersuchungshaft angeordnet wird. Hier handeln sowohl die festnehmenden Beamten nach § 127 Abs. 2 StPO als auch die Richterin (§§ 112 ff. StPO) gerechtfertigt. Der mittelbaren Täterin wird das Handeln zugerechnet, weil sie überlegenes Wissen hat und damit den Tatablauf steuert.[899] **405**

d) Schuldlos handelndes Werkzeug

Das menschliche Werkzeug kann auch ein Defizit auf der Schuldebene aufweisen, das der mittelbare Täter für die Tatbegehung durch überlegenes Wissen oder Wollen bewusst ausnutzt. Allerdings ist bei dieser Fallgruppe die mittelbare Täterschaft von einer strafbaren Teilnahme an einer zwar schuldlosen, aber rechtswidrigen Tat des Vordermanns abzugrenzen.[900] **406**

896 BGH 26.1.1982 – 4 StR 631/81, NJW 1982, 1164.

897 Die Drittzueignungsabsicht wurde in § 242 und § 249 1998 durch das 6. StRG eingefügt, so dass die früher geführte Diskussion überholt ist. Aktuell lassen sich nur mühsam Fälle konstruieren: Wessels/Beulke/Satzger, AT, Rn. 848; Murmann, GK-ST, § 27 Rn. 32.

898 Rengier, AT, § 43 Rn. 23; Kindhäuser/Zimmermann, AT, § 39 Rn. 27.

899 BGH 10.7.1957 – 2 StR 219/57, BGHSt 10, 306, juris-Rn. 5; zu einer Bezichtigung durch die Ehefrau bei einem nicht rechtmäßigen Urteil: 8.7.1952 – 1 StR 123/51, NJW 1952, 1024. Auf § 145d bzw. § 164 wird hier nicht näher eingegangen.

900 RG 17.3.1927 – II 170/27, RGSt 61, 265; Rengier, AT, § 43 Rn. 36; Wessels/Beulke/Satzger, AT, Rn. 850.

Als Werkzeuge kommen **Kinder** (§ 19, s. Rz 316)[901], im Einzelfall wegen fehlender Reife nicht verantwortliche **Jugendliche** (§ 3 JGG, s. Rz 319) oder sonst **Schuldunfähige** (§ 20, s. Rz 321) in Betracht.[902]

> **Beispiel**:
> Nach h. M. ist als mittelbarer Täter anzusehen, wer seinen 13-jährigen Enkel mit Zündmitteln ausstattet, und ihn anweist, ein Gebäude anzuzünden oder wer einen schwer geistig gestörten Menschen (§ 20) dazu überredet, eine andere Person umzubringen.

Wenn man bei einem **Erlaubnistatbestandsirrtum** (s. Rz 350) davon ausgeht, dass die Vorsatzschuld entfällt[903], handelt es sich um ein schuldloses Werkzeug.[904] Ebenfalls kann sowohl ein **unvermeidbarer Verbotsirrtum** (§ 17, s. Rz 343) als strukturell auch ein **entschuldigender Notstand** (§ 35) beim Werkzeug ausgenutzt werden.[905] Deshalb können auch Fälle des **Nötigungsnotstandes** (s. Rz 364) einen Fall der mittelbaren Tatbegehung durch ein schuldlos handelndes Werkzeug darstellen.[906]

e) Täter hinter dem Täter

407 Mit der Redeweise vom **Täter hinter dem Täter** werden Konstellationen bezeichnet, bei denen das **Werkzeug** zumindest partiell schuldhaft handelt, also strafrechtlich **selbst für die Tat zur Verantwortung** gezogen werden kann. In konsequenter Anwendung des Verantwortlichkeitsprinzips lehnen manche für diese Kategorie eine mittelbare Täterschaft ab und wenden die Regeln der Mittäterschaft oder Anstiftung an, so dass keine Strafbarkeitslücken entstehen.[907] Die h. M. macht aber in Sonderfällen Ausnahmen, um die herausgehobene Stellung einer Zentralgestalt, bspw. des Mafiabosses, durch die mittelbare Täterschaft zu erfassen.[908] Dies leuchtet von der Verantwortlichkeitslehre ausgehend eher ein, wenn beim menschlichen Werkzeug zumindest **partiell** die Schuld gemindert ist. Bei **voll schuldhaftem Handeln** des „Vordermanns" erscheint es schwierig, diesen als bloßes

901 Nach h. M. begründet die unwiderlegliche Vermutung der Schuldunfähigkeit von § 19 normativ das Defizit beim Werkzeug, Sch/Sch/Heine/Weißer, StGB, § 25 Rn. 44 m. w. N. Nach a. A. will man einzelfallbezogen auf die faktische Einsichtfähigkeit des Kindes abstellen, RG 17.3.1927 – II 170/27, RGSt 61, 265, 267; MR/Haas, StGB, § 25 Rn. 34 m. w. N.

902 Rengier, AT, § 43 Rn. 27.

903 Alternativ stellt man diesen Fall dem Tatbestandsirrtum und damit dem vorsatzlos handelnden Werkzeug gleich, Murmann, GK-ST, § 27 Rn. 27.

904 Rengier, AT, § 43 Rn. 31.

905 Kindhäuser/Zimmermann, AT, § 39 Rn. 32; Rengier, AT, § 43 Rn. 30.

906 Rengier, AT, § 43 Rn. 32.

907 Kindhäuser/Zimmermann, AT, § 39 Rn. 40; Krey/Esser, AT, 936.

908 BGH 26.7.1994 – 5 StR 98/94, NJW 1994, 2703, 2706; Kühl, AT, § 20 Rn. 72; Rengier, AT, § 43 Rn. 38.

Werkzeug zu bezeichnen; allerdings ist der Wortlaut von § 25 Abs. 1 insofern offen und lässt eine wertende Betrachtung zu.[909]

aa) Vermeidbarer Verbotsirrtum und verminderte Schuldfähigkeit

Nach h. M. kann mittelbarer Täter sein, wer einen anderen wie ein menschliches Werkzeug benutzt, der sich in einem **vermeidbaren** Verbotsirrtum (§ 17) befindet. Zwar handele der Vordermann grundsätzlich schuldhaft, aber faktisch werde er irrtumsbedingt nicht mehr von der Apellfunktion der Rechtsnormen erreicht. Daher will man nach h. M. den vermeidbaren Verbotsirrtum dem unvermeidbaren Verbotsirrtum gleichstellen.[910] **408**

Fallbeispiel:

Die A lebt mit dem Polizeibeamten P in einer aus Aberglauben und Mystizismus geprägten Beziehung. Sie will ihre Nebenbuhlerin O aus dem Weg räumen lassen und schafft es dem schuldfähigen P einzureden, in einem See lebe der Katzenkönig, der ein Menschenopfer verlange. Die Bedenken des P, eine Tötung sei verboten, vermag sie damit zu zerstreuen, dass sonst die Menschheit insgesamt ausgelöscht werde. Daraufhin geht der P mit einem Messer auf die O los und tötet sie.[911]

P hat sich des Totschlags (§ 212)[912] z. N. der O strafbar gemacht. Sein Verhalten war tatbestandsmäßig und rechtswidrig. Auf der Ebene der Schuld lag aber ein Verbotsirrtum gem. § 17 vor, da der P das Tötungsgebot kannte, sich aber über die Reichweite von § 34 aufgrund der Argumentation der A irrte, was für ihn vermeidbar gewesen wäre.

A wäre nach einer M. M. als Anstifterin zum Totschlag des P strafbar. Nach h. M. ist sie dagegen als mittelbare Täterin anzusehen, da sie den Irrtum des P hervorgerufen hatte und planvoll für ihre Zwecke eingesetzt hat.[913]

Mit der Fallgruppe des vermeidbaren Verbotsirrtums vergleichbar sehen manche auch bei einem **vermindert schuldfähigen** Vordermann (§ 21) Raum für eine mittelbare Täterschaft des Hintermanns.[914] **409**

bb) Psychische Zwangslagen

Es wird noch weitergehend vorgeschlagen, dass in Konstellationen ähnlich dem Nötigungsnotstand Raum für eine mittelbare Täterschaft bleiben **410**

909 BGH 15.9.1988 – 4 StR 352/88, NJW 1989, 912, 913.
910 BGH 15.9.1988 – 4 StR 352/88, NJW 1989, 912, 914; Kühl, AT, § 20 Rn. 77; Rengier, AT, § 43 Rn. 40.
911 Der Sachverhalt ähnelt BGH 15.9.1988 – 4 StR 352/88, NJW 1989, 912, bei dem allerdings die Tat im Versuchsstadium stecken blieb.
912 Wegen des überraschenden Angriffs käme auch ein Heimtückemord in Betracht.
913 BGH 15.9.1988 – 4 StR 352/88, NJW 1989, 912, 913.
914 NK/Schild/Kretschmer, StGB, § 25 Rn. 100; Frister, AT, § 27 Rn. 35; begrenzt auf die Unrechtseinsichtsfähigkeit: Sch/Sch/Heine/Weißer, StGB, § 25 Rn. 46; Murmann, GK-ST, § 27 Rn. 44; Rengier, AT, § 43 Rn. 46b f.

soll, wenn das Werkzeug zwar **genötigt** wird, aber sein Verhalten nicht nach § 35 entschuldigt ist, etwa, weil er aus Sorge um das Leben seines Tieres eine ihm abverlangte Straftat begeht.[915] Dies lehnt die h. M. als nicht vereinbar mit dem Verantwortlichkeitsprinzip ab.[916]

cc) Manipulierte Objektverwechslung

411 Eine seltene Konstellation betrifft die Beeinflussung des Tatablaufs, so dass der Vordermann einer unbeachtlichen Objektverwechslung (**manipulierter error in persona**) erliegt. Umstritten ist, ob mittelbarer Täter ist, wer es ausnutzt, dass ein Schütze (S) fest zur Tötung von dessen Feind (F) entschlossen ist, indem er das spätere Opfer (O) in den Hinterhalt lockt, so dass S aufgrund einer Verwechslung nicht den F, sondern den O erschießt.[917]

dd) Organisationsherrschaft

412 Bei der Aufarbeitung von Verbrechen, die von **Unrechtsregimen** verübt wurden, stellt sich die Frage, ob man die „**Schreibtischtäter**" als mittelbare Täter für die von ihnen angeordneten und organisierten Taten anzusehen hat, obwohl die Vorderleute selbst voll für ihre Taten verantwortlich sind. Dies ist im Hinblick auf das nationalsozialistische Unrecht vorgeschlagen und bei der Aufarbeitung des „DDR-Unrechts" von der h. M. angewendet worden: Mitglieder des nationalen Verteidigungsrats haben demnach als mittelbare Täter die Tötung von Flüchtenden durch DDR-Grenzsoldaten als menschliche Werkzeuge begangen.[918] Die Kriterien sind im Einzelnen umstritten, vorgeschlagen werden die **Anordnungsgewalt** des Hintermanns in dem **hierarchischen Apparat**, Loslösung vom Recht, Austauschbarkeit des Vordermanns und dessen organisationsspezifische **Tatentschlossenheit**.[919] Es wird ein gewisser räumlicher, zeitlicher und **hierarchischer Abstand** zwischen der die Befehle verantwortenden **Organisationsspitze** und den unmittelbar Handelnden verlangt, da sonst vorrangig Mittäterschaft vorliege.[920]

413 Ähnliches soll für **kriminelle Organisationen** mit hierarchischer Struktur gelten,[921] bspw. wäre der „Pate" innerhalb der Mafia als mittelbarer Täter an-

915 MR/Haas, StGB, § 25 Rn. 23: Willensunterordnung als Zurechnungsgrund; Kühl, AT, § 20 Rn. 51; Frister, AT, § 27 Rn. 29.
916 LK/Schünemann/Greco, StGB, § 25 Rn. 89; Rengier, AT, § 43 Rn. 45; Kindhäuser/Zimmernann, AT, § 39 Rn. 36
917 Für mittelbare Täterschaft als Willensherrschaft: Rengier, AT, § 43 Rn. 58; Sch/Sch-Weißer, StGB, § 25 Rn. 24 m. w. N.; dagegen für Anstiftung bei kommunikativer Beeinflussung, sonst Beihilfe oder Nebentäterschaft: Maurach/Gössel/Zipf/Renzikowski, AT II, § 48 Rn. 24 f.; MüKo/Joecks/Scheinfeld, StGB, § 25 Rn. 118 ff.; NK/Schild/Kretschmer, § 25 Rn. 104.
918 BGH 26.7.1994 – 5 StR 98/94, NJW 1994, 2703, 2705.
919 BGH 26.7.1994 – 5 StR 98/94, NJW 1994, 2703, 2706 f.; Fischer, § 25 Rn. 11; Rengier, AT, § 43 Rn. 62 ff. m. w. N.
920 BGH 2.11.2007 – 2 StR 384/07, NStZ 2008, 89, 90.
921 Fischer, § 25 Rn. 13.

zusehen. Die Rechtsprechung wendet die Rechtsfigur des organisatorischen Machtapparats auf in **Unternehmen** handelnde Personen an, wenn die regelhaften Unternehmensstrukturen, bspw. Angestellte oder provisionsabhängige Vermittler als Vorderleute, für die Begehung von Straftaten genutzt werden, aber keine Mittäterschaft vorliegt.[922] Viele sehen letztere Fallgruppe kritisch, da Unternehmen nicht regelhaft deliktisch handeln, die Mitarbeiter nicht beliebig austauschbar sind und die betrieblichen Weisungsverhältnisse für sich nicht ausreichen, um eine mittelbare Täterschaft zu begründen.[923]

Eingewendet wird, dass die Kriterien zur Abgrenzung beliebig erscheinen, allerdings wird anerkannt, dass es intuitiv einleuchtet, wenn der „Chef" als Zentralgestalt auch strafrechtlich als Täter und nicht bloß als Anstifter behandelt wird.[924] **414**

4. Subjektiver Tatbestand und Irrtümer

Der mittelbare Täter muss mit **Vorsatz** handeln, also auch die Tatsachen kennen, die ihn zum mittelbaren Täter machen. Er muss zudem Vorsatz bezüglich der Tatbestandsmerkmale haben, die vom Vordermann verwirklicht werden sollen. Hier kann es zu Abweichungen kommen: **415**

Wenn der **Vordermann mehr verwirklicht**, als der Hintermann vorhatte (**Exzess**), fehlt der Vorsatz (§ 16 Abs. 1); es kommt aber fahrlässige Begehung in Betracht.[925] **416**

> Wenn der Vordermann das Opfer nicht nur zusammenschlägt (§ 223), sondern entgegen der Erwartung des Hintermannes tötet (§ 212), fehlt es am Tötungsvorsatz beim Hintermann. Er ist nur mittelbarer Täter der zugleich begangenen Körperverletzung.

Beim **Vordermann** kann zudem ein Irrtum (**error in persona**) auftreten. **417**
Wird bspw. vom Vordermann das Opfer O mit dem Dritten D verwechselt und getötet, wird nach h. M. ein unbeachtlicher Irrtum angenommen, wenn die Verwechslungsrisiken vom Hintermann nicht ausgeschlossen wurden; andere sehen darin ein Fehlgehen der Tat (aberratio ictus), die

922 BGH 11.12.1997 – 4 StR 323/97, NStZ 1998, 568, 569; 26.8.2003 – 5 StR 145/03, NJW 2004, 375, 378; 23.5.2013 – 2 StR 555/12, juris-Rn. 4; krit.: Rengier, AT, § 43 Rn. 69.
923 MüKo/Joecks/Scheinfeld, StGB, § 25 Rn. 163 f.; Sch/Sch/Heine/Weißer, StGB, § 25 Rn. 30; Rengier, AT, § 43 Rn. 69; Baumann/Weber/Mitsch/Eisele, AT, § 25 Rn. 150; krit. zur Begründung, aber mit ähnlichem Erg. MR/Haas, StGB, § 25 Rn. 27 ff.
924 Krey/Esser, AT, Rn. 936; Kindhäuser/Zimmermann, AT, § 39 Rn. 40.
925 Sch/Sch/Heine/Weißer, StGB, § 25 Rn. 52.

für den Hintermann nur eine versuchte Tötung zum Nachteil von O und eine fahrlässige Tötung zum Nachteil von D annehmen, vgl. Rz 457.[926]

418 **Irrtümer beim Hintermann** können sich auch auf die Umstände beziehen, die den Vordermann zum Werkzeug machen:

Zum einen kann es sein, dass der **volldeliktisch handelnde Vordermann** den Plan durchschaut, obwohl der Hintermann davon ausgeht, dass beim Vordermann ein Defizit vorliegt, er also nur **irrig seine Tatherrschaft** annimmt. Hier liegt nach h. M. Anstiftung (§ 26) vor, die als „minus" im Tätervorsatz enthalten ist.[927]

Zum anderen kann der Vordermann objektiv ein taugliches Werkzeug sein, wobei aber dem **Hintermann** subjektiv das **Defizit verborgen** bleibt. Hier muss differenziert werden:

Wenn die Tat des **Vordermanns** zumindest **rechtswidrig** ist (z. B. bei einem Kind, s. Rz 406), kann der Hintermann wegen **Anstiftung** (§ 26, s. Rz 445) strafbar sein. Zwar liegt objektiv eine mittelbare Täterschaft vor, aber subjektiv fehlt es am Vorsatz zur Tatherrschaft. Wenn vollendete Anstiftung **mangels vorsätzlicher und rechtswidriger Vortat** ausscheidet, bspw. bei einem unvorsätzlich handelnden Werkzeug, kommt eine **versuchte Anstiftung** nur bei einem Verbrechen gem. § 30 (s. Rz 517) in Betracht.[928]

III. Mittäterschaft

1. Vorbemerkungen

419 Bei der Mittäterschaft begehen mindestens zwei Personen die Tat als Täter gemeinschaftlich (§ 25 Abs. 2). Dabei muss nicht jeder die Tatbestandshandlung mit eigener Hand ausführen, sondern es kann **arbeitsteilig** vorgegangen werden. Es wird **eigenes Unrecht** verwirklicht, was insbesondere von der Beihilfe abzugrenzen ist, bei der fremdes Unrecht unterstützt wird. Daher muss auch jeder Mittäter eine geforderte **besondere Täterqualifikation** aufweisen (s. Rz 384). Beispielsweise kann mittäterschaftlich ein Delikt durch **Unterlassen** (vgl. § 13) verwirklicht werden, sofern die Mittäter alle eine Garantenstellung haben. Nach h. M. wird auch bei **Gremienentscheidungen**, wenn die Garanten nur gemeinsam handeln können, allen

926 Sch/Sch/Heine/Weißer, StGB, § 25 Rn. 54 f.; Rengier, AT, § 43 Rn. 73 f.

927 Lackner/Kühl/Heger, StGB, § 25 Rn. 5 m. w. N.; Wessels/Beulke/Satzger, AT, Rn. 864; Baumann/Weber/Mitsch/Eisele, AT, § 25 Rn. 164; a. A. Rengier, AT, § 43 Rn. 82; Krey/Esser, AT, Rn. 1093: versuchter Totschlag in mittelbarer Täterschaft.

928 Sch/Sch/Heine/Weißer, StGB, Vorbem. zu den §§ 25 ff. Rn. 76; Rengier, AT, § 43 Rn. 78 f.; Krey/Esser, AT, 1092.

zugerechnet.[929] Die Garantenstellung wird dagegen anderen Personen nicht zugerechnet.

Die **Handlungen** der anderen Mittäter können gemäß § 25 Abs. 2 **zugerechnet** werden, wenn die Voraussetzungen der Mittäterschaft vorliegen.[930] **Nicht zugerechnet** werden dagegen **subjektive Merkmale** (Vorsatz und ggf. sonstige subjektive Merkmale) und auch die **Rechtswidrigkeit** und **Schuld** sind individuell festzustellen (§ 29).[931] Erst recht gilt dies für die Strafzumessung, bspw. Regelbeispiele (vgl. § 243 Abs. 1 S. 2). Falls bei einem unmittelbar Handelnden ein solches Defizit vorliegt, kann eine mittelbare Täterschaft der anderen vorliegen. **420**

Auch ein erfolgsqualifiziertes Delikt (s. Rz 654) kann gemeinschaftlich begangen werden; dann muss aber jedem Mittäter für die schwere Folge zumindest Fahrlässigkeit nachgewiesen werden.[932]

Jeder Mittäter muss auf Grund eines gemeinschaftlichen Tatentschlusses mit dem Willen zur Tatherrschaft zur Tatbestandsverwirklichung beitragen und die (zuzurechnende) Handlung der anderen im Rahmen des allseitigen ausdrücklichen oder stillschweigenden Einverständnisses liegen.[933] **421**

Kurzdefinition:

Mittäterschaft ist gemeinschaftliche Tatbegehung durch bewusstes und gewolltes Zusammenwirken.

Man sieht daran, dass neben der **gemeinschaftlichen Tatbegehung** auch ein subjektiv gefasstes Element mit dem bewussten und gewollten Zusammenwirken im Rahmen eines **gemeinsamen Tatentschlusses** bzw. **gemeinsamen Tatplanes** vorausgesetzt wird.[934] Es wird akzeptiert, wenn dies wegen des Sachzusammenhangs im objektiven Tatbestand erörtert wird.

2. Aufbau

Aufbauhinweis: **422**

Bei Mittätern kann man zwei Konstellationen unterscheiden:

1. Man sollte zunächst denjenigen nach dem üblichen Aufbauschema prüfen, der in seiner Person alle Tatbestandsmerkmale selbst erfüllt (Tatnächster). Danach

929 BGH 6.7.1990 – 2 StR 549/89, NJW 1990, 2560, 2566; Murmann, GK-ST, § 29 Rn. 87; krit.: Kühl, AT, § 20 Rn. 268.
930 MR/Haas, StGB, § 25 Rn. 61.
931 MR/Haas, StGB, § 25 Rn. 62.
932 BGH 18.12.2007 – 1 StR 301/07, NStZ 2008, 280, 281.
933 BGH 9.10.2002 – 5 StR 42/02, NJW 2003, 150, 154.
934 Rengier, AT, § 44 Rn. 2.

prüft man weitere Mittäter mit Bezugnahme auf die Zurechnung des Verhaltens des zuvor geprüften Mittäters mit nachstehendem Prüfungsschema. Eine getrennte Prüfung empfiehlt sich auch, wenn für einen Beteiligten eine Strafbarkeit wegen Mittäterschaft abgelehnt wird.

2. Wenn mehrere Mittäter zusammen die Tatbestandsmerkmale erfüllen, prüft man diese gemeinsam mit nachstehendem Prüfungsschema.

Dies darf nicht mit einer etwaigen Prüfung einer sonstigen Organisationsstruktur (bspw. Bande, kriminelle Vereinigung) vermischt werden.

Prüfungsschema Mittäterschaft (Tatbestand i. V. m. § 25 Abs. 2):

I. Tatbestand
   1. Objektiv
      a) Tathandlung: Wechselseitige Zurechnung gem. § 25 Abs. 2?
         - Gemeinsamer Tatplan/-entschluss (ausnahmsweise sind hier subjektive Elemente zu erörtern)
         - Gemeinsame Tatausführung: jeweiliger objektiver Tatbeitrag (ggf. Abgrenzung zur Beihilfe)
      b) Prüfung weiterer objektiver Tatbestandsmerkmale
   2. Subjektiv: Jeder Teilnehmer muss vorsätzlich (insb. bzgl. der Mittäterschaft) und ggf. mit sonstigen subjektiven Merkmalen handeln, denn zugerechnet wird nur das objektive Verhalten.

II. Rechtswidrigkeit

III. Schuld (für jeden Teilnehmer getrennt festzustellen).

3. Voraussetzungen

a) Gemeinsamer Tatentschluss

423 Mittäterschaftliches Handeln setzt einen **gemeinsamen Tatentschluss** der Beteiligten voraus. Sie müssen auf Grund eines **gemeinschaftlich gefaßten Tatplanes bewußt und gewollt zusammenwirken**, um eine Straftat zu begehen, die sie in vollem Umfang als ihre eigene betrachten.[935] Eine derartige Übereinkunft muss nicht auf einer ausdrücklichen Abrede der Beteiligten beruhen; sie kann auch stillschweigend und situativ zu Stande kommen, aber es muss (nonverbal) kommuniziert werden.

935 BGH 2.2.1972 – 2 StR 670/71, NJW 1972, 649.

Beispiel:

T will O eine Abreibung verpassen und entdeckt ihn in der Stadt. Auf seinen Pfiff kommt M, der sofort begreift, was T vorhat: Er hält die Arme von O fest, so dass T mit der Faust dem O ins Gesicht schlagen kann.

Hier begehen T und M eine gefährliche Körperverletzung als Mittäter (§§ 223, 224 Abs. 1 Nr. 4, 25 Abs. 2). Beide haben zumindest durch den Pfiff und das anschließende Vorgehen den Tatentschluss gefasst, dass sie bei der Verletzung des O zusammenwirken wollen.

Ein detaillierter Plan oder persönliche Bekanntschaft ist nicht erforderlich, aber es muss **Einvernehmen** über das arbeitsteilige Vorgehen hergestellt werden.[936]

Deshalb können über den Tatplan hinaus begangene **Exzesstaten** den anderen Mittätern nicht zugerechnet werden; allerdings sollen **geringfügige Abweichungen zugerechnet** werden, wenn damit gerechnet werden musste oder wenn die Art der Ausführung gleichgültig war.[937] **424**

Beispiele:

1. Wenn im obigen Beispiel zur Überraschung des T von M ein Messer gezückt wird und er den O damit ersticht, wäre der auf die Abreibung ausgerichtete Tatplan verlassen worden. Nur M allein ist für den Totschlag an O verantwortlich; beide sind weiterhin wegen gemeinschaftlicher Körperverletzung strafbar.
2. T und M misshandeln O immer stärker; sie zwingen O mehrmals in einen Schweinetrog zu beißen. Dadurch wollen sie die demütigende Mordszene eines Films nachstellen. Zuletzt springt M überraschend für T mit seinen Springerstiefeln in Tötungsabsicht auf den Kopf von O und verletzt ihn tödlich.

   Für beide handelt es sich aber um eine gemeinschaftliche Körperverletzung (§§ 223, 224, 25 Abs. 2) und Nötigung (§§ 240, 25 Abs. 2) des O. M ist Alleintäter eines Totschlags (§ 212), denn darauf bezog sich weder der gemeinsame Tatplan noch der Vorsatz des T. T hat sich aber wegen Körperverletzung mit Todesfolge (§§ 227, 25 Abs. 2, 27) strafbar gemacht: Die eskalierende Gewalt gegen O war vom gemeinsamen Tatplan umfasst, was die Gefahr des tödlichen Ausgangs barg. Das hätte T zumindest erkennen können, so dass er diesbezüglich fahrlässig gehandelt hat.[938]

936 BGH 18.6.2020 – 4 StR 482/19, NJW 2020, 2900, Rz. 11 m. w. N.

937 BGH 20.3.2003 – 4 StR 527/02, NStZ 2003, 662, Rz. 4; 9.7.2002 – 1 StR 93/02, NStZ 2002, 597.

938 BGH 19.8.2004 – 5 StR 218/04, NStZ 2005, 93, 94, m. Anm. M. Heinrich.

425 **Nicht ausreichend** ist dagegen, wenn jeder für sich eine Gelegenheit zur gleichförmigen Tatbegehung neben anderen nutzt.[939] Erst recht reicht es für den Nachweis des gemeinsamen Tatentschlusses nicht aus, wenn nur eine Straftat anderer beobachtet und innerlich gebilligt wird, ohne einzuschreiten.[940]

Mutter (M) bemerkt, dass sie für telefonische Warenbestellungen bei einem Versandhändler (V) zwar eine Rechnung bekommt, aber diese nicht eingetrieben wird. Sie erzählt davon ihrer Tochter (T). In der Folge bestellen M und T jeweils Waren, ohne diese bezahlen zu wollen. Als insgesamt Rechnungen über 10.000 Euro offenstehen, bemerkt V seinen Organisationsfehler. Da T und M im gleichen Haushalt wohnen, ist es schwierig nachzuweisen, wer welche Bestellung getätigt hat.

Wenn man das Verhalten von M und T zusammen betrachten würde, läge ein Betrug gem. § 263 z. N. des V vor. Allerdings handeln beide Frauen jeweils für sich als Alleintäterinnen – eine wechselseitige Zurechnung findet nicht statt: Es ist nicht nachgewiesen, dass ein gemeinsamer Tatplan verabredet wurde. Zwar hat M mit T kommuniziert, aber sie haben kein Einvernehmen über ein arbeitsteiliges Vorgehen getroffen; im Zweifel wollte jede nur eigene Taten begehen. Es muss daher festgestellt werden, welche Bestellung von welcher Person ausgelöst wurde.

426 Ein unbeachtlicher Irrtum (**error in persona**, s. Rz 157), der einem Mittäter unterläuft, ist auch für die anderen Beteiligten **unbeachtlich**, wenn die Tathandlung und damit der Irrtum sich **im Rahmen des vereinbarten Tatplans** halten.[941]

Fallbeispiel:

T und M verabreden einen Überfall auf O. Sie wollen auf Verfolger notfalls schießen und nehmen deren Tötung in Kauf. Beide entschließen sich wegen der Gegenwehr von O zu fliehen. Dabei schießt T dem ihm hinterherlaufenden M in den Arm, weil er ihn mit O verwechselt.

T hat eine gefährliche Körperverletzung z. N. von M begangen (§§ 223, 224 Abs. 1 Nr. 2, 5). Zugleich liegt eine versuchte Tötung (§§ 212, 22, 23) vor. Sowohl der objektive Tatbestand als auch der subjektive Tatbestand liegen vor, denn der Irrtum des T ist als bloßer Motivirrtum unbeachtlich.

Fraglich ist, wie sich der Irrtum des T für M auswirkt: Teilweise lehnt man eine Strafbarkeit des M wegen einer mittäterschaftlich versuchten Tötung (§§ 212,

939 BGH 2.2.1972 – 2 StR 670/71, NJW 1972, 649.
940 BGH 5.6.2019 – 5 StR 181/19, NStZ-RR 2019, 271; 17.02.2016 – 5 StR 554/15, BeckRS 2016, 5085.
941 BGH 1.8.2018 – 3 StR 651/17, NStZ 2019, 511, 512, Rz. 52; Rengier, AT, § 44 Rn. 30 ff.

22, 23, 25 Abs. 2) ab, weil er selbst getroffen wird und eine Selbstschädigung straflos ist; dann bleibt nur die Verbrechensverabredung (§§ 212, 30 Abs. 2).[942] Die h. M. stellt darauf ab, dass T auf einen vermeintlichen Verfolger schießen wollte und dann auch aus Sicht des T ein Dritter geschädigt worden wäre. Da er aber an sich selbst keine Körperverletzung oder Tötung verwirklichen kann, wird er nur wegen Versuchs bestraft.[943]

Umstritten ist der **Zeitpunkt**, zu dem der gemeinsame Tatentschluss gefasst wird. Typischerweise findet dies schon im **Vorbereitungsstadium** statt. Es ist für weitere Deliktsphasen zu differenzieren: **427**

Mittäterschaft kann nicht mehr durch den einverständlichen Tatplan mit dem Hinzutretenden trotz Kenntnis, Billigung und Ausnutzung der Lage begründet werden, wenn die Tat des T schon abgeschlossen ist und objektiv keine weitere Förderung mehr erfolgen kann.[944] Mit **materieller Beendigung** der Tat ist eine Mittäterschaft ausgeschlossen, denn die Mittäter müssen die Vorstellung haben, die Tat zu fördern.[945] **428**

Fallbeispiel:

T versucht erfolglos Drogenschulden bei O beizutreiben. Er schlägt mit Tötungsvorsatz wuchtig mit einem Baseballschläger mehrmals auf den Schädel von O ein. Als dieser mit eingeschlagenem Schädel am Boden liegt, fordert er M auf, auch etwas zu tun. M sticht daraufhin mit einem Messer mehrmals in den Oberkörper des röchelnden O. Es ist nicht festzustellen, dass die Messerstiche den Todeserfolg bei O beschleunigt haben.[946]

T hat unzweifelhaft einen Totschlag an O verwirklicht. Dagegen fehlt es an einer (sukzessiven) Mittäterschaft: Zwar beschließen beide auf Zuruf von T die Tötung des O gemeinsam zu begehen, aber zu diesem Zeitpunkt war der O bereits so schwer verletzt, dass objektiv eine Förderung des Totschlags nicht mehr möglich war. Für M verbleibt es daher bei einer versuchten Tötung (§§ 212, 22, 23, 25 Abs. 2). Daneben haben T und M gemeinschaftlich eine gefährliche Körperverletzung (§§ 223, 224 Abs. 1 Nr. 2, 4, 25 Abs. 2) begangen.

942 LK/Schünemann/Greco, StGB, § 25 Rn. 199; Jäger, AT, Rn. 311; Dehne-Niemann, ZJS 2008, 351, 354.

943 BGH 23.1.1958 – 4 StR 613/57, NJW 1958, 836, 837; Wessels/Beulke/Satzger, AT, Rn. 833; Kühl, AT, § 20 Rn. 121 m. w. N.

944 BGH 11.2.2020 – 4 StR 583/19, NStZ 2020, 727, 728 m. zust. Anm. Kulhanek; Rengier, AT, § 44 Rn. 38 jew. m. w. N.

945 BGH 24.4.1952 – 3 StR 48/52, NJW 1952, 1146; Wessels/Beulke/Satzger, AT, Rn. 831.

946 BGH 11.2.2020 – 4 StR 583/19, NStZ 2020, 727, 728.

429 Dagegen können sich Mittäter noch nach **Versuchsbeginn** vor Vollendung des Tatbestands anschließen oder nach **Vollendung** weitere tatbestandliche Akte vornehmen. Man spricht hier von **sukzessiver Mittäterschaft**.[947]

> **Beispiel**:
>
> Während T den O verprügelt, kommt M hinzu und schlägt gemeinsam mit T auf O ein. Hier sind beide Mittäter einer gefährlichen Körperverletzung (§§ 223, 224 Abs. 1 Nr. 4, 25 Abs. 2) und M bekommt das Verhalten des T zugerechnet.

430 Die Rechtsprechung lässt ausreichen, wenn der Hinzutretende sogar **nach Vollendung bis zur Beendigung** des Tatbestands sich über die Mittäterschaft verständigt und den Erfolgseintritt zumindest noch fördern kann. Sie rechnet dann die bisher vorgenommenen Tathandlungen dem Hinzutretenden rückwirkend zu, vorausgesetzt er hat davon Kenntnis.[948] Dies ist sehr zweifelhaft, da so die Grenzen zu den Anschlussdelikten verwischt werden.[949]

> **Beispiel**:
>
> T hat den O ausgeraubt. M kommt hinzu und bekommt einen Teil der Beute zugesagt. Dafür hilft er die Beute zu verstecken und verhilft T zur Flucht vom Tatort.
>
> Die Rechtsprechung würde für T und M einen mittäterschaftlich begangenen Raub annehmen. Die Gegenansicht bestraft T allein wegen Raubes (§ 249), M dagegen wegen Begünstigung (§ 257) ggf. auch Strafvereitelung (§ 258).[950]

431 Umstritten ist, ob ein Mittäter den **gemeinsamen Tatplan kündigen** kann und Mittäterschaft entfällt, obwohl der Beitrag fortwirkt:

Sofern man sich im **Versuchsstadium** lossagt, gilt § 24 Abs. 2, näher: Rz 560. Bei einer Kündigung schon in der **Vorbereitungsphase** stellt der BGH auf die allgemeinen Abgrenzungskriterien für Täterschaft und Teilnahme ab, lässt also weiter Mittäterschaft zu[951]; in der Literatur lehnt man in diesem Fall verbreitet bei einer Unterrichtung der anderen Mittäter die Zurechnung nach § 25 Abs. 2 ab.[952]

947 BGH 1.12.2011 – 5 StR 360/11, NStZ-RR 2012, 77, 78; Wessels/Beulke/Satzger, AT, Rn. 836.
948 BGH 18.12.2007 – 1 StR 301/07, NStZ 2008, 280, 281; 14.1.2016 – 4 StR 72/15, NStZ 2016, 211, 213 f.
949 MR/Haas, StGB, § 25 Rn. 93; Rengier, AT, § 44 Rn. 39; Wessels/Beulke/Satzger, AT, Rn. 838, jew. m. w. N.
950 Wessels/Beulke/Satzger, AT, Rn. 834.
951 BGH 25.7.1989 – 1 StR 479/88, NJW 1989, 2826; 11.3.1999 – 4 StR 56/99, NStZ 1999, 449, 450.
952 Rengier, AT, § 44 Rn. 14 ff.; Wessels/Beulke/Satzger, AT, Rn. 821.

Umstritten ist, ob es eine **fahrlässige Mittäterschaft** (vgl. Rz 382) geben kann, wobei nach h. M. das Erfordernis eines gemeinsamen Tatentschlusses dagegen spricht.[953] 432

b) Gemeinsame Tatausführung

Die gemeinsame Tatausführung setzt einen **Beitrag** jedes Beteiligten voraus. Insbesondere ist von der Beihilfe als Unterstützung fremden Unrechts abzugrenzen. 433

Dazu werden die bereits vorgestellten Abgrenzungstheorien herangezogen (s. ab Rz 385). Es ist umstritten, welche **Qualität** der Beitrag haben muss.

Die **subjektive Theorie**, die insbesondere von der Rechtsprechung vertreten wird, verlangt einen **fördernden Beitrag**, der sich als Ergänzung zu den Handlungen der anderen Beteiligten darstellt, hält aber eine Mitwirkung am Kerngeschehen und Anwesenheit am Tatort nicht für zwingend; Vorbereitungs- oder (geistige) Unterstützungshandlungen können ausreichen.[954] Es wird eine **wertende Gesamtbetrachtung** verlangt, bei der der Grad des eigenen **Interesses an der Tat**, der **Umfang der Tatbeteiligung** und die **Tatherrschaft** oder wenigstens der **Wille** dazu berücksichtigt werden. Durchführung und Ausgang der Tat müssen maßgeblich auch vom Willen des Betroffenen abhängen und er muss die Straftat als eigene mitverursachen wollen.[955] 434

Fallbeispiel:

B hatte ein Fluchtfahrzeug beschafft und dieses bei einem von anderen durchgeführten Überfall gesteuert. Dies stellt einen für die Tat wesentlichen Beitrag dar, allerdings sind weitere Umstände des Einzelfalls zu berücksichtigen: Für Beihilfe spricht bspw., wenn B nur als Ersatz für einen anderen eingesprungen ist, einen festen Betrag statt eines Anteils an der Beute bekommen soll, nicht an der Planung beteiligt wurde, weder Tatörtlichkeit noch Vorgehensweise kennt.

Dabei soll dem Tatgericht ein Beurteilungsspielraum zustehen.[956] Für diese Wertung ist in den Ermittlungen die Tatsachengrundlage zu schaffen.

Auf dem Boden der Tatherrschaftslehre wird verlangt, dass der Mittäter das „Ob“, „Wann“, „Wo“ und „Wie“ der Tatbestandsverwirklichung durch einen **wesentlichen Tatbeitrag** mitbestimmt.[957] 435

953 Kühl, AT, § 20 Rn. 10, 116a ff.; Murmann, GK-ST, § 29 Rn. 88; 6.11.2002 – 5 StR 281/01, NJW 2003, 522, 526 f.

954 BGH 12.8.2021 – 3 StR 441/20, NStZ 2021, 663; 6.8.2019 – 3 StR 189/19, NStZ 2020, 22, Rz. 4 jew. m. w. N.; 27.11.2018 – 5 StR 604/18, juris-Rn. 4; 3.2.1960 – 4 StR 437/59, BGHSt 14, 123, juris-Rn. 40.

955 BGH 6.8.2019 – 3 StR 189/19, NStZ 2020, 22, Rz. 5; 10.3.1961 – 4 StR 30/61, NJW 1961, 1541, 1542.

956 BGH 31.10.2001 – 2 StR 315/01, NStZ-RR 2002, 74.

957 BGH 12.8.2021 – 3 StR 441/20, NStZ 2021, 663, 665.

Von der Tatherrschaftslehre ausgehend hält die h. M. eine **funktionale Tatherrschaft** für ausreichend, dabei neben Beiträgen im Ausführungsstadium auch Beiträge im **Vorbereitungsstadium** oder in der Phase **zwischen Vollendung und Beendigung**, um bspw. den Bandenchef als Mittäter bestrafen zu können. Dann muss allerdings das „Minus“ im Ausführungsstadium durch ein „Mehr“ in der Planungsphase kompensiert werden, was durch eine **wertende Gesamtbetrachtung** zu ermitteln ist.[958] Damit kommt man zu ähnlichen Ergebnissen wie die Rechtsprechung, wendet aber die Tatherrschaftslehre nicht konsequent an.

Einige wenden die Tatherrschftslehre dagegen streng an und verlangen, wenn nicht sogar eine Anwesenheit am Tatort, so doch einen Beitrag im **Ausführungsstadium**, bspw. die Einflussnahme durch den Bandenchef über Telekommunikationsmittel während der Tat; konsequent lehnt man aber dessen Stellung als Mittäter ab, wenn er sich in der Ausführungsphase zurückhält.[959]

Fallbeispiel:

Beate Zschäpe (Z) war Mitglied in einer rechtsterroristischen Vereinigung, dem sog. Nationalsozialistischen Untergrund „NSU“, zusammen mit Uwe Mundlos und Uwe Böhnhardt, die Menschen aus politischen bzw. rassistischen Motiven ermordeten. Z wirkte bei den Morden nicht vor Ort mit, war aber in die Planung eingebunden, half die Taten zu verschleiern und die gemeinsame Wohnung als Rückzugsort bzw. eine bürgerliche Fassade aufrecht zu erhalten. Sie erklärte sich bereit, nach dem Ableben der anderen ein Bekennervideo zu verbreiten. Dies wurde von allen als sinnstiftend und handlungsleitend empfunden.

Nach h. M. ist Z als Mittäterin der Morde (§§ 212, 211, 25 Abs. 2) anzusehen, denn ihre Handlungen waren fördernd und sie wollte aufgrund ihrer politisch-ideologischen Verblendung die Taterfolge nicht nur als fremde unterstützen, sondern als ihre eigenen verwirklichen. Für sich allein ist dagegen nicht ausreichend, dass Z Mitglied der terroristischen Vereinigung war. Allerdings sollen auch psychische Unterstützungshandlungen ausreichen, wenn sie von erheblichem Gewicht sind: Z war gleichberechtigt in die Planung der Taten eingebunden. Wegen der ideologischen Übereinstimmung aller war Zs Verhalten sinnstiftend und handlungsleitend, weshalb die Tat maßgeblich von ihrem Willen abhing.[960] Eine bedenkenswerte Gegenansicht nimmt stattdessen nur Beihilfe an.[961]

958 Sch/Sch/Heine/Weißer, StGB, § 25 Rn. 80; Lackner/Kühl/Heger, StGB, § 25 Rn. 11; Frister, AT, § 26 Rn. 25 ff.; Kühl, AT, § 20 Rn. 111; Wessels/Beulke/Satzger, AT, Rn. 826; diff. Murmann, GK-ST, § 27 Rn. 69.

959 Rengier, AT, § 44 Rn. 42; Schlehofer/Putzke/Scheinfeld, AT, Rn. 180; Krey/Esser, AT, Rn. 978.

960 BGH 12.8.2021 – 3 StR 441/20, NStZ 2021, 663, 664 ff.; zuvor: OLG München 11.7.2018 – 6 St 3/12, BeckRS 2018, 51467; zuletzt: BVerfG, 30.9.2022 – 2 BvR 2222/21, NJW 2022, 3413; Wessels/Beulke/Satzger, AT, Rn. 826; krit. Valerius NJW 2021, 2851, 2854.

961 Anm. Roxin JR 2021, 651 ff.; Fahl NStZ 2021, 667 f.; Arnold StV 2022, 108, 112 ff.; Schlösser NStZ 2022, 335, 337, die für Z lediglich Beihilfe zum Mord (§§ 211, 27) annehmen.

Verlangt man Tatherrschaft der Beteiligten, muss sich der **Vorsatz** des Täters auch hierauf erstrecken. 436

D. Teilnahme

I. Allgemeines

Teilnahme umfasst Anstiftung (§ 26) und Beihilfe (§ 27), die sich auf **fremdes Unrecht** beziehen. Man spricht dabei vom Haupttäter, der eine Haupttat begeht. Die Strafbarkeit des Teilnehmers richtet sich nach den vom Haupttäter **vorsätzlich** und **rechtswidrig** verwirklichten Tatbeständen (Grundsatz der Akzessorietät). Man kann daher nicht sinnvoll von einer Strafbarkeit wegen Anstiftung sprechen, aber bspw. von einer Strafbarkeit wegen Anstiftung zum Diebstahl oder Beihilfe zum Totschlag. Dagegen muss die Vortat nicht schuldhaft begangen worden sein wie aus §§ 26, 27 sowie § 29 klar hervorgeht (**limitierte Akzessorietät**). Der Haupttäter kann also straflos sein, was an der Strafbarkeit des Teilnehmers nichts ändert. 437

Aufbauhinweis:

„Täterschaft vor Teilnahme“[962]: Es sind grundsätzlich[963] zuerst die vom Haupttäter begangenen Straftaten[964] zu prüfen und erst danach ist auf die Strafbarkeit des Teilnehmers einzugehen.

Strafgrund der Teilnahme ist die mittelbare Rechtsgutsverletzung[965], die nach h. M. zusätzlich einen selbständigen Rechtsgutsangriff voraussetzt.[966] 438

Deshalb ist ein Teilnehmer nicht strafbar, wenn das Rechtsgut zwar gegenüber dem Haupttäter, aber nicht ihm selbst gegenüber geschützt ist, bspw. der Geschädigte einer Körperverletzung (§ 223), der einen anderen dazu auffordert, ihn im Rahmen eines Aufnahmerituals zu verprügeln[967] oder der sich aktiv beteiligende Minderjährige beim Missbrauch Schutzbefohlener (§ 174)[968]. Man spricht dann von **notwendiger Teilnahme**, wenn der Tat-

962 Falls jemand sowohl täterschaftliche als auch bloße Teilnahmebeiträge zu einer Tat leistet, geht die Täterschaft der Teilnahme vor; Anstiftung verdrängt Beihilfe, BGH 7.9.1993 – 1 StR 325/93, NStZ 1994, 29, 30.

963 Nur in seltenen Ausnahmefällen muss im Rahmen der Strafbarkeit des Teilnehmers auch die Haupttat geprüft werden, etwa, wenn dieser gestorben ist oder die Aufgabenstellung nur nach dem Teilnehmer fragt.

964 Es können auch mehrere an der Haupttat beteiligt sein, z. B. als Mittäter; es ist möglich, dass mehrere Personen an der Haupttat teilnehmen, z. B. als Beihelfer.

965 BGH 25.10.1990 – 4 StR 371/90, BGHSt 37, 214, juris-Rn. 12.

966 Rengier, AT, § 45 Rn. 2.

967 Ähnlicher Sachverhalt: BayObLG 7.9.1998 – 5 St RR 153/98, NJW 1999, 372.

968 Fischer, § 174 Rn. 18. Neben dem Täter können aber andere Personen als der geschützte Minderjährige als Teilnehmer strafbar sein, etwa garantenpflichtige Eltern, Schulleiter etc. schon durch Unterlassen, BGH 26.7.2007 – 4 StR 240/07, NStZ-RR 2008, 9.

bestand schon begrifflich die Beteiligung mehrerer erfasst und hält bei sog. **Begegnungsdelikten**[969] (d. h. Delikten mit freiwilligem Zusammenwirken) denjenigen für straflos, der sich dabei lediglich auf den Umfang beschränkt, der für die Verwirklichung des Tatbestandes notwendig ist.[970]

Beispiele:

1. Wer sich als Strafgefangener lediglich darauf beschränkt, sich befreien zu lassen (§ 120), indem er aus der Anstalt läuft, ist notwendig beteiligt und nicht strafbar. Wenn er dagegen jemanden zuvor dazu anstiftet, ihn zu befreien, soll er nach (umstrittener) Ansicht der Rechtsprechung wegen Anstiftung zur Gefangenenbefreiung strafbar sein, da er mehr macht als für den Tatbestand notwendig.[971]
2. Studentin S bringt Professor P durch mehrere Nachfragen dazu, ihr die Prüfungsaufgabe vorab mitzuteilen, obwohl sie weiß, dass P sich dadurch wegen des Verrats von Dienstgeheimnissen strafbar macht (§ 353b). Die Haupttat des P setzt voraus, dass ein anderer, hier S, von dem Geheimnis erfährt. S hat sich hier nicht auf die passive Entgegennahme der Aufgabenstellung beschränkt, sondern durch ihre Anfragen den Tatentschluss bei P geweckt, weshalb sie eine Anstiftung zum Geheimnisverrat verwirklicht.[972]

II. Vorsätzliche und rechtswidrige Haupttat

439 Die Haupttat muss vorsätzlich und rechtswidrig begangen werden. Neben einem **aktiven Tun** kommen auch **echte** oder **unechte Unterlassensdelikte** in Betracht (s. Rz 569). Ebenfalls kann an **(Sonder-)Pflichtdelikten** oder **eigenhändigen Delikten** teilgenommen werden (s. Rz 384).[973]

Sofern keine vorsätzliche und rechtswidrige Haupttat vorliegt, kann weder Anstiftung noch Beihilfe vorliegen.

Beispiel:

Wer dem Lebensmüden (L) den Vorschlag macht, sich doch umzubringen und ihm dafür eine Schlinge knüpft, ist nicht wegen Teilnahme strafbar, selbst wenn L sich danach erhängt: Das Verhalten des L ist nicht tatbestandsmäßig i. S. v. § 212; es fehlt deshalb an einer Haupttat, weshalb sowohl eine Anstiftung als auch eine Beihilfe zum Totschlag ausscheiden.[974]

969 Bei Konvergenzdelikten (Delikte mit gleicher Angriffsrichtung, bspw. § 224 Abs. 1 Nr. 4 oder § 173) tritt keine Straflosigkeit ein, Eisele/Heinrich, AT, Rn. 902.

970 BGH 1.10.1957 – 5 StR 404/57, NJW 1957, 1771; Eisele/Heinrich, AT, Rn. 900 ff.; Rengier, AT, § 45 Rn. 7 f.; Wessels/Beulke/Satzger, AT, Rn. 925.

971 BGH 20.7.1962 – 4 StR 485/61, NJW 1962, 2260, 2261; zur Gegenansicht: Fischer, § 120 Rn. 9a.

972 OLG Celle 5.9.2016 – 2 Ss 103/16, NStZ-RR 2017, 81 f.

973 MR/Haas, StGB, § 26 Rn. 4.

974 Man kann eine mittelbare Täterschaft prüfen, s. Rz 396.

Andererseits ist es nicht erforderlich, dass der Haupttäter wegen der Tat selbst strafbar ist. Hier sind verschiedene Gründe für eine Straflosigkeit denkbar: Wenn der Haupttäter schuldlos handelt, kann dennoch ein Teilnehmer strafbar sein, bspw. wer einem Kind Einbruchswerkzeug überlässt[975]. Hier kann sich auch auswirken, welcher Lösung man beim Erlaubnistatbestandsirrtum folgt, s. Rz351. Der Haupttäter kann versterben, was nicht die Strafbarkeit für den Teilnehmer oder sonst einen Beteiligten aufhebt. Denkbar ist auch ein strafbefreiender Rücktritt vom Versuch (§ 24, s. Rz529).[976] **440**

Schon der **Versuch** einer Straftat kann eine taugliche Haupttat sein, vorausgesetzt der Tatbestand ist gem. § 23 Abs. 1 als Versuch strafbar (s. Rz485). Die **vollendete Anstiftung** oder **vollendete Beihilfe** zu einer **versuchten Straftat** (Teilnahme am Versuch) sind zu unterscheiden von einer **versuchten Anstiftung**, die gem. **§ 30** nur bei Verbrechen strafbar ist (s. Rz520) sowie von der straflosen versuchten Beihilfe.[977] **441**

Beispiel:

A gibt T den Tipp, dass man in einem unverschlossenen Schuppen des O Maschinen entwenden kann. T will den Plan umsetzen, wird aber vom Hofhund des O verbellt, als er die Schuppentür öffnet und gibt auf.

T hat sich wegen versuchten Diebstahls strafbar gemacht (§§ 242, 22, 23).

A hat bei T den Tatentschluss hervorgerufen, weshalb eine vollendete Anstiftung zum versuchten Diebstahl (§§ 242, 22, 23, 26) vorliegt.

Gegenbeispiel:

T winkt sofort ab, als A ihm den Vorschlag zur Entwendung der Maschinen macht. Hier fehlt es an einer Haupttat des T, denn es liegt nicht einmal ein versuchter Diebstahl vor. A hat es nicht geschafft, bei T einen Tatentschluss zum Diebstahl zu wecken, weshalb die Anstiftung nicht vollendet wurde. Für A bleibt es beim straflosen Versuch der Anstiftung zu einem Diebstahl, denn § 30 bezieht sich nur auf Verbrechenstatbestände (§ 12), aber nicht auf das Vergehen eines Diebstahls.

Bei **erfolgsqualifizierten Delikten** (s. Rz655) ist gem. § 11 Abs. 2 eine Teilnahme möglich, da sie auf einem vorsätzlich begangenen Grunddelikt aufbauen und zusätzlich eine fahrlässig herbeigeführte schwere Folge verlangen.[978] Für den Teilnehmer muss allerdings zusätzlich Fahrlässigkeit für die schwere Folge (vgl. § 18) nachgewiesen werden. § 11 Abs. 2 lässt auch Teilnahme für Vorsatz-Fahrlässigkeits-Kombinationen zu, bspw. § 315c Abs. 3 Nr. 1.[979] **442**

975 Zu prüfen ist freilich, ob eine mittelbare Täterschaft vorliegt, s. Rz406.
976 Rengier, AT, § 45 Rn. 15.
977 Wessels/Beulke/Satzger, AT, Rn. 882.
978 Eisele/Heinrich, AT, Rn. 831.
979 OLG Stuttgart 17.10.1975 – 1 Ss (9) 376/75, NJW 1976, 1904.

443 Bei reinen **Fahrlässigkeitsdelikten** ist dagegen keine Teilnahme möglich, was aber nicht zu Strafbarkeitslücken führt, da man dort die Teilnahme der Täterschaft gleichstellt (Einheitstäter), s. Rz 382.

444 Eine vorsätzlich rechtswidrige Haupttat ist nach h. M. auch die durch einen Teilnehmer begangene Anstiftung bzw. Beihilfe zu einer Tat. Daher ist eine sog. „**Kettenteilnahme**" möglich.[980] Dies kann bspw. die Anstiftung zur Anstiftung („Kettenanstiftung")[981] sein, also eine mittelbare Anstiftung, unabhängig davon, ob sich die Beteiligten kennen oder ob sich die Kette über viele Zwischenglieder erstreckt.[982] Unschädlich ist es, wenn ein gutgläubiges Werkzeug im Wege der mittelbaren Täterschaft zwischengeschaltet wird[983] oder wenn mehrere „gemeinschaftlich", bspw. als „Mitanstifter" handeln[984]. Falls eine **Beihilfe zur Anstiftung** oder umgekehrt eine **Anstiftung zur Beihilfe** geleistet wird, ist die Strafe gem. § 27 Abs. 2 zu mildern, denn entweder ist die Strafe für den Haupttäter nach § 27 Abs. 2 S. 1 zu mildern, was konsequent für den Teilnehmer gilt, oder für den Beihelfer ist § 27 Abs. 2 S. 2 unmittelbar anzuwenden.[985]

Beispiel:

T will O umbringen lassen. Um selbst nicht in Verdacht zu geraten, will er an diesem Tag im Ausland sein und betraut den Sicherheitsmitarbeiter S damit, einen geeigneten Auftragskiller zu finden. S wendet sich an den ihm bekannten Rocker R, der sich in der Szene umhört und den Killer K findet, den er dem S vorstellt. Auf Vorschlag des S erschießt K gegen Zahlung von 100.000 Euro den O.

K hat einen Mord (§§ 212, 211) begangen, weil er aus Habgier den O erschossen hat, wobei er Tatherrschaft hat.

Dazu hat ihn der S angestiftet (§§ 211, 26). S hat zudem R angestiftet ihm Beihilfe zur Anstiftung zu leisten, was aber nur eine Strafe nach §§ 211, 27 ergibt und hinter der Anstiftung zurücktritt.

T hat durch seine Einwirkung auf S Anstiftung zur Anstiftung verwirklicht (§§ 211, 26). Er ist nicht als Täter anzusehen, obwohl er ein Tatinteresse hat, aber er hat keine Tatherrschaft und überlässt die Planung und Ausführung anderen.

R leistet Beihilfe zur Anstiftung des S und ist gem. §§ 211, 27 strafbar.

---

980 Lackner/Heger/Kühl, StGB, § 26 Rn. 8 m. w. N.; a. A. MR/Haas, StGB, § 26 Rn. 45 f.
981 In § 30 ist die versuchte Kettenanstiftung bei Verbrechen geregelt, s. Rz 520.
982 BGH 7.9.1993 – 1 StR 325/93, NStZ 1994, 29, 30; 7.9.1955 – 3 StR 266/55, NJW 1955, 1642; 8.7.1954 – 3 StR 796/53, NJW 1954, 1896.
983 BGH 7.9.1993 – 1 StR 325/93, NStZ 1994, 29, 30.
984 Wessels/Beulke/Satzger, AT, Rn. 926; Rengier, AT, § 45 Rn. 74.
985 BGH 8.2.1996 – 4 StR 776/95, NStZ 1996, 562, 563; Wessels/Beulke/Satzger, AT, Rn. 928; Eisele/Heinrich, AT, Rn. 875 f.

III. Anstiftung

1. Aufbau

I. TB 445

1. Objektiv

a) Vorsätzliche, rechtswidrige Haupttat eines anderen (i. d. R. vorab geprüft, so dass hier Verweis genügt); ggf. Abgrenzung zur (mittelbaren) Täterschaft

b) Ggf. bei besonderen persönlichen Merkmalen: Anwendung § 28 Abs. 2 (Tatbestandsverschiebung)

c) Bestimmen zur Haupttat (Hervorrufen des Tatentschlusses)

2. Subjektiv

a) Vorsatz bzgl. der vorsätzlich rechtswidrigen Haupttat, einschl. Vollendungsvorsatz

b) Vorsatz bzgl. des Bestimmens

II. Rechtswidrigkeit

III. Schuld

IV. Strafe: Ggf. Milderung gem. § 28 Abs. 1

2. Objektiver Tatbestand: Bestimmen

Neben der ersten Voraussetzung des objektiven Tatbestands, einer **vorsätzlichen rechtswidrigen Haupttat** (s. Rz 439), muss zweitens der Haupttäter zu dieser Tat vom Anstifter bestimmt worden sein (§ 26). Regelmäßig ist jene bereits vorab geprüft worden. 446

Definition Anstiftung: 447

Bestimmen bedeutet, den Entschluss zu der Tat bei einem anderen durch eine (mit-) ursächliche Handlung hervorzurufen.[986]

Zunächst muss sich das Bestimmen auf eine bestimmte **andere Person** und eine **bestimmte Straftat** beziehen.[987] Einig ist man sich, dass ganz allgemeine Aufforderungen zur Begehung von Straftaten nicht ausreichen und man zudem von § 111 abgrenzen muss. Die Rechtsprechung lässt für das Bestimmen genügen, wenn ein bestimmter Personenkreis angesprochen wird, in-

986 BGH 20.1.2000 – 4 StR 400/99, NJW 2000, 1877, 1878; 22.3.2000 – 3 StR 10/00, NStZ 2000, 421; 8.1.1985 – 1 StR 686/84, NJW 1985, 924.

987 BeckOK/Kudlich, StGB, § 26 Rn. 12.

nerhalb dessen dem Anstifter eine Individualisierung möglich wäre und wenn die Tat zumindest als umrisshaft individualisiertes Geschehen sowie die Unrechtsdimension im Wesentlichen erkennbar wird.[988] Ort, Zeit oder Opfer müssen nicht zwingend feststehen.

Beispiel:

Der Vorschlag gegenüber einer Person mit Geldsorgen, „dann müsstest du eine Bank oder Tankstelle machen“, ist nicht ausreichend, um den Hinweisgeber wegen einer Anstiftung zum Raub zu bestrafen, selbst wenn eine Bank überfallen wird.[989]

448 Im Einzelnen ist umstritten, ob schon eine **Mitursächlichkeit** und ob **jede Handlung** den Tatentschluss zu wecken ausreichen, wie es von der Rechtsprechung vertreten wird.[990] In der Literatur verlangt man verbreitet, dass es eines offenen geistigen Kontakts bedürfe (**Kommunikationstheorie**), da die Strafbarkeit des Anstifters gleich einem Täter eine einschränkende Auslegung erzwinge.[991]

Als Mittel zur Einwirkung auf den Haupttäter kommen bspw. Überredung, Wünsche, Anregungen (auch in Frageform[992]), Geschenke, Anzahlungen, Verharmlosungen, Hervorrufen von Irrtümern, Versprechen von Belohungen, Befehle, Weisungen, Drohungen[993], konkludente Aufforderungen[994] und für die Rechtsprechung auch die Gestaltung einer tatanreizenden Situation in Betracht. Umstritten ist, ob Unterlassen ausreichen kann;[995] bloßes Schweigen reicht dagegen nicht.[996]

Fallbeispiel: Diebesfalle

Polizeibeamter P will eine Serie von Diebstählen aufklären und lässt in einem leeren Büro eine Handtasche mit einem präparierten Geldschein zurück. D sieht später die Tasche und kann der Versuchung nicht widerstehen, den Geldschein herauszuziehen.

988 BGH 18.5.2022 – 6 StR 441/21, NStZ-RR 2022, 252 f. (zu § 30 BtMG); 7.2.2017 – 1 StR 231/16, NStZ 2017, 401, 402; KG 6.3.1991 – 2 Js 26/90, NJW 1991, 2653, 2654 f.

989 BGH 21.4.1986 – 2 StR 661/85, NJW 1986, 2770 f.

990 Lackner/Kühl/Heger, StGB, § 26 Rn. 2 m. w. N.

991 Wessels/Beulke/Satzger, AT, Rn. 885 m. w. N. Teils will man noch weiter einschränken und verlangt kollusives Zusammenwirken (Unrechtspakt), Puppe, NStZ 2006, 424; Heinrich, AT, Rn. 1292.

992 BGH 29.5.1979 – 5 StR 147/79, BeckRS 1979, 31114358.

993 Wessels/Beulke/Satzger, AT, Rn. 886.

994 Fischer, § 26 Rn. 6.

995 BGH 18.5.1993 – 1 StR 209/93, NStZ 1993, 489; Rengier, AT § 51, Rn. 28 f.; a. A. Fischer, § 26 Rn. 6; Wessels/Beulke/Satzger, AT, Rn. 886 m. w. N.

996 Fischer § 26 Rn. 6.

Hier bejaht die Rechtsprechung zumindest im objektiven Tatbestand eine Anstiftungshandlung durch das Arrangieren der tatanreizenden Situation. Die Gegenansicht lehnt ein „Bestimmen" ab, da es nicht zu einem kommunikativen Kontakt zwischen P und D kommt.

Nach allen Ansichten scheidet eine Anstiftung aus, wenn der Täter ohnehin schon zu dieser Tat entschlossen war (sog. **omnimodo facturus**), da bei ihm kein Tatentschluss mehr vom Anstifter hervorgerufen werden kann. Zu prüfen ist, ob psychische Beihilfe (s. Rz 462) oder versuchte Anstiftung (s. Rz 517) vorliegt. Ausreichend ist es dagegen, wenn der Haupttäter zuvor schon **tatgeneigt** war, etwa der „Berufskiller".[997] **449**

Es kann ein vorhandener Tatentschluss des Haupttäters verändert werden: Bei der **Aufstiftung** wird der zur Begehung eines Grundtatbestandes entschlossene Haupttäter vom Anstifter dazu bestimmt, einen Qualifikationstatbestand zu begehen, bspw. statt mit der Faust (§ 223) mit einem Gürtel zu schlagen (§ 224 Abs. 1 Nr. 2), was man überwiegend anerkennt. Es ist zudem nach h. M. eine taugliche Anstiftungshandlung, wenn lediglich innerhalb eines Tatbestandes vom Anstifter der Entschluss hervorgerufen wird, ein „Mehr" zu begehen, bspw. nicht nur einen Faustschlag, sondern weitere Schläge zu verabreichen oder mehr Beute zu stehlen.[998] **450**

Der umgekehrte Fall der **Abstiftung** ist dagegen straflos, bspw. wer den zum Raub entschlossenen Täter überzeugt, lediglich einen Diebstahl zu begehen, da der Haupttäter schon zum Grunddelikt entschlossen war. **451**

Ein **Umstimmen** bzw. Umstiften kann vorliegen, wenn der Entschluss zu einer ganz anderen Tat geweckt wird. Dabei sind bloße Modalitäten (Veränderung von Ort, Zeit, Tatmittel, Motiv) unerheblich, können aber eine Beihilfe darstellen.[999] Dagegen bedeutet die Auswechslung des Täters, des Opfers oder sonst des Rechtsguts Anstiftung, bspw. Diebstahl statt Sachbeschädigung oder Körperverletzung bei A statt B. Falls das Unrecht gemindert wird, bspw. Sachbeschädigung statt Körperverletzung, kann eine Rechtfertigung (mutmaßliche Einwilligung, Notstand) in Betracht kommen.[1000] **452**

997 BGH 1.7.2021 – 3 StR 84/21, NStZ-RR 2021, 273, 274; 7.11.2017 – 1 StR 195/17; 7.11.2017 – 1 StR 195/17, BeckRS 2017, 136090, Rz. 7 m. w. N.
998 BGH 3.6.1964 – 2 StR 14/64, NJW 1964, 1809; Fischer, § 26 Rn. 5 m. w. N.
999 BGH 8.8.1995 – 1 StR 377/95, NStZ-RR 1996, 1.
1000 Rengier, AT, § 45 Rn. 42.

3. Subjektiver Tatbestand

453 Im subjektiven Tatbestand spricht man vom „**doppelten Anstiftervorsatz**“, um zum Ausdruck zu bringen, dass sich der zumindest bedingte Vorsatz[1001] zum einen auf die vorsätzliche, rechtswidrige Haupttat und zum anderen auf die Anstiftungshandlung beziehen muss.[1002]

454 Die Haupttat muss für den Anstifter nicht in den Einzelheiten bekannt sein, da der Anstifter dem Haupttäter die Durchführung überlässt[1003], aber das Geschehen muss sich im Rahmen dessen halten, was der Anstifter in sein Vorstellungsbild mit aufgenommen hat. Die Rechtsprechung verlangt ein **konkret-individualisierbares Geschehen**, lässt in Einzelfällen aber schon genügen, wenn die Tat „im Kern“ bestimmt ist.[1004] Zumindest muss die **Person** des Haupttäters vorhersehbar sein, da sonst § 111 obsolet wäre; lediglich bei der Kettenanstiftung (s. Rz 444) kann die Auswahl einem anderen Mitglied der Kette überlassen bleiben.[1005]

455 Der Vorsatz muss sich auf alle Merkmale des objektiven und subjektiven Tatbestands der Haupttat einschließlich deren Rechtswidrigkeit beziehen. Allerdings muss der Anstifter nicht in seiner Person diese Merkmale aufweisen, sondern sein Vorsatz muss sich darauf beziehen, dass der Haupttäter den objektiven Tatbestand verwirklicht, die subjektiven Tatbestandsmerkmale aufweist und rechtswidrig handelt.[1006] Daher ist es – anders als bei der (Mit-)Täterschaft – bspw. unschädlich, wenn der Anstifter nicht selbst die Zueignungsabsicht bei einem Diebstahl hat, aber sein Vorsatz muss darauf bezogen sein, dass der Haupttäter mit Zueignungsabsicht handelt.[1007] Sonderregelungen gelten für besondere persönliche Merkmale (§ 28, s. Rz 469).

456 Falls der Haupttäter ein wesentliches Mehr an Unrecht verwirklicht (**Exzess**), kann der Anstifter nur für das von seinem Vorsatz umfasste Geschehen bestraft werden (§ 16). Unwesentliche Abweichungen sind unbeachtlich.[1008]

1001 BGH 12.1.2005 – 2 StR 229/04, NStZ 2005, 381, 382.
1002 Eisele/Heinrich, AT, Rn. 848.
1003 Rengier, AT, § 45 Rn. 55.
1004 BGH 21.4.1986 – 2 StR 661/85, NJW 1986, 2770; 22.8.2017 – 2 StR 362/16, HRRS 2017, Nr. 1062, HRRS-Rz. 1; ausreichend, wenn „Tat im Kern“ gekennzeichnet: 11.10.2005 – 1 StR 250/05, BeckRS 2005, 12571; 4.1.1961 – 2 StR 534/60, NJW 1961, 564, 565.
1005 Wessels/Beulke/Satzger, AT, Rn. 894.
1006 Rengier, AT, § 45 Rn. 45.
1007 BGH 7.9.1993 – 1 StR 325/93, NStZ 1994, 29, 30.
1008 Eisele/Heinrich, AT, Rn. 851.

Beispiel:

Wenn der Anstifter nur Vorsatz für einen einfachen Diebstahl hat, aber der Haupttäter einen Raub begeht, ist der Haupttäter wegen des Raubes (§ 249), der Anstifter aber nur für eine Anstiftung zum Diebstahl (§§ 242, 26) zu strafen.[1009]

Ähnlich wie beim mittelbaren Täter und dessen Werkzeug (s. Rz 417) kann eine **Objektsverwechslung** (error in persona) durch den Haupttäter die Frage aufwerfen, wie sich dies für den Anstifter auswirkt. Nach h. M. ändert ein für den Haupttäter unbeachtlicher Irrtum grds. nichts an der Strafbarkeit wegen vollendeter Anstiftung, es sei denn, es handelt sich um eine wesentliche Abweichung vom vorgestellten Kausalverlauf.[1010] Im Ergebnis ähnlich wird nach a. A. darauf abgestellt, ob der Anstifter dem Haupttäter die Individialisierung des Opfers überlassen hat, was regelmäßig der Fall ist. Nur in den Fällen, in denen der Haupttäter von diesen Vorgaben abweicht, soll der Irrtum wie ein Fehlgehen der Tat (aberratio ictus) behandelt werden. Teile der Literatur halten den Irrtum dagegen immer beachtlich und wollen dann eine versuchte Anstiftung, sofern zu einem Verbrechen angestiftet werden sollte, und – soweit strafbar – eine Fahrlässigkeitstat am tatsächlichen Opfer annehmen.[1011] 457

Fallbeispiel Hoferbe:

Altenteiler A will seinen Hoferben O umbringen lassen. Er stellt T eine hohe Geldsumme in Aussicht, wenn er O umbringt. Er beschreibt die Gewohnheiten des O, dass dieser abends in den Stall mit einer Tüte komme und gibt ihm ein Bild von O. Im Dunkeln kommt Nachbar N in den Stall, der dem O ähnelt und trägt eine Tüte bei sich. T hält den N für O und tötet ihn.

T hat einen Mord aus Habgier z. N. von N begangen. Sein Irrtum über die vor ihm erschienene Person ist lediglich ein unbeachtlicher Motivirrtum (s. Rz 157) und ändert nichts am Vorsatz.

1009 Vgl. auch: BGH 1.4.1952 – 1 StR 867/51, NJW 1952, 632: Anstifter hat Vorsatz bezüglich einer Körperverletzung (§§ 223, 26), aber der Haupttäter begeht einen Mord (§ 211). Sofern dem Anstifter wegen der Gefährlichkeit der Körperverletzung zu der angestiftet wurde auch Fahrlässigkeit bzgl. des Todeserfolges (§ 18) nachgewiesen werden kann, hat er eine Anstiftung zur Körperverletzung mit Todesfolge (§§ 223, 227, 26) begangen; näher: MüKo/Joecks, StGB, § 26 Rn. 96.

1010 BGH 25.10.1990 – 4 StR 371/90, NJW 1991, 933, 934 (Hoferbenfall); ähnlich, aber noch komplexer: 7.10.1997 – 1 StR 635/96, NStZ 1998, 294, 295 (Sprengfalle).

1011 Eisele/Heinrich, AT, Rn. 853. Teils will man statt auf eine versuchte Anstiftung zu einem Verbrechen (§ 30) auf eine vollendete Anstiftung zum Versuch abstellen, MüKo/Joecks, StGB, § 26 Rn. 89, 94; Lackner/Kühl/Heger, StGB, § 26 Rn. 6 m. w. N.

A hat nach h. M. eine vollendete Anstiftung zum Mord an N begangen. Zwar wollte er nur den O und nicht den N töten, aber das Vorgehen des T entsprach den Vorgaben von A. Die Verwechslung ändert nichts am Vorsatz des A, da es sich um eine unwesentliche Abweichung vom vorgestellten Kausalverlauf handelt. Eine M. M. sieht dagegen nur eine versuchte Anstiftung zur Tötung des O und eine fahrlässige Tötung des N durch A, teils auch eine vollendete Anstiftung zum versuchten Mord an N. Man argumentiert, dass der A sonst für zwei Morde haften würde, wenn T später noch den O getötet hätte, obwohl A nur eine Person umbringen lassen wollte.

458 Der Vorsatz des Anstifters muss sich zudem auf die **Vollendung der Haupttat** beziehen. Es reicht nicht aus, wenn er die Haupttat nur ins Versuchsstadium gelangen lassen will, da er dann keine Rechtsgutsverletzung in Kauf nimmt. Dies hat insbesondere Bedeutung für den Lockspitzeleinsatz (**agent provocateur**)[1012], der anstiftet, um dadurch eine Straftat aufklären zu können. Dessen Einsatz ist grundsätzlich anerkannt, wenn er gegen Tatverdächtige gerichtet ist.[1013]

Fortsetzung Fallbeispiel „Diebesfalle"

Im oben (Rz 448) geschilderten Fall begeht D nur einen versuchten Diebstahl, da P damit einverstanden ist, dass D den Geldschein (vorübergehend) wegnimmt. Der versuchte Diebstahl stellt eine vorsätzlich rechtswidrige Haupttat dar. Da die Rechtsprechung im Verhalten des P ein Bestimmen in objektiver Hinsicht bejaht, entfällt eine Strafbarkeit des P erst im subjektiven Tatbestand, da er von vornherein sein Handeln darauf ausgerichtet hatte, dass D mit dem Geldschein festgenommen wird. Ihm fehlt es am Vollendungsvorsatz, selbst wenn D wider Erwarten entkommen würde. P bleibt deshalb straflos.

Im Ergebnis will die h. M. den Anstifter mangels Vorsatzes sogar dann straflos lassen, wenn er zumindest in Kauf nimmt, dass der Haupttäter die Tat vollendet und erst danach durch ein Eingreifen die **materielle Beendigung** der Tat (s. Rz 480) bzw. eine Rechtsgutsverletzung verhindert werden soll.[1014] Die Gegenansicht bejaht dagegen den Tatbestand einer Anstiftung und prüft, ob ein Rechtfertigungsgrund eingreift, etwa Notstand.[1015] Dies

1012 In Betracht kommen neben Polizeibeamten als Verdeckte Ermittler (§§ 110a ff. StPO) oder nicht offen ermittelnden Polizeibeamten auch Privatleute als Vertrauenspersonen der Ermittlungsbehörde.

1013 Müller, Strafverfahrensrecht, Rn. 568.

1014 BGH 21.6.2007 – 3 StR 216/07, NStZ 2008, 41; OLG Oldenburg 4.3.1999 – Ss 40/99, NJW 1999, 2751; Lackner/Kühl/Heger, StGB, § 26 Rn. 4; Rengier, AT, § 45 Rn. 71.

1015 Gropp/Sinn, AT, § 10 Rn. 275 ff.; Bock, AT, Kap. 13 Rn. 34.

hat in der Praxis besondere Bedeutung, da insbesondere Betäubungsmitteldelikte frühzeitig vollendet sind und andererseits ein hohes Aufklärungsinteresse besteht.

IV. Beihilfe

459 Es muss Hilfe zu einer **rechtswidrigen Haupttat**, s. Rz 439, geleistet werden. Die Beihilfe ist insbesondere von der Mittäterschaft abzugrenzen, s. Rz 385. Anders als bei der Anstiftung hat der Haupttäter im Fall der Beihilfe bereits den Tatentschluss gefasst; die Beihilfe kann aber als minder schweres Unrecht verwirklicht sein, falls die Voraussetzungen der Täterschaft oder Anstiftung (ggf. in Zweifelsfällen) nicht vorliegen. § 27 Abs. 2 sieht eine Milderung der Strafe vor.

1. Aufbau 460

I. TB
   1. Objektiv
      a) Vorsätzliche, rechtswidrige Haupttat eines anderen (i. d. R. vorab geprüft, so dass hier Verweis genügt); ggf. Abgrenzung zur (Mit-)Täterschaft
      b) Ggf. bei besonderen persönlichen Merkmalen: Anwendung § 28 Abs. 2 (Tatbestandsverschiebung)
      c) Beihilfe zur Haupttat (physisch oder psychisch Hilfe leisten)
   2. Subjektiv
      a) Vorsatz bzgl. der obj. TBM der vorsätzlich rechtswidrigen Haupttat, einschl. Vollendungsvorsatz
      b) Vorsatz bzgl. des Hilfeleistens
II. Rechtswidrigkeit
III. Schuld
IV. Strafe: Ggf. Milderung gem. § 28 Abs. 1

2. Objektiver Tatbestand: Hilfe leisten

461 Die Tathandlung der **Hilfeleistung** ist Unterstützung der Haupttat durch Tun, kann aber nach h. M. auch durch Unterlassen begangen werden, sofern eine Garantenpflicht (s. Rz 581) besteht.[1016] Sie kann in der Form der

1016 BGH 19.12.1997 – 5 StR 569/96, NJW 1998, 1568, 1573; 17.5.1982 – 2 StR 201/82, juris-Rn. 5 f.; Rengier, AT, § 45 Rn. 126; § 51 Rn. 13.

physischen und der psychischen (intellektuellen) Beihilfe begangen werden; frühere Fassungen von § 27[1017] sprachen von Hilfe durch Rat oder Tat.

Definition:

Hilfe leistet, wer die Rechtsgutverletzung des Haupttäters objektiv fördert oder erleichtert.[1018]

Die **physische Beihilfe** umfasst jede äußere Mitwirkung am Tatgeschehen. Sie kann bereits im **Vorbereitungsstadium** sowie **heimlich** erfolgen, also ohne Kenntnis des Haupttäters.[1019]

Beispiele:

Überlassen von (Nach-)Schlüsseln, Einbruchswerkzeugen, Handschuhen, Tatwaffen oder Fluchtwagen, aber auch körperliche Unterstützung duch Ausspionieren, (Ab-)Transport der Täter oder Beute vom Tatort, Schmiere stehen bei einem Raub.

462 Die **psychische (intellektuelle) Beihilfe** ist Beihilfe durch Rat, also durch Einwirkung auf die Psyche bzw. den Intellekt des Haupttäters.[1020] Sie kann in zwei Formen vorkommen:

463 Allgemein anerkannt ist die **technische Rathilfe**, d. h., wer dem Haupttäter Anleitungen gibt, wie er die Tat durchführen soll.

Bspw. Hinweise über die Lebensgewohnheiten des Opfers, die Aufbewahrungsorte von Wertgegenständen oder zur Funktion von Alarmanlagen und Überwachungskameras.

464 Eine zweite Form der psychischen Beihilfe ist problematischer: Sie soll darin zu sehen sein, dass der Gehilfe den Haupttäter im **Tatentschluss bestärkt**, z. B., wenn er dem Täter die letzten Zweifel ausredet, ihn zur Verfolgung seiner Tatpläne ermutigt oder bei der Ausführung ein erhöhtes Gefühl der Sicherheit gibt.[1021]

1017 § 49 S. 1 RStGB lautete: „Als Gehülfe wird bestraft, wer dem Thäter zur Begehung des Verbrechens oder Vergehens durch Rath oder That wissentlich Hülfe geleistet hat."

1018 BGH 20.9.2016 – 3 StR 49/16, NJW 2017, 498, 499 m. w. N.; 14.2.1985 – 4 StR 27/85, NStZ 1985, 318.

1019 BGH 20.9.2016 – 3 StR 49/16, NJW 2017, 498, 499; 8.11.2011 – 3 StR 310/11, NStZ 2012, 264; Rengier, AT, § 45 Rn. 83.

1020 Rengier, AT, § 45 Rn. 86.

1021 BGH 25.10.2011 – 3 StR 206/11, NStZ 2012, 316 f.; 17.3.1995 – 2 StR 84/95, NStZ 1995, 490, 491; OLG Düsseldorf 5.9.2005 – 2 Ss 24/05 – 16/05 III, NStZ-RR 2005, 336; Fischer, § 27 Rn. 11.

Fallbeispiel:

A ist Anführer einer Skinheadgruppe. Um Rache für eine vermeintliche Ehrverletzung des Gruppenmitglieds G zu nehmen, schlägt G gemeinsam mit dem Skinhead S den O zusammen. A steht eingriffsbereit dabei, schlägt aber nicht selbst auf O ein.

Die gefährliche Körperverletzung z. N. des O, gemeinschaftlich durch G und S begangen (§§ 223, 224 Abs. 1 Nr. 4, 25 Abs. 2), stellt eine vorsätzliche, rechtswidrige Haupttat dar. Daran hat A zwar nicht als Täter mitgewirkt, da er weder die Tatherrschaft noch angestiftet, wohl aber psychische Beihilfe geleistet hat, indem er durch seine Anwesenheit G und S ein Gefühl der Stärke und Sicherheit durch seine Stellung als Anführer vermittelt hat.[1022]

Da die bloße Anwesenheit und das Zuschauen grds. nicht für die psychische Beihilfe genügen, muss einzelfallbezogen ermittelt werden, wodurch die Haupttat gefördert wurde, da im Urteil dazu genaue Feststellungen verlangt werden.[1023] Eine Begehung durch Unterlassen setzt eine Garantenstellung voraus, s. Rz 461. Bspw. leistet keine Beihilfe, wer die Tat lediglich beobachtet, denn von Dritten erwartet der Täter eher ein Einschreiten; zu prüfen wäre aber ein Unterlassungsdelikt, bspw. § 323c.

Die Kenntnis und Billigung der Tat reichen als innere Einstellung nicht für eine objektive Förderung; der Haupttäter kann aber durch eine diesbezügliche Äußerung bestärkt werden.[1024] Die Rechtsprechung ist von Einzelfallentscheidungen geprägt[1025], was rechtsstaatlich bedenklich erscheint. Bspw. wurde das (Mit-)Fahren beim Transport illegaler Drogen oder einem Raub als Beihilfe gewertet[1026], teils wurde dies abgelehnt.[1027]

Die Beihilfehandlung muss nach h. M. nicht **kausal** im Sinne der Conditio-sine-qua-non-Formel (s. Rz 92) für die Haupttat werden.[1028] Insbesondere die Rspr. geht davon aus, dass der Gehilfenbeitrag die Haupttat nicht **465**

1022 Ähnlich: BGH 9.9.1997 – 1 StR 730/96, NJW 1998, 465, 466; sehr weitgehend: BGH 25.10.1966 – 1 StR 345/66, juris-Rn. 10 für den Beifahrer, der beim Raub dabeisteht und sogar verhindert, dass weitere Schläge verabreicht werden, aber den Tätern ein Gefühl der Stärke und Sicherheit durch seine Anwesenheit vermittelt hat; krit. zu dieser Entscheidung: BGH 17.5.1982 – 2 StR 201/82, juris-Rn. 5.

1023 BGH 21.4.2020 – 4 StR 287/19, juris-Rn. 13, 16; 17.3.1995 – 2 StR 84/95, NStZ 1995, 490 f.; 24.3.1993 – 2 StR 99/93; NStZ 1993, 385; Fischer, § 27 Rn. 13.

1024 BGH 21.4.2020 – 4 StR 287/19, juris-Rn. 16 m. w. N.

1025 Fischer, § 27 Rn. 12.

1026 BGH 21.5.1981 – 4 StR 162/81, juris-Rn 5 ff.

1027 BGH 17.5.1982 – 2 StR 201/82, juris-Rn. 5; BGH 22.12.2015 – 2 StR 419/15, juris-Rn. 11.

1028 Wessels/Beulke/Satzger, AT, Rn. 905; Rengier, AT, § 45 Rn. 92 ff. jew. m. w. N. Die teilweise abweichenden Meinungen kommen häufig zum gleichen Ergebnis.

mit verursacht zu haben braucht, sondern es reicht schon, wenn die Haupttat **irgendwie gefördert** worden ist.[1029]

> **Beispiele für Beihilfe**:
>
> Jemand steht Schmiere, aber niemand kommt, vor dem er warnen müsste.
>
> Der für den Diebstahl vom Teilnehmer beschaffte Nachschlüssel passt nicht und der Haupttäter hebelt daraufhin ein Fenster auf.

466 Diskutiert wird, ob die sog. **neutralen Handlungen** aus dem Bereich der strafbaren Beihilfe auszunehmen sind.[1030] Darunter versteht man Verhaltensweisen, die alltäglich im Rahmen legaler Tätigkeit vorgenommen werden.[1031] Beispiele sind der Verkauf von Brecheisen, Küchenmessern oder Kabelbindern, die als Tatwerkzeuge bei einem Raub dienen, die Vermietung eines Autos oder der Transport mit dem Taxi zum Tatort, die Beratung durch einen Anwalt oder die Abwicklung von Zahlungsvorgängen durch einen Bankmitarbeiter bei einer betrügerischen Kapitalanlagegesellschaft.

Manche wollen mit dem Kriterium der rechtlich missbilligten Gefahr die Handlungen **objektiv** voneinander abgrenzen. Dem hat der BGH aber eine Absage erteilt: „Weder Alltagshandlungen noch berufstypische Handlungen sind in jedem Fall neutral. Fast jede Handlung kann in einen strafbaren Kontext gestellt werden."[1032]

Es wird von der h. M. auf den **deliktischen Sinnbezug** abgestellt und nach **subjektiven** Kriterien abgegrenzt:

Beihilfe liegt vor, wenn der Gehilfe **sicher weiß**, dass sich die Beihilfehandlung auf eine Straftat bezieht.

Beihilfe liegt bei **bedingtem Vorsatz** des Gehilfen nur ausnahmsweise dann vor, wenn der Gehilfe den Straftatbezug zwar lediglich für möglich erachtet, aber das Risiko strafbaren Verhaltens des Haupttäters derart hoch ist, dass der Gehilfe sich mit seinem Beitrag die Förderung eines erkennbar tatgeneigten Täters „angelegen" sein lässt.[1033]

467 Die Beihilfe kann in der Vorbereitungsphase und bis zur Vollendung der Tat geleistet werden; die h. M. lässt sogar noch die **sukzessive Beihilfe** nach Vollendung bis zur Beendigung der Tat zu (vgl. Rz430).[1034] Es ist von der Be-

1029 BGH 21.4.2020 – 4 StR 287/19, juris-Rn. 15 m. w. N.; 16.1.2008 – 2 StR 535/07, NStZ 2008, 284.
1030 Insgesamt abl. Heinrich, AT, Rn. 1331.
1031 Murmann, GK-ST, § 27 Rn. 132.
1032 BGH 1.8.2000 – 5 StR 624/99, NJW 2000, 3010, 3011.
1033 BGH 19.12.2017 – 1 StR 56/17, NStZ 2018, 328, 329; 1.8.2000 – 5 StR 624/99, NJW 2000, 3010, 3011.
1034 BGH 8.11.2011 – 3 StR 310/11, NStZ 2012, 264; 16.1.2008 – 2 StR 535/07, NStZ 2008, 284.

günstigung (§ 257) bzw. Strafvereitelung (§ 258) abzugrenzen,[1035] weshalb diese Ansicht nicht überzeugt.[1036]

> **Beispiel:**
>
> Wer zunächst den Taschendieb beobachtet, wie er eine Geldbörse aus der Jacke eines Reisenden gezogen und eingesteckt hat und ihn danach zu sich ins Auto steigen lässt, um ihn vom Tatort wegzubringen, macht sich nach h. M. der sukzessiven Beihilfe zum Diebstahl schuldig, wenn er damit die Haupttat fördern will. Dagegen ist nach überzeugender Gegenansicht keine Beihilfe, sondern nur eine Begünstigung (§ 257) verwirklicht.

3. Subjektiver Tatbestand

Der Gehilfe muss mit **Vorsatz** im Hinblick auf erstens seine Hilfeleistung **468** und zweitens die Haupttat handeln, ähnlich wie beim subjektiven Tatbestand der Anstiftung (s. Rz 453). Im Unterschied zur Anstiftung genügt es, wenn der Gehilfe den wesentlichen Unrechtsgehalt der Haupttat erfasst.[1037]

Da bedingter Vorsatz genügt,[1038] kann sogar dann Vorsatz vorliegen, wenn der Teilnehmer der Haupttat, die er fördert, ablehnend gegenüber steht, ihm der Erfolgseintritt unerwünscht ist und er ihn lieber vermeiden würde,[1039] bspw. kann der Leiter eines Steueramtes einer Stadt sich der Beihilfe zum verbotenen Glücksspiel strafbar machen, wenn er damit rechnet, dass in einem Casino verbotenes Glücksspiel betrieben wird, aber dennoch einen Steuererlass verfügt, um so den weiteren Betrieb und damit Steuereinnahmen zu sichern (§§ 284, 27).

Der Gehilfe muss Vorsatz bezüglich der Vollendung der Haupttat haben (s. Rz 458). Für einen Exzess oder Irrtümer kann auf die Ausführungen bei der Anstiftung verwiesen werden (s. Rz 456 f.).

E. Besondere persönliche Merkmale

§ 14 Abs. 1 definiert die **besonderen persönlichen Merkmale** als Eigenschaf- **469** ten, Verhältnisse und Umstände. Daran knüpft § 28 an, der den Grundsatz der Akzessorietät (s. Rz 437) modifiziert. Nach h. M. gilt § 28 nur für **täterbezogene** besondere persönliche Merkmale, aber nicht für **tatbezogene** Un-

1035 BGH 23.4.1953 – 4 StR 743/52, NJW 1953, 992 f.
1036 Wessels/Beulke/Satzger, AT, Rn. 915.
1037 BGH 17.10.2019 – 3 StR 521/18, NStZ 2020, 273, 274; 18.4.1996 – 1 StR 14/96, BGHSt 42, 135, juris-Rn. 11 f.; Wessels/Beulke/Satzger, AT, Rn. 909.
1038 BGH 7.11.2007 – 5 StR 371/07 NStZ 2008, 409, 410.
1039 BGH 31.5.1994 – 5 StR 557/93, NStZ 1995, 27, 28.

rechtsmerkmale.[1040] Sowohl objektive wie subjektive Tatbestandsmerkmale können besondere persönliche Merkmale sein, je nachdem, ob sie eher die Tat oder die Persönlichkeit beschreiben; die Einordnung erfolgt unter Beachtung der Schutzrichtung des jeweiligen Straftatbestands.[1041]

470 **Tatbezogen** sind in der Regel Umstände, die eine besondere Gefährlichkeit des Täterverhaltens anzeigen oder die Ausführungsart des Delikts beschreiben. Subjektive Umstände, wie die Zueignungsabsicht bei § 242 StGB, können tatbezogen sein, wenn sie das Bild der Tat prägen.[1042] Für diese ist § 28 nicht anwendbar. Der Teilnehmer muss die tatbezogenen Umstände zwar in seinen Vorsatz aufgenommen haben, aber sie nicht selbst erfüllen (s. Rz 455).

471 § 28 ist auf **täterbezogene** Merkmale anwendbar, das sind Motive und Eigenschaften, die den Täter kennzeichnen:

Eigenschaften sind körperliche, physische oder rechtliche Wesensmerkmale eines Menschen, z. B. Geschlecht (§ 183) oder Schwangerschaft (§ 218).[1043] **Verhältnisse** sind Beziehungen des Menschen zur Mitwelt, z. B. die Garantenstellung (§ 13)[1044], die Amtsträgereigenschaft (§§ 331 ff., 340), die Stellung als Besitzer einer anvertrauten Sache (§ 246 Abs. 2) oder die Bandenmitgliedschaft (§§ 244, 260).[1045] **Umstände** sind z. B. gewerbsmäßiges Handeln (§ 260)[1046] und Gesinnungsmerkmale (s. Rz 340) wie subjektiv gefasste Mordmerkmale (§ 211 Abs. 2, 1. und 3. Gruppe), bspw. niedrige Beweggründe, aber auch die subjektiv gefassten Merkmale böswillig (§ 225) oder rücksichtslos (§ 315c); sofern man die Gesinnungsmerkmale dagegen der Schuld zuordnet, wäre § 29 anzuwenden.[1047]

472 Wenn besondere persönliche Merkmale bei einem Beteiligten fehlen, aber beim anderen vorliegen, ist § 28 anwendbar. Dann ist zu unterscheiden, ob es sich um Merkmale handelt, die die Strafbarkeit begründen (§ 28 Abs. 1) oder ob sie die Strafe schärfen, mildern oder ausschließen (Abs. 2).

473 **Strafbarkeitsbegründend** wirken die Merkmale, wenn sich die Strafbarkeit daraus ergibt. Bspw. setzt die Falschbeurkundung im Amt (§ 348) die Amts-

1040 BGH 24.3.2021 – 4 StR 416/20, NStZ 2022, 220, 221, Rz. 16 ff.; 23.10.2018 – 1 StR 454/17, NJW 2019, 1621, 1622, Rz. 15 f.; 11.6.2002 – 3 StR 140/02, NStZ-RR 2002, 277 (zu § 30); 20.5.1969 – 5 StR 658/68, NJW 1969, 1181, 1184 (zur gleichlautenden Vorläufernorm von § 28); Fischer, § 28 Rn. 3 m. w. N. zu anderen Ansätzen.

1041 BGH 23.10.2018 – 1 StR 454/17, NJW 2019, 1621, 1622, Rz. 16; 25.1.1995 – 5 StR 491/94, NJW 1995, 1764, 1765 jew. m. w. N.

1042 BGH 23.10.2018 – 1 StR 454/17, NJW 2019, 1621, 1622, Rz. 16.

1043 Fischer, § 28 Rn 4 m. w. N.

1044 BGH 24.3.2021 – 4 StR 416/20, NStZ 2022, 220, 221.

1045 Fischer, § 28 Rn. 5 ff. m. w. N.

1046 BGH 17.10.2019 – 3 StR 521/18, NStZ 2020, 273, 274; 17.7.2008 – 3 StR 193/08, NStZ 2009, 95; Fischer, § 28 Rn. 6.

1047 MR/Haas, StGB, § 28 Rn. 17; Rengier, AT, § 46 Rn. 18 f. jew. m. w. N.

trägereigenschaft beim Täter voraus und es gibt keinen „Grundtatbestand“ zu § 348[1048]. Wenn ein Bürger einen Amtsträger zu dieser Tat anstiftet, fehlt ihm dieses besondere persönliche Merkmal. Dennoch hat er sich gem. §§ 348, 26 strafbar gemacht. Da das Unrecht geringer erscheint, wenn eine Person selbst nicht die besondere Pflichtenstellung aufweist, bekommt diese eine **Milderung** durch **§ 28 Abs. 1**. Die Norm regelt die **Strafzumessung** also nur für Teilnehmer.[1049]

Dagegen führt **§ 28 Abs. 2** zu einer **Verschiebung auf Tatbestandsebene** bei besonderen persönlichen Merkmalen, die eine Qualifikation oder Privilegierung begründen, also strafmodifizierend wirken;[1050] auf Strafzumessungsregeln wird § 28 Abs. 2 entsprechend angewendet (z. B. § 243 Abs. 1 S. 2 Nr. 3). Diese Norm ist sowohl auf Täter als auch auf Teilnehmer bezogen und führt zu einer Durchbrechung der Akzessorietät, indem jeder Beteiligte so haftet, wie in seiner Person die Merkmale vorliegen. Das kann nicht nur zu einer Entlastung des Teilnehmers führen, sondern gilt auch umgekehrt: Für den Teilnehmer mit dem besonderen persönlichen Merkmal (bspw. als Bandenmitglied) wird der Qualifikationstatbestand (bspw. § 260) herangezogen, obwohl der Haupttäter nur den Grundtatbestand (bspw. § 259) begeht.[1051] **474**

Beispiel:

Bürger A beobachtet die Festnahme des Verdächtigen V durch den Polizeibeamten B. A schlägt B vor, dass er dem V „doch so richtig eins zentrieren“ solle. B schlägt daraufhin dem gefesselten V mit der Faust ins Gesicht.

B verwirklicht als Amtsträger im Dienst nicht nur eine einfache Körperverletzung (§ 223), sondern begeht eine Körperverletzung im Amt (§ 340).

Dazu hat ihn A angestiftet, der grundsätzlich §§ 340, 26 verwirklicht hätte. Allerdings ist § 28 Abs. 2 einschlägig, da § 340 einen Qualifikationstatbestand gegenüber § 223 darstellt, also die Amtsträgereigenschaft die Strafe schärft. Weil der A kein Amtsträger ist, wird bei ihm auf Tatbestandsebene gem. § 28 Abs. 2 die Akzessorietät durchbrochen und es bleibt für ihn bei einer Anstiftung zur Körperverletzung (§§ 223, 26).

Abwandlung.: Falls A nicht erkannt hätte, dass B ein Amtsträger ist, handelt es sich um einen beachtlichen Irrtum (§ 16) und es fehlt ihm der Vorsatz im Hinblick auf § 340; ohne Anwendung von § 28 bleibt es bei der Anstiftung zur Körperverletzung.

1048 Insbesondere sind die Urkundenfälschung (§ 267) oder § 371 nicht als Grundtatbestand anzusehen, da § 348 nur für öffentliche Urkunden gilt, Fischer, § 348 Rn. 1.
1049 Wessels/Beulke/Satzger, AT, Rn. 878.
1050 Wessels/Beulke/Satzger, AT, Rn. 879.
1051 BGH 17.10.2019 – 3 StR 521/18, NStZ 2020, 273, 274.

475 Besonders umstritten ist die Anwendung von § 28 bei der **Beteiligung an Tötungsdelikten**, für **täterbezogene Mordmerkmale** (§ 211, 1. und 3. Gruppe) bspw. Habgier oder Straftatverdeckungsabsicht; für die tatbezogenen Mordmerkmale (§ 211, 2. Gruppe) bspw. Heimtücke, findet § 28 dagegen keine Anwendung.

Die **Rechtsprechung** sieht in § 211 einen gegenüber § 212 eigenständigen Tatbestand und wendet **§ 28 Abs. 1** an.[1052] Dies führt zu ungereimten Ergebnissen, denn bei einem Gehilfen, der aus Habgier handelt, bleibt es bei der Teilnahme an einem Totschlag als Haupttat; § 28 Abs. 1 sieht nur die Möglichkeit einer Milderung, aber nicht eine Schärfung vor.

Deshalb ist die **Literaturansicht** überzeugend, die in § 211 eine Qualifikation zu § 212 sieht und deshalb über **§ 28 Abs. 2** jeden Beteiligten aus Mord oder Totschlag straft, je nach den in seiner Person vorliegenden besonderen persönlichen Merkmalen.[1053]

1052 BGH 16.2.1993 – 5 StR 463/92, NJW 1993, 2125, 2126; Fischer, § 211 Rn. 94.
1053 Sch/Sch/Eser/Sternberg-Lieben, StGB, § 211 Rn. 44 ff. m. w. N.

7. KAPITEL Versuch, Versuch der Beteiligung und Rücktritt

A. Versuch

I. Vorbemerkungen

Regelungen zum Versuch finden sich in § 22, der festschreibt, was unter einem Versuch zu verstehen ist und § 23, der regelt, wann ein Versuch strafbar ist. Der BGH hat den Versuch definiert: 476

> Unter einem Versuch versteht man einen Täter, der den Entschluss gefasst hat, einen Tatbestand zu verwirklichen, der also den subjektiven Tatbestand vollständig erfüllt, dem die Tatbegehung aber nicht gelingt, der also den objektiven Tatbestand nicht verwirklicht.[1054]

Das Defizit im objektiven Tatbestand kann sich aus tatsächlichen oder rechtlichen Gründen ergeben.[1055]

Die h. M. sieht den Grund für die Strafbarkeit des Versuchs wegen § 22 im rechtserschütternden Eindruck auf die Allgemeinheit durch die nach außen hervorgetretene Betätigung des rechtsfeindlichen Willens (**Eindruckstheorie**). Es werden subjektive und objektive Elemente kombiniert, d. h. auf der Basis des subjektiven Vorstellungsbildes des Täters wird noch eine Manifestation des rechtsfeindlichen Willens verlangt, da nicht nur eine Gesinnung gestraft werden kann (gemischt subjektiv-objektive Theorie). Dadurch ergibt sich regelmäßig eine Gefahr für das Rechtsbewusstsein und den Rechtsfrieden der Bevölkerung.[1056] 477

II. Phasen der Straftatverwirklichung

Eine Straftat kann verschiedene Verwirklichungsphasen durchlaufen. So bleibt die **erste Phase** der **Planung und Vorbereitung** regelmäßig straflos, bspw. die gedankliche Entscheidung für die Straftat, das Auskundschaften des Tatorts oder der Einkauf und das Bereitlegen von Tatwerkzeugen. Nur ausnahmsweise gibt es Regelungen, die Handlungen in der Vorbereitungsphase unter Strafe stellen, bspw. die versuchte Anstifung oder Verabredung bei Verbrechen (§ 30), die Aufstachelung zum Verbrechen der 478

1054 BGH 10.7.1985 – 3 StR 104/85, NStZ 1985, 501.
1055 Rengier, AT, § 33 Rn. 1.
1056 BGH 29.4.1958 – 5 StR 28/58, NJW 1958, 1051, 1052; Rengier, AT, § 33 Rn. 4; Fischer, § 22 Rn. 2a m. w. N.

Aggression (§ 80a), die Bildung einer kriminellen Vereinigung (§ 129a) oder die Vorbereitung der Fälschung von Geld und Wertzeichen (§ 149).[1057]

479 Der Versuch beginnt dagegen erst mit dem **unmittelbaren Ansetzen** (§ 22), s. Rz 389. Teilweise hat der Gesetzgeber bei einzelnen Tatbeständen das unmittelbare Ansetzen einem vollendeten Delikt gleichgestellt (**Unternehmensdelikte**), bspw. §§ 81 ff., 307, 309.

Mit dem unmittelbaren Ansetzen beginnt die **zweite Phase**, die bis zur **Vollendung** der Tat andauert, d. h., bis alle Tatbestandsmerkmale verwirklicht sind, bspw. der tatbestandliche Erfolg eintritt, was sich immer nach dem jeweiligen Tatbestand richtet.[1058] Diese Phase kann kürzer oder länger dauern, z. B. beim Opfer eines Tötungsdeliktes, das sofort tödlich verletzt wird oder erst Wochen später verstirbt. Man spricht auch von **formeller Vollendung**. Bei einem Betrug (§ 263) ist bspw. die Vollendung schon mit der täuschungsbedingten Vermögensverfügung erreicht, auch wenn die Bereicherung beim Täter noch nicht eingetreten ist, weil insofern die Bereicherungsabsicht ausreicht.

480 Bei manchen Tatbeständen gibt es noch eine **dritte Phase** zwischen der Vollendung und der **Beendigung**, die mit dem **materiellen Abschluss** des Tatgeschehens endet.[1059] Dies ist der Fall bei Tatbeständen, bei denen der Gesetzgeber die Vollendung vorverlegt hat. Bspw. bei **Dauerdelikten**, etwa einer Freiheitsberaung (§ 239), ist die Tat mit dem Einsperren des Opfers vollendet, aber erst beendet, wenn es wieder in Freiheit gelangt. Eine weitere Fallgruppe sind bestimmte Eigentums- und Vermögensdelikte: Ein Diebstahl (§ 242) ist bspw. bereits mit dem Einstecken eines kleinen Gegenstandes in die Hosentasche vollendet, aber erst beendet, wenn der Täter vom Tatort wegläuft und dadurch gesicherten Gewahrsam erlangt hat.[1060]

Dagegen wird ein Totschlag mit Eintritt des Todes zugleich vollendet und beendet.

481 Diese Zeitpunkte haben Bedeutung für die sukzessive Beteiligung (s. Rz 428 ff., Rz 458, Rz 467), die Möglichkeit noch eine Qualifikation herbeizuführen[1061], aber auch für Konkurrenzen und Verjährung (§ 78a).[1062]

1057 Fischer, § 22 Rn. 5; Rengier, AT, § 33 Rn. 8.

1058 BGH 22.2.1973 – 1 StR 606/72, NJW 1973, 814; 29.11.2007 – 4 StR 549/07, NStZ 2008, 215; Fischer, § 22 Rn. 4; vgl. zu § 203 Abs. 5: BGH 7.7.1993 – 5 StR 303/93, NStZ 1993, 538.

1059 BGH 26.5.2000 – 4 StR 131/00, NStZ 2001, 88, 89; 24.6.1952 – 1 StR 316/51, BeckRS 1952, 30398381.

1060 BGH 26.5.2000 – 4 StR 131/00, NStZ 2001, 88, 89; 6.4.1965 – 1 StR 73/65, NJW 1965, 1235, 1236.

1061 BGH 6.4.1965 – 1 StR 73/65, NJW 1965, 1235, 1236, schwerer Raub (§ 250) durch Einsatz eines gefährlichen Werkzeugs am Tatort nach Vollendung der gewaltsamen Wegnahme von Geld (§ 249), aber vor Beendigung.

1062 Rengier, AT, § 33 Rn. 14.

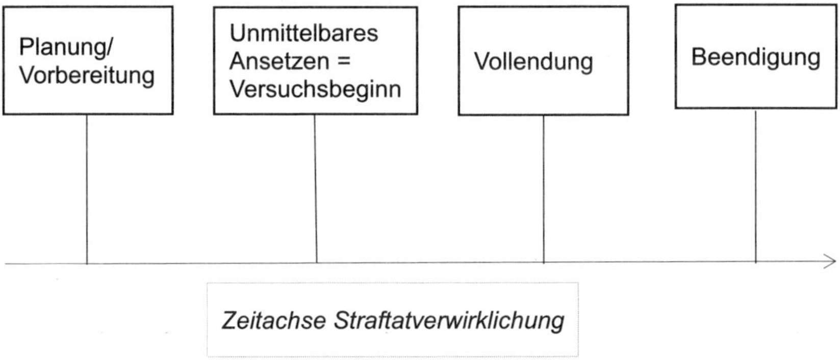
 482

Abb. 6 Zeitachse der Straftatverwirklichung

III. Aufbau

483 Beim Versuch dominiert der **Handlungsunwert**, während das Erfolgsunrecht nicht ausgeprägt ist (s. Rz 73). Deshalb ist der **subjektive Tatbestand**, der auch als **Tatentschluss** bezeichnet wird, zuerst zu prüfen: Jedes Tatbestandsmerkmal muss vom Vorsatz umfasst sein und ggf. sind zusätzlich sonstige subjektive Tatbestandsmerkmale festzustellen. Man muss also bei diesem Aufbau jedes Tatbestandsmerkmal und ggf. dessen Definition im Rahmen des Vorsatzes erörtern.

Der objektive Tatbestand, insbesondere ein tatbestandlicher Erfolg, fehlt dagegen. Man darf deshalb keinesfalls Tatbestandsmerkmale hier erörtern, selbst wenn sie objektiv vorliegen. Die Nichtvollendung ist zunächst in einer **Vorprüfung** festzustellen; bei besonderen Fallkonstellationen, wenn bspw. der Erfolg zwar eingetreten ist, aber dem Täter nicht zugerechnet werden kann, sollte man zunächst das vollendete Delikt anprüfen und danach den Versuch, bei dem man dann nach oben verweisen kann. Ebenfalls in der Vorprüfung ist die Frage zu klären, ob der Versuch eines Delikts überhaupt strafbar ist, denn sonst erübrigt sich jede weitere Ausführung.

Da der deliktische Wille nach außen hervortreten muss, besteht der „verkümmerte" **objektive Tatbestand** beim Versuch aus dem **unmittelbaren Ansetzen.**

Bei Rechtswidrigkeit und Schuld ergeben sich keine Besonderheiten, so kann bspw. eine nur versuchte Körperverletzung durch Notwehr gerechtfertigt sein.[1063]

1063 Wessels/Beulke/Satzger, AT, Rn. 938.

Sofern Regelbeispiele (bspw. § 243) verwirklicht sind, hat man diese bei der Strafe und nicht im Tatbestand zu prüfen, denn es handelt sich um Strafzumessungsregeln und nicht um Tatbestandsmerkmale (s. Rz 21, Rz 135, Rz 503).[1064]

Beim Versuch ist besonders an die Möglichkeit eines Rücktritts als persönlichen Strafaufhebungsgrund zu denken, was besondere praktische Bedeutung hat (näher Rz 529).

484 **Prüfungsaufbau Versuch:**

Vorprüfung

1. Nichtvollendung der Tat?
2. Strafbarkeit des Versuchs (§ 23 Abs. 1)?

I. Tatbestandsmäßigkeit

1. Subjektiver Tatbestand (= Tatentschluss)
   a) Vorsatz bzgl. aller objektiven Tatbestandsmerkmale
   b) Ggf. sonstige subjektive Tatbestandsmerkmale
2. Objektives Element: unmittelbares Ansetzen zur Tatbestandsverwirklichung (§ 22)

II. Rechtswidrigkeit

III. Schuld

IV. Strafe: Ggf. Rücktritt (§ 24)

IV. Strafbarkeit des Versuchs

485 Ein Versuch ist strafbar, wenn es sich um ein **Verbrechen** (zur Einteilung, s. Rz 16 ff.) handelt, also die *Mindest*strafe ein Jahr oder mehr beträgt (§ 23 Abs. 1, 1. Alt. i. V. m. § 12). Es kommt nur auf die abstrakte Strafdrohung und nicht die im konkreten Fall zu erwartende oder tatsächlich verhängte Freiheitsstrafe an.

Bei **Vergehen** ist ein Versuch nur dann strafbar, wenn der Gesetzgeber dies besonders angeordnet hat (§ 23 Abs. 1, 2. Alt.).

Beispiele:

Ein Raub (§ 249) oder ein Wohnungseinbruchsdiebstahl aus einer dauerhaft genutzten Privatwohnung (§ 244 Abs. 4) werden mit mindestens einem Jahr, ein Totschlag (§ 212) mindestens mit fünf Jahren Freiheitsstrafe geahndet, weshalb es sich stets um als Versuch strafbare Verbrechenstatbestände handelt.

1064 Rengier, AT, § 34 Rn. 2.

Bei Vergehen des Diebstahls ist die Versuchsstrafbarkeit in § 242 Abs. 2 bzw. für einen Wohnungseinbruchsdiebstahl (§ 244 Abs. 1 Nr. 3) in § 244 Abs. 2 angeordnet oder bei der Körperverletzung in § 223 Abs. 2.

Keine Versuchsstrafbarkeit ist beim Hausfriedensbruch (§ 123) vorgesehen.

V. Tatentschluss

1. Subjektiver Tatbestand

Der **subjektive Tatbestand** (s. Rz 125–166) muss ohne Abstriche vorliegen. **486**
Es ist daher regelmäßig zumindest bedingt vorsätzliches Verhalten bezüglich jedes Merkmals des objektiven Tatbestands und – sofern vorhanden – ein sonstiges subjektives Tatbestandsmerkmal festzustellen.[1065]

2. Unbedingter Tatentschluss

Beim Versuch spricht man statt vom subjektiven Tatbestand aber auch vom **487**
Tatentschluss, weil der Täter sich **endgültig** zur Begehung einer Straftat entschließen muss.[1066] Ausreichend ist, wenn er die Verwirklichung von **äußeren Bedingungen** abhängig macht, also Bedingungen, auf die er keinen Einfluss hat, auch bei bewusst unsicherer Tatsachengrundlage.[1067] Selbst ein Rücktrittsvorbehalt ändert nichts am Entschluss.[1068]

Nicht ausreichend ist dagegen die bloße **Tatgeneigtheit**, d. h., wenn die **488**
Begehung von **inneren Bedingungen** abhängig gemacht wird.[1069]

Beispiele:

Wer lediglich nach einem passenden Diebstahlsobjekt in einem geparkten Auto Ausschau hält, ist noch nicht fest zur Tat entschlossen.

Wer dagegen Gegenstände aus einem Auto stehlen will, falls es offengeblieben ist, hat sich schon fest zur Tat entschlossen, selbst wenn er enttäuscht feststellen muss, dass das Auto verriegelt ist.

Fest entschlossen ist ein Taschendieb, der eine Manteltasche abtastet, in der Erwartung dort ein Handy oder Geld zu finden, aber trotz vielversprechendem Abtasten bei Entdeckungsgefahr darauf verzichten will zuzugreifen.

1065 BGH 10.7.1985 – 3 StR 104/85, NStZ 1985, 501.
1066 RG 9.2.1931 – II 27/31, RGSt 65, 145-148; BGH 19.1.1968 – 4 StR 559/67, NJW 1968, 1100.
1067 BGH 2.2.1966 – 2 StR 525/65, NJW 1966, 787, 788.
1068 Wessels/Beulke/Satzger, AT, Rn. 947.
1069 Eisele/Heinrich, AT, Rn. 444; Rengier, AT, § 34 Rn. 8.

VI. Unmittelbares Ansetzen

1. Vorbemerkung

489 § 22 legt fest, dass der Versuch beginnt, wenn nach der Vorstellung des Täters zur Verwirklichung des Tatbestands unmittelbar angesetzt wird.

Der objektive Tatbestand besteht beim Versuch deshalb allein aus dem **unmittelbaren Ansetzen zur Tatbestandsverwirklichung**. Wie gezeigt (s. Rz 478 ff.), ist dieser Zeitpunkt entscheidend für die Strafbarkeit.

490 Man kann daraus ableiten, dass es auf den jeweiligen **Tatbestand** ankommt, es also unterschiedliche Handlungen und Zeitpunkte geben kann, wann zur Begehung verschiedener Deliktstatbestände unmittelbar angesetzt wird. So kann das Betreten eines eingezäunten Grundstücks einen Hausfriedensbruch bedeuten, aber für den im Haus geplanten Diebstahl oder Raubüberfall sich dies als bloße Vorbereitungshandlung darstellen.

2. Grundlagen

491 Einigkeit besteht, dass unmittelbar ansetzt, wer mit der tatbestandsmäßigen Ausführungshandlung beginnt (formal-objektive Theorie).[1070] Umstritten ist dagegen, ab wann dies auch für Handlungen im Vorfeld gelten soll, also wie hart der Versuchsbeginn an die Grenze der Tatbestandshandlung rückt.[1071] Nach h. M. ist auf Basis des **Vorstellungsbildes** des Täters (subjektives Element) festzustellen, ob es sich beim **äußeren Verhalten** um einen „unmittelbaren" Angriff auf das geschützte Rechtsgut handelt (objektives Element).[1072] Ein „unmittelbarer" Angriff ist eine Handlung, die **ohne wesentliche Zwischenakte** in die Ausführungshandlung übergeht;[1073] unwesentliche Zwischenschritte bleiben unbeachtlich, sodass es kein „Zeitlupenstrafrecht" gibt.[1074]

Definition:

Das Versuchsstadium erstreckt sich auf Handlungen, die in ungestörtem Fortgang unmittelbar zur Tatbestandserfüllung führen sollen oder die in unmittelbarem räumlichem und zeitlichem Zusammenhang mit ihr stehen. Das ist der Fall, wenn der Täter subjektiv die **Schwelle zum „jetzt geht es los"** überschreitet und objektiv zur tatbestandsmäßigen Angriffshandlung ansetzt, so dass sein Tun **ohne Zwischenakte** in die Erfüllung des Tatbestandes übergeht.[1075]

1070 RG 13.2.1936 – 2 D 346/35, RGSt 70, 151, 157.
1071 Murmann, GK-ST, § 28 Rn. 65.
1072 BGH 6.10.2005 – 26 (10) Ns 142/05, NStZ 2007, 336; Murmann, GK-ST, § 28 Rn. 60; Wessels/Beulke/Satzger, AT, Rn. 950.
1073 BGH 29.5.2018 – 1 StR 28/18, NStZ 2018, 648, 649; 15.10.1980 – 2 StR 469/80, NStZ 1981, 99.
1074 Murmann, GK-ST, § 28 Rn. 66.
1075 BGH 22.10.1992 – 1 StR 532/92, NStZ 1993, 133 m. w. N.

Ergänzend verlangt man eine Überschneidung von Täter- und Opfersphäre bzw. einen engen räumlich-zeitlichen Zusammenhang zwischen der Handlung und dem erwarteten Erfolg.[1076] 492

Ein überzeugendes Kriterium ist in objektiver Hinsicht, ob – nach Tätervorstellung – das **Rechtsgut in konkrete Gefahr** gerät.[1077] Die Kriterien werden je nach Fallkonstellation einzeln oder in Kombination herangezogen.

Zwar ist die Aussage „jetzt geht es los" einprägsam, darf aber nicht dazu 493 verleiten, diesen Teil der Definition isoliert zu verwenden, denn sonst würde man den Wortlaut von § 22 missachten bzw. den Tatentschluss (s. Rz 487) erneut prüfen.[1078]

Mit dem Kriterium der Wesentlichkeit oder der „natürlichen Auffassung" 494 sind Wertungen verbunden, weshalb in Prüfungen unterschiedliche Lösungen vertretbar sind, wenn man sie begründet; im Ermittlungsverfahren soll eine umfassende Tatsachenbasis geschaffen werden. Es hat sich eine umfangreiche Kasuistik entwickelt aus der beispielhaft ausgewählte Konstellationen vorgestellt werden:

Haustür- und Klingelfälle:

Das Klingeln an der Haustür oder das Aufbrechen einer Tür, hinter der der Täter sein Opfer erwartet und unmittelbar danach überfallen oder erschießen will, stellen jeweils das unmittelbare Ansetzen zum Versuch eines Raub- bzw. Tötungsdeliktes dar.[1079]

Wer dagegen an der Haupteingangstür eines Mehrfamilienhauses läutet, um von dort durch das Treppenhaus zur Wohnungstür des Opfers zu gelangen, setzt noch nicht unmittelbar zum Raub bzw. zur Tötung an, denn er muss noch die Treppen und die Wohnungstür überwinden, erst recht bei vorgewarntem Opfer.[1080]

Schusswaffengebrauch und Hinterhalt:

Wer mit der Waffe zum Tatort läuft, setzt noch nicht unmittelbar zur Tötung an; anders dagegen, wenn die Waffe gezogen wird, nach der durchgeladenen Dienstwaffe eines Polizeibeamten in dessen Holster gegriffen[1081] oder gar auf das Opfer gezielt wird, denn Herausziehen, Durchladen und Schussabgabe sind unwesentliche Zwischenschritte.[1082]

1076 BGH 9.10.2002 – 5 StR 42/02, NJW 2003, 150, 153; Rengier, AT, § 34 Rn. 24; Wessels/Beulke/Satzger, AT, Rn. 951.

1077 BGH 26.8.1986 – 1 StR 351/86, NStZ 1987, 20; 25.10.2012 – 4 StR 346/12, juris-Rn. 14; 10.8.2016 – 2 StR 493/15, juris-Rn. 30.

1078 NK/Engländer, StGB, § 22 Rn. 43; MR/Heger/Petzsche, StGB, § 22 Rn. 26.

1079 BGH 16.9.1975 – 1 StR 264/75, NJW 1976, 58; 26.8.1986 – 1 StR 351/86, NStZ 1987, 20.

1080 BGH 10.8.2016 – 2 StR 493/15, juris-Rn. 31; 20.9.2004 – 2 StR 281/04, NStZ-RR 2004, 361, 362; BGH 10.4.1984 – 5 StR 183/84, juris-Rn. 4.

1081 LG Ravensburg 16.10.2017 – 1 Ks 21 Js 618/17, NStZ-RR 2018, 201.

1082 BGH 22.10.1992 – 1 StR 532/92, NStZ 1993, 133.

Wer in einem Hinterhalt mit durchgeladener Waffe liegt und auf sein Opfer wartet, setzt erst dann zur Tötung bzw. einem Raub an, wenn nach seiner Vorstellung das Opfer sich auf den Hinterhalt zubewegt, spätestens mit dem Anlegen auf das Opfer; das Auflauern selbst ist kein unmittelbares Ansetzen.[1083]

Diebstahl:

Wer an den Vorderrädern eines Autos rüttelt, um es zu stehlen, falls das Lenkradschloss nicht eingerastet ist[1084], oder wenn der Taschendieb die Jacke nach Stehlgut abtastet, setzt zum Diebstahl unmittelbar an, unabhängig davon, ob das Auto verschlossen oder die Jackentasche leer war.

Umstritten ist, ob unmittelbar zum Diebstahl beim „Cash-trapping" ansetzt, wer eine Klebeleiste an einem Geldausgabeautomaten angebracht hat, um die Geldentnahme zu vereiteln, aber Kunden vor Ort bleiben, bis die Polizei erscheint und so verhindern, dass der Täter die festgeklebten Geldscheine abholen kann.[1085]

Betrug:

Wer sein Opfer um Geld in dessen Wohnung betrügen möchte und dazu im Vorfeld auf der Straße behauptet, ein Verwandter in Not zu sein, aber noch auf einer Parkbank auf die Rückkehr des Opfers von Einkäufen warten will, wo er festgenommen wird, setzt noch nicht unmittelbar zum Betrug an.[1086] Maßgeblich ist bei einem mehraktigen Geschehen dasjenige, welches unmittelbar zur Vermögensschädigung führen soll.[1087] Dies sollte man bei der Einsatzplanung berücksichtigen.

495 Zudem zieht der BGH zur Begründung einer (bedenklichen) Ausdehnung als Wertungskriterium die „**Dichte des Tatplans**" heran: Die noch erforderlichen Zwischenschritte seien unwesentlich, wenn sie „keinen tatbestandsfremden Zwecken dienen, sondern wegen ihrer notwendigen Zusammengehörigkeit mit der Tathandlung nach dem Plan des Täters als deren Bestandteil erscheinen".[1088]

1083 BGH 2.8.1989 – 3 StR 239/89 –, juris-Rn. 4; Rengier, AT, § 34 Rn. 37; anders, aber vor Geltung von § 22: BGH 20.12.1951 – 4 StR 839/51, NJW 1952, 514 („Pfeffertütenfall").

1084 BGH 19.1.1968 – 4 StR 559/67, NJW 1968, 1100.

1085 Ablehnend: OLG Köln 18.5.2020 – 2 Ws 161/20, NStZ 2021, 48, 49 f., mit krit. Anm. Niemann, der zutr. darauf hinweist, dass die Abholung in einem engen zeitlich-räumlichen Zusammenhang stattfinden muss, weshalb es sich nicht um einen wesentlichen Zwischenakt handelt.

1086 OLG Karlsruhe 12.8.1981 – 3 Ss 167/81, NJW 1982, 59 f.; ähnlich: BGH 16.1.1991 – 2 StR 527/90, NJW 1991, 1839; 9.7.1996 – 1 StR 288/96, NStZ 1997, 31 f.

1087 BGH 4.5.2022 – 1 StR 138/21, NStZ 2023, 37, Rz. 43, wonach das vorgerichtliche Anspruchsschreiben bei Geltendmachung von Schadensersatzansprüchen wegen Diskriminierung trotz subjektiv nicht ernsthafter Bewerbung, sog. „AGG-Hopping", noch nicht für das unmittelbare Ansetzen ausreicht, wenn nicht ausgeschlossen werden kann, dass erst im gerichtlichen Verfahren eine Zahlung erwartet wurde.

1088 BGH 20.3.2014 – 3 StR 424/13, NStZ 2014, 447, 448.

Fallbeispiel:

Der Täter hatte seine Nachbarin in seine Gewalt gebracht und quälte sie über mehrere Stunden durch Würgen bis zur Bewusstlosigkeit und wollte sie mit Messerstichen entstellen. Er kündigte an, sie erst später zu töten. Als der Täter nach über vier Stunden einschlief, konnte das Opfer entkommen.

Der BGH bejaht hier ein unmittelbares Ansetzen zum versuchten Mord (§§ 212, 211), weil zwar die grausame Tötung erst Stunden später erfolgen sollte, aber die Etappen des Quälens schon ein Teil der Tötungshandlung seien.[1089] Dies ist eine bedenkliche Vorverlagerung, da der Täter zwar mit der gefährlichen[1090] Körperverletzung und Freiheitsberaubung begonnen hatte, aber die Tötungshandlung selbst erst später vornehmen wollte.[1091]

3. Ansetzen durch Mittäter

Bei Mittätern nimmt die h. M. an, dass alle unmittelbar ansetzen, wenn **496**
zumindest einer dem gemeinsamen Tatentschluss entsprechend handelt (**Gesamtlösung**) und nicht jeder Einzelne einen eigenen Beitrag erbringen muss.[1092] Dies überzeugt, denn bei der Mittäterschaft können die Handlungen des einen Mittäters allen anderen zugerechnet werden (s. Rz 420), was dann auch für das unmittelbare Ansetzen gelten muss.

Fallbeispiel:

Wenn ein Mittäter in einem Geschäft Waren in Tüten verpackt und zum Abtransport durch einen anderen Mittäter in einen anderen Raum verbringt, setzen alle Mittäter zum versuchten Diebstahl (§§ 242, 22, 23, 25 Abs. 2) an.[1093]

Umstritten ist die Sonderkonstellation einer nur vorgestellten, also **ver- 497**
meintlichen Mittäterschaft. Die Rechtsprechung ist hier uneinheitlich.

Münzhändlerfall:

A erklärt B wahrheitswidrig, dass der Münzhändler M wünsche überfallen zu werden, um dann den vermeintlichen Diebstahlsschaden seiner Versicherung zu melden. Die

1089 BGH 20.3.2014 – 3 StR 424/13, NStZ 2014, 447, 448.
1090 Zudem kommt bei Vorsatz bzgl. einer dauerhaften erheblichen Entstellung ein unmittelbares Ansetzen zur schweren Körperverletzung (§§ 226, 22, 23) in Betracht.
1091 Krehl, NStZ 2014, 449; Hoffmann, JA 2016, 194 f.; Murmann, GK-ST, § 28 Rn. 69.
1092 BGH 6.9.1989 – 3 StR 268/89, NStZ 1989, 579; 2.6.1993 – 2 StR 158/93, NStZ 1993, 489 m. w. N.; Wessels/Beulke/Satzger, AT, Rn. 962; Heinrich, AT, Rn. 740 m. w. N. auch zur Einzellösung, Rn. 741 f.
1093 BGH 15.3.2016 – 1 StR 605/15, juris-Rn. 2; MR/Heger/Petzsche, StGB, § 22 Rn. 51.

Versicherungssumme teile M dann mit A und B. Daraufhin überfällt der B den nichtsahnenden M, der den Schaden ordnungsgemäß der Versicherung meldet.

Der BGH hat B wegen mittäterschaftlichen Betrugsversuchs verurteilt (§§ 263, 22, 23, 25 Abs. 2). Es reiche aus, dass B sich vorstelle, die tatsächlich erbrachte Schadensmeldung des M sei tatplangemäß die Täuschungshandlung gegenüber der Versicherung, denn auch ein untauglicher Versuch sei strafbar.[1094]

Die in einer früheren Entscheidung und in der Literatur verbreitete Gegenansicht lehnt dagegen ein unmittelbares Ansetzen zum Betrugsversuch ab, weil objektiv kein gemeinsamer Tatplan vorliegt und daher keine Zurechnung stattfindet, zumal der M gar nicht getäuscht hat, weil es kein fingierter Überfall war. Es greift aber § 265 ein.[1095]

4. Ansetzen bei mittelbarer Täterschaft, Distanzfälle

498 Bei der mittelbaren Täterschaft (s. Rz 392 ff.) stellt sich ebenfalls die Frage, wann zum Versuch unmittelbar angesetzt wird. Strukturell kann man entweder auf das Verhalten des Werkzeugs oder des mittelbaren Täters abstellen.

Beispiel:

A möchte B töten und versetzt dessen Abendessen schon am Morgen mit Gift. A erwartet, dass B abends das Essen aus dem Kühlschrank holt und nach dem Verzehr sterben wird. B soll nach der Vorstellung des A als nichtsahnendes und tatbestandslos handelndes Werkzeug gegen sich selbst zu einer Tötung eingesetzt werden.

Wenn B abends schon sein Essen wärmt, um es danach zu verspeisen, würde der B eine dem A zuzurechnende Handlung vornehmen, die man als unmittelbares Ansetzen klassifizieren würde. Fraglich ist aber, wie zu beurteilen ist, wenn A vormittags von der ihn observierenden Polizei festgenommen und das Essen sichergestellt wird.

Hierzu werden unterschiedliche Meinungen vertreten:

499 Es wird vorgeschlagen, auf das vom Täter vorgesehene Verhalten des Werkzeugs abzustellen: Erst wenn das **Werkzeug** mit seinem dem Hintermann zuzurechnenden Verhalten zum Versuch ansetzen soll, wird (relativ spät) der Versuch begonnen (**Gesamtlösung**). Dafür spricht, dass man neben dem

1094 BGH 25.10.1994 – 4 StR 173/94, NJW 1995, 142 f.; vgl. 6.5.2003 – 4 StR 108/03, NStZ 2004, 110; Fischer, § 22 Rn. 23a m. w. N.

1095 BGH 2.6.1993 – 2 StR 158/93, NStZ 1993, 489 f. für den Fall eines Mittäters, der sich vom Tatplan heimlich lossagt und die Polizei einschaltet; MR/Heger/Petzsche, StGB, § 22 Rn. 52, Wessels/Beulke/Satzger, AT, Rn. 972.

Verhalten des mittelbaren Täters auch noch das Verhalten des Werkzeugs braucht, damit die Straftat begangen wird. Zudem hat man eine bei Mittätern entsprechende Lösung, so dass beide zeitgleich mit dem Versuch beginnen.[1096]

Alternativ kann man darauf abstellen, dass der Hintermann seine Handlungen zur **Einwirkung** auf das Werkzeug vornimmt, was zu einem relativ frühen Versuchsbeginn führt (**Einzellösung**). Dafür spricht zwar, dass der mittelbare Täter zumindest seine Einwirkung schon vorgenommen und damit seinen Beitrag vollständig erbracht hat, aber häufig geht der mittelbare Täter von einer Tatbegehung durch das Werkzeug zu einem deutlich späteren Zeitpunkt aus. Die h. M. geht deshalb zwar von diesem Ansatz grundsätzlich aus, nimmt aber eine vermittelnde Position ein, indem darauf abgestellt wird, ob der mittelbare Täter das Werkzeug aus seinem Einflussbereich entlassen hat, also das **Geschehen aus der Hand gibt**. Aus Sicht des mittelbaren Täters muss eine konkrete **Gefahr** für das **Rechtsgut** entstehen. Wenn das Werkzeug unmittelbar nach der Einwirkung durch den mittelbaren Täter die tatbestandliche Handlung vornehmen soll, liegt Versuch vor; falls das Werkzeug aber erst zu einem späteren Zeitpunkt tätig werden soll, ist erst auf diesen späteren Zeitpunkt abzustellen.[1097] Es werden meist Ergebnisse erzielt, die dem Rechtsgefühl entsprechen, allerdings ist das Ergebnis stärker wertungsabhängig, weshalb einige Fallbeispiele vorgestellt werden: 500

Salzsäurefall: T wollte O umbringen. Er machte X den Vorschlag den O auszurauben. X sollte dazu bei O erscheinen und ihm ein Schlafmittel gewaltsam einflößen. Dazu übergab T eine Flasche mit vermeintlichem Schlafmittel. Als X auf dem Weg zu O an der Flasche roch, bemerkte er, dass es sich um tödlich wirkende Salzsäure handelte und nahm vom geplanten Überfall Abstand.

Die h. M. bejaht ein unmittelbares Ansetzen zum versuchten Totschlag (§§ 212, 22, 23, 25 Abs. 1, 2. Alt.), da der T den X aus seinem Einflussbereich entlassen hatte, nachdem er meinte, alles Notwendige veranlasst zu haben.[1098] Die Gegenansicht lehnt dies ab, weil der X noch nicht unmittelbar angesetzt haben sollte, als er an der Flasche roch und den Plan verwarf, sondern erst später am Haus bei O; es läge eine Verbrechensverabredung (§ 30 i. V. m. §§ 249, 250) und eine versuchte Anstiftung (§ 30 i. V. m. § 212) vor, da im Vorsatz die Tötung als mittelbarer Täter zu begehen erst recht der Anstiftervorsatz enthalten ist.[1099]

1096 Kühl, AT, § 20 Rn. 91; MR/Heger/Petzsche, StGB, § 22 Rn. 54.

1097 BGH 23.10.2019 – 2 StR 139/19, NJW 2020, 559, 560; 26.1.1982 – 4 StR 631/81, NJW 1982, 1164; Murmann, GK-ST, § 28 Rn. 90 f.; Heinrich, AT, Rn. 751 m. w. N.

1098 BGH 26.1.1982 – 4 StR 631/81, NJW 1982, 1164.

1099 MR/Heger/Petzsche, StGB, § 22 Rn. 54.

Apothekerfall: In das Haus des Apothekers A war eingebrochen worden. Die unbekannten Täter hatten sich im Haus Speisen zubereitet und Getränke konsumiert. Da sie mutmaßlich Beute zur Abholung vorbereitet hatten, wurde das Haus von der Polizei observiert. A versetzte eine Flasche mit einem tödlich wirkenden Gift und stellte sie bereit, damit die Einbrecher sich damit vergiften sollten. A warnte die observierenden Beamten, die die Flasche sicherstellten, nachem A sich geweigert hatte, sie zu entfernen.

Hier lehnte der BGH ein unmittelbares Ansetzen zum versuchten Mord (§§ 212, 211, 22, 23) ab, weil nach Vorstellung des A das Rechtsgut Leben der Einbrecher noch nicht in Gefahr geraten war, da ungewiss war, ob und wann sie erneut erscheinen würden; die Einzellösung kommt zum gleichen Ergebnis.[1100]

Sprengfalle: Der Täter befestigte eine Handgranate am Pkw des Opfers und verband den Auslösemechanismus mit einem Reifen. Glücklicherweise löste die Handgranate nicht aus, als das Opfer den Wagen startete und wegen eines ungewohnten Geräusches skeptisch wurde. Hier lag unmittelbares Ansetzen nach allen Ansichten vor, denn hier hat das tatbestandslos handelnde Werkzeug dem Plan entsprechend bereits unmittelbar angesetzt, als der Wagen gestartet wurde.[1101]

Elektrofalle: T war die Wohnung gekündigt worden und er wollte sich rächen. Dazu manipulierte er die Elektroinstallation, so dass Strom über den Schutzleiter auf das Gehäuse von in der Steckdose betriebenen Geräten fließen sollte. Zugleich waren Schutzeinrichtungen außer Funktion gesetzt. T nahm in Kauf, dass die neuen Bewohner oder Handwerker in der Wohnung sterben könnten, wollte aber so den Eigentümer in Misskredit bringen. Anlässlich einer Überprüfung sogleich nach Räumung der Wohnung konnte die Manipulation entdeckt und beseitigt werden.

Die h. M. bejaht das unmittelbare Ansetzen (§§ 211, 212, 22, 23, 25 Abs. 1, 2. Alt.), da T keinen Zugriff mehr auf die Wohnung hatte.[1102] Die Gegenansicht lehnt dagegen das unmittelbare Ansetzen zum Mordversuch in mittelbarer Täterschaft ab, da zu diesem frühen Zeitpunkt noch keine Renovierungsarbeiten bzw. keine Neuvermietung erfolgt sein sollte.

501 Vergleichbare Regeln gelten auch für sog. **Distanzdelikte**, d. h. Taten, bei denen ein mehr oder weniger langer Abstand in zeitlich-räumlicher Sicht zwischen dem Täterhandeln im Sinne eines beendeten Versuchs und dessen Auswirkungen liegt. Es kommt nicht sofort zu einer konkreten Gefahr für das Rechtsgut.[1103] Auch hier wird auf die Dichte des Tatplans (vgl.

1100 BGH 12.8.1997 – 1 StR 234/97, NJW 1997, 3453, 3454.
1101 BGH 7.10.1997 – 1 StR 635/96, NStZ 1998, 294, 295; diff. Hoffmann JA 2016, 194, 196 f.
1102 BGH 8.5.2001 – 1 StR 137/01, NStZ 2001, 475, 476.
1103 Wessels/Beulke/Satzger, AT, Rn. 958.

Rz 495) und die fehlende Steuerungsmöglichkeit abgestellt, so dass schon Verhaltensweisen einbezogen werden, die zeitlich deutlich vor dem eigentlichen Schadenseintritt liegen, wenn sich die Gefahr aber zumindest aus Tätersicht verdichtet hat.[1104]

Fallbeispiel:

Der Täter hatte tagsüber auf dem Dachboden eines Mehrfamilienhauses einen Benzinkanister auf eine Heizplatte gestellt und mit einer auf 2 Uhr nachts voreingestellten Zeitschaltuhr an das Stromnetz angeschlossen. Zufällig fanden am gleichen Tag dort noch Arbeiten statt und es wurde – zunächst ohne Entdeckung der Brandinstallation – das Verlängerungskabel der Schaltuhr und Heizplatte vom Stromnetz abgetrennt. Der BGH bejaht hier ein unmittelbares Ansetzen zur versuchten schweren Brandstiftung (§§ 306a, 22, 23).[1105]

5. Ansetzen bei Unterlassensdelikten

Bei (als Versuch strafbaren) unechten Unterlassungsdelikten (s. Rz 569) **502**
kann man verschiedene Zeitpunkte für das unmittelbare Ansetzen zum Versuch ausmachen, wobei immer das Vorstellungsbild des Täters maßgeblich ist: Der erste denkbare Zeitpunkt wäre, wenn die erste Rettungsmöglichkeit verstreicht, der späteste Zeitpunkt bei der letzten Rettungsmöglichkeit.

Die ganz h. M. stellt darauf ab, ob erstens nach Vorstellung des Täters das Rechtsgut in **unmittelbare Gefahr** gerät oder sich eine bestehende Gefahr vergrößert. Zweitens wird auch unmittelbar angesetzt, wenn der Garant das **Geschehen aus der Hand gibt** und das Opfer seinem Schicksal überlässt.[1106] Dafür spricht, dass dies dem Zustand am ehesten entspricht, der auch sonst für das unmittelbare Ansetzen gilt. Gegen das Ansetzen zum frühestmöglichen Zeitpunkt spricht, dass sonst der Versuchsbeginn zu weit vorverlagert würde und gegen den letztmöglichen Zeitpunkt, dass es dann praktisch keinen Anwendungsbereich für einen Versuch gäbe.

Beispiele:

1. Wer sein Kind verdursten lassen will, setzt zum Tötungsversuch an, wenn das Kind in unmittelbare Gefahr gerät. Noch nicht ausreichend ist das Weglassen einer einzigen Mahlzeit und nicht erforderlich ist es, einen Zustand nach dem

1104 BGH 6.3.2013 – 1 StR 578/12, NStZ 2014, 647, 651, Rz. 29 m. w. N. aus der Rechtsprechung; vgl. Wessels/Beulke/Satzger, AT, Rn. 959 f.

1105 BGH 6.3.2013 – 1 StR 578/12, NStZ 2014, 647, 651, Rz. 29 f.

1106 BGH 13.9.1994 – 1 StR 357/94, NStZ 1995, 80, 82 f.; Rengier, AT, § 36 Rn. 36; Murmann, GK-ST, § 29 Rn. 112; Wessels/Beulke/Satzger, AT, Rn. 1227 f.

dritten Tag ohne Flüssigkeitszufuhr abzuwarten, bei dem nur noch mit intensivmedizinischer Hilfe das Leben gerettet werden kann. Der Täter setzt unmittelbar zum Tötungsversuch durch Unterlassen an, entweder, wenn er sich entfernt und dem Geschehen seinen Lauf lässt, oder, wenn die Gefahr akut wird, er bspw. nach Auslassen der Mahlzeiten am zweiten Tag eine medizinische Versorgung für notwendig erachtet.

2. Wer nach einem von ihm verschuldeten Unfall das schwerverletzte Opfer mit bedingtem Tötungsvorsatz ohne Hilfe lässt, setzt zu einem versuchten (Verdeckungs-)Mord durch Unterlassen (§§ 212, 211, 22, 23, 13) an, da der Täter erfasst hat, dass spätere Rettungsversuche nur noch zufällig wirksam sein werden.

6. Ansetzen bei Regelbeispielen, Qualifikationen und zusammengesetzten Delikten

503 **Regelbeispiele** sind als **besonders schwere Fälle** der **Strafzumessung** zuzuordnen, sind aber keine Tatbestandsmerkmale und können nicht gem. § 22 „versucht“ werden (s. Rz 483). Deshalb ist auf das unmittelbare Ansetzen zum Tatbestand abzustellen. Es kommt deshalb darauf an, ob mit der der Verwirklichung des Regelbeispiels nachfolgenden Verhaltensweise unmittelbar zur tatbestandlichen Ausführungshandlung angesetzt wird.

Eine andere Frage ist, ob ein zwar objektiv ausgestaltetes, aber nur **subjektiv verwirklichtes Regelbeispiel** einen besonders schweren Fall indiziert. Dies wird in der Rechtsprechung nicht einheitlich beurteilt: So soll das versuchte Aufbrechen einer Umschließung (§ 243 Abs. 1 Nr. 1) einen besonders schweren Fall eines versuchten Diebstahls darstellen[1107], aber die nur „versuchte“ Vergewaltigung (§ 177 Abs. 6 Nr. 1) keinen besonders schweren Fall der sexuellen Nötigung bedeuten[1108].

504 **Qualifikationstatbestände** (z. B. §§ 244, 244a, 250, 260) sind dagegen zwar eigene Tatbestände, die als Versuch unter Strafe stehen können, aber gleichwohl ist auf das unmittelbare Ansetzen beim Grundtatbestand abzustellen.[1109] Die isolierte Verwirklichung von Qualifikationsmerkmalen ohne ein unmittelbares Ansetzen zur Tathandlung des Grundtatbestandes reicht nicht aus.[1110]

1107 BGH 18.11.1985 – 3 StR 291/85, NJW 1986, 940.

1108 BGH 24.3.2020 – 4 StR 549/19, NStZ-RR 2020, 211.

1109 BGH 19.5.2021 – 6 StR 28/21, NStZ 2021, 537; 14.1.2020 – 4 StR 397/19, NStZ 2020, 353 f. m. w. N.; Wessels/Beulke/Satzger, AT, Rn. 957; dagegen zu weitgehend beim Bereitlegen von Aufbruchswerkzeugen und Scheitern mangels Stromzufuhr: BGH 28.4.2020 – 5 StR 15/20, NJW 2020, 2570, 2571.

1110 BGH 7.8.2014 – 3 StR 105/14, NStZ 2015, 207.

Wer sich eine Schusswaffe einsteckt, um einen Diebstahl (§ 244 Abs. 1 Nr. 1a) zu begehen, setzt erst dann unmittelbar an, wenn er die Wegnahme beginnt.[1111]

Wer in ein Gebäude[1112] einbrechen will, setzt nicht unmittelbar zum Diebstahl an, wenn er aus seinem Auto das Aufbruchwerkzeug nimmt und bereitlegt, aber bis zur Festnahme noch raucht und sich vergewissern will, dass die Lage ruhig ist;[1113] dagegen setzt unmittelbar an, wer beginnt einzudringen bzw. einzubrechen, wenn er direkt im Anschluss die Wegnahme geplant hat.[1114] Anders ist dagegen zu entscheiden, wenn die Täter zwar ein Fenster aufgebohrt haben, aber erst später zurückkehren und stehlen wollen.[1115]

Bei **zusammengesetzten Tatbeständen** handelt es sich ebenfalls um Qualifikationen, die aber zwei Grundtatbestände vereinen, bspw. ein Raub (§ 249), der einen Diebstahl (§ 242) und eine Nötigung (§ 240) umfasst. Hier ist auf das **spezifisch-qualifizierende Unrecht** des jeweiligen Tatbestands abzustellen, sodass beim Raub nicht auf das Ansetzen zur Wegnahme (§ 242), sondern auf das Ansetzen zur Anwendung von Gewalt bzw. Drohung zum Zweck der Wegnahme abzustellen ist.[1116] **505**

VII. Versuch bei Erfolgsqualifikationen

Besondere Fragen wirft der Versuch bei erfolgsqualifzierten Delikten (vgl. § 18, näher: Rz 544, Rz 654) auf. Dabei sind zwei Konstellationen zu unterscheiden: Der Versuch des erfolgsqualifzierten Delikts und der erfolgsqualifizierte Versuch. Erfolgsqualifizierte Delikte kombinieren zwar ein vorsätzlich begangenes Grunddelikt mit einer wenigstens fahrlässig herbeigeführten schweren Folge, gelten aber als vorsätzliche Taten (§ 11 Abs. 2). Daher kommt strukturell die Anwendung der Versuchsregeln in Betracht.[1117] **506**

Allgemein anerkannt ist der **Versuch des erfolgsqualifizierten Deliktes,** wenn also der Vorsatz sich sowohl auf den Grundtatbestand als auch auf die schwere Folge bezieht.[1118] Letzteres ergibt sich aus § 18, der „wenigs- **507**

1111 BGH 10.8.1982 – 1 StR 416/82, NJW 1982, 2784 (zum Parallelproblem in § 250); Murmann, GK-ST, § 28 Rn. 79.

1112 Bei Wohnungen sind § 244 Abs. 1 Nr. 3, Abs. 2, 22, 23 bzw. § 244 Abs. 4, 22, 23, bei anderen Räumlichkeiten ist dagegen § 242, 22, 23 i.V.m. § 243 Abs. 1 S. 2 Nr. 1 zu prüfen.

1113 BGH 26.7.1989 – 2 StR 342/89, NStZ 1989, 473 f.

1114 BGH 19.5.2021 – 6 StR 28/21, NStZ 2021, 537.

1115 BGH 7.8.2014 – 3 StR 105/14, NStZ 2015, 207 f.

1116 Wessels/Beulke/Satzger, AT, Rn. 963; Eisele/Heinrich, AT, Rn. 488; Rengier, AT, § 34 Rn. 59.

1117 BGH 29.3.2001 – 3 StR 46/01, NStZ 2001, 371; 10.5.2001 – 3 StR 99/01, NStZ 2001, 534; Fischer, § 22 Rn. 37; Murmann, GK-ST, § 28 Rn. 96.

1118 BGH 29.3.2001 – 3 StR 46/01, NStZ 2001, 371; 10.5.2001 – 3 StR 99/01, NStZ 2001, 534 jew. für den versuchten Raub mit Todesfolge (§§ 249, 251, 22, 23); 29.11.2012 – 3 StR 293/12, NStZ-RR 2013, 137 zu versuchter Brandstiftung mit Todesfolge.

tens" Fahrlässigkeit für die schwere Folge verlangt. Hier sind zwei Konstellationen denkbar[1119]:

- Sowohl das Grunddelikt bleibt im Versuchsstadium stecken als auch die vom Vorsatz umfasste schwere Folge bleibt aus.
- Das Grunddelikt wird vollendet, aber die vom Vorsatz umfasste schwere Folge bleibt aus.[1120]

Beispiele:

1. T möchte O verprügeln und rechnet damit, dass seine Schläge dem O die Sehfähigkeit nehmen könnten, womit er sich abfindet:
   a) Wenn der Schlag nicht den Körper von O trifft, hat T sich wegen Versuchs einer schweren Körperverletzung (§§ 223, 226 Abs. 1 Nr. 1, 22, 23) z. N. von O strafbar gemacht.
   b) Wenn er zwar O mit der Faust auf die Nase trifft, aber der Verlust der Sehkraft ausbleibt, hat T sich wegen vollendeter Körperverletzung (§ 223) und zugleich wegen Versuchs einer schweren Körperverletzung (§§ 226 Abs. 1 Nr. 1, 22, 23) strafbar gemacht.[1121]
2. Wenn T beim erfolglosen Schlag mit der Absicht handelt, dem O das Augenlicht zu nehmen, greift die Qualifikation der versuchten schweren Körperverletzung (§§ 223, 226 Abs. 2, 22, 23) ein.
3. Wer einen Raub begehen will und dabei den Tod des Opfers mit einplant, als er mit einer Armbrust das Opfer schwer, aber nicht tödlich verletzt, dann aber nicht schafft, etwas wegzunehmen, verwirklicht nebeneinander versuchten Mord (§§ 212, 211, 22, 23), gefährliche Körperverletzung (§§ 223, 224 Abs. 1 Nr. 2), aber auch schweren Raub mit Todesfolge als Versuch (§§ 249, 250 Abs. 2 Nr. 1, 251, 22, 23).[1122]

508 Nach h. M. wird zudem der **erfolgsqualifizierte Versuch** anerkannt, wenn ein Versuch eines – als Versuch strafbaren[1123] – Grunddelikts vorliegt und die Gefährlichkeit der Handlung lediglich mit Fahrlässigkeit zur schweren

1119 Wessels/Beulke/Satzger, AT, Rn. 1001.

1120 BGH 29.3.2001 – 3 StR 46/01, NStZ 2001, 371; 5.6.2019 – 1 StR 34/19, NStZ 2020, 221, 223.

1121 BGH 7.2.1967 – 1 StR 640/66, NJW 1967, 737 zur versuchten schweren Körperverletzung durch Schuss auf das Geschlechtsteil, § 226 Abs. 1 Nr. 1, 22, 23 (§ 224 a. F.).

1122 BGH 10.5.2001 – 3 StR 99/01, NStZ 2001, 534.

1123 Dabei ist umstritten, ob das Grunddelikt strafbar sein muss oder ob sich die Strafbarkeit auch aus dem Verbrechenscharakter des erfolgsqualifizierten Delikts ergeben kann, bspw. § 221 Abs. 2 Nr. 2, Abs. 3 oder § 238 Abs. 3 (zw.), vgl. Fischer, § 18 Rn. 8 m. w. N. Bei anderen Tatbeständen stellt sich das Problem nicht, weil praktisch alle Grunddelikte von Erfolgsqualifikationen als Versuch unter Strafe stehen, bspw. § 223 Abs. 2 im Hinblick auf § 226 oder § 227.

Folge geführt hat.[1124] Da es beim vom Handlungsunwert geprägten Versuch auf die Gefährlichkeit der Handlung ankommt, muss die Erfolgsqualifikation so ausgestaltet sein, dass sie nicht nur auf die Erfolgsgefahr abstellt. Dies ist beim Raub mit Todesfolge (§ 251)[1125] oder der Vergewaltigung mit Todesfolge (§ 178)[1126] anerkannt, für die Körperverletzung mit Todesfolge (§ 227) mit der h. M. ebenfalls zu bejahen[1127]. Der Wortlaut von § 227 lässt dies zu, da er sich ausdrücklich auf § 223 bezieht, allerdings ist dies das Gegenteil einer restriktiven Auslegung, wie sie wegen der hohen Strafandrohung geboten ist.

Beispiel: „Gubener Hetzjagd"

Eine Gruppe von Skinheads verfolgte in kurzem Abstand einen Ausländer (A) in der Absicht, ihn schwer zu misshandeln. A geriet in Panik und floh hastig vor den Skinheads, ohne zu bemerken, dass sie die Verfolgung abbrachen. Bislang war A nicht verletzt worden. Er suchte Zuflucht bei einem Haus, dessen Bewohner aber tief in der Nacht nicht öffneten, weshalb er die Scheibe der Eingangstüre eintrat und durch die Öffnung in den Gang stieg. Dabei verletzte er seine Beinschlagader und verblutete.

Der BGH[1128] sah hierin zunächst eine versuchte gefährliche Körperverletzung, denn mit dem Hetzen war der unmittelbar folgende Handlungsakt eine körperliche Misshandlung durch die Gruppenmitglieder eingeleitet (§§ 223, 224 Abs. 1 Nr. 4, 22, 23, 25 Abs. 2). Da der Tod bei A eingetreten ist und die versuchte Körperverletzung bereits einen so massiven Angriff dargestellt hat, war es durchaus naheliegend, dass A in Panik gerät, weshalb es sich um einen erfolgsqualifizierten Versuch der gefährlichen Körperverletzung mit Todesfolge (§§ 223, 224, 22, 23, 227, 25 Abs. 2) gehandelt hat.

Wenn man anerkennt, dass ein erfolgsqualifizierter Versuch möglich ist, **509**
führt konsequenterweise ein freiwilliger Rücktritt (§ 24) vom versuchten Grunddelikt dazu, dass die Strafbarkeit wegen des erfolgsqualifizierten Versuchs insgesamt entfällt.[1129]

1124 BGH 29.11.2012 – 3 StR 293/12, NStZ-RR 2013, 137.

1125 BGH 14.5.1996 – 1 StR 51/96, NJW 1996, 2663, 2664.

1126 MüKo/Renzikowski, StGB, § 178 Rn. 15 m. w. N.

1127 BGH 9.10.2002 – 5 StR 42/02, NJW 2003, 150, 154; 21.8.2019 – 1 StR 191/19, NStZ-RR 2019, 378; BeckOK/Eschelbach, StGB, § 227 Rn. 17; Fischer, § 227 Rn. 8; Wessels/Beulke/Satzger, AT, Rn. 1004; a. A. Murmann, GK-ST, § 28 Rn. 100; diff. MR/Engländer, StGB, § 227 Rn. 11.

1128 Sachverhalt ähnlich BGH 9.10.2002 – 5 StR 42/02, NJW 2003, 150, 154.

1129 BGH 14.5.1996 – 1 StR 51/96, NJW 1996, 2663, 2664; 5.6.2019 – 1 StR 34/19, NStZ 2020, 221, 223; Fischer, § 251 Rn. 9a m. w. N.

VIII. Besondere Formen des Versuchs

1. Untauglicher Versuch

510 Da für den Versuch das Vorstellungsbild des Täters beim Ansetzen zur Tat (Rz489) entscheidend ist (§ 22), kommt es nicht darauf an, ob der Erfolg – rückblickend betrachtet – überhaupt eintreten konnte. Daher ist auch der sog. **objektiv untaugliche Versuch** strafbar. Das setzt zudem § 23 Abs. 3 voraus.

> Untauglich ist ein Versuch, der nicht gelingen kann, weil die tatsächlichen Voraussetzungen für Tatbestandsmerkmale fehlen, die der Täter irrig für gegeben hält.[1130]

Der Täter irrt beim untauglichen Versuch auf tatsächlicher Ebene; es handelt sich also um einen umgekehrten Tatsachenirrtum (vgl. Rz153). Im Einzelnen ist die Abgrenzung vom Wahndelikt als Irrtum über die Verbotsnorm (s. Rz513) umstritten.[1131]

> **Aufbauhinweis**:
>
> Man kann das Problem der besonderen Formen des Versuchs beim Tatentschluss bzw. beim unmittelbaren Ansetzen erörtern. Alternativ kann man dies aber auch bei der Vorprüfung bei der Frage nach der Strafbarkeit des Versuchs prüfen.[1132]

511 Man kann verschiedene Konstellationen unterscheiden, weshalb ein Versuch objektiv untauglich war:
- **Untaugliches Tatobjekt**: Tötungsversuch an einer Leiche, die der Täter – zumindest bedingt vorsätzlich – noch für lebendig hält.
- **Untaugliches Tatsubjekt**: Bestechlichkeit (§ 332) kann nur ein Amtsträger (§ 11 Abs. 1 Nr. 2) verwirklichen, weshalb eine unwirksame Ernennung nicht ausreicht, aber als untauglicher Versuch für denjenigen strafbar ist, der sich eine wirksame Ernennung vorstellt.[1133]
- **Untaugliches Mittel**: Tötungsversuch mit harmlosem Pulver, das der Täter für ein tödlich wirkendes Gift hält; Wegnahme eines Gegenstandes mit dem nicht erkannten Einverständnis (Diebesfalle, vgl. Rz448 f.).

2. Wahndelikt

512 Unter dem Begriff Wahndelikt versteht man einen umgekehrten Subsumtions- bzw. Verbotsirrtum (vgl. § 17, näher: Rz343). Der Täter geht unzutreffend von einer Verbotsnorm aus bzw. verkennt eine Erlaubnisnorm oder subsumiert falsch unter eine existierende Norm und nimmt deshalb (un-

1130 BGH 9.7.1954 – 1 StR 677/53, juris-Rn. 15; Fischer, § 22 Rn. 39.
1131 Vgl. Murmann, GK-ST, § 28 Rn. 50 ff.; Wessels/Beulke/Satzger, AT, Rn. 994 ff.
1132 Murmann, GK-ST, § 28 Rn. 49, der aber die Abgrenzung zwischen Wahndelikt und untauglichem Versuch schon im Tatentschluss erörtern will; Rath, JuS 1998, 1106, 1112.
1133 MR/Heger/Petzsche, StGB, § 23 Rn. 9; Wessels/Beulke/Satzger, AT, Rn. 983.

zutreffend) an, sein Verhalten sei verboten. Da Tatbestände zur Zeit der Tat gelten müssen und bloße Fehlvorstellungen oder Irrtümer über die Auslegung nicht zu einer Strafbarkeit führen, bleibt das Wahndelikt straflos.

Beispiele:

Wenn jemand annimmt, in Deutschland sei Homosexualität strafbar, stellt er sich lediglich ein erlaubtes Verhalten als verboten vor und bleibt straflos, nachdem § 175 a. F.[1134] nicht mehr gilt.

Wer meint, zur Rettung von bedeutenden Sachwerten dürfe nicht auf Menschen geschossen werden, selbst wenn keine anderen Verteidigungsmittel vorhanden sind, irrt sich über die Auslegung von § 32, weshalb er sich ebenfalls nicht wegen dieser Fehlvorstellung strafbar macht.

Besondere Schwierigkeiten kann die **Abgrenzung** von strafbarem **untauglichem Versuch** und straflosem **Wahndelikt** bei normativen Tatbestandsmerkmalen (umgekehrter Subsumtionsirrtum) aufwerfen. Hier kommt es auf eine plausible Begründung bzw. bei den Ermittlungen auf eine Darstellung des Irrtums an. 513

Fallbeispiele:

1. Polizeibeamter P kontrolliert einen sonst unauffälligen Autofahrer A und stellt einen Wert von 0,8 ‰ BAK fest. Er schafft es, den bereits angelegten Vorgang wieder zu löschen, da es sich bei A um einen Kollegen handelt. P nimmt allerdings an, damit eine versuchte Strafvereitelung im Amt (§§ 258, 258a, 22, 23) zu verwirklichen, denn er meint, dass A eine Trunkenheitsfahrt begangen habe, was tatsächlich aber nicht vorliegt, weil der A weder Ausfallerscheinungen zeigt noch absolut fahruntüchtig ist, was erst ab 1,1 ‰ BAK der Fall wäre.

   Wenn man dies als Wahndelikt einordnen würde, bliebe P straflos. Er stellt sich lediglich irrig vor, dass A § 316 verwirklicht, obwohl tatsächlich nur eine Ordnungswidrigkeit (§ 24a StVG) verwirklicht ist und § 258 nur bei Straftaten[1135] eingreift. Demgegenüber vertritt die h. M., dass sich P wegen untauglichen Versuchs strafbar gemacht habe, weil er A „irrig – gleichviel, ob aus unzutreffenden tatsächlichen oder falschen rechtlichen Erwägungen – für den Täter einer Straftat hält“.[1136] Ein Wahndelikt komme erst dann in Betracht, wenn P

1134 § 175 wurde mit Wirkung vom 11.6.1994 durch das 29. Strafrechtsänderungsgesetz vom 31.5.1994 aufgehoben (BGBl. I S. 1168).

1135 Eine strafbare Trunkenheitsfahrt (§ 316) läge nicht vor, da weder eine absolute noch relative Fahruntüchtigkeit nachgewiesen wurde.

1136 BGH 11.11.1960 – 4 StR 402/60, NJW 1961, 181; 10.9.2015 – 4 StR 151/15, NStZ 2015, 702, 703; zu weiteren Differenzierungen: Rengier, AT, § 35 Rn. 26; MüKo/Cramer, StGB, § 258 Rn. 49 m. w. N. auch zur früheren Gegenansicht.

eine gar nicht existierende Straftat angenommen und dem Verhalten von A zugeordnet hätte.[1137]

2. Wer von der Straße abkommt, aber bei dem Unfall nur sein eigenes Kfz beschädigt, ist auch dann nicht strafbar, wenn er annimmt, dass er eine Unfallflucht (§ 142)[1138] begehe, als er die Örtlichkeit verlässt.[1139]
3. Wer als Hauswart bei der Staatsanwaltschaft arbeitet, kann keine Aussageerpressung (§ 343) begehen. Wenn er sich lediglich vorstellt, er sei tauglicher Täter, handelt es sich um ein strafloses Wahndelikt.

3. Abergläubischer Versuch

514 Bei einem **abergläubischen** (oder **irrealen**) **Versuch** meint der Täter den Tatbestand durch Wirkzusammenhänge zu begehen, die übersinnlichen Kräften zugeschrieben werden und die real nicht existieren. Das wären bspw. Schadenzauber mit Voodoo-Puppen, Totbeten, Verfluchen oder Verhexen. Dies bleibt straflos, wobei die dogmatische Begründung umstritten ist.[1140]

IX. Strafzumessung

1. Grundsätzliches

515 Die **Strafe** richtet sich nach dem verwirklichten Delikt, kann, muss aber nicht **gemildert** werden (§ 23 Abs. 2).

2. Grob unverständiger Versuch

516 Wenn der Täter beim **untauglichen Versuch** (s. Rz 510) **zusätzlich** aus **grobem Unverstand** verkannt hat, dass eine Vollendung ausgeschlossen war, kann von Strafe abgesehen werden (§ 23 Abs. 3), bspw. wer in offenkundiger Verkennung allgemein bekannter Zusammenhänge annimmt, ein Verkehrsflugzeug in großer Höhe mit einer Luftdruckpistole abschießen zu können.[1141]

1137 Rengier, AT, § 35 Rn. 28.

1138 Die Unfallflucht dient nur dazu, fremde Vermögensinteressen zu schützen.

1139 BGH 26.5.1955 – 4 StR 148/55, NJW 1955, 1078, 1079; Wessels/Beulke/Satzger, AT, Rn. 997.

1140 Zu den unterschiedlichen dogmatischen Begründungsmöglichkeiten: Murmann, GK-ST, § 28 Rn. 53; Fischer, § 23 Rn. 9 f.

1141 Fischer, § 23 Rn. 7. Dagegen handelt ein Täter *nicht* aus grobem Unverstand, der lediglich weniger als ein Gramm Gift appliziert, was er aber für tödlich hält, obwohl mindestens 40 Gramm notwendig gewesen wären, weil ein Irrtum über die Dosis einem durchschnittlichen Menschen leicht unterlaufen kann, BGH 14.3.1995 – 1 StR 846/94, NJW 1995, 2176, 2177.

B. Versuch der Beteiligung

I. Vorbemerkungen

Der Versuch der Beteiligung ist in § 30 geregelt. Der Gesetzgeber hat ausnahmsweise für den Vorfeldbereich, d. h. schon vor Versuchsbeginn, die Strafbarkeit bestimmter Verhaltensweisen angeordnet. Der **Strafgrund** liegt in der besonderen Gefährlichkeit konspirativen Zusammenwirkens.[1142] Es wird das Rechtsgut der geplanten Straftat geschützt und § 30 ist insofern nicht isoliert anzuwenden. **517**

Hinweis: § 30 braucht nicht geprüft zu werden, wenn die Tat zumindest versucht oder gar vollendet worden ist.[1143]

§ 30 bezieht sich auf **Verbrechenstatbestände**, grundsätzlich nicht auf Vergehenstatbestände, vgl. aber § 159.[1144] Die in Aussicht genommene Tat muss **in wesentlichen Zügen** festgelegt sein,[1145] sodass der Anzustiftende die Tat begehen könnte, wenn er wollte.[1146] Selbst, wenn zwei Personen verabreden, irgendeinen Dritten zu einem Mord anzustiften (§ 30 Abs. 2, 3. Var., 2. Alt.), reicht dies aus, wenn zumindest Tatmotiv, -opfer und -zeit festgelegt wurden.[1147] **518**

II. Tathandlung

§ 30 enthält vier Tatbestandsvarianten: Die **versuchte Anstiftung** (Abs. 1), das **Sich-Bereiterklären**, die **Annahme des Erbietens** oder das **Verabreden eines Verbrechens**[1148] (Abs. 2). Daraus ergibt sich, dass die versuchte Beihilfe immer straflos bleibt. **519**

1142 BGH 23.3.2017 – 3 StR 260/16, NJW 2017, 2134, Rn. 9, m. Anm. Kudlich; 27.7.1951 – 1 StR 3/51, BGHSt 1, 305, juris-Rn. 13; 4.10.1957 – 2 StR 366/57, NJW 1957, 1770, 1771; Fischer, § 30 Rn. 2.
§ 30 wird auch als „Duchesne-Paragraph" bezeichnet. Hintergrund war, dass im Rahmen des Kulturkampfes der belgische Schmied Duchesne dem Erzbischof von Paris 1873 gegen Bezahlung die Ermordung Bismarks anbot, vgl. Frister, AT, § 29 Rn. 29; MüKo/Joecks/Scheinfeld, StGB, § 30 Rn. 6.

1143 Wenn der Anstifter mehr gewollt hat als ausgeführt, kann § 30 aber bezüglich des schwereren Delikts Bedeutung neben einer vollendeten Anstiftung erlangen, BGH 28.2.1956 – 1 StR 536/55, NJW 1956, 1038 f.

1144 Ausnahmsweise hat der Gesetzgeber im Nebenstrafrecht für bestimmte Vergehen vorgesehen, dass § 30 anwendbar ist, Fischer, § 30 Rn. 4 m. w. N.

1145 BGH 21.11.2018 – 1 StR 506/18, NStZ 2019, 655, 656; 8.8.2012 – 2 StR 526/11, NStZ 2013, 33, 34. Es sind bei personenbezogenen Delikten eher höhere Anforderungen zu stellen.

1146 Rengier, AT, § 47 Rn. 11.

1147 BGH 29.11.2023 – 6 StR 179/23, BeckRS 2023, 37812, Rn. 11.

1148 Hierzu zählt sowohl die Verabredung zur Begehung eines Verbrechens als auch die Verabredung zur Anstiftung eines Dritten zu einem Verbrechen.

1. Versuchte Anstiftung

520 Man muss die **vollendete Anstiftung zum versuchten Delikt** (s. Rz 441) von der **versuchten Anstiftung zum Verbrechen** unterscheiden. § 30 betrifft nur die letztere Konstellation, wobei die Anstiftung aus unterschiedlichen Gründen erfolglos bleiben kann: Der in Aussicht genommene Haupttäter war bereits zuvor zur Tat entschlossen, so dass die Anstiftungshandlung seinen Tatentschluss gar nicht (mehr) wecken kann oder er lehnt vor dem unmittelbaren Ansetzen zum Versuch (ausdrücklich) ab bzw. gibt die Ausführung auf. Ebenfalls kann die Tat aus äußeren Gründen schon vor Versuchsbeginn scheitern, bspw. wenn Rauschgift in nicht geringer Menge (§ 30 Abs. 1 Nr. 4 BtMG) vor der beabsichtigten unerlaubten Einfuhr schon bei einer Kontrolle im Ausland entdeckt wird, so dass in Deutschland nur der Tatentschluss dazu geweckt worden ist.[1149]

Der untaugliche Versuch[1150] und die versuchte Kettenanstiftung (vgl. Rz 444) sind erfasst.[1151]

521 Der Aufbau orientiert sich an der Versuchsprüfung:

Aufbauschema versuchte Anstiftung:

Vorprüfung

1. Nichtvollendung der Anstiftung?
2. Strafbarkeit der versuchten Anstiftung (Verbrechen)?

I. Tatbestandsmäßigkeit

1. Subjektiver Tatbestand (= Tatentschluss)
   a) Vorsatz bzgl. der Vollendung eines vorsätzlichen, rechtswidrigen Verbrechenstatbestands
   b) Vorsatz bzgl. Anstiftungshandlung, d. h. den Tatentschluss hervorzurufen
2. Objektives Element: unmittelbares Ansetzen zum Bestimmen

II. Rechtswidrigkeit

III. Schuld

IV. Ggf. Strafe: Rücktritt (§ 31)

522 Im subjektiven Tatbestand muss **doppelter Anstiftervorsatz** vorliegen, s. Rz 453.

1149 BGH 20.1.2022 – 2 StR 489/21, NStZ 2023, 49, 50.
1150 Fischer, § 30 Rn. 3.
1151 BGH 30.4.2009 – 4 StR 60/09, NStZ 2009, 585; vgl. erg. Fischer, § 30 Rn. 11.

Bedingter Vorsatz reicht aus, sodass es bereits genügt, wenn der Täter es für möglich gehalten und billigend in Kauf genommen hat, dass der Aufgeforderte die **Aufforderung ernst nehmen** und durch sie zur Tat bestimmt werden könnte, ohne dass es einer darüberhinausgehenden besonderen „Ernstlichkeit“ bedarf.[1152] Für das Bestimmen gilt das zur Anstiftung bereits Ausgeführte (Rz 447).

Die in Aussicht genommene Tat muss nach Vorstellung des Täters ein Verbrechen sein und er muss Vollendungsvorsatz haben.[1153] Wenn der Täter glaubt, der Aufgeforderte handele schuldlos, kann dagegen Versuch in mittelbarer Täterschaft in Betracht kommen (s. Rz 392), umgekehrt greift aber § 30 Abs. 1 ein, wenn der Täter irrig annimmt, der Aufgeforderte handele schuldhaft.[1154] **523**

Ein besonderes Problem ist, wie sich besondere persönliche Merkmale (§ 28) auswirken, die die Tat erst zum Verbrechen machen: Für strafbarkeitsbegründende Merkmale (§ 28 Abs. 1) ist – entsprechend dem Vorstellungsbild des Anstifters – auf die Person des Anzustiftenden und nicht den Anstifter abzustellen.[1155] Umstritten ist dies für strafbarkeitsmodifizierende Merkmale gem. § 28 Abs. 2: Nach h. M. müssen diese beim Anzustiftenden vorliegen, weil es auf die Gefährlichkeit der Tat und nicht des Täters ankomme;[1156] eine Gegenmeinung will auf den Anstifter abstellen.[1157] **524**

Fallbeispiel:

Der private Zeuge Z schlägt dem Polizeibeamten P vor, er solle im Rahmen seiner Strafermittlungen Gewalt anwenden, um den Verdächtigen V zu einer selbstbelastenden Aussage zu zwingen. P lehnt dies sofort ab.

Für P wäre das angesonnene Verhalten eine Aussageerpressung (§ 343 Abs. 1 Nr. 1), also ein Verbrechenstatbestand; für Z wäre eine Gewaltandrohung gegen V dagegen das Vergehen einer Nötigung (§ 240), da er kein Amtsträger ist.

Die h. M. bejaht hier §§ 343 Abs. 1 i. V. m. 30 Abs. 1 bei Z, weil dies der Wortlaut ergibt und die Gefährlichkeit des Ansinnens gegenüber dem P entscheidend ist. Die Gegenansicht lehnt dies ab, weil bei einer erfolgreichen Anstiftung Z wegen § 28 Abs. 2 nur wegen §§ 240, 26 bestraft wird.[1158]

1152 BGH 10.6.1998 – 3 StR 113/98, NStZ 1998, 615 f. m. Anm. Roxin; 5.2.2013 – 1 StR 405/12, NJW 2013, 1106 f.
1153 BGH 12.8.1954 – 1 StR 148/54, NJW 1954, 1693.
1154 Fischer, § 30 Rn. 5.
1155 Fischer, § 30 Rn 7.
1156 BGH 23.2.2017 – 1 StR 627/16, NStZ-RR 2017, 140, 141 m. w. N.
1157 Sch/Sch/Heine/Weißer, StGB § 30 Rn. 13 m. w. N.
1158 Wessels/Beulke/Satzger, AT, Rn. 920.

2. Verbrechensverabredung, Sich-Bereiterklären und Annahme eines Erbietens

525 Die **Verbrechensverabredung** ist die ernsthafte Übereinkunft gemeinsam ein konkretisiertes Verbrechen zu begehen.[1159] Es sind mindestens zwei Personen beteiligt, die entweder als Mittäter handeln (§ 30 Abs. 2, 3. Var., 1. Alt.) oder einen Dritten gemeinsam anstiften (§ 30 Abs. 2, 3. Var., 2. Alt.)[1160] wollen. Sie kann als Vorstufe der Mittäterschaft verstanden werden, weshalb das Versprechen einer Beihilfe nicht ausreicht.[1161]

Persönlich müssen sich die Verabredenden nicht kennen.[1162] Sie müssen aber **fest** zur Tat **entschlossen** sein; bloße Tatgeneigtheit, bspw. Diskussion von Chancen und Risiken oder von Fantasien, ist nicht ausreichend.[1163] Nach h. M. muss die Verabredung von allen **ernst gemeint** sein; anderenfalls kommen allerdings die anderen Handlungsvarianten von § 30 in Betracht.

526 Das **Sich-Bereiterklären** umfasst das ernst gemeinte **Angebot** in Erwartung von dessen Annahme oder die **Annahme** einer Aufforderung ein konkretisiertes Verbrechen begehen zu wollen.[1164] Man muss sich gegenüber dem Adressaten **binden wollen**,[1165] bspw., indem man seine Bereitschaft zur Tatbegehung erklärt, aber die Ausführung von einer Bezahlung abhängig macht. Es ist umstritten, ob auch der Fall erfasst wird, wenn der Erklärende ohnehin fest zur Tat entschlossen ist[1166] bzw. ob die Erklärung dem Adressaten überhaupt zugehen muss.[1167]

527 Die **Annahme eines Erbietens** ist das Gegenstück zum Erbieten und stellt häufig einen Spezialfall der versuchten Anstiftung dar, wenn es um Fälle einer tatgeneigten, aber nicht fest entschlossenen Person geht.[1168] Bspw. ist dies durch einen Auftraggeber erfüllt, wenn er auf den Vorschlag eines Killers eingeht und für einen Mord eine Zahlung zusagt.

Unerheblich ist dabei nach h. M., ob der Anbietende sich insgeheim vorbehält, die Tat nicht zu begehen, wenn es aber vom Annehmenden ernst

1159 Ausreichend ist, wenn die strafbare Verabredung in Deutschland stattfindet, selbst wenn die Tat im Ausland begangen wird (§ 3), BGH 5.7.2023 – 5 StR 147/23, BeckRS 2023, 19506.

1160 BGH 29.11.2023 – 6 StR 179/23, BeckRS 2023, 37812, Rn. 8.

1161 BGH 4.5.1988 – 2 StR 82/88, NStZ 1988, 406.

1162 BGH 16.3.2011 – 5 StR 581/10, NStZ 2011, 570, 571, Rn. 16 ff., m. Anm. Weigend. Kommunikation unter Tarnnamen oder Nicknames reicht deshalb aus.

1163 BGH 13.11.2008 – 3 StR 403/08, NStZ 2009, 497, 498; 17.2.2022 – 4 StR 282/21, NStZ 2022, 539 f.

1164 BGH 11.4.2018 – 5 StR 595/17, NStZ-RR 2018, 221, 222 f.; Fischer, § 30 Rn. 14a m. w. N.

1165 BGH 11.4.2018 – 5 StR 595/17, NStZ-RR 2018, 221, 222 f.

1166 Ausdrücklich offengelassen: BGH 17.2.2022 – 4 StR 282/21, NStZ 2022, 539 m. w. N.

1167 Fischer, § 30 Rn. 15; Murmann, GK-ST, § 28 Rn. 22 jew. m. w. N.

1168 BGH 23.3.2017 – 3 StR 260/16, NJW 2017, 2134, 2135, Rn. 22 ff., m. Anm. Kudlich; Rengier, AT, § 47 Rn. 37.

genommen wurde.[1169] Auch umgekehrt kommt es dabei nicht darauf an, ob der Annehmende seine Erklärung nur zum Schein abgibt, sondern entscheidend ist, ob er beim Anbietenden den Eindruck der Ernstlichkeit erwecken will.[1170]

Aufbauschema § 30 Abs. 2: 528

Vorprüfung: Weder Vollendung noch Versuch des Verbrechens?

I. Tatbestandsmäßigkeit
   1. Objektiver Tatbestand
      a) Verbrechen als Bezugstat
      b) Tathandlung: Verabredung Verbrechen zu begehen/Sich-Bereiterklären/Annehmen
   2. Subjektiver Tatbestand:
      a) Konkretisierter Vorsatz bzgl. Verbrechensvollendung und bzgl. Beteiligung
      b) Ggf. sonstige subjektive Tatbestandsmerkmale

II. Rechtswidrigkeit

III. Schuld

IV. Ggf. Strafe: Rücktritt (§ 31)

C. Rücktritt

I. Vorbemerkungen und Aufbauhinweise

Der strafbefreiende Rücktritt vom Versuch ist in § 24 geregelt. 529

Es gibt verschiedene Ansätze den Grund der Straflosigkeit beim Rücktritt zu erklären, die sich teilweise ergänzen, aber keine widerspruchsfreie Theorie darstellen.[1171] Die Rechtsprechung hat in einigen Entscheidungen betont, dass ein **Strafbedürfnis** entfalle, wenn der verbrecherische Wille nicht so stark gewesen sei, um die Tat durchzuführen[1172] und betont den Aspekt des **Opferschutzes.**[1173]

1169 BGH 4.10.1957 – 2 StR 366/57, NJW 1957, 1770, 1771.
1170 BGH 23.3.2017 – 3 StR 260/16, NJW 2017, 2134, 2135, Rn. 23, m. Anm. Kudlich.
1171 Fischer, § 24 Rn. 2; Rengier, AT § 37 Rn. 5; Wessels/Beulke/Satzger, AT, Rn. 1006 ff. m. w. N.
1172 BGH 15.1.1960 – 4 StR 501/59, juris-Rn. 22.
1173 BGH 19.5.1993 – GSSt 1/93, NJW 1993, 2061, 2063; 20.4.2016 – 2 StR 320/15, NJW 2016, 2050, 2051; BGH 13.1.1988 – 2 StR 665/87, NStZ 1988, 404, 405; Fischer, § 24 Rn. 2.

530 § 24 wird ganz überwiegend als **persönlicher Strafaufhebungsgrund** verstanden, ist also nach der Schuld zu prüfen (s. Rz 484); von Strafe wird nur derjenige befreit, der die Voraussetzungen der Norm erfüllt.[1174]

531 Strukturell sind sechs verschiedene **Rücktrittsvarianten** in § 24 geregelt. Die drei Varianten in § 24 Abs. 1 beziehen sich auf den Alleintäter, wozu nach h. M. auch der Einzeltäter gezählt wird, wenn er von Teilnehmern unterstützt wird oder als mittelbarer Täter durch ein Werkzeug die Tat begeht.[1175]

In § 24 Abs. 2 finden sich drei Rücktrittsvarianten für Beteiligte, d. h. Mittäter (§ 25 Abs. 2), Anstifter (§ 26) oder Gehilfen (§ 27). Da in der Praxis der Rücktritt des Alleintäters am häufigsten vorkommt, konzentrieren sich die Hinweise des Aufbauschemas auf diese Konstellation; strukturell gelten bei § 24 Abs. 2 die gleichen Maßgaben.

Aufbauschema: Rücktritt eines Einzeltäters

I. Kein endgültig fehlgeschlagener Versuch

II. Einzeltäter (§ 24 Abs. 1)? (Bei Beteiligten: § 24 Abs. 2)

III. Rücktrittshandlung:

1. Var. Unbeendeter Versuch: Aufgeben der weiteren Ausführung (§ 24 Abs. 1 S. 1, 1. Var.) *oder*
2. Var. Beendeter Versuch: Kausale und gewollte Vollendungsverhinderung (§ 24 Abs. 1 S. 1, 2. Var.) *oder*
3. Var. Beendeter Versuch: Vollendung ohne kausalen Beitrag des Täters, aber ernsthaftes Sichbemühen (§ 24 Abs. 1 S. 2)

IV. Freiwilligkeit

II. Nichtvollendung

532 Die Regelung von § 24 bezieht sich ausdrücklich nur auf den **Versuch**. Von einem vollendeten Delikt kann nicht zurückgetreten werden. Allerdings hat der Gesetzgeber verschiedentlich im Besonderen Teil die **tätige Reue** in einer § 24 ähnelnden Weise ausgestaltet, so dass trotz Vollendung zumindest Strafmilderung erlangt werden kann, bspw. § 306e oder § 239a Abs. 4. Die Rege-

1174 BGH 4.4.2019 – 3 StR 64/19; NStZ-RR 2019, 337, 338; 14.4.1955 – 4 StR 16/55, juris-Rn. 13; Sch/Sch-Eser/Bosch, StGB, § 24 Rn. 4; Heinrich, AT, Rn. 764; Wessels/Beulke/Satzger, AT, Rn. 1005; diff. Frister, AT, § 24 Rn. 7; krit. zur Bezeichnung: SK/Jäger, StGB, § 24 Rn. 10; grundlegend: Haas, ZStW 123 (2011), 226, 232 ff., 256 f.

1175 Rengier, AT, § 37 Rn. 11, 13.

lung in § 24 kann grundsätzlich nicht analog auf vollendete Delikte angewendet werden, da keine planwidrige Regelungslücke im Gesetz vorliegt.[1176]

Beispiel:

Im Supermarkt steckt T sich eine Parfumflasche in seine Jackentasche, um diese für sich zu verwenden, ohne an der Kasse bezahlen zu müssen. Als er zur Kassenzone geht, bekommt er Bedenken und legt die Flasche wieder in das Regal. Dabei beobachtet ihn ein Polizeibeamter.

T hat durch das Einstecken der fremden Parfumflasche in seine Jacke bereits den Tatbestand des Diebstahls vollendet. Er hat den Gewahrsam des Supermarktbetreibers gebrochen und neuen Gewahrsam begründet, als er die Flasche in seine Körpersphäre verbracht hat, also die Wegnahme verwirklicht. Von einem vollendeten Diebstahl kann er nicht mehr strafbefreiend zurücktreten. Stattdessen bieten aber bspw. § 153 oder § 153a StPO der Staatsanwaltschaft die Möglichkeit, das Verfahren einzustellen.[1177]

Folglich muss differenziert betrachtet werden, wenn durch eine Handlung **533**
bestimmte Delikte vollendet oder andere Delikte als Versuch noch rücktrittsfähig sind. Zugleich wird deutlich, dass ein Rücktritt nur dann zur Strafbefreiung führt, wenn die Vollendung der Tat ausbleibt. Insofern trägt der Täter das **Vollendungsrisiko**.[1178] Ebenfalls ist in besonderen Konstellationen die Tat nicht vollendet, wenn die Handlung des Täters nicht ursächlich für den Erfolg wird oder dieser nicht objektiv zugerechnet werden kann.[1179]

Beispiele:

Der Täter sticht mit einem Messer auf sein Opfer ein, aber lässt zuletzt von diesem freiwillig ab, so dass O überlebt. T ist zwar vom versuchten Totschlag (§ 212) strafbefreiend zurückgetreten, allerdings kann er wegen der schon vollendeten gefährlichen Körperverletzung (§§ 223, 224 Abs. 1 Nr. 2, 5) bestraft werden.

Abwandlung: Wenn der Täter zwar nach ersten Stichen vom Opfer freiwillig ablässt und den Rettungsdienst verständigt, es aber trotz wochenlanger Behandlung wegen der Schwere der zugefügten Verletzungen nicht gelingt, das Leben des O zu retten, tritt T nicht strafbefreiend vom Tötungsdelikt zurück.

1176 Wessels/Beulke/Satzger, AT, Rn. 1101 m. w. N.; diff.: Rengier, AT, § 39 Rn. 4 f., der für eine vereinzelte Analogie aus Gründen des Opferschutzes plädiert.

1177 Rengier, AT, § 37 Rn. 4. Das für den Beamten geltende Legalitätsprinzip verlangt Strafverfolgungsmaßnahmen einzuleiten. Die Staatsanwaltschaft kann aber unter bestimmten Voraussetzungen das Verfahren einstellen, vgl. Müller, Strafverfahrensrecht, Rn. 189 f.

1178 BGH 10.3.2000 – 1 StR 675/99, NJW 2000, 1730, 1732 m. w. N. auch zur vereinzelt gebliebenen Gegenansicht in der Literatur.

1179 BGH 25.5.2011 – 5 StR 565/10, NStZ 2012, 29, 30 m. Anm. Mandla.

III. Fehlgeschlagener Versuch

534 Nach h. M. kommt ein strafbefreiender Rücktritt nicht (mehr) in Betracht, wenn der Versuch aus Sicht des Täters **endgültig fehlgeschlagen** ist, denn dann gibt es keinen Grund seinen Verzicht auf (sinnloses) Weiterhandeln zu prämieren.[1180]

> **Definition:**
>
> Fehlgeschlagen ist der Versuch dann, wenn der Täter meint, dass er mit den ihm zur Verfügung stehenden Mitteln den tatbestandlichen Erfolg nicht oder nicht ohne zeitliche Zäsur herbeiführen kann.[1181]

Prägnant kann man aus Sicht des Täters formulieren: „Ich kann nicht zum Ziele kommen, selbst wenn ich es wollte."[1182]

535 Maßgeblich ist die **Vorstellung des Täters**, unabhängig davon, ob er sich irrt.[1183] Es ist dagegen nicht entscheidend, mit welchem Vorsatzgrad der Täter handelt; es kann bei Abgabe des einzigen zur Verfügung stehenden Schusses mit bedingtem Tötungsvorsatz der Versuch fehlschlagen, wenn das Ziel verfehlt wird.[1184] Ebenfalls kommt es nicht darauf an, ob der Täter ein außertatbestandliches Ziel (s. Rz 545) erreicht und deshalb weitere Handlungen für ihn sinnlos sind, denn entscheidend ist, ob er davon ausgeht, den Tatbestand noch vollenden zu können.[1185]

Umstritten war der Zeitpunkt, auf den abzustellen ist. Die inzwischen ganz h. M. stellt auf den sog. **Rücktrittshorizont**, d. h. den Zeitpunkt des Rücktrittsverhaltens zum **Zeitpunkt der letzten Ausführungshandlung** ab; allerdings kann der Täter den **Rücktrittshorizont** bis zuletzt **korrigieren**, wenn er bspw. einen Irrtum oder eine weitere Handlungsoption erkennt.[1186] Darauf wird im Zusammenhang mit der Unterscheidung von beendetem und unbeendetem Versuch näher eingegangen, s. Rz 538.

1180 BGH 10.4.1986 – 4 StR 89/86, NStZ 1987, 277; 19.5.1993 – GSSt 1/93, NJW 1993, 2061, 2062; Wessels/Beulke/Satzger, AT, Rn. 1012; vert. Roxin, NStZ 2009, 319–321. Teilweise lehnt man diese Rechtsfigur ab, und will diesen Aspekt erst bei der Freiwilligkeit oder bei der Frage, ob ein unbeendeter Versuch vorliegt, erörtern, Frister, AT, § 24 Rn. 20; Schlehofer/Putzke/Scheinfeld, AT, Rn. 894; Baumann/Weber/Mitsch/Eisele, AT, § 23 Rn. 18; Schroeder, NStZ 2009, 9–12; Wörner, NStZ 2010, 66, 71.

1181 St. Rspr. BGH 19.5.1993 – GSSt 1/93, NJW 1993, 2061, 2062; 24.11.2021 – 4 StR 345/21, NStZ-RR 2022, 39 m. w. N.; Eisele/Heinrich, AT, Rn. 507.

1182 Diese sog. Frank'sche Formel wurde ursprünglich für die Freiwilligkeit des Rücktritts geprägt, Frank, RStGB, § 46 II [S. 97].

1183 Vert. Heinrich, AT, Rn. 777 m. w. N.

1184 Da im Tatentschluss regelmäßig bedingter Vorsatz ausreicht (näher: Heinrich, AT, Rn. 658), kann nichts Anderes für den Rücktritt gelten.

1185 BGH 5.9.1989 – 1 StR 390/89, NStZ 1990, 30, 31 f.; vgl. auch: BGH 27.10.1992 – 1 StR 273/92, NStZ 1993, 280; anders noch: BGH 14.2.1984 – 1 StR 849/83, NJW 1984, 1693.

1186 BGH 22.9.2015 – 4 StR 359/15, NStZ 2016, 332; 30.11.1995 – 5 StR 465/95, NJW 1996, 936, 937; Rengier, AT, § 37 Rn. 17 f.

Es wird dabei nicht auf Einzelakte oder einen zuvor gefassten Tatplan, sondern auf eine **Gesamtbetrachtung** abgestellt, um so einen besonders weitgehenden Anreiz zu geben, die Rechtsgüter zu schützen und nicht den mit großer krimineller Energie umfassend planenden Täter zu bevorzugen.[1187] 536

Beispiele:

1. Der Täter (T) sticht mit einem Messer auf sein Opfer (O) ein, um es zu töten. Das Messer bricht ab. Er sieht nun keine Möglichkeit mehr, den Tod herbeizuführen und hält den versuchten Totschlag für endgültig fehlgeschlagen.[1188]

   Gleiches gilt, wenn T feststellt, dass er den X angegriffen hat, der dem O ähnelt und aufhört weiter zuzustechen, weil ihm nur der O verhasst ist.[1189]

   Abwandlung: Wenn T zuletzt bemerkt, dass er statt des abgebrochenen Messers einen Pflasterstein verwenden könnte, um das fluchtunfähige Opfer zu erschlagen, hätte er den Rücktrittshorizont korrigiert und es läge kein endgültig fehlgeschlagener Versuch vor.[1190]

2. Wenn der Täter Wertsachen aus der Jacke des O stehlen will, aber enttäuscht feststellen muss, dass sich dort nur ein gebrauchtes Taschentuch befindet, ist der Versuch des Diebstahls fehlgeschlagen. Gleiches gilt, wenn er in der Tasche ein Handy ertastet, dieses aber schon so veraltet ist, dass er darauf verzichtet, es mitzunehmen.[1191] Wegen Korrektur des Rücktrittshorizonts wäre es wiederum kein endgültig fehlgeschlagener Versuch, wenn T nunmehr erkennt, dass er dem O stattdessen einen unbeaufsichtigten Rucksack und darin vermutete Wertgegenstände stehlen könnte.[1192]

   Umstritten ist, ob der Versuch auch fehlschlagen ist, wenn O den T beim Abtasten ertappt und ihm aus Mitleid Geld anbietet, sodass aus rechtlichen Gründen eine Wegnahme entfällt. Hier nehmen Literaturstimmen einen Fehlschlag an.[1193] Die Rspr. lehnt dagegen einen Fehlschlag ab, wenn der Täter zumindest darauf verzichtet mit Gewalt vorzugehen, um so einen Rücktritt und damit den Schutz der Rechtsgüter des Opfers umzusetzen.[1194]

1187 BGH 10.4.1986 – 4 StR 89/86, NStZ 1987, 277, 278; Wessels/Beulke/Satzger, AT, Rn. 1015 ff.
1188 BGH 20.5.2009 – 2 StR 576/08, NStZ 2009, 630 für den Fall, dass sich das Opfer schneller als der Täter in Sicherheit bringen kann.
1189 BGH 14.7.1992 – 1 StR 243/92, NStZ 1993, 39, 40; Fischer, § 24 Rn 8; Heinrich, AT, Rn. 777; diff. Rengier, AT, § 37 Rn. 23 f.
1190 BGH 26.9.2006 – 4 StR 347/06, NStZ 2007, 91, der betont, dass es darauf ankommt, dass der Zurücktretende Herr seiner Entschlüsse bleibe und die Handlungsoption erkenne, unabhängig davon, ob er diese wählen wolle; Wessels/Beulke/Satzger, AT, Rn. 1025.
1191 BGH 20.2.1953 – 1 StR 719/52, NJW 1953, 752; Rengier, AT, § 37 Rn. 25.
1192 Wessels/Beulke/Satzger, AT, Rn. 1034.
1193 Rengier, AT, § 37 Rn. 28; Wessels/Beulke/Satzger, AT, Rn. 1029.
1194 BGH 24.6.1993 – 4 StR 33/93, NJW 1993, 2188, 2189 zum Fall einer „versuchten" Vergewaltigung (korrekt: einer sexuellen Nötigung in besonders schwerem Fall, vgl. Erhardt, Strafrecht, Rn. 347) und dem Vorschlag des vom Täter bereits umgerissenen Opfers (§ 177 Abs. 1, 5 Nr. 1, 22, 23, Abs. 6 Nr. 1) erst am nächsten Tag einverständlichen Ge-

537 Ein Rücktritt wegen eines fehlgeschlagenen Versuchs scheidet nach h. M. auch dann aus, wenn mehrere Täter i. S. v. § 24 Abs. 2 am Versuch beteiligt sind.[1195]

IV. Rücktrittsverhalten des Einzeltäters

538 Das Rücktrittsverhalten des Einzeltäters i. S. v. § 24 Abs. 1 kann in drei unterschiedlichen Varianten von Bedeutung sein: Praktisch bedeutsam ist das bloße Nichtweiterhandeln, welches nur beim sog. unbeendeten Versuch ausreicht. Beim beendeten Versuch wird dagegen aktives Tun verlangt. Der unbeendete und der beendete Versuch sind deshalb voneinander abzugrenzen.[1196] Maßgeblich ist das Vorstellungsbild zum Zeitpunkt nach der letzten Ausführungshandlung.[1197] Für den Rücktritt ist es unerheblich, ob der Täter mit bedingtem oder direktem Vorsatz gehandelt hat.[1198]

Für den Rücktritt mehrerer Beteiligter gem. § 24 Abs. 2 ist die Unterscheidung zwischen beendetem und unbeendetem Versuch dagegen nicht maßgeblich.

Hinweis:

Man darf nicht die Vollendung und Beendigung des *Tatbestandes* (Rz 479 f.) mit den Bezeichnungen unbeendeter und beendeter *Versuch* verwechseln!

539 ### 1. Unbeendeter Versuch

Die erste Rücktrittsvariante von § 24 Abs. 1 betrifft den Rücktritt vom **unbeendeten Versuch**. Maßgeblich ist die **subjektive** Vorstellung des Täters.

Definition:

Unbeendet ist ein Versuch, wenn der Täter noch **nicht alles getan** zu haben glaubt, was nach seiner Vorstellung zur Tatvollendung erforderlich ist,[1199] er also noch weiterhandeln müsste, um den tatbestandlichen Erfolg herbeizuführen.[1200]

---

schlechtsverkehr in dessen Wohnung zu haben, wo es allerdings am Rücktritt fehlte, weil der Täter auf Vollzug des Geschlechtsverkehrs vor Ort bestand.

1195 BGH 27.11.2019 – 2 StR 609/18, BeckRS 2019, 35977; 15.1.2015 – 4 StR 560/14, BeckRS 2015, 2501; 11.4.2018 – 2 StR 551/17, NStZ 2019, 198.

1196 BGH 11.1.2022 – 6 StR 431/21, NStZ 2022, 349, 350; 22.8.1985 – 4 StR 326/85, NJW 1986, 73.

1197 BGH 26.2.2019 – 4 StR 464/18, NStZ 2019, 399.

1198 BGH 12.2.1969 – 2 StR 537/68, NJW 1969, 1358 f.; 22.5.2013 – 4 StR 170/13, NStZ 2013, 703, 704; Eisele/Heinrich, AT, Rn. 517; a. A. BGH 14.2.1984 – 1 StR 849/83, NJW 1984, 1693, mit überzeugenden Gründen abl. Ulsenheimer, Anm. JZ 1984, 852; krit. Lackner/Kühl/Heger, StGB, § 24 Rn. 12 m. w. N.

1199 BGH 26.2.2019 – 4 StR 464/18, NStZ 2019, 399.

1200 BGH 11.4.2018 – 2 StR 551/17, NStZ 2019, 198 f.; Fischer, § 24 Rn. 14a.

a) Aufgabe der Tat

Als Rücktrittshandlung lässt § 24 Abs. 1 S. 1, 1. Alt. beim unbeendeten Versuch die **Aufgabe der Ausführung der Tat** genügen. 540

Mit der Tat ist die **materiell-rechtliche Tat** i. S. d. gesetzlichen Tatbestands gemeint, die im Ganzen und endgültig aufgegeben werden muss. Deshalb ist es keine Aufgabe der Tat, wenn der Täter bspw. wegen einer Störung seine Handlung unterbricht, sich deren Fortführung aber als einheitliches Geschehen vorbehält.[1201] Den Tatentschluss muss der Täter dagegen nach inzwischen h. M. nicht aufgeben, denn der Wortlaut von § 24 stellt insofern auf die „Tat" ab; maßgeblich ist deshalb die konkrete Tat im Sinne einer **Gesamtbetrachtung**, die durch das Tatobjekt, die Situation und das Tatziel gekennzeichnet ist, sodass sich die Weiterverfolgung des ursprünglichen Zieles als neues Ansetzen zu einem neuen Versuch im Unterschied zu einer bloßen Unterbrechung ein und desselben Versuchs darstellen würde.[1202]

Aufgeben kann der Täter eine Tat trotz eines **(Vorsatz-)Wechsels** zu einem anderen Delikt, bspw. kann er einen Mord aufgeben, aber weiterhin eine Körperverletzung oder einen Raub anstreben,[1203] er kann sogar eine versuchte sexuelle Nötigung aufgeben, um das Opfer zu töten.[1204] 541

b) Teilrücktritt und Rücktritt bei Erfolgsqualifikationen

Differenziert zu betrachten ist dagegen ein **Teilrücktritt**: Grundsätzlich ist ein Teilrücktritt möglich. 542

Beispiel:

Der Täter will sein Opfer mit einer Hantelstange schlagen und holt zu einem Schlag aus. Er lässt aber die Hantelstange fallen, weil er es nunmehr als ausreichend ansieht, dem Opfer mit der Faust Verletzungen zuzufügen.

Hier wurde eine einfache Körperverletzung durch den Faustschlag verwirklicht. Vom Versuch einer gefährlichen Körperverletzung (§§ 223, 224 Abs. 1 Nr. 2, 2. Alt., 22, 23) ist T strafbefreiend zurückgetreten, als er die Hantelstange fallen ließ.

1201 BGH 1.4.2009 – 2 StR 571/08, NStZ 2009, 501, 502; 21.11.2000 – 4 StR 489/00, 21.11.2000 – 4 StR 489/00, BeckRS 2000, 30144326.

1202 BGH 29.3.2023 – 2 StR 147/21, NStZ 2023, 482, 484 m. Anm. Ruppert; 15.8.2001 – 2 StR 292/01, NStZ 2002, 28; 1.3.1994 – 1 StR 33/94, NJW 1994, 1670; Wessels/Beulke/Satzger, AT, Rn. 1055.

1203 BGH 23.11.2016 – 4 StR 471/16, BeckRS 2016, 21451; 13.6.2006 – 4 StR 67/06, NStZ 2006, 685; 10.04.1986 – 4 StR 89/86, NStZ 1987, 277, 278; 13.2.1985 – 3 StR 481/84, BGHSt 33, 142, juris-Rn. 8.

1204 BGH 26.10.2006 – 4 StR 354/06, BeckRS 2006, 14315.

543 Wenn ein Tatbestand es ausreichen lässt, dass der Täter zu irgendeinem Zeitpunkt das qualifizierende Merkmal aufweist, ist wegen Vollendung des Qualifikationsmerkmals nach h. M. kein Teilrücktritt möglich[1205]; der Täter kann aber immer Straffreiheit erlangen, wenn er vom Grunddelikt zurücktritt.

Beispiel:

Der Täter will einen Diebstahl im Supermarkt begehen und steckt sich für alle Fälle einen Revolver ein. Vor Ort entledigt er sich des geladenen Revolvers, unmittelbar bevor er die Ware an sich nimmt.

T hat sich gem. §§ 242, 244 Abs. 1 Nr. 1 strafbar gemacht, weil es für das Qualifikationsmerkmal des Beisichführens einer Waffe ausreicht, dass er diese zu irgendeinem Zeitpunkt ab Versuchsbeginn bis zur Beendigung gebrauchsbereit zur unmittelbaren Verfügung hat. Daher konnte T nach h. M. nicht mehr durch die Entledigung der Waffe vom bewaffneten Diebstahl zurücktreten, den er nachfolgend vollendet; dazu hätte er vom versuchten Diebstahl insgesamt zurücktreten müssen.[1206]

544 Ein Rücktritt vom Grunddelikt führt dagegen zu einem **Rücktritt von einem erfolgsqualifizierten Versuch**[1207], denn ein erfolgsqualifzierter Versuch beruht auf einem versuchten Grunddelikt, weshalb es nicht ausreicht, dass die schwere Folge eingetreten ist.[1208]

Beispiel:

Der Täter bedroht eine erkennbar betagte Kundin mit einer Pistole, um im Supermarkt die Herausgabe von Bargeld zu erzwingen. Als die Kundin einen Herzanfall bekommt und stirbt, bricht T die Tat ab, obwohl die Kassiererin die Kasse inzwischen geöffnet hat und T zugreifen könnte.

T ist von einem versuchten schweren Raub (§ 249, 250 Abs. 2, 22, 23) strafbefreiend zurückgetreten. Dass mit dem Tod der Kundin die schwere Folge i. S. v. § 251 bereits eingetreten ist, lässt zugleich den versuchten schweren Raub mit Todesfolge (§§ 249, 250, 22, 23, 251, 18) nach h. M. entfallen. Es verbleibt aber eine fahrlässige Tötung (§ 222).

1205 Zu § 250: BGH 23.8.1983 – 5 StR 408/83, NStZ 1984, 216, m. krit. Anm. Zaczyk; zu § 177 Abs. 7: BGH 4.4.2007 – 2 StR 34/07, NJW 2007, 1699; Fischer, § 24, Rn. 27; Murmann, GK-ST, § 28 Rn. 133b; NK/Engländer, StGB, § 24 Rn. 40; a. A. Wessels/Beulke/Satzger, AT, Rn. 1056; Rengier, AT, § 37 Rn. 162; Sch/Sch/Eser/Bosch, StGB, § 24 Rn. 113; undifferenziert: MR/Heger/Petzsche, StGB, § 24 Rn. 64 f.

1206 Murmann, GK-ST, § 28 Rn. 133 m. w. N. Die Gegenauffassung lässt den Teilrücktritt von § 244 Abs. 1 Nr. 1 zu und straft nur wegen eines einfachen Diebstahls.

1207 Weiter differenzierend und zum Rücktritt vom Versuch der Erfolgsqualifikation: NK/Engländer, StGB, § 24 Rn. 66 f.

1208 BGH 14.5.1996 – 1 StR 51/96, NJW 1996, 2663, 2664; Murmann, GK-ST, § 28 Rn. 134; a. A. Jäger, NStZ 1998, 161, 165.

c) Außertatbestandliche Zielerreichung

Besondere Aufmerksamkeit verdienen Fälle, in denen der Täter ein außerhalb des Tatbestands liegendes Handlungsziel verfolgt, insbesondere wenn er den Taterfolg nur bedingt vorsätzlich herbeizuführen versucht. Außertatbestandliche Handlungsziele sind bspw. die Flucht, das Verpassen eines Denkzettels bei einer versuchten Tötung oder ein vorzeitiger Samenerguss bei einem „Vergewaltigungsversuch“. Für diese Täter macht es motivational bei einem unbeendeten Versuch keinen Sinn, noch weitere Handlungen zur Tatbestandsvollendung vorzunehmen, wenn das eigentlich erstrebte Ziel schon erreicht worden ist. **545**

Ein Teil der Literatur und die frühere Rspr. gehen davon aus, dass ein Aufgeben der Tat nicht mehr in Betracht kommt, weil der Täter nichts mehr aufgibt, wenn er eine für seinen Gesamtplan sinnlose Handlung unterlässt.[1209]

Die aktuell h. M. geht dagegen zutreffend davon aus, dass ein Aufgeben der Tat in diesen Fällen vorliegt, weil es nur konsequent ist, wenn für den Versuch allein die Tatbestandsmerkmale ausschlaggebend sind, aber außertatbestandliche Motive unbeachtlich bleiben. Kriminalpolitisch und unter dem Gesichtspunkt des Opferschutzes ist es konsequent, dass der Rücktritt nicht nur dem mit direktem Vorsatz Handelnden, sondern auch dem lediglich bedingt vorsätzlich Agierenden eröffnet bleibt, denn es wäre ungereimt, wenn ein Täter mit dem stärkeren Vorsatzgrad eher zurücktreten könnte.[1210]

Fallbeispiel:

Der Täter wollte nach einem Überfall unbedingt seine Flucht durchsetzen und entschloss sich mit bedingtem Tötungsvorsatz auf ihn verfolgende Polizeibeamte zu schießen. Er verfehlte die Beamten, die für T erkennbar unverletzt die Verfolgung abbrachen, um nicht weiter beschossen zu werden. Der Täter verzichtete daraufhin weitere Schüsse abzugeben.[1211]

T hatte ein versuchtes Tötungsdelikt rechtswidrig und schuldhaft verübt, als er auf die Beamten geschossen hat. Nach der M. M. liegt kein Aufgeben der Tat und damit kein strafbefreiender Rücktritt gem. § 24 Abs. 1 S. 1, 1. Alt. vor, weil der T sein Ziel erreicht hatte und ungehindert fliehen konnte.

1209 BGH 20.9.1989 – 2 StR 251/89, NStZ 1990, 77, 78 (obiter dictum); 26.11.1990 – 5 StR 480/90, NStZ 1991, 127, 128; Lackner/Kühl/Heger, StGB, § 24 Rn. 12 m. w. N.; auf einen fehlgeschlagenen Versuch abstellend: Murmann, GK-ST, § 28 Rn. 132.

1210 BGH 19.5.1993 – GSSt 1/93, NJW 1993, 2061, 2063; 10.10.2008 – 4 StR 141/08, NStZ 2009, 86; 20.9.2012 – 3 StR 367/12, NStZ-RR 2013, 105; 7.3.2018 – 2 StR 353/17, BeckRS 2018, 4865, Rn. 9; 11.1.2022 – 6 StR 431/21, NStZ 2022, 349, 350 m. krit. Anm. Jäger; Wessels/Beulke/Satzger, AT, Rn. 1051; MüKo/Hoffmann-Holland, StGB, § 24 Rn. 87 jew. m. w. N.

1211 Sachverhalt ähnlich: BGH 26.11.1990 – 5 StR 480/90, NJW 1991, 1189, vgl. zur Lösung aber die Nachweise in der vorangehenden Fußnote.

Die h. M. nimmt einen strafbefreienden Rücktritt an, weil T darauf verzichtet hat, weitere Schüsse auf die Beamten abzugeben. Es ist besser, wenn die Leben verschont bleiben, weil T sich nicht sagen muss, er könne ruhig noch weiter schießen, denn eine Strafe wegen Versuchs sei schon verwirkt.

2. Beendeter Versuch

546 Für den **beendeten Versuch** kommen zwei weitere Rücktrittsvarianten im Rahmen von § 24 Abs. 1 in Betracht: Erstens die vom Täter **kausal bewirkte Erfolgsabwendung**, zweitens aber auch das **ernsthafte Bemühen** eines Täters, der damit aber die Erfolgsvermeidung nicht kausal bewirkt. Es ist beim beendeten Versuch immer ein aktiver Gegenakt erforderlich.

Definition:

Ein beendeter Versuch liegt vor, wenn der Täter meint, **alles getan** zu haben, was nach seiner Vorstellung von der Tat zur Herbeiführung des Erfolges notwendig oder möglicherweise ausreichend ist.[1212]

Ein beendeter Versuch liegt auch dann vor, wenn sich der Täter **keine Vorstellungen** über die Folgen seines Tuns macht, er also für möglich hält, dass bereits alle für den Erfolg erforderlichen Handlungen vorgenommen wurden;[1213] andererseits reicht es nicht aus, wenn der Täter bloß **hätte erkennen können**, dass ohne aktive Gegenmaßnahmen der Erfolg eintreten werde, denn entscheidend ist sein subjektives **Vorstellungsbild**.[1214]

a) Verhinderung des Erfolgseintritts

547 Der Eintritt des Erfolges wird verhindert, wenn der Täter aktiv den darauf gerichteten Kausalverlauf unterbricht. Es reicht schon aus, wenn eine **neue Kausalkette** in Gang gesetzt wird, die für die Nichtvollendung zumindest **mitursächlich** wird.[1215] Unerheblich ist, ob der Täter noch mehr hätte tun können, sofern er nur die ihm bekannten und zur Verfügung stehenden Mittel benutzt hat, die aus seiner Sicht den Erfolg verhindern konnten.[1216] Er kann sich dabei der Hilfe **Dritter** bedienen, bspw. den Ret-

1212 BGH 19.5.1993 – GSSt 1/93, NJW 1993, 2061, 2062; 27.8.2019 – 4 StR 330/19, NStZ-RR 2019, 368 m. w. N.; anschauliche Skizze: Wessels/Beulke/Satzger, AT, Rn. 1039 f.

1213 BGH 2.11.1994 – 2 StR 449/94, NStZ 1995, 121.

1214 BGH 29.5.2007 – 3 StR 179/07, NStZ 2007, 634.

1215 BGH 22.8.1985 – 4 StR 326/85, NJW 1986, 73, 74; 5.7.2018 – 1 StR 201/18, NJW 2018, 2908, 2909. Nach einer verbreiteten Literaturmeinung reicht nicht bloße Mitursächlichkeit aus, sondern man will auf die Kriterien der objektiven Zurechnung entsprechend abstellen, Rengier, AT, § 37 Rn. 115 ff. m. w. N.; diff. MR/Heger/Petsche, StGB, § 24 Rn. 44 f.

1216 BGH 5.7.2018 – 1 StR 201/18, NJW 2018, 2908, 2909.

tungsdienst rufen, darf es aber nicht dem Zufall überlassen, sondern muss dazu einen steuernden Beitrag leisten.[1217]

Fallbeispiel:

Der Täter hatte seine Frau mit Tötungsvorsatz schwer verletzt. Er verbrachte die bereits stark benommene Frau bis 100 m vor den Krankenhauseingang und entfernte sich. Dort brach sie zusammen, wurde aber von anderen Personen zufällig gefunden und gerettet.

Es ist umstritten, ob T vom Tötungsversuch strafbefreiend gem. § 24 Abs. 1 S. 1, 2. Alt. zurückgetreten ist, als er seine Frau in die Nähe des Krankenhauses verbrachte.

Da das Auffinden der Frau allein dem Zufall überlassen geblieben ist, sah der BGH früher darin ein bloßes Wünschen oder Hoffen auf einen guten Ausgang, aber kein Verhindern der Vollendung und damit keinen Rücktritt.[1218]

In späteren Entscheidungen wurde dies zutreffend anders beurteilt: Das Verhalten des T war mitursächlich für die Rettung und der T trug weiterhin das Risiko der Erfolgsabwendung, denn bei einem vollendeten Delikt ist kein Raum für einen Rücktritt. Zudem ist die Formulierung „Vollendung verhindert" weiter zu verstehen als „ernsthaft bemüht" in § 24 Abs. 1 S. 2.[1219]

Da es auf das subjektive Vorstellungsbild des Täters ankommt, muss er auch dann aktiv werden, wenn objektiv der Erfolg aus von ihm unerkannten Gründen gar nicht eintreten oder ihm nicht zugerechnet werden kann.

b) Nicht ursächliche Rettungsbemühung

In praktisch seltenen Fällen kann der Täter zurücktreten, wenn zwar der Erfolg **548**
ausbleibt, aber die ernsthaften **Bemühungen** des Täters, den Erfolg zu verhindern, dafür **nicht ursächlich** sind. Dies kommt in drei Fallgruppen in Betracht:

- Der Versuch des Täters ist **fehlgeschlagen**, aber irrig geht er davon aus, bereits alles Erforderliche getan zu haben.
- Der Versuch ist **untauglich**, was der Täer aber verkennt.
- **Dritte** haben **unabhängig** vom Täter bereits den Taterfolg verhindert, bevor der Täter seine Bemühung entfaltet.

In allen diesen Konstellationen muss der Täter aber nicht nur irgendwel- **549**
che Bemühungen entfaltet haben, sondern er muss sich **ernsthaft** um die

1217 BGH 5.7.2018 – 1 StR 201/18, NJW 2018, 2908, 2909; 20.12.2002 – 2 StR 251/02, NJW 2003, 1058, 1159; 22.8.1985 – 4 StR 326/85, NJW 1986, 73, 74.

1218 BGH 27.4.1982 – 1 StR 873/81, NJW 1982, 2263; 22.8.1985 – 4 StR 326/85, NJW 1986, 73, 74.

1219 BGH 9.12.1998 – 5 StR 584/98, NStZ 1999, 128; 20.12.2002 – 2 StR 251/02, NJW 2003, 1058, 1159 jew. m. w. N.

Erfolgsabwendung bemühen. Darunter ist zu verstehen, dass der Täter die aus seiner Sicht für die Erfolgsabwendung erforderliche Handlung wählt.[1220] Er kann sich der Hilfe Dritter bedienen, muss deren Rettungshandlung aber überwachen.[1221] Insbesondere wenn ein Menschleben auf dem Spiel steht, muss die optimale bzw. **bestmögliche Handlungsoption** zur Erfolgsabwendung gewählt werden; es werden von der Rspr. hohe Anforderungen gestellt.[1222]

550 Eine Besonderheit stellt der **unbeendete untaugliche Versuch** dar, auf den die Rspr. § 24 Abs. 1 S. 2 anwendet und bei dem es ausreicht, wenn der Täter auf weitere objektiv zwar untaugliche, aber von ihm für erfolgsversprechend gehaltene Vollendungsmöglichkeiten verzichtet.[1223]

c) Rücktritt vom Versuch durch Unterlassen

551 Es ist umstritten, ob auf den Rücktritt von einem Versuch, der durch Unterlassen begangen wurde, die Regeln des Rücktritts vom beendeten Versuch anzuwenden sind. Für diese Versuchsform ist immer ein aktives Tun erforderlich.[1224] Es ist bei einem mehraktigen Geschehen nach h. M. unerheblich zu welchem Zeitpunkt der Rücktritt erfolgt, der dann auch alle davor liegenden Akte mitumfasst, es sei denn der Versuch durch Unterlassen wäre aus Tätersicht endgültig fehlgeschlagen.[1225]

V. Rücktrittshorizont und Korrekturmöglichkeit

552 Die verschiedenen Konstellationen (fehlgeschlagener, unbeendeter und beendeter Versuch) sind aus der subjektiven Perspektive des Täters zu beurteilen. In zeitlicher Hinsicht wird von der h. M. auf die **Vorstellung des Täters** in der Phase unmittelbar nach der letzten **Ausführungshandlung**, den **Rückstrittshorizont,** abgestellt.[1226]

553 Um den Rechtsgüterschutz umfassend zu gewährleisten, wird dem Täter zudem noch die Möglichkeit eingeräumt, seinen **Rücktrittshorizont** unmittelbar danach, also **in engen zeitlichen Grenzen**, zu **korrigieren**.[1227] Dies

1220 BGH 27.4.1982 – 1 StR 873/81, NJW 1982, 2263; 4.8.2011 – 2 StR 219/11, NStZ 2012, 28, 29.
1221 BGH 22.8.1985 – 4 StR 326/85, NJW 1986, 73, 74.
1222 BGH 20.5.2010 – 3 StR 78/10, NStZ-RR 2010, 276, 277; 7.2.2018 – 2 StR 171/17, NStZ-RR 2018, 137, 138 m. w. N. aus der Rspr.; zweifelnd: Fischer, § 24 Rn. 36.
1223 BGH 24.11.2004 – 5 StR 239/04, NStZ-RR 2005, 70, 71.
1224 Murmann, GK-ST § 30 Rn. 117.
1225 BGH 29.10.2002 – 4 StR 281/02, NStZ 2003, 252, 253 m. Anm. Freund NStZ 2004, 326; Murmann, GK-ST § 30 Rn. 116 ff. jew. m. w. N. auch zur Gegenansicht.
1226 BGH 3.12.1982 – 2 StR 550/82, NJW 1983, 764, 765; 19.5.1993 – GSSt 1/93, NJW 1993, 2061, 2062; 2.11.1994 – 2 StR 449/94, NStZ 1995, 121; 22.3.2017 – 5 StR 6/17, NStZ 2017, 576; 12.12.2017 – 5 StR 476/17, NStZ 2018, 204, 205.
1227 BGH 19.5.1993 – GSSt 1/93, NJW 1993, 2061, 2062; 23.6.2020 – 5 StR 601/19, NStZ-RR 2020, 272; 29.3.2023 – 2 StR 147/21, NStZ 2023, 482, 483; Fischer, § 24 Rn. 15d m. w. N.

kann dazu führen, dass ein zunächst vom Täter angenommener fehlgeschlagener oder beendeter Versuch zu einem unbeendeten Versuch korrigiert wird, so dass der bloße Verzicht auf weitere Ausführungshandlungen einen Rücktritt ermöglicht; es reicht aus, dass diese Konstellation nicht ganz fern liegt.[1228]

> **Beispiel**:
>
> Der Täter hat versucht auf sein Opfer mit einem Messer einzustechen, welches dabei abbricht und nach dessen Einschätzung unbrauchbar für eine weitere Verletzungshandlung wird. Wenn er aber unmittelbar danach die Möglichkeit sieht, dass er sein Opfer erwürgen kann, hat er von einem fehlgeschlagenen zu einem unbeendeten Versuch korrigert.

Allerdings kann auch umgekehrt von einem zunächst angenommenen un- **554**
beendeten Versuch zu einem beendeten Versuch korrigiert werden, sofern dem Täter eine entsprechende Wahrnehmung nachgewiesen werden kann. Man spricht von einer **„umgekehrten Korrektur des Rücktrittshorizonts“**, wenn der Täter zunächst annimmt, sein Tun führe noch nicht unmittelbar zum Erfolg, aber nach der letzten Tathandlung in engstem räumlichem und zeitlichem Zusammenhang dies als Irrtum erkennt.[1229]

> **Beispiel**:
>
> Der Täter hat auf sein Opfer (O) mit Tötungsvorsatz geschossen, sieht aber nun, dass O scheinbar unverletzt aufspringt und davonläuft. T überlegt, ob er erneut auf O schießen soll. Kurz darauf bricht O aber vor dem Täter schwer verletzt zusammen. T wird nun klar, dass O ohne Hilfe sterben wird.
>
> Hier hat der Täter zunächst angenommen, dass er noch nicht alles getan hat, um den Tod des O herbeizuführen, als er meint, einen weiteren Schuss abgeben zu müssen, um O zu töten (unbeendeter Versuch). Allerdings erkennt er bereits kurze Zeit später, dass O doch schwer verletzt worden ist und sterben wird, so dass ein beendeter Versuch vorliegt und er nur mit aktiven Gegenmaßnahmen zurücktreten kann.

Da auch hier der **Zweifelssatz** gilt, müssen bei einem unbeendeten Versuch **555**
alle vom Täter erkannten Handlungsalternativen ausgeschlossen sein, um einen strafbefreienden Rücktritt abzulehnen oder den zunächst fehlgeschlagenen Versuch wieder hin zu Handlungsoptionen für die Erfolgsabwendung

1228 BGH 4.4.1995 – 1 StR 772/94, juris-Rn. 20; 10.4.1986 – 4 StR 89/86, NStZ 1987, 277, 278.
1229 BGH 6.10.2009 – 3 StR 384/09, NStZ 2010, 146.

zu verändern. Da das Vorstellungsbild des Täters maßgeblich ist, kommt hier eine besonders schwer nachzuweisende Komponente zum Tragen. Zumindest Indizcharakter hat der tatsächliche Verlauf[1230], weshalb es besonders schwierig ist, dem Täter nachzuweisen, dass er einen unbeendeten Versuch nicht als solchen erkannt hat, sondern von einem Fehlschlag oder beendeten Versuch ausging. Kritiker sehen darin einen „Tummelplatz von Ausreden, Ausflüchten und Schutzbehauptungen".[1231]

Praxishinweis:

In den Ermittlungen muss man auf die Möglichkeit der Korrektur des Rücktrittshorizonts Bedacht nehmen, insbesondere hat man an die Korrektur zu einem unbeendeten Versuch zu denken, der einen strafbefreienden Rücktritt vom Versuch bereits bei einem bloßen Verzicht des Täters auf die Realisierung weiterer Handlungsoptionen ermöglicht.

VI. Freiwilligkeit

556 Das Gesetz verlangt für alle Rücktrittsmöglichkeiten, also auch beim Rücktritt mehrerer Beteiligter, ein **freiwilliges Rücktrittsverhalten**.[1232] Es handelt sich um ein **subjektives Element**, das die innere Einstellung des Täters betrifft. Bei einem Motivbündel ist auf das bestimmende Motiv abzustellen[1233]; es gilt allerdings der Zweifelssatz[1234]. Die Freiwilligkeit ist in zeitlicher Hinsicht vom Rücktrittshorizont (Rz 552) aus zu beurteilen.

557 Die inhaltliche Auslegung der h. M. knüpft an die Wortlautbestandteile „frei" und „willig" an, indem sie eine freie Willensbildung verlangt und diese **autonomen**, d. h. selbstbestimmten, den **heteronomen**, d. h. fremdbestimmten, Motiven gegenüberstellt.[1235] In der Literatur werden abweichende, insbesondere normative Ansätze vertreten.[1236]

Definition:

Freiwillig ist ein Rücktrittshandeln, welches durch selbstgesetzte und nicht durch fremdbestimmte Gründe veranlasst ist.

1230 BGH 11.3.1999 – 4 StR 56/99, NStZ 1999, 449, 450.
1231 Ulsenheimer, Grundfragen des Rücktritts vom Versuch in Theorie und Praxis, 235; Ruppert, Anm. zu BGH 29.3.2023 – 2 StR 147/21, NStZ 2023, 482, 484.
1232 BGH 26.9.2006 – 4 StR 347/06, NStZ 2007, 91.
1233 BGH 8.2.2007 – 3 StR 470/06, NStZ 2007, 399, 400.
1234 BGH 10.4.2019 – 1 StR 646/18, NStZ 2020, 81, 82; 20.9.2004 – 2 StR 281/04, NStZ-RR 2004, 361, 362; 21.2.2018 – 5 StR 347/17, BeckRS 2018, 3838, Rn. 17.
1235 Rengier, AT, § 37 Rn. 91.
1236 Fischer, § 24 Rn. 20; NK/Engländer, StGB, § 24 Rn. 56 ff. jew. m. w. N.

Freiwillig handelt nach ständiger Rechtsprechung, wer **Herr seiner Entschlüsse** bleibt, selbst wenn ein Anstoß von außen kommt[1237]; **unfreiwillig** handelt, wer wegen einer **äußeren Zwangslage** (bspw. Erscheinen der Polizei)[1238] oder wegen eines unüberwindlichen **seelischen Drucks** (bspw. wegen Angst, Schock oder Panikattacke) die Tat nicht vollenden kann[1239].

Typischerweise tritt freiwillig zurück, wer aus Reue, Scham, Mitleid, Er- **558**
schütterung handelt[1240] oder die zuvor fehlende Steuerungsfähigkeit wieder erlangt[1241]. Der Anstoß kann auch **von anderen Personen** kommen, die bspw. dem Täter erfolgreich ins Gewissen reden oder körperlich einschreiten.[1242]

Dagegen fehlt es an einem freiwilligen Verhalten, wenn der Täter so kurz vor der Entdeckung steht, dass ein Weiterhandeln zwar möglich, aber ihm nicht mehr sinnvoll erscheint. Es kommt darauf an, welches **Entdeckungsrisiko** der Täter einzugehen bereit war: Wenn es sich aus seiner subjektiven Bewertung so erhöht, dass eine Tatvollendung aus Tätersicht das Bestrafungsrisiko unvertretbar erhöhen würde, oder ihm ein hohes Entdeckungsrisiko erst im weiteren Verlauf bewusst wird, handelt er nicht freiwillig.[1243] Aus Sicht des Täters legt eine (unmittelbar bevorstehende) Entdeckung unfreiwilliges Verhalten zwar nahe[1244], allerdings führt nicht umgekehrt jede Entdeckung zu einem unfreiwilligen Verhalten, sondern maßgeblich ist, ob der Täter eine eigene Entscheidung trifft.[1245]

Beispiele:

1. Wenn der Täter eine Vergewaltigung geplant hat und deshalb von der Tat absieht, weil ihm das auserkorene Opfer bekannt ist, handelt er beim Verzicht auf sexuelle Handlungen freiwillig, obwohl er die Gefahr der Entdeckung erkennt und deshalb entscheidet, die Tat nicht zu vollziehen. Dagegen handelt unfreiwillig, wer durch die Situation so überrascht ist, dass sein sexuelles Verlangen erlischt.[1246]

1237 BGH 16.11.2022 – 1 StR 330/22, NStZ-RR 2023, 104 f.; 21.9.2022 – 6 StR 332/22, NStZ 2023, 156 jew. m. w. N.
1238 BGH 5.10.1965 – 1 StR 389/65, NJW 1965, 2410, 2411 zum Fall des Abbruchs einer versuchten Vergewaltigung wegen Periodenblutung des Opfers als unfreiwilligem Verhalten.
1239 BGH 10.1.2024 – 6 StR 324/23, Rz. 11 f.; 20.11.2013 – 3 StR 325/13, NStZ 2014, 202; BGH 8.1.1992 – 2 StR 577/91, juris-Rn. 9.
1240 NK/Engländer, StGB, § 24 Rn. 54.
1241 BGH 15.10.2003 – 1 StR 402/03, NStZ 2004, 324, 325.
1242 BGH 21.9.2022 – 6 StR 332/22, NStZ 2023, 156; 3.4.2014 – 2 StR 643/13, NStZ-RR 2014, 241.
1243 BGH 14.1.2020 – 2 StR 284/19, NStZ 2020, 341, 342; 17.12.1992 – 4 StR 532/92, NStZ 1993, 279 m. w. N.
1244 BGH 29.1.1982 – 3 StR 496/81, juris-Rn. 2.
1245 BGH 7.10.2021 – 1 StR 315/21, NStZ 2022, 94, 95; 7.3.2018 – 1 StR 83/18, NStZ-RR 2018, 169, 170; 26.5.2011 – 1 StR 20/11, NStZ 2011, 688, 689.
1246 BGH 28.2.1956 – 5 StR 352/55, NJW 1956, 718 f.

2. Wer zu einem Einbruchsdiebstahl unmittelbar ansetzt, indem er bereits gegen die Eingangstür drückt, tritt freiwillig zurück, wenn er auf Vorhalte seines Komplizen, der auf die Folgen bei einer Entdeckung und den drohenden Widerruf der Bewährung hinweist, von seinem Vorhaben Abstand nimmt.[1247]
3. Wer dagegen bei einem Einbruch von der Polizei entdeckt und aufgefordert wird aus dem Gebäude zu kommen, handelt nicht freiwillig, wenn er darauf verzichtet, noch die Beute an sich zu nehmen und damit den Diebstahl zu vollenden, denn ihm ist klar, dass ihm kurz danach die Beute wieder abgenommen wird. Er handelt wegen eines äußeren Zwangs.[1248]
4. Wer auf die Vollendung eines versuchten Sexualdelikts verzichtet, weil das Opfer vorschlägt, man könne doch einvernehmlich zu Hause statt im Wald verkehren, bleibt Herr seiner Entschlüsse und handelt deshalb freiwillig.[1249]
5. Wer beim Totschlagsversuch z. N. seiner Ehefrau nach dem Eingreifen der Kinder oder wegen des Hinweises der Frau auf die Kinder aufhört, handelt freiwillig.[1250]

559 Ob das Verhalten auf einem **moralisch anerkennenswerten Motiv** beruht, ist für ein Tatstrafrecht nicht bedeutsam. Nach h. M. muss der Täter nicht einmal endgültig darauf verzichten, Straftaten zu begehen, sondern kann sich die Vollendung zu einem späteren Zeitpunkt vorbehalten, weil er zunächst noch eine andere Tat begehen will, die ihm aktuell wichtiger erscheint.[1251]

Beispiel:

Der Täter T wollte seine Ex-Frau E umbringen. Als er auf sie wartete, erschien der neue Freund F, den der Täter mit Messerstichen versuchte zu töten. Er lässt vom bislang erkennbar nicht ernstlich verletzten F ab, weil E erscheint und er zunächst an ihr einen Totschlag vollendet.

Damit ist T vom Tötungsversuch z. N. des F zurückgetreten, denn er hat sich aus freien Stücken dafür entschieden, nicht weiter auf F einzustechen.[1252]

1247 BGH 11.10.1967 – 2 StR 506/67, NJW 1968, 57, 58.
1248 Eisele/Heinrich, AT, Rn. 538.
1249 BGH 14.4.1955 – 4 StR 16/55, NJW 1955, 915, 916; vgl. zu einer anders gelagerten Konstellation: 24.06.1993 – 4 StR 33/93, NJW 1993, 2188, 2189.
1250 BGH 14.12.2022 – 1 StR 273/22, NStZ-RR 2023, 105 f.
1251 BGH 14.1.2020 – 2 StR 284/19, NStZ 2020, 341; 29.9.2004 – 2 StR 149/04, NStZ 2005, 150, 151 jew. m. w. N.
1252 BGH 13.1.1988 – 2 StR 665/87, NStZ 1988, 404 f. m. Anm. Lackner.

VII. Rücktritt bei mehreren Beteiligten

§ 24 Abs. 2 stellt **strengere Anforderungen** an den Rücktritt, wenn mehrere am Versuch beteiligt sind. Der Grund liegt in der **größeren Gefährlichkeit**, insbesondere wegen des arbeitsteiligen Vorgehens und der Gruppendynamik, wenn mehrere Personen als Täter oder Teilnehmer (vgl. § 28 Abs. 2) beteiligt sind.[1253] Deshalb ist es überzeugend, wenn umgekehrt § 24 Abs. 1 angewendet wird für den Alleintäter, der von einem Anstifter oder Gehilfen unterstützt wird, oder bei einem mittelbaren Alleintäter.[1254] § 24 Abs. 2 gilt deshalb insbesondere für den Rücktritt der **Mittäter**, **Anstifter** oder **Gehilfen**. 560

Da es sich beim Rücktritt um einen **persönlichen Strafaufhebungsgrund** handelt, kommt dieser nur dem einzelnen Beteiligten zu, der die Voraussetzungen erfüllt; das ergibt sich schon aus dem Wortlaut von § 24 Abs. 2: „wer", „seiner", „sein". 561

Ein Rücktritt kommt nicht in Betracht, wenn der Versuch **endgültig fehlgeschlagen** ist (s. Rz 534 ff.); zudem muss die Rücktrittshandlung **freiwillig** (s. Rz 556) erfolgen.[1255] 562

Alle **drei Rücktrittsvarianten** in § 24 Abs. 2 setzen grundsätzlich ein **aktives Gegensteuern** voraus. Allerdings können die Beteiligten Straffreiheit erlangen, indem sie alle gemeinsam übereinkommen, von der versuchten Tat Abstand zu nehmen und so die **Vollendung verhindern** (§ 24 Abs. 2 S. 1); dafür reicht es, wenn **alle Beteiligten** nicht weiter handeln, sofern der Versuch noch unbeendet ist.[1256] Maßgeblich ist auch hier der Rücktrittshorizont (s. Rz 552).[1257] 563

Um die Vollendung zu verhindern reicht es aber **nicht**, dass nur ein Beteiligter aufhört zu handeln oder sich vom Tatgeschehen lossagt und entfernt, wenn andere Beteiligte weiterhandeln und der im Vorbereitungs-[1258] oder Ausführungsstadium geleistete **Beitrag** beim Versuch **fortwirkt**, selbst wenn andere Beteiligte zum Schein auf den Vorschlag der Tataufga- 564

1253 Anschaulich formuliert RG 4.12.1919 – III 402/19, RGSt 54, 177,179: „... er [der Teilnehmer] bleibt nicht mehr freier ‚Herr der Tat'".

1254 Rengier, AT, § 37 Rn. 11, § 38 Rn. 3; diff. Murmann, GK-ST § 28 Rn. 160 m. w. N.

1255 BGH 27.11.2019 – 2 StR 609/18, BeckRS 2019, 35977, Rn. 10.

1256 BGH 26.9.2006 – 4 StR 347/06, NStZ 2007, 91 f.; 27.11.2019 – 2 StR 609/18, BeckRS 2019, 35977, Rn. 12 m. w. N.; vgl. zum Rücktritt durch Unterlassen der Benennung eines zum Meineid entschlossenen Zeugen BGH 13.5.1953 – 5 StR 11/53, NJW 1953, 1271.

1257 BGH 15.5.2014 – 3 StR 149/14, BeckRS 2014, 12661, Rn. 5.

1258 Bei Vorbereitungshandlungen ist § 24 Abs. 2 nicht unmittelbar anwendbar. Wenn die Vorbereitungshandlung nicht kausal für den Versuch wird, ist der Beteiligte nach allgemeinen Akzessorietätsregeln straflos. Er muss also für einen Rücktritt seinen Beitrag vollständig neutralisieren. Teilweise will man aber § 24 Abs. 2 analog anwenden, Fischer, § 24 Rn. 40; Rengier, AT, § 38 Rn. 11 jew. m. w. N.

be des Rücktrittswilligen eingehen.[1259] Der Rücktrittswillige kann die Tatvollendung auf unterschiedliche Weise abwenden, bspw. indem er das Opfer rechtzeitig warnt[1260], die Polizei verständigt oder die anderen Beteiligten aufhält.

> **Beispiele**:
>
> 1. Wenn der Beihilfeleistende im Vorbereitungsstadium dem Haupttäter die für einen Totschlag gelieferte Waffe wieder abnimmt, entfällt eine Strafbarkeit für den Beihelfer nach allgemeinen Akzessorietätsregeln.
> 2. Wenn der Anstifter dem Täter die Tat erfolgreich wieder ausredet, ist er nicht strafbar, wenn der Haupttäter später aufgrund eines neuen Tatentschlusses doch einen Totschlag verübt.
> 3. Wenn der Teilnehmer es nicht schafft, dass der Haupttäter die Tatwaffe zurückgibt oder den Plan zur Tat verwirft, so muss er auf andere Weise die Tatausführung verhindern, etwa indem er die Polizei verständigt.

565 Sofern die Tat später ohne den Beteiligten ausgeführt wird, ist auch hier auf die „Tat" im materiellen Sinne abzustellen (vgl. Rz 540). Wenn die anderen Beteiligten eine solche **Tat** später ausführen, muss festgestellt werden, ob es sich hinsichtlich **Tatobjekt**, **-mittel** und sonstiger zeitlich-räumlicher **Modalitäten** um eine andere Tat gehandelt hat.[1261]

> **Beispiele**:
>
> Wenn ein Mittäter sich von der Tat nach Versuchsbeginn lediglich entfernt, reicht dies noch nicht für einen strafbefreienden Rücktritt, wenn die anderen die Tat noch durchführen.
>
> Allerdings wäre es eine andere Tat, wenn der Mittäter sich schon im Vorbereitungsstadium lossagt und der verbleibende Mittäter einen anderen für die Tatausführung anheuert und die Tat mit diesem am nächsten Tag durchführt. Dann handelt es sich um eine andere Tat, denn Beteiligte und Tatzeit sind verändert.

566 Die in § 24 Abs. 2 S. 2 geregelten Rücktrittsvarianten betreffen den Fall, dass die Tat **ohne Zutun** des Zurücktretenden **nicht vollendet** wird, dieser aber irrig von einem Vollendungsrisiko ausgeht. Zuletzt ist der Fall geregelt, dass **unabhängig von seinem Beitrag** die Tat begangen wird, sich also der Beitrag nicht kausal bzw. objektiv zurechenbar auswirkt. In beiden

---

1259 BGH 13.3.1979 – 1 StR 739/78, NJW 1979, 1721; RG 10.10.1913 – V 9/13, RGSt 47, 358, 362.
1260 RG 1.12.1905 – 388/05, RGSt 38, 223, 224 f.
1261 BGH 23.7.1992 – 4 StR 209/92, NStZ 1992, 537, 538.

Konstellationen muss sich der Zurücktretende **ernsthaft** um die Verhinderung der Vollendung **bemühen**, was besonders hohe Anforderungen stellt (s. Rz 549). Dabei wird aber zugerechnet, wenn ein Beteiligter in Abstimmung oder gar auf Weisung eines anderen den Erfolg abwendet.[1262]

VIII. Rücktritt nach § 31

Für die Fälle des § 30 ist eine **eigene Rücktrittsregelung** in § 31 vorhanden. **567**
Die Ausführungen zu § 24 geltend entsprechend; allerdings ist der Rücktritt für bestimmte Varianten erleichtert, indem bspw. das weitere Vorhaben aufgegeben wird.[1263]

IX. Wirkungen des Rücktritts

Der Rücktritt führt zur **vollständigen Straflosigkeit** wegen des versuchten **568**
Delikts; dem Richter ist kein Ermessen eingeräumt. Die Straflosigkeit gilt nur für **versuchte Delikte**, aber nicht für bereits vollendete Straftatbestände, selbst wenn diese der Vorbereitung der versuchten Tat gedient haben.[1264] Wer gem. § 24 vom versuchten Verbrechen zurücktritt, wird auch im Hinblick auf eine darin enthaltene Vorbereitungshandlung gem. § 30 straffrei.[1265] Der Rücktritt gem. § 31 bezieht sich nur auf § 30, nicht dagegen auf andere Vorfeldtatbestände, bspw. § 138.[1266]

1262 BGH 28.10.1998 – 5 StR 176/98, NStZ 1999, 238, 239.
1263 BGH 16.3.2011 – 5 StR 581/10, NStZ 2011, 570, 572 Rn. 24 m. Anm. Weigend.
1264 OLG Düsseldorf 16.12.1982 – 5 Ss 487/82 – 378/82 I, NJW 1983, 767 f.
1265 BGH 22.6.1960 – 2 StR 114/60, NJW 1960, 1819; anders: Fischer, § 31 Rn. 9.
1266 Fischer, § 31 Rn. 2.

8. KAPITEL Unechte Unterlassungsdelikte

A. Vorbemerkungen

569 Unter den Oberbegriff der **Handlung** fällt neben dem aktiven **Tun** auch ein **Unterlassen**.[1267] Es leuchtet unmittelbar ein, dass man grundsätzlich durch ein aktives Tun Rechtsgüter nicht verletzen darf. Dagegen besteht eine Pflicht zum aktiven Schutz von Rechtsgütern nur ausnahmsweise.

Definition:
Unterlassen bedeutet die Nichtvornahme einer gebotenen Handlung, die Verletzung eines Rechtsguts durch Verstoß gegen eine Pflicht zum Tätigwerden.[1268]

Man unterscheidet echte und unechte Unterlassungsdelikte (Rz 28). Die **unechten Unterlassungsdelikte** beziehen sich auf Tatbestände, für die in § 13 weitere Voraussetzungen der Strafbarkeit statuiert werden. Es ist umstritten, ob sich § 13 auch auf **abstrakte Gefährdungsdelikte** (Rz 31) bezieht;[1269] für die Praxis dominieren die durch Unterlassen verwirklichten **Erfolgsdelikte** (Rz 26). Der Täter wird nach § 13 *rechtlich* so behandelt, als ob er den tatbestandlichen Erfolg durch aktives Tun herbeigeführt hätte,[1270] allerdings kann seine Strafe gem § 13 Abs. 2 gemildert werden.

570 Verfassungsrechtliche Bedenken bestehen wegen der **Unbestimmtheit** von § 13, insbesondere weil nicht näher festgelegt wurde, wer als Garant anzusehen ist bzw. wann i. S. v. § 13 „jemand rechtlich dafür einzustehen hat, dass der Erfolg nicht eintritt". Die Praxis behilft sich damit, dass durch die jahrzehntelange **Rechtsprechung** ausreichende Konturen geschaffen worden sind.[1271] Daher sollte diese Auslegung restriktiv gehandhabt werden.[1272]

B. Aufbaufragen

571 § 13 hat die größte Bedeutung beim vorsätzlichen, vollendeten Erfolgsdelikt. Die Norm kann aber auch bei einem **Fahrlässigkeitsdelikt** angewendet

1267 BeckOK StGB/Heuchemer, StGB § 13 Rn. 3.
1268 Murmann, GK-ST, § 29 Rn. 1.
1269 Bejahend: BGH 12.12.2000 – 1 StR 184/00, NJW 2001, 624, 627 für § 130; BayObLG 18.8.1978 – RReg 1 St 147/77 für § 316 StGB; vert. MR/Haas, StGB, § 13 Rn. 5.
1270 MR/Haas, StGB, § 13 Rn. 1.
1271 BVerfG 21.11.2002 – 2 BvR 2202/01, NJW 2003, 1030; 10.6.1997 – 2 BvR 1516/96, NJW 1998, 50, 56.
1272 Sch/Sch/Bosch, StGB, § 13 Rn. 5; MR/Haas, StGB, § 13 Rn. 6.

werden, so dass man das Aufbauschema des Fahrlässigkeitsdelikts verwendet (s. Rz 635), in dem man die Merkmale von § 13, insbesondere die Garantenstellung ergänzt.

572 Für den **Versuch** eines unechten Unterlassungsdelikts wäre dagegen das nachstehende Schema entsprechend umzustellen und im subjektiven Tatbestand die besonderen Merkmale des unechten Unterlassungsdelikts, insbesondere die Garantenstellung, zu erörtern; man orientiert sich also am Aufbauschema des Versuchs (Rz 484, Rz 628).

573 Das nachfolgende Schema bezieht sich auf ein **vorsätzliches, vollendetes unechtes Unterlassungsdelikt**:

I. Tatbestand
   1. Objektiver TB
      a) Erfolgseintritt (ggf. Gefahrerfolg) eines Deliktstatbestandes
      b) Unterlassen einer gebotenen Handlung (ggf. Abgrenzung zum Tun)
      c) Physisch-reale Möglichkeit zur Vornahme der gebotenen Handlung
      d) Hypothetische Kausalität
      e) Garantenstellung und Verletzung einer Garantenpflicht
      f) ggf. objektive Zurechnung
      g) Zumutbarkeit[1273]
      h) ggf. Entsprechungsklausel, § 13
   2. Subjektiver TB
      a) Vorsatz
      b) ggf. besondere subjektive Tatbestandsmerkmale
II. Rechtswidrigkeit: insb. Pflichtenkollision (Rz 303)
III. Schuld: Besonderheit – Gebotsirrtum (§ 17, Rz 343)

C. Voraussetzungen

I. Abgrenzung von Tun und Unterlassen

574 Zunächst ist zu klären, ob ein vorrangig zu prüfendes aktives Tun vorliegt oder ob an ein Unterlassen anzuknüpfen ist. Immer muss das Verhalten Handlungsqualität aufweisen, so dass Nichthandlungen herausfallen (näher: Rz 90).

1273 Für die Zumutbarkeit ist die Einordnung im Aufbau umstritten, s. Rz 617.

Hinweis:

In vielen Fällen ist klar, wenn vom äußeren Erscheinungsbild an ein Unterlassen oder umgekehrt an ein Tun anzuknüpfen ist; dann braucht man auf die Abgrenzung im Gutachten nicht einzugehen.

Vereinzelt stellen sich hier aber Abgrenzungsprobleme, insbesondere bei Fahrlässigkeitsdelikten. Wegen der weitergehenden Anforderungen für die Strafbarkeit des Unterlassens und der Milderungsmöglichkeit in § 13 kann die Entscheidung nicht offengelassen werden. **575**

Die Rechtsprechung und h. M. will wertend vorgehen und stellt auf den **Schwerpunkt der Vorwerfbarkeit** unter wertender Betrachtung des sozialen Handlungssinns ab.[1274] Dies wird verschiedentlich als beliebig kritisiert, allerdings hat sich keiner der Gegenvorschläge, insbesondere das Kriterium des Energieeinsatzes[1275], als alleiniges Abgrenzungsmerkmal durchsetzen können.[1276]

Beispiele:

1. Wer bei Dunkelheit wegen fehlender Beleuchtung (Unterlassen) mit dem Rad einen Fußgänger anfährt (aktives Tun) verwirklicht § 229. Man ist sich im Ergebnis einig, dass auf das Tun abzustellen ist.[1277]
2. Wer weggeht (Tun) und sein Kind allein in der Wohnung lässt, obwohl er weiß, dass es zum Einschalten einer Heizplatte neigt, ohne die Heizplatte zu sichern, oder für eine Aufsicht zu sorgen (Unterlassen), verwirklicht ebenfalls beide Handlungsformen, wenn dabei das Kind getötet wird (§ 222). Hier will man auf das Unterlassen abstellen, da das Weggehen ein erlaubtes Verhalten ist.[1278]

Umstritten ist, wie Fälle des **Abbruchs rettender Kausalverläufe** zu behandeln sind. Eher selten sind Fälle, in denen *fremde* Rettungsbemühungen durch aktives Tun verhindert werden – hier ist nach h. M. auf das aktive **576**

1274 BGH 19.12.2018 – 1 StR 597/18, NStZ-RR 2019, 74; 12.7.2005 – 1 StR 65/05, NStZ-RR 2006, 174, 175; 7.7.2011 – 5 StR 561/10, NJW 2011, 2895, Rz. 29; 4.9.2014 – 4 StR 473/13, NJW 2015, 96, Rz. 59 m. w. N.; 17.2.1954 – GSSt 3/53, NJW 1954, 766, 768; Sch/Sch/Bosch, StGB, Vor § 13 Rn. 158 ff. m. w. N.

1275 Näher: MüKoStGB/Freund, StGB, § 13 Rn. 9.

1276 MR/Haas, StGB, § 13 Rn. 8.

1277 RG 20.1.1930 – II 230/29, RGSt 63, 392, 393; Rengier, AT, § 48 Rn. 14. Ähnlich ist auf Tun abzustellen im „Ziegenhaarfall", bei dem ein Unternehmer es unterließ die Haare zu desinfizieren, bevor er sie an Arbeiter ausgab (aktives Tun), die deshalb erkrankten, RG 23.4.1929 – I 1265/28, RGSt 63, 211, 213.

1278 BGH 17.8.1999 – 1 StR 390/99, NStZ 1999, 607.

Tun abzustellen.[1279] Bspw. hat sich wegen aktiven Tuns zu verantworten, wer einen Notarzt vom Unfallopfer wegzieht, so dass der Tod eintritt.

Nach umstrittener Ansicht soll der Fall des Abbruchs *eigener* Rettungsbemühungen, bis sie das Opfer erreicht haben bzw. bevor alles Erforderliche für die Rettung getan wurde, regelmäßig als Unterlassen zu bewerten sein.[1280] Bloßes Unterlassen würde realisieren, wer einen Rettungsring dem Nichtschwimmer ins Wasser wirft, aber den Ring wieder wegzieht, bevor das Opfer diesen erreicht hat; umgekehrt wäre es aktives Tun, wer den Rettungsring dem Opfer aus den Händen entwindet.

Für die Konstellation des **Behandlungsabbruchs** auf Wunsch des Patienten ist nach inzwischen überwiegender Ansicht nicht auf die Abgrenzung von Tun und Unterlassen, sondern auf die Begrenzung der Garantenstellung abzustellen.[1281]

II. Eintritt des tatbestandsmäßigen Erfolges

577 Zunächst muss ein tatbestandsmäßiger Erfolg eingetreten sein, z. B. der Tod bei einem Tötungsdelikt oder eine Intensivierung von Verletzungen bei einem Körperverletzungsdelikt. Von der h. M. wird Erfolg in einem weiten Sinne verstanden, so dass auch eine abstrakte Gefahr ausreicht (Rz 569).[1282] Der Erfolg muss tatbestandsmäßig herbeigeführt werden, bspw. muss ein Vermögensschaden beim Betrug auf einer durch Täuschung und Irrtum beruhenden Vermögensverfügung beruhen (näher: Rz 618).

III. Unterlassen der gebotenen Handlung trotz physisch-realer Erfüllbarkeit

578 Zunächst muss eine Handlung **geeignet** sein, den Erfolg abzuwenden. Der Vorwurf bezieht sich also nicht auf irgendein beliebiges Unterlassen, sondern auf die Nichtvornahme einer rechtlich geforderten Handlung.[1283] Häufig kommen mehrere Handlungsmöglichkeiten in Betracht, z. B. kann man den Tod durch Ertrinken abwenden, indem man selbst das Opfer schwimmend rettet, ihm einen Rettungsring zuwirft oder einen Notruf absetzt. Es wird an diejenige Handlung angeknüpft, die objektiv erforderlich und effektiv ist, um den Erfolgseintritt zu verhindern.[1284]

1279 Rengier, AT, § 48 Rn. 18.

1280 Sch/Sch/Bosch, StGB, Vor § 13 Rn. 160; Wessels/Beulke/Satzger, AT, 1166; a. A. Rengier, AT, § 48 23; MR/Haas, StGB, § 13 Rn. 11.

1281 BGH 25.6.2010 – 2 StR 454/09, NJW 2010, 2963, 2966; vert. MR/Haas, StGB, § 13 Rn. 19 f.

1282 BGH 12.12.2000 – 1 StR 184/00, NJW 2001, 624, 627; Rengier, AT, § 49 Rn. 7.

1283 Wessels/Beulke/Satzger, AT, Rn. 1172.

1284 Rengier, AT, § 49 Rn. 8.

Der Täter muss **physisch-real** in der Lage sein, die rettende Handlung vorzunehmen, denn Unmögliches kann das Recht nicht verlangen. Dies ist aus einer objektiven Perspektive zu bestimmen, unabhängig davon, ob der Täter die Handlungsoption erkennt[1285] – diesbezügliche Irrtümer können im subjektiven Tatbestand Bedeutung erlangen. Deshalb kann bspw. niemandem vorgeworfen werden, wenn er mangels Rettungsrings diesen nicht zuwirft bzw. kann man einem Nichtschwimmer nicht vorwerfen, wenn er nicht zum Opfer schwimmt. **579**

Überwiegend will man dagegen eine Strafbarkeit annehmen, wenn der Handlungspflichtige sich vorwerfbar in einen Zustand der Handlungsunfähigkeit versetzt hat und von ihm deshalb eine absehbar gebotene Handlung nicht vorgenommen werden kann, sog. omissio libera in causa.[1286]

IV. Hypothetische Kausalität

Beim Unterlassen kann keine Kausalität im ontologischen Sinne vorliegen. **580**
Stattdessen ist die **hypothetische Kausalität** bzw. „Quasikausalität" festzustellen. Man muss dazu die gebotene Handlung (hypothetisch) hinzudenken und so feststellen, dass bei deren Vornahme der tatbestandliche Erfolg mit an Sicherheit grenzender Wahrscheinlichkeit vermieden worden wäre.[1287] Es gilt dabei der **Zweifelsgrundsatz** „in dubio pro reo".[1288] Deshalb reicht es nicht aus nachzuweisen, dass bei Vornahme der Handlung sich lediglich die Chancen für das Opfer verbessert hätten.[1289] Nach h. M. wird beim Zusammenwirken mehrerer gleichrangiger Garanten (bspw. bei Abstimmung in Gremien) angenommen, dass jeder Abstimmende ursächlich für das Ergebnis wird, sodass man sich nicht auf das (ebenfalls) pflichtwidrige Verhalten anderer berufen kann.[1290]

1285 Murmann, GK-ST, § 29 Rn. 21.

1286 OLG Koblenz 2.2.2005 – 1 Ss 301/04, NStZ-RR 2006, 77, 79; BeckOK/Heuchemer, StGB, § 13 Rn. 111; Sch/Sch/Bosch, StGB, § 13 Rn. 144 m. w. N.

1287 BGH 9.3.2022 – 4 StR 200/21, NStZ 2023, 153, 154; 10.8.1984 – 1 StR 9/84, NStZ 1985, 26, 27; 4.9.2014 – 4 StR 473/13, NJW 2015, 96, 101, Rn. 75 jew. m. w. N.

1288 BGH 9.3.2022 – 4 StR 200/21, NStZ 2023, 153, 154; 4.9.2014 – 4 StR 473/13, NJW 2015, 96, 101 f., Rn. 76; 6.7.1990 – 2 StR 549/89, NStZ 1990, 587, 591.

1289 BGH 23.5.2000 – 4 StR 157/00, NStZ 2000, 583; 12.1.2010 – 1 StR 272/09, NJW 2010, 1087, 1091 f.; vert. MR/Haas, StGB, § 13 Rn. 34 f.

1290 BGH 6.11.2002 – 5 StR 281/01, NJW 2003, 522; 6.7.1990 – 2 StR 549/89, NStZ 1990, 587, 591; anders bei Ungleichrangigkeit: BGH 19.4.2000 – 3 StR 442/99, NJW 2000, 2754, 2757 oder nacheinander Handelnen: BGH 12.1.2010 – 1 StR 272/09, NJW 2010, 1087, 1091. Vert. MR/Haas, StGB, § 13 Rn. 36 f. m. w. N.

V. Garantenstellung und -pflicht

581 Unechte Unterlassungsdelikte setzen eine **Garantenstellung** voraus (§ 13); die Vorgaben dazu sind im Gesetz sehr allgemein gehalten (Rz 570). Man kann in einem ersten Schritt, die Stellung als Garant feststellen und anschließend daran bestimmte **Pflichten** knüpfen.[1291]

582 Gründe für die Stellung als Garant müssen eine **rechtliche Grundlage** haben. Wichtig zu verstehen ist dabei, dass eine faktische Einflussmöglichkeit oder eine bloß sittliche Pflicht keine *rechtliche* Pflicht begründet.[1292] So ist nicht derjenige, der zu einem Unfall kommt und Hilfe leisten kann, deshalb Garant, sondern allenfalls wegen unterlassener Hilfeleistung strafbar (§ 323c), wenn er nicht aus anderen Gründen, bspw. als Ehepartner des Unfallopfers oder wegen schuldhafter Verursachung des Unfalls Garant ist. Aus der allgemeinen Hilfspflicht (§ 323c) erwächst deshalb keine Garantenstellung.[1293]

583 Es wird vorgeschlagen auf die **Organisations**- oder **institutionelle Zuständigkeit** als Grundlage abzustellen; insbesondere sind manche Garantenstellungen auf die Abgrenzung von **Rechtssphären** zurückzuführen.[1294] Aus der Abgrenzung von Rechtssphären folgen weitere Begrenzungen bei der Garantenpflicht durch **rechtlich erlaubte Gefahren**,[1295] etwa die rechtskonforme Nutzung eines Kraftfahrzeugs oder die mit zunehmendem Alter abnehmende Kontrolldichte bei der Beaufsichtigung von Kindern.[1296] Umgekehrt ist zur Verwirklichung von Freiheit in einer Gesellschaft wesentliche Grundlage für vertrauensbasierte Entscheidungen, dass man sich auf die Aufgabenerfüllung durch andere verlassen kann, etwa durch bestimmte Amtsträger, persönlich eng verbundene Menschen, im Rahmen einer Gefahrengemeinschaft bzw. kraft Übernahme von Schutzpflichten.[1297]

584 Umgekehrt entfällt die Garantenpflicht, wenn der **Rechtsgutsinhaber** durch eine freiverantwortliche Entscheidung auf den Schutz **verzichtet**.[1298]

Die Garantenpflicht bezieht sich auf den jeweiligen Schutzzweck der Garantenstellung. So hat die Ehefrau nicht die strafrechtliche Garantenpflicht ihren Mann von einem geplanten Überfall abzubringen, da sie als

1291 BGH 6.3.2008 – 4 StR 669/07, NJW 2008, 1897, 1898.
1292 BGH 24.2.1982 – 3 StR 34/82, NJW 1982, 1235; MR/Haas, StGB, § 13 Rn. 52.
1293 BGH 21.9.2022 – 6 StR 47/22, NJW 2022, 3656 f. m. Anm. Mitsch.
1294 MR/Haas, StGB, § 13 Rn. 54.
1295 MR/Haas, StGB, § 13 Rn. 75 f.
1296 Murmann, GK-ST, § 29 Rn. 34; Rengier, AT, § 50 Rn. 39. Man darf aber Kindern im Rahmen der Erziehung Freiräume lassen, weshalb i. d. R. eine lückenlose Beaufsichtigung nicht verlangt wird.
1297 Murmann, GK-ST, § 29 Rn. 35.
1298 MR/Haas, StGB, § 13 Rn. 24.

Ehefrau weder für die Überwachung ihres voll verantwortlich handelnden Mannes noch für die Rechtsgüter der beraubten Sparkasse besonders verantwortlich ist.[1299]

585 Man hat nach der klassischen Einteilung anhand von **Rechtsquellen** unterschieden, wobei ursprünglich nur Gesetz, Vertrag und Delikt anerkannt wurden, was aber schon früh erweitert wurde:

- aus Gesetz
- aus Vertrag und tatsächlicher Übernahme
- bei engen persönlichen Beziehungen
- aus vorangehendem gefahrschaffendem Tun (Ingerenz).[1300]

586 Diese Einteilung wird grundsätzlich immer noch herangezogen, aber man differenziert **funktional** zwischen **Beschützer-** und **Überwachergaranten**, wobei Überschneidungen möglich sind.[1301]

587 Ein **Beschützergarant** hat für eine bestimmte Person oder Sache Gefahren abzuwehren, gleichgültig aus welcher Richtung Gefahren für diese **Rechtsgüter** drohen.

Beispiele:

Ehepartner oder Eltern haben bei Gefahren für Leib, Leben, Freiheit usw. ihres Partners oder ihres Kleinkindes einzustehen; Vermögensverwalter haben für die anvertrauten Werte eine Schutzpflicht.

588 Umgekehrt hat der **Überwachergarant** eine **Gefahrenquelle** zu sichern, dabei zwar nur diesen Gefahrenherd, dafür aber in alle Richtungen. Als Gefahrenquelle kommen Sachen, aber auch andere Menschen in Betracht.

Beispiele:

Es obliegt der Bauherrin eine Baugrube zu sichern, damit andere Menschen nicht hineinfallen oder Nachbargebäude instabil werden; der Hundehalter muss seinen Hund so führen, dass er niemanden beisst; der Vater hat seine kleine Tochter entwicklungsentsprechend so zu beaufsichtigen, dass diese keine Sachbeschädigung verübt; eine Vollzugsbeamtin muss einen gefährlichen Häftling im Dienst beaufsichtigen[1302].

1299 BGH 5.5.1964 – 1 StR 26/64, NJW 1964, 1330, 1331; OLG Stuttgart 25.7.1985 – 1 Ss 394/85, NJW 1986, 1767 f. In Betracht kommt allenfalls die Nichtanzeige geplanter Straftaten (§ 138) als echtes Unterlassensdelikt. Zweifelhaft: BGH 15.10.1954 – 2 StR 12/54, NJW 1954, 1818, 1819.

1300 BGH 29.11.1963 – 4 StR 390/63, NJW 1964, 731 f.; Fischer, § 13 Rn. 11; Rengier, AT, § 50 Rn. 2.

1301 BGH 6.11.2002 – 5 StR 281/01, NJW 2003, 522, 525; Fischer, § 13 Rn. 16; MR/Haas, StGB, § 13 Rn. 50.

1302 Fischer, § 13 Rn. 15.

589

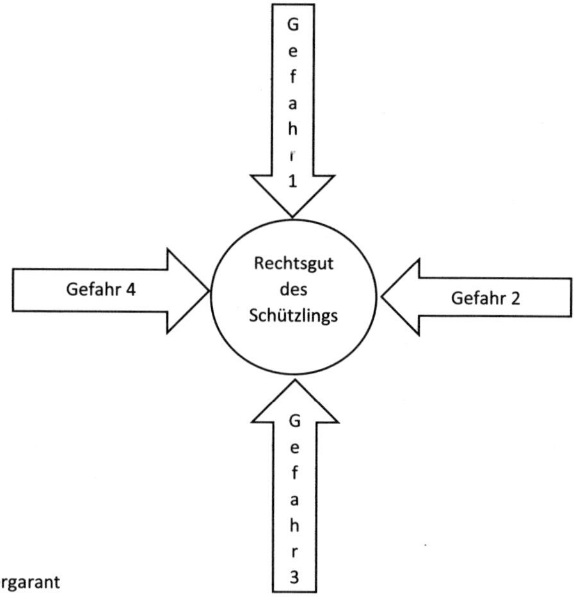

Beschützergarant

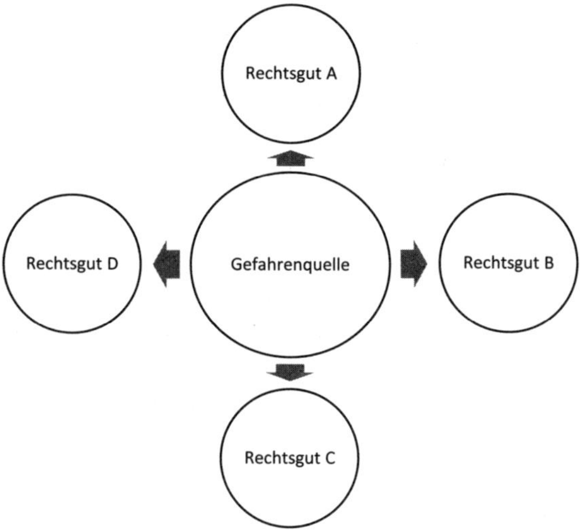

Überwachergarant

Abb. 7 Struktur von Garantenstellungen

1. Beschützergarant

Wegen der Vielzahl an Fallkonstellationen ordnet man innerhalb der Beschützergaranten nach Fallgruppen, häufig orientiert an den Rechtsquellen. 590

a) Enge persönliche, insbesondere familiäre Verbundenheit

Enge familiäre Verbundenheit ist regelmäßig eine Grundlage für besondere Beistandspflichten. Für Verwandte gerader Linie[1303] (§§ 1589, 1601, 1618a BGB) und für Ehegatten[1304] (§ 1353 BGB) ist eine familiäre Verbundenheit rechtlich normiert. 591

Zumindest familienrechtlich sind Rechtsbeziehungen zwischen Verlobten (§§ 1297 ff. BGB) und für die Schwägerschaft (§ 1590 BGB) normiert, aber keine besonderen Beistandspflichten vorgesehen. In diesen Fällen fehlt es daher regelmäßig an einer Garantenstellung.[1305]

Es ist umstritten, ob sich allein aus dem *formalen* Bestand familiärer Beziehungen eine Beistandspflicht ergibt,[1306] denn die *materiale* Qualität der Beziehung ist unterschiedlich stark ausgeprägt. 592

Regelmäßig wird in einer **Ehe** die größte Verbundenheit vorhanden sein. Nach h. M. ist zmindest auch eine **gelebte Nähebeziehung** erforderlich,[1307] sodass bei nur vorübergehender Trennung von Ehepartnern die Garantenstellung fortbesteht. Sie entfällt aber schon vor einem Scheidungsurteil, wenn die Beziehung gescheitert ist, sodass keiner der Ehegatten mehr auf den Schutz des anderen vertraut.[1308] Kritiker wenden ein, dass dies zu einer bedenklichen Unbestimmtheit führe.[1309] 593

Eltern und **Kinder** sind sich grundsätzlich wechselseitig zu Beistand verpflichtet (§ 1618a BGB). Anerkannt ist eine Garantenstellung der Eltern ab Geburtsbeginn[1310] gegenüber den *minderjährigen* Kindern.[1311] Grundsätzlich kann sich eine Garantenstellung der Eltern gegenüber *erwachsenen* Kindern, aber umgekehrt auch für die Kinder gegenüber den Eltern ergeben, wobei nach h. M. auf den **Einzelfall** abgestellt werden und neben der familienrechtlichen Pflichtenstellung die konkrete Beziehung betrachtet 594

1303 Bspw. Großeltern, Eltern, Kinder.

1304 Dies gilt entsprechend für Lebenspartner (§ 2 LPartG). Die gleichgeschlechtliche Ehe hat die Lebenspartnerschaft abgelöst, weshalb deren praktische Relevanz seit 2017 immer weiter abnimmt (vgl. § 1 LPartG).

1305 Schramm, Ehe und Familie, 281 f.; Murmann, GK-ST, § 29 Rn. 47; diff. Sch/Sch/Bosch, StGB, § 13 Rn. 18, der für Verlobte eine Garantenstellung in Betracht zieht.

1306 MR/Haas, StGB, § 13 Rn. 96.

1307 BGH 12.2.1952 – 1 StR 59/50, NJW 1952, 552, 553.

1308 BGH 24.7.2003 – 3 StR 153/03, NJW 2003, 3212, 3214 m. Anm. Ingelfinger NStZ 2004, 409; Sch/Sch/Bosch, StGB, § 13 Rn. 19.

1309 Baumann/Weber/Mitsch/Eisele, AT, § 21 Rn. 59.

1310 BGH 12.11.2009 – 4 StR 227/09, NStZ 2010, 214.

1311 BGH 3.7.2003 – 4 StR 190/03, NStZ 2004, 94, 95; 17.12.1954 – 1 StR 183/54, NJW 1955, 1038.

werden soll: je enger die Bindung, desto umfangreicher die Pflichten.[1312] Es kann zu einer Entfremdung kommen, die Beistandspflichten entfallen lässt.[1313] Noch stärker eingeschränkt gilt dies für Enkel und Großeltern.[1314]

595 Bei **Geschwistern** ist die Verbundenheit weniger stark ausgeprägt, so dass es für eine Garantenstellung zusätzlich besonderer Gründe (Zusammenleben, Übernahme von Beistandspflichten) bedarf.[1315]

596 Bei **eheähnlichen Gemeinschaften** können Schutzpflichten entstehen, wenn diese ernstlich und auf längere Frist angelegt sind. Nach der materialen Betrachtung können sich in Gemeinschaften unterschiedliche Aspekte zu einer Garantenstellung verdichten, etwa Zusammenleben, tatsächliche Verhaltensweisen und Zusagen.[1316]

597 Dagegen reichen nachbarschaftliche Verbundenheit, gemeinsame Teilnahme an geselligen Ereignissen, **Freundschaften** oder **kurzfristige Liebesbeziehungen** nicht für eine ausreichend enge persönliche Verbindung aus.[1317]

b) Gefahrengemeinschaften

598 Eine **Gefahrengemeinschaft** kann dann Anknüpfungspunkt für eine Garantenstellung sein, wenn Personen sich gemeinsam einer **besonderen Gefahr** aussetzen, die sie nur als Team eingehen und sich dabei aufeinander verlassen. Das trifft bspw. für eine Seilschaft im Hochgebirge[1318], Teilnehmer einer Expedition oder einer Atlantiküberquerung im (kleinen) Segelboot zu. Vergleichbares gilt jeweils untereinander für Soldaten, **Polizeibeamte** als **Streifenpartner**[1319] oder Feuerwehrkameraden, die sich gemeinsam in einen Einsatz begeben.

599 Zufällige oder alltägliche Gemeinschaften, bspw. eine Klassen-, Vereins- oder Hausgemeinschaft, Mitglieder einer Reisegruppe oder Menschen, die sich in Gefahren- und Unglücksfällen als **Schicksalsgemeinschaft** beistehen, sind keine solche Gefahrengemeinschaften, denn hier fehlt es am gegenseitigen Beistandsversprechen bzw. an einer gemeinsam eingegangenen besonderen Gefahr; deshalb haben bspw. Personen noch keine wechsel-

1312 BGH 2.8.2017 – 4 StR 169/17, NZFam 2017, 1094, 1096 m. Anm. Kaltenbach; die familiäre Pflichtenstellung stärker betonend: BGH 13.10.2016 – 3 StR 248/16, NStZ 2017, 401.

1313 Murmann, GK-ST, § 29 Rn. 44.

1314 MR/Haas, StGB, § 13 Rn. 100 m. w. N.

1315 BGH 31.3.2021 – 2 StR 109/20, BeckRS 2021, 15625, Rz. 24, m. instruktiver Anm. Kaltenbach NZFam 2021, 991; LG Kiel 2.6.2003 – VIII Ks 2/03, NStZ 2004, 157, 158: Keine Garantenstellung zwischen Geschwistern, die in einer Zweckgemeinschaft zusammenleben.

1316 BGH 7.9.1983 – 2 StR 239/83, NStZ 1984, 163; 5.7.1960 – 5 StR 131/60, NJW 1960, 1821.

1317 Murmann, GK-ST, § 29 Rn. 47.

1318 Zur Abgrenzung: BayObLG 18.6.1998 – 5 St RR 10/98, BayObLGSt 1998, 97, 106.

1319 Fischer, § 13 Rn. 44.

seitigen Schutz- und Beistandspflichten, nur weil sie gemeinsam illegal einreisen[1320] oder weil sie auf eine andere Bergsteigergruppe in Not treffen.[1321]

Auch gemeinsamer Alkohol- und **Drogenkonsum**[1322] oder das Zusammenleben in einer **Wohngemeinschaft** mit dem Charakter einer **Zweckgemeinschaft** begründen keine Garantenstellung.[1323]

c) Übernahme von Schutzpflichten

Eine Garantenstellung kann sich durch freiwillige **Übernahme** entsprechender Pflichten ergeben. Grundlage ist dafür häufig ein Vertrag, allerdings ist anerkannt, dass es nicht auf die zivilrechtliche Wirksamkeit des Vertrages ankommt.[1324] **600**

> **Beispiel:**
>
> Die Vereinbarung mit einer 16-jährigen Babysitterin ist zivilrechtlich[1325] nicht wirksam, aber gleichwohl hat sie eine Garantenstellung für das ihr anvertraute Baby, wenn sie vor Ort erscheint und sich um das Kind kümmert.

Wesentlich ist die Erzeugung **berechtigten Vertrauens**, inbesondere wenn deshalb **anderweitige Vorkehrungen unterlassen** werden.[1326] Dieses Vertrauen ist dann nicht schutzwürdig, wenn klar wird, dass (vertragswidrig) die zugesagte Pflicht nicht erfüllt wird, z. B., weil die für die Pflege angeforderte Kraft absagt oder nicht erscheint. Anders soll dies liegen, wenn im Vertrauen auf die Zusage schon anderweitige Dispositionen getroffen werden, etwa, wenn ein Pfleger zum Schichtende geht, weil er das Erscheinen der für die Folgeschicht eingeteilten Pflegerin zum vereinbarten Zeitpunkt erwartet und deshalb die hilflose Person schon früher verlässt. Dann hat die Pflegerin eine Garantenstellung, obwohl sie noch nicht tatsächlich vor Ort erschienen war.[1327]

1320 BGH 4.12.2007 – 5 StR 324/07, juris-Rn. 22, m. Bespr. Wilhelm NStZ 2009, 15, der bei entsprechender Absprache zwischen Tätern bei gemeinsamer Straftatbegehung eine Garantenstellung kraft Gefahrengemeinschaft annimmt; dagegen Sch/Sch/Bosch, StGB, § 13 Rn. 24.

1321 Sch/Sch/Bosch, StGB, § 13 Rn. 24.

1322 BGH 11.9.2019 – 2 StR 563/18, juris-Rn. 12 m. w. N.; 25.2.1954 – 1 StR 612/53, NJW 1954, 1047, 1048; OLG Stuttgart 17.9.1980 – 3 Ss (23) 697/80, NJW 1981, 182.

1323 BGH 7.11.1986 – 2 StR 494/86, NJW 1987, 850; 7.9.1983 – 2 StR 239/83, NStZ 1984, 163; Rengier, AT, § 50 Rn. 25.

1324 BGH 31.1.2002 – 4 StR 289/01, NJW 2002, 1887, 1888; OLG Celle 4.5.1961 – 1 Ss 12/61, NJW 1961, 1939, 1940; vert. MR/Haas, StGB, § 13 Rn. 107.

1325 § 107 BGB setzt die Genehmigung der Erziehungsberechtigten voraus. Auf eine nachträgliche Erteilung (§ 108 BGB) kommt es für das Strafrecht nicht an.

1326 MR/Haas, StGB, § 13 Rn. 106.

1327 Rengier, AT, § 50 Rn. 29; Wessels/Beulke/Satzger, AT, Rn. 1186.

601 **Typische Fälle**, in denen eine Garantenstellung kraft Übernahme in Betracht kommt, sind Ärzte, die entweder einen Vertrag mit dem Patienten schließen oder als Bereitschaftsärzte im Dienst sind,[1328] Hebammen[1329], Krankentransportfahrer[1330], Werkstattmitarbeiter[1331], Kindergärtnerinnen, Bademeister, Kapitäne[1332], Feuerwehrmitglieder oder Bergführer.[1333] Deren Pflichten bestehen aber nur im jeweils übernommenen Umfang. Z. B. hat der Bergführer nicht einzuschreiten, wenn jemand sich vor der Tour betrinkt bzw. auf eigene Veranlassung klettert; ein Arzt muss nicht schon wegen seines Berufs als Garant einem Menschen helfen, weil er zufällig zu einem Unfall kommt und er muss respektieren, wenn der Patient im Rahmen seines Selbstbestimmungsrechts den Umfang der Behandlung einschränkt.[1334]

Verkäufer, Detektive oder Wachmänner haben die Aufgabe, bei Diebstahl und Betrug im Geschäft einzuschreiten.[1335] Umgekehrt hat der Kunde keine Pflicht das Vermögen der Bank zu betreuen.[1336]

602 Eine Garantenstellung erwächst dagegen nicht aus der **allgemeinen Hilfspflicht** (§ 323c), selbst dann nicht, wenn der Retter sich dem Opfer zuwendet und mit der **Rettung beginnt**, aber danach **abbricht**.[1337] Allerdings liegt dies dann anders, wenn er dadurch die Lage des Opfers verschlechtert, insbesondere wenn er ihn von anderen Rettungsmöglichkeiten abschneidet. Das kann z. B. dadurch erfolgen, dass er andere hilfswillige Personen wegschickt oder er das Opfer an einen gefährlicheren Ort verbringt.[1338]

603 Umstritten ist, ob der **Wohnungsinhaber** oder ein **Gastwirt** eine Garantenstellung für Personen übernimmt, die er in seine Räume lässt. Überwiegend nimmt man an, dass zumindest vor schwerwiegenden Gefahren

1328 BGH 2.2.1983 – 2 StR 558/82, NStZ 1983, 263; 1.3.1955 – 5 StR 583/54, NJW 1955, 718, 719; vert. Sch/Sch/Bosch, StGB, § 13 Rn. 28a m. w. N.

1329 OLG Dresden 14.2.2014 – 2 OLG 25 Ss 788/13, juris-Rn. 17.

1330 BGH 25.4.2001 – 1 StR 130/01, BeckRS 2001, 4663.

1331 BGH 6.3.2008 – 4 StR 669/07, NJW 2008, 1897, 1898, m. Anm. Kühl.

1332 Esser/Bettendorf, NStZ 2012, 233, 235.

1333 Wessels/Beulke/Satzger, AT, Rn. 1186; Rengier, AT, § 50 Rn. 31.

1334 BGH 3.7.2019 – 5 StR 393/18, NJW 2019, 3089, 3091 f; 3.7.2019 – 5 StR 132/18, NJW 2019, 3092, 3094, Rn. 31; Wessels/Beulke/Satzger, AT, Rn. 1188 m. w. N.

1335 Rengier, AT, § 50 Rn. 32.

1336 BGH 8.11.2000 – 5 StR 433/00, NJW 2001, 453, 454 f.; bedenklich weit auf Treu und Glauben bei Verträgen abstellend: BGH 15.6.1954 – 1 StR 526/53, NJW 1954, 1414, 1415; OLG Köln 5.2.1980 – 1 Ss 1134/79, NJW 1980, 2366, 2367.

1337 BGH 21.9.2022 – 6 StR 47/22, NJW 2022, 3656, 3657 m. Anm. Mitsch.

1338 BGH 22.6.1993 – 1 StR 264/93, NJW 1993, 2628 f. In der konkreten Entscheidung wurde allerdings nicht nachgewiesen, dass andere Personen dem Opfer (besser) geholfen hätten, es also nicht zu einer Verschlechterung der Lage des Opfers kam, zutr. krit. Hoyer, NStZ 94, 84; Mitsch, JuS 1994, 555; BGH 5.12.1974 – 4 StR 529/74, NJW 1975, 1175, 1176: Verbringen eines Betrunkenen nahe an eine verkehrsreiche Straße.

zu schützen ist, etwa bei massiven Angriffen anderer Gäste.[1339] Dagegen spricht, dass die Räumlichkeit typischerweise nicht gefährlich[1340] ist, weshalb weitergehendes Vertrauen des Gastes regelmäßig nicht geweckt wird und § 13 insofern restriktiv auszulegen ist.[1341]

Menschen, die sich zu **Organen** (z. B. Vorstände, Aufsichtsräte, Geschäfts- **604**
führer) von **juristischen Personen** (z. B. AG, GmbH) bestellen lassen, übernehmen für die privat- oder öffentlichrechtliche juristische Person ebenfalls bestimmte Pflichten, insbesondere Schadensabwendungs- und Vermögensbetreuungspflichten, die strafrechtliche Garantenstellungen bedeuten.[1342]

d) Amtsträger

In besonderer Weise übernehmen auch **Amtsträger** durch die Übertra- **605**
gung eines **Amtes** Verantwortung. Die Verantwortungsbereiche sind aber nach dem jeweiligen Pflichtenkreis abzugrenzen. Bei ihnen wird häufig auf die Übertragung des Amtes abgestellt, andere wollen die Garantenstellung auf die Übernahme zurückführen.[1343]

Dies soll angesichts der Vielzahl an denkbaren Konstellationen an eini- **606**
gen **Beispielen** erläutert werden: Mitarbeiter einer **Umweltbehörde** haben eine Garantenstellung hinsichtlich der Umweltgüter für die sie zuständig sind.[1344] **Schulleiter** haben (auch) die Aufgabe, die Schüler während des Schulbesuchs vor Übergriffen anderer Lehrer zu schützen,[1345] **Lehrer** haben einzuwirken, wenn Schüler andere verprügeln oder Schüler sich selbst gefährden;[1346] **Jugendamtsmitarbeiter** haben eine Garantenstellung für die zu betreuenden Kinder.[1347]

Bedienstete im **Gefängnis** oder Maßregelvollzug haben eine Garanten- **607**
pflicht zum Einschreiten bei Gefahren *für* oder *von* **Gefangenen**, allerdings obliegt ihnen nicht die Strafverfolgung, weshalb sie nur allgemein geplante Verbrechen (§ 138) anzeigen müssen.[1348]

1339 BGH 6.10.1976 – 3 StR 202/76, NJW 1977, 204 f.; 5.7.1966 – 5 StR 280/66, NJW 1966, 1763.

1340 BGH 24.2.1982 – 3 StR 34/82, NJW 1982, 1235, 1236; KG 16.7.1998 – 1 Ss 308–97 (126–97), NStZ 1998, 571 f. In Betracht kommt bei einem gefährlichen Zustand der Wohnung eine Stellung als Überwachungsgarant, vgl. Rz 610.

1341 Frister, AT, § 22 Rn. 49.

1342 Rengier, AT, § 50 Rn. 38; vert. Sch/Sch/Bosch, StGB, § 13 Rn. 31 m. w. N.

1343 Sch/Sch/Bosch, StGB, § 13 Rn. 31a m. w. N.

1344 OLG Frankfurt/M 22.5.1987 – 1 Ss 401/86, juris-Rn. 54; Fischer, Vor § 324 Rn. 18 m. w. N.

1345 BGH 26.7.2007 – 4 StR 240/07, NStZ-RR 2008, 9.

1346 OLG Köln 29.10.1985 – Ss 301/85, NJW 1986, 1947, 1948; Rengier, AT, § 50 Rn. 37.

1347 OLG Oldenburg 2.9.1996 – Ss 249/96, NStZ 1997, 238; enger: OLG Stuttgart 28.5.1998 – 1 Ws 78/98, NJW 1998, 3131, 3132: Garantenstellung kraft Übernahme.

1348 BGH 30.4.1997 – 2 StR 670/96, NJW 1997, 2059; Rengier, AT, § 50 Rn. 36; Murmann, GK-ST, § 29 Rn. 43.

608 Besondere Schutzpflichten obliegen **Polizeibeamten** in ihrem sachlich-örtlichen **Zuständigkeitsbereich**. Sie sind nach h. M. im Rahmen der **Gefahrenabwehr** im Dienst für die Rechtsgüter der Allgemeinheit und Individualrechtsgüter Dritter verantwortlich.[1349] Wer als Streifenbeamter sieht, wie ein Bürger verprügelt wird oder wer den Auftrag hat, einer hilflosen Person zu helfen, ist Garant. Auch zugunsten der Rechtsgüter festgenommener Personen besteht jeweils für die zuständigen Beamten eine Garantenstellung.[1350]

Zudem besteht für **Staatsanwälte** und deren **Ermittlungspersonen** eine **Strafverfolgungspflicht**, so dass diesbezüglich eine Garantenstellung besteht und eine Strafvereitelung im Amt durch Unterlassen (§§ 258, 258a, 13) begangen werden kann. Sogar bei einer **außerdienstlichen Kenntnisnahme** kommt eine Garantenstellung in Betracht, wenn es sich um schwere Straftaten handelt, die in seinen Dienst fortwirken.[1351]

2. Überwachungsgarant

609 Überwachungsgaranten nennt man auch **Sicherungsgaranten**, denn sie haben eine besondere Verwantwortlichkeit für eine bestimmte **Gefahrenquelle**. Die Verantwortlichkeit kann auf andere übertragen werden.[1352] Bspw. beauftragt der Halter eines Kfz, der für dessen Verkehrssicherheit verantwortlich ist,[1353] mit Kontrolle und Reparatur eine Kfz-Mechatronikerin, die dann entsprechend dem Auftrag die Garantenstellung übernimmt; vergleichbares gilt für den Vermieter, der dem Mieter eine Räum- und Streupflicht überträgt.

a) Sicherung von Gefahrenquellen

610 **Eigentümer** bzw. **Besitzer**[1354] sind grundsätzlich für die von ihrem Besitz ausgehenden Gefahren verantwortlich. Es leuchtet ein, dass derjenige, der andere durch sein Eigentumsrecht von Einwirkungen auf die Sache ausschließen darf, im Gegenzug in besonderer Weise für die Abwehr **naheliegender** Ge-

1349 BGH 29.10.1992 – 4 StR 358/92, NJW 1993, 544 m. krit. Anm. Mitsch NStZ 1993, 384; OLG Rostock 11.8.1999 – 1 Ws 10/97, NStZ 2001, 199; Garantenstellung des Ordnungsamtsleiters für Rechtsgüter von ausgebeuteten Prositutierten: BGH 15.7.1986 – 4 StR 301/86, NJW 1987, 199.

1350 BGH 7.1.2010 – 4 StR 413/09, NStZ 2010, 407, 409; 4.9.2014 – 4 StR 473/13, NJW 2015, 96, 100; dazu vert. Schiemann, Polizeiliche Handlungspflichten bei Ingewahrsamnahme – Der Fall Oury Jalloh, NJW 2015, 20.

1351 BGH 29.10.1992 – 4 StR 358/92, NJW 1993, 544, 545; 3.11.1999 – 2 StR 326/99, NStZ 2000, 147.

1352 BGH 31.1.2002 – 4 StR 289/01, NStZ 2002, 421, 423, m. Anm. Freund; Eisele/Heinrich, AT, Rn. 623.

1353 BGH 26.11.1969 – 4 StR 477/69.

1354 Dies gilt sogar für unrechtmäßige Besitzer, etwa einen Dieb.

fahren verantwortlich ist.[1355] Häufig sind **Verkehrssicherungspflichten** die Grundlage der Garantenstellung, bspw. bei der Haltung von Tieren, dem Unterhalt eines Weges oder Gebäudes[1356] oder dem Betrieb einer Anlage. Auch Architekten, Bauleiter, Unternehmer oder Bauherren haben eine solche Garantenstellung für ein Bauvorhaben.[1357]

Fallbeispiel:

Der Täter (T) brachte eine Flasche mit frei verkäuflichem Reiniger mit dem Wirkstoff Gammabutyrolacton (GBL) zu einer Feier mit und verwendete eine kleine Menge von 2 ml in Wasser verdünnt davon für sich als Drogenersatz. Die Flasche stellte er in einer Wohnung ab, in der andere Menschen mit ihm feierten und unterschiedliche Rauschmittel konsumierten. Später setzte das Opfer (O) die Flasche an und trank unverdünnt mehrere Schlucke daraus. Zwar wusste O um den Inhalt und die Gefährlichkeit, schätzte dies aber wegen seines angetrunkenen Zustands falsch ein. O geht es sofort schlecht und T bemerkt dessen immer schwächere Atmung. Der T hätte das Leben des O retten können, wenn er sofort einen Rettungswagen verständigt hätte. Das unterlässt er aber im Bewusstsein, dass der O sterben kann, was er in Kauf nimmt, und wartet zunächst 20 Minuten, bis O verstirbt.

T hat einen Totschlag durch Unterlassen (§§ 212, 13) z. N. von O verwirklicht. Er hat eine Gefahrenquelle geschaffen mit dem Aufstellen der frei zugänglichen GBL-Flasche. Er war daher als Garant dafür verantwortlich, die Gefahren abzuwenden, die von dieser Substanz für andere ausgingen. Ihm war erkennbar, dass andere Personen in angetrunkenem Zustand die Gefährlichkeit falsch einschätzen könnten, und hatte entsprechende Vorkehrungen zu treffen. Deshalb war er verpflichtet, dem nicht freiverantworlich handelnden O als Garant beizustehen und hat unterlassen, den Notdienst zu verständigen.[1358]

Ein besonderer Fall betrifft das **Inverkehrbringen** gefährlicher Produkte. 611
Hier ergibt sich eine Überwachungspflicht in Form der **Produktbeobachtungspflicht**, die bis zu einem Produktrückruf reichen kann. Wer dies unter-

1355 BGH 13.11.2008 – 4 StR 252/08, NStZ 2009, 146, 147; 5.8.2015 – 1 StR 328/15, NJW 2016, 176, 177, Rz. 9; 21.12.2011 – 2 StR 295/11, NStZ 2012, 319, 320; vertiefend: MR/Haas, StGB, § 13 Rn. 56 ff.

1356 BGH 24.2.1982 – 3 StR 34/82, NJW 1982, 1235, 1236, verlangt für die Stellung als Garant zutr. noch besondere Umstände über die Stellung als Wohnungsinhaber hinaus. Zur umstrittenen Haftung des Wohnungsinhabers, vgl. Rz603.

1357 Fischer, § 13 Rn. 64.

1358 BGH 5.8.2015 – 1 StR 328/15, NJW 2016, 176, 177; ähnlich: BGH 22.11.2016 – 1 StR 354/16, NJW 2017, 418, 419; 21.12.2011 – 2 StR 295/11, NStZ 2012, 319 f.

lässt, ist als Garant verantwortlich, wenn durch den weiteren Verkauf bzw. die Nutzung des Produktes Personen geschädigt werden.[1359]

b) Überwachung Dritter

612 Grundsätzlich hat jeder für sein Verhalten selbst einzustehen und nur ausnahmsweise trifft jemanden eine **besondere Überwachungspflicht** für eigenverantwortliche Dritte. Beispiele für eine solche Garantenstellung sind Bedienstete einer Justizvollzugsanstalt, im Maßregelvollzug oder in Psychiatrien für gefährliche Menschen, aber auch Eltern für ihre minderjährigen Kinder.[1360]

Vorgesetzte müssen einschreiten, wenn Untergebene Straftaten begehen (§ 357). Umstritten ist dies in Unternehmen für Vorgesetzte bzw. die Unternehmensleitung im Hinblick auf Straftaten von Mitarbeitern. Die h. M. erkennt die **Geschäftsherrenhaftung** grundsätzlich an, soweit eine Befehls- oder Weisungsbefugnis bzw. Organisationsherrschaft besteht (vgl. § 130 OWiG). Dabei kann es nur um betriebs- bzw. unternehmensbezogene Straftaten gehen, d. h. um Taten, die mit dem Betrieb und der Tätigkeit in einem inneren Zusammenhang stehen und nicht lediglich bei Gelegenheit begangen werden.[1361] Die Gegenansicht lehnt eine solche Garantenstellung ab, da diese zu einer uferlosen Haftung führen könne.[1362]

Fallbeispiele:

1. T arbeitet in einem „Späti“. Er nutzt die Räumlichkeiten mit abgeklebten Scheiben und einem vom Laden nicht einsehbaren Lager für illegale Drogenverkäufe. Das nimmt auch sein Chef (C) wahr, der den Laden betreibt, aber den T gewähren lässt. T muss sich wegen § 29 BtMG verantworten. Daneben hat aber auch der C nach h. M. eine Garantenstellung, so dass er eine Beihilfe durch Unterlassen (§ 29 BtMG, §§ 27, 13) verwirklicht hat, als er unterließ einzuschreiten.[1363]
2. Keine Garantenstellung besteht für den Vorarbeiter, wenn er beobachtet, wie andere Kolonnenmitarbeiter auf dem Gelände des städtischen Bauhofs einen Kollegen wiederholt schlagen, weil dies nur bei Gelegenheit passierte und keinen Bezug zum Unternehmen hatte; dies könnte anders liegen, wenn ein Mitarbeiter durch Mobbing aus dem Unternehmen geekelt werden soll.[1364]

1359 BGH 6.7.1990 – 2 StR 549/89, NJW 1990, 2560, 2563, wo auf Ingerenz abgestellt wurde; Eisele/ Heinrich, AT, Rn. 632.

1360 Wessels/Beulke/Satzger, AT, 1193, 1199. Für erwachsene Kinder entfällt grds. eine Garantenstellung der Eltern.

1361 BGH 17.7.2009 – 5 StR 394/08, NJW 2009, 3173, 3174 m. Anm. Stoffers; vert. Sch/Sch/ Bosch, StGB, § 13 Rn. 52 ff.

1362 Wessels/Beulke/Satzger, AT, Rn. 1194.

1363 BGH 6.2.2018 – 5 StR 629/17, NStZ 2018, 648.

1364 BGH 20.10.2011 – 4 StR 71/11, NStZ 2012, 142, 143 f. m. Bespr. Jäger JA 2012, 392 und Anm. Poguntke, CCZ 2012, 157, 158.

3. Der Betriebsinhaber hat auch keine Garantenstellung, wenn Mitarbeiter im Unternehmen stehlen oder einen Kollegen sexuell belästigen und er nicht einschreitet.[1365]

c) Vorangehendes gefahrschaffendes Tun (Ingerenz)

Eine Garantenstellung kann sich aus **vorangehendem gefahrschaffendem** 613
Verhalten ergeben, sog. Ingerenz.[1366] Weit überwiegend ist dies anerkannt für **objektiv pflichtwidriges** Verhalten.[1367] Selten wird vertreten, dass auch eine erlaubte Gefahrschaffung[1368] ausreichend ist: Überwiegend verlangt man zumindest ein objektiv rechtswidriges Vorverhalten (Tun oder Unterlassen) unabhängig vom Verschulden.[1369]

Beispiel:

Wer verkehrsgerecht fährt und einen anderen verletzt, ist nach h. M. nicht wegen Tötung durch Unterlassen (§§ 212, 13), sondern nur wegen unterlassener Hilfeleistung (§ 323c) strafbar, wenn er keine Erste Hilfe leistet, obwohl er zutreffend erkannt hat, dass er dem Opfer helfen muss, um dessen Tod zu verhindern.[1370]

Abwandlung: Wer durch ein beim Fahren in der Hand gehaltenes Mobiltelefon abgelenkt oder bei Missachtung von Vorfahrtsregeln einen Radfahrer anfährt, ist Garant wegen Ingerenz und kann durch Verabsäumen von Hilfe einen Totschlag durch Unterlassen (§§ 212, 13) verwirklichen.[1371]

1365 Fischer, § 13 Rn. 69; Wessels/Beulke/Satzger, AT, Rn. 1197.

1366 Fischer, § 13 Rn. 47; vert. Kühl, AT, § 18 Rn. 91 ff.

1367 BGH 2.8.2023 – 5 StR 80/23, BeckRS 2023, 31238, Rn. 19 m.Bspr. Eisele JuS 2024, 80; m. krit Anm. Seel NStZ 2024, 222; 23.9.1997 – 1 StR 430/97, NStZ 1998, 83, 84; 19.4.2000 – 3 StR 442/99, NJW 2000, 2754, 2756; MR/Haas, StGB, § 13 Rn. 75 f. m. w. N.
Zur Frage der Übertragbarkeit einer Garantenstellung aus Ingerenz: BGH 10.10.2002 – 4 StR 185/02, NStZ 2003, 259 f. m. abl. Anm. Jasch NStZ 2005, 8, 13. Zur Frage der Garantenstellung als besonderes persönliches Merkmal (§ 28): 24.3.2021 – 4 StR 416/20, NJW 2021, 1767, 1768 f.

1368 Obiter dictum: BGH 25.9.1952 – 4 StR 41/52, BeckRS 1952, 31194308.

1369 BGH 2.8.2023 – 5 StR 80/23, BeckRS 2023, 31238, Rn. 22; 6.7.1990 – 2 StR 549/89, NJW 1990, 2560, 2563; 19.7.1973 – 4 StR 284/73, NJW 1973, 1706 f.; Fischer, § 13 Rn. 48 m. w. N.; weitgehend: BGH 12.11.2009 – 4 StR 227/09, NStZ 2010, 214, 215: Eine Schwangere müsse als Garantin schon vor Geburt für ausreichende geburtshilfliche Betreuung des Kindes sorgen wegen der von ihr geschaffenen Gefahr mit Schädigungspotenzial durch starken Alkoholkonsum.

1370 BGH 19.7.1973 – 4 StR 284/73, NJW 1973, 1706 f.

1371 Zu vergleichbaren Versuchskonstellationen: BGH 24.3.2021 – 4 StR 416/20, NJW 2021, 1767; 4.8.2016 – 4 StR 142/16, NStZ-RR 2016, 325.

Keine Garantenstellung besteht bei einem durch Notwehr gerechtfertigten Verhalten;[1372] anders liegt dies bei lediglich entschuldigtem Verhalten.[1373]

Nach h. M. ergibt sich aus einem auf die Verwirklichung des Tatbestandes gerichteten aktiven Tun eine Garantenstellung, was aber nur in besonderen Konstellationen (z. B. erst später auftretendes Mordmerkmal) Bedeutung erlangt.[1374]

614 Weiter grenzt die Rechtsprechung die Verantwortlichkeit auf die Realisierung **naheliegender Gefahren** im tatbestandlichen Erfolg ein.[1375] Damit wird auf Aspekte der objektiven Zurechnung abgestellt.[1376] Daran fehlt es bspw. für die anderen Beteiligten an einem geplanten Diebstahl bei einem Exzess eines Mittäters, der das Opfer gefesselt zurücklässt[1377], es vergewaltigt[1378] oder einen Brand legt.[1379] Dagegen liegt die Gefahr des Todes nahe, wenn ein Opfer gemeinsam schwer misshandelt wird und sich dadurch die Gefahr für das Opfer erhöht hat oder der Mittäter in seinem Tun bestärkt wird.[1380] Bei nicht verkehrsgerechtem Verkehrsverhalten soll es schon ausreichen, wenn das Verhalten zumindest gefahrerhöhend gewirkt hat.[1381]

Umstritten ist, ob die Zurechnung bei bewusster Selbstschädigung des Opfers entfällt, bspw., wenn Rauschgift gemeinsam konsumiert wird oder Medikamente für einen Suizid überlassen werden.[1382]

VI. Objektive Zurechnung

615 Auch beim Unterlassungsdelikt kann die Kategorie der objektiven Zurechnung Bedeutung erlangen. Das mit Verletzung der Verhaltensnorm geschaffene Risiko muss sich im Erfolg realisieren. Im Rahmen der Prüfung der hypothetischen Kausalität wird der **Pflichtwidrigkeitszusammenhang** häufig

1372 BGH 29.7.1970 – 2 StR 221/70, NJW 1970, 2252 f.; 16.2.2000 – 2 StR 582/99, NStZ 2000, 414, 415. In der Literatur überlegt man, ob dies für § 34 anders sein soll, Kühl, AT, § 18 Rn. 96; Murmann, GK-ST, § 29 Rn. 71.

1373 BGH 2.8.2023 – 5 StR 80/23, BeckRS 2023, 31238, Rn. 19.

1374 Bejahend: BGH 11.7.2003 – 2 StR 531/02, NStZ 2004, 89, 91, Rn. 14, m. Anm. Schneider; Murmann, GK-ST, § 29 Rn. 67; Kühl, AT, § 18 Rn. 105a; dagegen: BGH 24.10.1995 – 1 StR 465/95, NStZ-RR 1996, 131.

1375 BGH 6.7.1990 – 2 StR 549/89, NJW 1990, 2560, 2563; 23.9.1997 – 1 StR 430/97, NStZ 1998, 83, 84; 6.3.2003 – 4 StR 493/02, NStZ 2004, 294, 296, Rn. 11.

1376 Rengier, AT, § 50 Rn. 72; Murmann, GK-ST, § 29 Rn. 72: „Schutzzweckzusammenhang".

1377 BGH 18.8.2009 – 1 StR 107/09, NStZ-RR 2009, 366.

1378 BGH 15.4.1997 – 4 StR 116/97, NStZ-RR 1997, 292.

1379 BGH 29.11.2012 – 3 StR 293/12, NStZ-RR 2013, 137.

1380 BGH 19.12.2018 – 1 StR 597/18, NStZ-RR 2019, 74; zu einem nicht zurechenbaren Exzess: BGH 23.5.2000 – 4 StR 157/00, NStZ 2000, 583.

1381 BGH 6.5.1986 – 4 StR 150/86, NJW 1986, 2516, 2517.

1382 BGH 3.7.2019 – 5 StR 132/18, NJW 2019, 3092, 3095; Wessels/Beulke/Satzger, AT, Rn. 1200; Kühl, AT, § 18 Rn. 105; Murmann, GK-ST, § 29 Rn. 69. Vert zur differenzierten Entwicklung in der Rechtsprechung: MR/Haas, StGB, § 13 Rn. 72 m. w. N.

schon festgestellt, wenn man abstrakt auf den tatbestandlichen Erfolg abstellt,[1383] anders dagegen, wenn man auf den konkreten Erfolg abstellt.[1384]

Nach h. M. ist einem Garanten auch dann ein Erfolg zuzurechnen, wenn bei einer unterlassenen Rettungsmaßnahme zwar ebenfalls Rechtsgüter verletzt worden wären, aber zumindest **weniger schwerwiegend** oder geringwertigere Güter.

Fallbeispiel:

Ein Vater unterlässt es, sein Kind aus dem brennenden Haus aus etwa sechs Metern Höhe in die Arme von Rettungswilligen zu werfen, nachdem ihnen der Fluchtweg abgeschnitten ist. Dabei war mit Verletzungen zu rechnen, aber zumindest wäre der spätere Tod des Kindes durch den Brand vermieden worden.

Das Unterlassen des Hinabwerfens ist hypothetisch kausal, wenn man auf den konkreten Todeserfolg abstellt und dies ist objektiv zuzurechnen, weil es zwar zu Verletzungen geführt hätte, aber diese das kleinere Übel darstellen, weil sie weniger schwer wiegen als der Tod.[1385]

Besondere Beachtung findet auch der **Schutzzweckzusammenhang**, der ins- 616
besondere bei den Garantenstellungen aus Ingerenz zu prüfen ist (Rz 614).[1386]

So ist der Todeserfolg nicht zurechenbar, wenn der Garant einen Hilflosen seinem Schicksal trotz Kälte überlässt, wenn das Opfer zwar nicht erfriert, da ihn ein anderer mit seinem Auto zum Krankenhaus bringen will, dabei aber ein Unfall mit tödlichem Ausgang geschieht. Das Risiko zu Erfrieren hat sich nicht im Verkehrsunfall realisiert.[1387]

VII. Zumutbarkeit

Die **Zumutbarkeit** normgemäßen Verhaltens schränkt die Garantenpflichten 617
ein. Umstritten ist, ob dies den Tatbestand[1388], die Rechtswidrigkeit[1389] oder Schuld[1390] entfallen lässt. Für die Einordnung auf Tatbestandsebene spricht die Parallele zu § 323c.

1383 Murmann, GK-ST, § 29 Rn. 73.
1384 Wessels/Beulke/Satzger, AT, Rn. 1177.
1385 BGH 28.7.1970 – 1 StR 175/70, BeckRS 1970, 31126347; Wessels/Beulke/Satzger, AT, Rn. 1207.
1386 Murmann, GK-ST, § 29 Rn. 73.
1387 Murmann, GK-ST, § 29 Rn. 73.
1388 BGH 16.7.1993 – 2 StR 294/93, NJW 1994, 1357; Sch/Sch/Bosch, StGB, Vor § 13 Rn. 155; Fischer, § 13 Rn. 81 jew. m. w. N.
1389 Gropp/Sinn, AT, § 11 Rn. 201.
1390 BGH 17.2.1954 – GSSt 3/53, NJW 1954, 766, 768; Kühl, AT, § 18 Rn. 140; Wessels/Beulke/Satzger, AT, Rn. 1222 jew. m. w. N.

Es sind die **Interessen** des Garanten mit denen des Geschützten **abzuwägen**, wobei auch die Erfolgsaussichten von Bedeutung sind.[1391] Beide Interessen insgesamt müssen nach h. M. für die Unzumutbarkeit **gleich gewichtig** sein,[1392] nach anderer Ansicht wird dies erst unzumutbar, wenn der Garant überwiegende Interessen preisgeben müsste.[1393] Es wird auf den Einzelfall abgestellt und von der Rechtsprechung ein strenger Maßstab angelegt.[1394] Die Gefahr der **Strafverfolgung** soll die Zumutbarkeit u. U. bei Anzeige nächster Angehöriger entfallen lassen;[1395] überzeugender ist es, dass dieser Aspekt nicht zur Unzumutbarkeit führt, denn staatlicher Strafverfolgung darf sich der Garant nicht auf Kosten ihm anvertrauter Rechtsgüter entziehen.[1396]

Die Gefährdung eigener vitaler Interessen, insbesondere den sicheren Tod, muss ein Garant nicht in Kauf nehmen; umgekehrt muss man aber zur Rettung von Menschenleben mehr einsetzen als nur bagatellhafte Rechtsgüter.[1397] Bspw. muss ein Garant nicht ohne Schutzausrüstung in ein Flammeninferno laufen, um zu versuchen seinen Schützling dort herauszuholen oder bei Dunkelheit in alkoholisiertem Zustand in den rasch fließenden Rhein springen, um nach seiner Frau zu tauchen[1398]; anders ist dies für Einsätze eines Berufsfeuerwehrmannes oder einer Polizeibeamtin zu beurteilen, wenn sie mit Schutzausrüstung und einer Vorausbildung kalkulierbare Gefahren eingehen. Zumutbar ist für einen garantenpflichtigen Gastwirt, notfalls die Polizei zu verständigen, um zu verhindern, dass sein Stammgast in fahruntüchtigem Zustand mit dem Auto einen tödlichen Unfall versacht.[1399]

VIII. Entsprechensklausel

618 Neben der Garantenstellung beschreibt § 13 ein zweites Element, wonach „das Unterlassen der Verwirklichung des gesetzlichen Tatbestandes durch ein Tun entspricht“. Diese sog. **Entsprechensklausel** hat bei **verhaltensgebundenen** Erfolgsdelikten Bedeutung, d. h. Tatbeständen, die von einer bestimmten Tathandlung geprägt sind. Der Handlungsunwert muss bei einer Begehung durch Unterlassen genauso wie bei einem aktiven Tun vorhanden sein,

1391 BGH 16.7.1993 – 2 StR 294/93, NJW 1994, 1357.
1392 BGH 20.12.1983 – 1 StR, 746/83, NStZ 1984, 164.
1393 Sch/Sch/Bosch, StGB, Vor § 13 Rn. 156; weiter diff. MR/Haas, StGB, § 13 Rn. 31.
1394 BGH 20.12.1983 – 1 StR, 746/83, NStZ 1984, 164; MR/Haas, StGB, § 13 Rn. 30.
1395 BGH BGH 20.12.1983 – 1 StR, 746/83, NStZ 1984, 164; Sch/Sch/Bosch, StGB, Vor § 13 Rn. 156 m. w. N.
1396 MR/Haas, StGB, § 13 Rn. 32.
1397 BGH 16.7.1993 – 2 StR 294/93, NStZ 1994, 29; Sch/Sch/Bosch, StGB, Vor § 13 Rn. 156.
1398 BGH 16.7.1993 – 2 StR 294/93, NStZ 1994, 29.
1399 BGH 22.1.1953 – 4 StR 417/52, NJW 1953, 551.

sog. **Modalitätenäquivalenz.**[1400] Verhaltensgebundene Delikte sind bspw. eine Beleidigung (§ 185), eine Nötigung (§ 240), die Drohung oder Gewaltanwendung verlangt, ein Betrug (§ 263), der eine Täuschung verlangt, eine Fälschung technischer Aufzeichnungen (§ 268), wo störend auf den Aufzeichnungsvorgang eingewirkt werden muss[1401] oder ein Verdeckungsmord (§ 211).[1402]

Fallbeispiele:

1. Wer durch täuschende Gestaltung eines Auftrags für einen Eintrag in ein Branchenverzeichnis als Rechnung für ein schon erschienenes Inserat einen Irrtum hervorruft, muss dem Zahlenden mitteilen, wenn er nachfolgend sich entschließt, den Auftrag nicht auszuführen. Wenn er dies unterlässt, verwirklicht er einen Betrug durch Unterlassen, denn er hat eine Garantenstellung aufgrund Ingerenz und das täuschende Verhalten hat zu einer Vorleistung mit einer dadurch unsicheren Rechtsposition geführt. Deshalb wird die Vergleichbarkeit von Tun und Unterlassen bejaht.[1403]
2. T rauchte eine Zigarette und schlief dabei ein. Es kam deshalb zu einem Brand in dem Mehrparteienhaus. T konnte sich nach draußen retten und erkannte, dass mehrere andere Mieter in Lebensgefahr geraten waren. Dennoch ging er in eine Gaststätte, ohne die Feuerwehr zu verständigen, die dann zwei anderen Bewohnern das Leben hätte retten können.

   Neben einer fahrlässigen Brandstiftung kam ein gemeingefährlicher Mord durch Unterlassen (§§ 212, 211, 13) in Betracht. Hier lehnte der BGH eine Modalitätenäquivalenz ab, denn es ist nicht vergleichbar, wenn lediglich eine Lage mit unkalkulierbaren Gefahren für eine Vielzahl von Menschen bereits vorgefunden wird, statt diese erst vorsätzlich mit besonderer Rücksichtslosigkeit aktiv herbeizuführen.[1404]

Bei Erfolgsdelikten, die keine bestimmte Handlungsweise vorschreiben, bspw. §§ 223, 229 oder 212, besteht immer eine „**Bewirkensäquivalenz**" – dann hat die Entsprechensklausel keine Bedeutung.[1405] **619**

Klausurtipp:

In Klausuren ist bei nicht verhaltensgebundenen Delikten lediglich kurz festzuhalten, dass ein Entsprechen vorliegt.

1400 Kühl, AT, § 18 Rn. 123; Sch/Sch/Bosch, § 13 Rn. 4.
1401 BGH 6.2.1979 – 1 StR 648/78, NJW 1979, 1466, 1467: Abgelehnt für das Nutzen eines defekten Fahrtenschreibers trotz möglicher Reparatur.
1402 Allgemein dazu: Fischer, § 13 Rn. 85.
1403 OLG Stuttgart 30.4.1969 – 1 Ss 166/69, NJW 1969, 1975.
1404 BGH 4.2.1986 – 5 StR 776/85, NJW 1986, 1503.
1405 Kühl, AT, § 18 Rn. 124.

IX. Subjektiver Tatbestand

620 Im subjektiven Tatbestand sind zunächst beim Vorsatzdelikt der **Vorsatz** bezüglich aller objektiven Tatbestandsmerkmale und ggf. sonstige subjektive Merkmale (bspw. die Absicht der rechtswidrigen Bereicherung, § 263) festzustellen. Es muss also neben dem bedingten Vorsatz bezüglich des Eintritts eines tatbestandlichen Erfolgs insbesondere nachgewiesen werden, dass eine **Rettungsmöglichkeit erkannt** wurde, die das Rechtsgut zuverlässig gerettet hätte.[1406] Es ist aber nicht erforderlich, dass er die Erfolgsabwendung für sicher hält.[1407]

Beim Vorsatz bezüglich des **Todeserfolges** nimmt die Rechtsprechung an, dass unrealistisch sei, wenn der Autofahrer ohne Weiteres annimmt, das von ihm wegen sorgfaltswidrigem Fahrverhaltens in die Luft geschleuderte Opfer sei entweder sofort tot gewesen oder gar nicht ernsthaft verletzt worden. Man will hier eine Ausnahme von der Hemmschwellentheorie (s. Rz 149) machen, daher kommt in diesen Fällen häufiger bedingter Vorsatz in Betracht.[1408] Dies ist deshalb bedeutsam, weil häufig die hypothetische Kausalität objektiv nicht nachweisbar ist, aber bei einem entsprechenden Vorsatz ein versuchter Totschlag oder gar Verdeckungsmord durch Unterlassen (s. Rz 502, Rz 551) in Betracht kommt.[1409]

621 Eine Besonderheit gilt für die Garantenstellung: Hier muss sich der Vorsatz lediglich auf die Umstände beziehen, aus denen sich die **Garantenstellung** ergibt, dagegen muss sich der Vorsatz *nicht* auf die daraus folgenden **Pflichten** erstrecken. Irrtümer über die Pflichten als Garant können zu einem Gebotsirrtum (§ 17) führen (s. Rz 343 ff.).[1410]

Beispiele:

Wer annimmt, dass ein Nachbarskind im See treibt und zumutbare Hilfe unterlässt, obwohl es sein eigenes Kind ist, handelt ohne Vorsatz im Hinblick auf seine Garantenstellung (§ 16). Ein umgekehrter Irrtum, d. h. die Fehlvorstellung, das eigene Kind sei im See, kann einen untauglichen Versuch[1411] durch Unterlassen begründen (s. Rz 510).

1406 BGH 28.7.1970 – 1 StR 175/70, BeckRS 1970, 31126347; 6.3.2007 – 3 StR 497/06, NStZ 2007, 469.

1407 BGH 9.3.2022 – 4 StR 200/21, NStZ 2023, 153, 154 f. Anders zeitweise BGH 28.6.2017 – 5 StR 20/16, NJW 2017, 3249, 3254 f. m. krit. Anm. Kudlich, was inzwischen ausdrücklich aufgegeben wurde: BGH 27.9.2022 – 5 ARs 34/22, BeckRS 2022, 32026.

1408 BGH 7.11.1991 – 4 StR 451/91, NStZ 1992, 125; krit. Kühl, AT, § 18 Rn. 130. Vgl. BGH 9.3.2022 – 4 StR 200/21, NStZ 2023, 153.

1409 BGH 24.3.2021 – 4 StR 416/20, NJW 2021, 1767; 4.8.2016 – 4 StR 142/16, NStZ-RR 2016, 325.

1410 BGH 29.5.1961 – GSSt 1/61, NJW 1961, 1682, 1683; Fischer, § 13 Rn. 88; a. A. Puppe ZStW 136 (2022), 320, 333.

1411 Nach h. M. ist der untaugliche Versuch des Unterlassungsdelikts strafbar: BGH 22.9.1992 – 5 StR 379/92, NJW 1992, 3309, 3310 m. w. N.

Wer dagegen erkennt, dass sein Adoptivkind im See in Not gerät, aber irrig annimmt, dass nur für leibliche Kinder eine besondere Einstandspflicht besteht, befindet sich in einem Gebotsirrtum, der regelmäßig vermeidbar wäre. Hier wäre der umgekehrte Irrtum, d. h. die Vorstellung, er sei Garant auch für ein Nachbarskind, ein (strafloses) Wahndelikt (Rz 512); es läge nur § 323c vor.[1412]

Wer die Zumutbarkeit im Tatbestand verortet (Rz 617), muss auch diesbezüglich Vorsatz nachweisen.[1413] 622

D. Beteiligung

An einem Unterlassensdelikt kann man sich beteiligen, nach h. M. kommen die unterschiedlichen **Täterschafts- und Teilnahmeformen** (s. Rz 385 ff.) in Betracht.[1414] Es gelten die allgemeinen Regeln für die Abgrenzung von Täterschaft und Teilnahme. Die Rechtsprechung grenzt auch hier nach subjektiven Kriterien ab;[1415] in der Literatur werden differenzierte Vorschläge gemacht.[1416] 623

Wer durch **aktives Tun** an einem **Unterlassensdelikt** eines Garanten teilnimmt, muss *nicht* selbst Garant sein.[1417] 624

Wenn Beteiligte dagegen ausschließlich die gebotenen Handlungen **unterlassen**, muss jeder für sich eine **Garantenstellung** aufweisen, gleich ob sie dadurch ein Unterlassungsdelikt, bspw. als Mittäter, verwirklichen[1418] oder sich an einem Begehungsdelikt beteiligen.[1419] Ein häufiger, aber problematischer Anwendungsfall ist (psychische) **Beihilfe durch Unterlassen** an einer Tat durch aktives Tun eines Haupttäters, wenn also der Garant es unterlässt, den Taterfolg zu verhindern oder zumindest zu erschweren.[1420] 625

Dabei ist für Amtsträger, insbesondere **Polizeibeamte**, die für Strafverfolgung bzw. Gefahrenabwehr zuständig sind, umstritten, ob sie sich durch Unterlas-

1412 BGH 29.5.1961 – GSSt 1/61, NJW 1961, 1682, 1683; Kühl, AT, § 18 Rn. 129.

1413 Fischer, § 13 Rn. 87.

1414 Rengier, AT, § 51 Rn. 1 ff.; krit. MR/Haas, StGB, § 13 Rn. 131 ff.

1415 BGH 5.7.1966 – 5 StR 280/66, NJW 1966, 1763; 12.2.2009 – 4 StR 488/08, NStZ 2009, 321, 322; 14.2.2012 – 3 StR 446/1, NStZ 2012, 379, 380; 15.5.2018 – 3 StR 130/18, BeckRS 2018, 13259, Rn. 17 ff.; 18.10.2018 – 3 StR 126/18, NStZ 2019, 341 f.; MR/Haas, StGB, § 13 Rn. 124 ff.

1416 Zu den unterschiedlichen Vorschlägen, Rengier, AT, § 51 Rn. 15 ff.; Wessels/Beulke/Satzger, AT, Rn. 1215 m. w. N., die das Kriterium der potenziellen Tatherrschaft anführen; MR/Haas, StGB, § 13 Rn. 127 ff.

1417 BGH 24.3.2021 – 4 StR 416/20, NJW 2021, 1767; Wessels/Beulke/Satzger, AT, Rn. 1213.

1418 BGH 23.9.1997 – 1 StR 430/97, NStZ 1998, 83, 84.

1419 BGH 4.6.2013 – 2 StR 4/13, NStZ 2013, 578, 579; 22.9.1992 – 5 StR 379/92, NJW 1992, 3309, 3310; Wessels/Beulke/Satzger, AT, Rn. 1214.

1420 BGH 10.2.1982 – 3 StR 398/81, juris-Rn. 8 ff.; 19.12.1997 – 5 StR 569/96, NJW 1998, 1568, 1573; Rengier, AT, § 51 Rn. 13.

sen an einer fremden Tat beteiligen, wenn sie zumutbare Hilfsmaßnahmen nicht einleiten (s. Rz 608). Das kann beispielsweise eine Beihilfe zur Körperverletzung durch Unterlassen bedeuten, wenn zwei Streifenbeamte bei einem Angriff untätig bleiben oder zum Personenschutz abgestellte Beamte einen Angriff auf eine Politikerin reaktionslos geschehen lassen. Dies wird von der h. M. bejaht, allerdings bei außerdienstlicher Kenntnisnahme eine Abwägung mit dem Anspruch auf Achtung der Privatsphäre vorgenommen.[1421]

626 Nach h. M. sind die verschiedenen Formen der Garantenstellungen, auch aus Ingerenz, jeweils als ein **besonderes persönliches Merkmal** anzusehen, so dass § 28 anwendbar ist (s. Rz 469).[1422]

627 Bei **eigenhändigen Delikten** (s. Rz 36) begründet ein Unterlassen keine täterschaftliche Verwirklichung, sodass bspw. § 316 nicht als Täter begeht, wer einen anderen nicht an dessen Trunkenheitsfahrt hindert; es kann aber Teilnahme in Betracht kommen.[1423]

628 **Fallbeispiel**:

T und B fuhren jeweils ohne Fahrerlaubnis und vermutlich alkoholisiert auf einer Gemeindeverbindungsstraße. T fuhr mit nicht angepasster Geschwindigkeit und übersah einen vorfahrtberechtigten Radfahrer R. R wurde durch die Luft geschleudert und blieb reglos liegen; bei ihm war die Hauptschlagader gerissen, so dass keine Rettung mehr möglich war.

B fuhr nach Hause. T kümmerte sich ebenfalls nicht um R, konnte aber den Unfallort nicht verlassen. Er bat deshalb B, zurückzukommen, um ihn abzuschleppen. B machte dies aus Sorge, dass er sonst mit dem Unfall in Verbindung gebracht werden könnte und er so eine Strafe wegen des alkoholisierten Fahrens vermeiden wollte. Beide hielten es für möglich, dass R noch lebte und durch sofortige Hilfe gerettet werden könnte. Sie hielten es für besser, wenn R keine Aussage mehr zu dem Geschehen machen könne.

Lösung:

Man beginnt mit der Prüfung des T („Tatnächster") in chronologischer Reihenfolge; danach geht man auf B ein.

A. T hat sich durch das Anfahren z. N. von R wegen fahrlässiger Körperverletzung (§ 229) und fahrlässiger Tötung (§ 222) strafbar gemacht.[1424]

1421 BGH 29.10.1992 – 4 StR 358/92, NStZ 1993, 383, 384 m. krit. Anm. Mitsch; vert. MR/Haas, StGB, § 13 Rn. 115 ff. m. w. N.

1422 BGH 24.3.2021 – 4 StR 416/20, NJW 2021, 1767, 1768; Wessels/Beulke/Satzger, AT, Rn. 1213, jew. m. w. N.; a. A. MR/Haas, StGB, § 28 Rn. 15; diff. Maurach/Gössel/Zipf/*Renzikowski*, Strafrecht AT II, § 53 Rn. 74.

1423 Murmann, GK-ST, § 29 Rn. 20.

1424 Durch das Wegfahren seines Pkw hat T sich unerlaubt vom Unfallort entfernt (§ 142) und der B hat ihm dazu durch das Abschleppen Beihilfe geleistet (§§ 142, 27).

B. T könnte einen versuchten Mord durch Unterlassen (§§ 212, 211, 22, 23, 13) z. N. des R begangen haben, als er ohne Hilfe zu leisten am Unfallort verweilte und sich nach Hause schleppen ließ.

Vorprüfung: Der Totschlag durch Unterlassen war unvollendet, weil der R schon beim Unfall so schwer verletzt worden war, dass man ihn danach nicht mehr retten konnte. Der Versuch bei den Verbrechenstatbeständen des Mordes und des Totschlags ist strafbar (§§ 23 i. V. m. 12).

I. Tatbestand

1. Subjektiver Tatbestand (Tatentschluss)

a) T handelt mit bedingtem Vorsatz bezüglich des Todeserfolges bei R, indem er es für möglich hielt, dass dieser noch lebte und sich mit dessen Tod abgefunden hat.

b) T war bewusst, dass er eine gebotene Hilfsmaßnahme (Notruf und Erstversorgung) unterließ.

c) T hat erkannt, dass ihm die Hilfeleistung physisch-real möglich war.

d) T ging subjektiv davon aus, dass es mit der Hilfeleistung möglich war, das Leben des R zu retten, fand sich aber mit dessen Tod beim Ausbleiben von Hilfe ab.

e) T hatte erfasst, dass er den R mit objektiv pflichtwidrigem Vorverhalten geschädigt hatte, da er zu schnell gefahren war und die Vorfahrt des R missachtet hatte. Damit hatte er Kenntnis von den Umständen, aus denen sich seine Garantenstellung aus Ingerenz ergab und verletzte bewusst die daraus entstehende Garantenpflicht.

f) T hielt es für möglich, dass sich das von ihm gesetzte, rechtlich missbilligte Risiko im Todeserfolg realisieren würde, wenn er dem R keine Hilfe gewährt.

g) T war bewusst, dass es ihm zumutbar war, dem R zu helfen, selbst wenn er sich dabei einer strafrechtlichen Verfolgung aussetzen musste, denn man darf sich keinesfalls der staatlichen Strafe auf Kosten des Lebens eines anderen entziehen. Falls T irrig davon ausgegangen wäre, dass die Angst vor eigener Bestrafung die Zumutbarkeit entfallen ließe, wäre dies ein bloßer Rechtsirrtum.

h) T war klar, dass sein Unterlassen einem aktiven Tun entsprach (§ 13), da es sich bei § 212 um ein Erfolgsdelikt handelt.

Ob T und B auch § 316 durch das Fahren mit Alkohol verwirklicht haben, bleibt in dubio ungeklärt, da keine Fahruntüchtigkeit nachgewiesen ist; Gleiches gilt für § 315c.

g) Sonstiges subjektives Merkmal gem. § 211 „Straftatverdeckungsabsicht“: T handelte in der Absicht, seine zuvor begangenen Straftaten (Fahren ohne Fahrerlaubnis und fahrlässige Körperverletzung) zu verdecken.[1425]

2. Unmittelbares Ansetzen zum Versuch: T hat unmittelbar zum Versuch angesetzt, spätestens als er sich vom Unfallort abschleppen ließ und nach seiner Vorstellung den R seinem Schicksal überließ (Rz 502).

II. Rechtswidrigkeit: T handelt rechtswidrig.

III. Schuld: T handelt schuldhaft, insbesondere greift § 35 nicht ein, denn die Gefahr einer Strafverfolgung hat T hinzunehmen.

C. B könnte sich der Beihilfe zum versuchten Mord durch Unterlassen (§§ 212, 211, 22, 23, 13, 27) strafbar gemacht haben, als er den T abgeschleppt hat.

I. Tatbestand

1. Objektiver Tatbestand

a) Für B kommt nur Beihilfe in Betracht, da er lediglich die Tat des T fördert, die Initiative geht von T aus und der B ordnet sich ihm unter.

b) Eine vorsätzliche, rechtswidrige Haupttat lag vor: Wie gezeigt, verwirklicht T einen versuchten Mord durch Unterlassen.

c) Dazu hat der B Hilfe geleistet, d. h. die Haupttat gefördert, indem er den Wagen des T abgeschleppt hat. Zwar war der T schon vor Ort untätig geblieben, aber durch das Abschleppen war es dem T noch weniger möglich, dem R beizustehen. B selbst braucht keine Garantenstellung aufzuweisen für den R, da er aktiv Hilfe leistet.

2. Subjektiver Tatbestand

a) B handelt mit Vorsatz bezüglich der Umstände, des versuchten Mordes durch Unterlassen. Insbesondere hält er es noch für möglich, dass dem R geholfen werden kann und kennt alle Umstände, die den T zum Garanten für R gemacht haben.

b) B erbringt auch seine Beihilfehandlung vorsätzlich. Zwar widerstrebt es ihm, an den Tatort zurückzukehren, was aber nichts daran ändert, dass dies von B bewusst erfolgt.

II. B handelt rechtswidrig.

III. B handelt schuldhaft.

IV. B hat sich gem. §§ 211, 212, 22, 23, 13, 27 strafbar gemacht. Seine Strafe ist neben § 27 Abs. 2 und § 23 Abs. 2 auch nach § 28 Abs. 1 zu mildern, da er in seiner Person keine Garantenstellung aufweist.[1426]

1425 Rengier, AT, § 49 Rn. 34; ders. BT II, § 4 Rn. 129 ff.
1426 BGH 24.3.2021 – 4 StR 416/20, NJW 2021, 1767; 4.8.2016 – 4 StR 142/16, NStZ-RR 2016, 325.

9. KAPITEL Das fahrlässige Begehungsdelikt

A. Vorbemerkungen

Fahrlässiges Verhalten ist **nur ausnahmsweise strafbar**, wenn der Gesetzgeber dafür einen entsprechenden Tatbestand geschaffen hat (§ 15), bspw. fahrlässige Tötung (§ 222), fahrlässige Körperverletzung (§ 229), fahrlässige Brandstiftung (§ 306d), fahrlässige Straßenverkehrsgefährdung (§ 315c Abs. 3 Nr. 2) oder fahrlässige Trunkenheit im Verkehr (§ 316 Abs. 2) sowie im Nebenstrafrecht (bspw. § 29 Abs. 4 BtMG). **629**

Eine Definition der Fahrlässigkeit findet man im Strafgesetzbuch nicht[1427], es wird auf § 276 Abs. 2 BGB abgestellt: **630**

> **Definition:**
> Fahrlässig handelt, wer die im Verkehr erforderliche Sorgfalt außer Acht lässt.

Etwas präziser hat dies der BGH formuliert: „*Fahrlässig handelt, wer eine objektive Pflichtwidrigkeit begeht, sofern er diese nach seinen subjektiven Kenntnissen und Fähigkeiten vermeiden konnte, und wenn gerade die Pflichtwidrigkeit objektiv und subjektiv vorhersehbar den Erfolg gezeitigt hat.*“[1428]

Vorsatz und Fahrlässigkeit sind nach h. M. etwas **Unterschiedliches**, die Fahrlässigkeit ist daher nicht als „Minus“ im Vorsatz enthalten.[1429] Deshalb muss man bei einem unvorsätzlichen Verhalten die ggf. strafbare Fahrlässigkeitstat gesondert nachweisen. Es kann aber wegen eines Fahrlässigkeitsdelikts verurteilt werden, wenn offen bleibt, ob jemand vorsätzlich gehandelt hat.[1430] **631**

Da beim Fahrlässigkeitsdelikt der **Erfolgsunwert** (Rz 73) dominiert und der Handlungsunwert im Gegensatz zum Versuch (Rz 483) nicht voll ausgeprägt ist, kann es keinen fahrlässigen Versuch geben. **632**

Für die Strafzumessung von Bedeutung ist die Unterscheidung von **bewusster** und **unbewusster Fahrlässigkeit**. Bewusst fahrlässig handelt, wer zwar die Tatbestandsverwirklichung für möglich hält, aber pflichtwidrig darauf **vertraut**, dass sich dies nicht realisiert.[1431] Wer schon **nicht erkennt**, **633**

1427 Dies weckt Zweifel an der verfassungsrechtlichen Bestimmtheit der Norm, vgl. MüKo/Duttge, StGB, § 15 Rn. 33 m. w. N.
1428 BGH 13.11.2003 – 5 StR 327/03, NJW 2004, 237, 238.
1429 BGH 22.9.1953 – 5 StR 331/53, NJW 1953, 1721 f.; 18.8.1983 – 4 StR 142/82, NStZ 1984, 74, 75; MüKo/Duttge, StGB, § 15 Rn. 104 m. w. N.; Murmann, GK-ST, § 30 Rn. 4; a. A. NK/Puppe, StGB, § 15 Rn. 5; Freund/Rostalski, AT, § 7 Rn. 39 jew. m. w. N.
1430 BGH 17.4.1962 – 1 StR 132/62, NJW 1962, 1257, 1258.
1431 BGH 22.4.1955 – 5 StR 35/55, NJW 1955, 1688, 1690: Es ist zum voluntativen Element beim bedingten Vorsatz abzugrenzen, Rz 149. Wessels/Beulke/Satzger, AT, Rn. 1110;

aber hätte erkennen können, dass er durch sorgfaltswidriges Verhalten den Tatbestand verwirklicht, handelt dagegen unbewusst fahrlässig.[1432]

634 In manchen Straftatbeständen wird **Leichtfertigkeit** verlangt (bspw. §§ 178, 251, 261 Abs. 6, 306c). Darunter versteht man eine gesteigerte Form der Fahrlässigkeit, die im Zivilrecht der groben Fahrlässigkeit entspricht. Diese liegt vor, wenn der Täter elementare Sorgfaltsregeln missachtet oder Sorgfaltsregeln besonders gröblich verletzt, sodass sich die Gefahr des Erfolgseintritts geradezu aufdrängt.[1433]

B. Aufbau

635 Beim Fahrlässigkeitsdelikt geht man vom sog. **Einheitstäterbegriff** aus (s. Rz 382), denn eine Teilnahme ist wegen des klaren Wortlauts von § 26 und § 27 nicht möglich, weil eine vorsätzliche Tat vorausgesetzt wird; anders verhält sich dies bei Vorsatz-Fahrlässigkeits-Kombinationen (s. Rz 654). Bedeutsam kann bei Fahrlässigkeitsdelikten eine **Nebentäterschaft** (s. Rz 391) werden, weil mehrere unabhängig voneinander fahrlässig einen Erfolg versursachen können; die h. M. lehnt deshalb eine fahrlässige Mittäterschaft als nicht notwendig ab.[1434]

636 Beim Aufbau des Fahrlässigkeitsdelikts wird ganz überwiegend die **objektive Fahrlässigkeit** im Tatbestand und die **subjektive Fahrlässigkeit**, d. h. persönliche bzw. individuelle Fahrlässigkeit, in der Schuld geprüft (s. Rz 651). Die Fahrlässigkeit hat eine **Doppelfunktion** als Verhaltens- und als Schuldform.[1435] Daher unterteilt man den Tatbestand üblicherweise nicht in einen objektiven und subjektiven Teil.[1436]

637 Ein Fahrlässigkeitsdelikt kann auch durch **Unterlassen** begangen werden. Es sind dann zusätzlich zum Aufbauschema der Fahrlässigkeitsprüfung noch die Elemente des unechten Unterlassensdeliktes (Rz 568) zu erörtern.

638 Bei einem reinen **Tätigkeitsdelikt** (z. B. § 316 Abs. 2) ist das Schema zu modifizieren: Hier ist nur die Handlung zu prüfen, denn einen kausal zurechenbaren Erfolg gibt es in diesem Fall nicht.

MR/Gaede, StGB, § 15 Rn. 30.

1432 BGH 11.7.1957 – 4 StR 160/57, BGHSt 10, 369, 370 f., juris-Rn. 9 f.; BGH 2.8.1995 – 2 StR 221/94, BGHSt 41, 206, 219, juris-Rn. 55; Fischer, § 15 Rn. 22; MR/Gaede, StGB, § 15 Rn. 30; diff. Frister, AT, § 12 Rn. 8.

1433 BGH 9.11.1984 – 2 StR 257/84, NJW 1985, 690; 17.07.1997 – 1 StR 791/96, NJW 1997, 3323, 3325 f. (zur leichtfertigen Geldwäsche, § 261 Abs. 6); Eisele/Heinrich, AT, Rn. 654.

1434 Fischer, § 25 Rn. 49; Murmann, GK-ST, § 27 Rn. 54; Rengier, AT, § 53 Rn. 3 ff.; diff. Maurach/Gössel/Zipf/*Renzikowski*, AT II, § 49 Rn. 110 ff., 120 m. w. N.

1435 BGH 13.11.2003 – 5 StR 327/03, NJW 2004, 237, 238; Wessels/Beulke/Satzger, AT, Rn. 1106.

1436 Eisele/Heinrich, AT, Rn. 665.

Prüfungsaufbau des fahrlässigen Erfolgsdelikts 639

I. Tatbestandsmäßigkeit
   1. Erfolg
   2. Handlung (Tun oder Unterlassen)
   3. Kausalität (beim Unterlassen: hypothetische Kausalität)
   4. Objektive Sorgfaltspflichtverletung
   5. Objektive Zurechnung
      a) Objektive Vorhersehbarkeit des Erfolgseintritts (atypische Kausalverläufe)
      b) Objektive Vermeidbarkeit (Pflichtwidrigkeitszusammenhang)
      c) ggf. weitere Aspekte der objektiven Zurechnung (z. B. Schutzzweckzusammenhang; Abgrenzung von Verantwortungsbereichen)
   6. Nur beim unechten Unterlassensdelikt: insb. Garantenpflicht; Zumutbarkeit; ggf. Entsprechensklausel (Rz 573)

II. Rechtswidrigkeit: Eingreifen von Rechtfertigungsgründen? (Rz 170 ff.)

III. Schuld
   1. Subjektive Fahrlässigkeit
      a) Individuelle Sorgfaltspflichtverletzung
      b) Individuelle Vorhersehbarkeit
   2. Sonstige Schuldelemente (insb. Schuldfähigkeit; Entschuldigungsgründe, Zumutbarkeit)

C. Tatbestand: Objektive Fahrlässigkeit

I. Objektiver Sorgfaltspflichtverstoß

640 Auf Tatbestandsebene muss zunächst durch ein Handeln eine **Sorgfaltspflichtverletzung** verwirklicht werden. Sorgfaltsregeln können sich aus sehr unterschiedlichen Kontexten ergeben und sind zur Zeit der Handlung (ex ante) zu bestimmen. Selten finden sie sich im Gesetz (z. B. verbietet § 316 das Führen von Kraftzeugen in rauschbedingt fahruntüchtigem Zustand, § 29 BtMG den Verkauf von Heroin), ausreichend sind auch untergesetzliche Normen (StVO), geschriebene oder ungeschriebene Regeln (DIN, Sportregelwerke, ärztliche Leitlinien) oder Erfahrungssätze (anerkannte Regeln der Technik), die für den jeweils betroffenen Verkehrskreis gelten. Sofern schriftliche Regeln vorhanden sind, kann den-

noch im Einzelfall ein schärferer oder milderer Maßstab herangezogen werden.[1437]

Die h. M. sieht im Rückgriff auf diese außergesetzlichen Regelungen keinen Verstoß gegen das Bestimmtheitsgebot (Art. 103 Abs. 2 GG), weil der Begriff „fahrlässig" (bspw. § 222) durch Auslegung näher bestimmt werden könne und eine exakte Kodifikation den Gesetzgeber überfordern würde.[1438]

641 Im Tatbestand lautet der Normbefehl nicht, dass man jede Verursachung eines Erfolgs zu unterlassen hat, weil dies sonst uferlos wäre. Es muss vielmehr die erforderliche Sorgfalt angewendet werden, um den Erfolg zu vermeiden. Dazu will man auf eine **objektive Maßstabsfigur** abstellen in der sozialen Rolle des Handelnden, also einen fiktiven Dritten,[1439] bspw. einen durchschnittlich erfahrenen Autofahrer, Polizeibeamten[1440], Arzt[1441] usw.

642 Dagegen wird die individuelle Leistungsfähigkeit erst auf der Ebene der Schuld festgestellt; regelmäßig ist davon auszugehen, dass jeder über eine normale Leistungsfähigkeit verfügt. Man will überwiegend auch ein sog. **Übernahmeverschulden** anerkennen, so dass man sich nicht darauf berufen darf, dass man mangels ausreichender Vorbereitung der Lage nicht mehr gewachsen gewesen ist, bspw. wer eine Operation beginnt, obwohl ihm ein Hilfsmittel fehlt, um diese sicher zu Ende führen zu können.[1442]

643 Zu beachten ist, dass die Sorgfaltspflicht durch das **erlaubte Risiko** begrenzt wird (s. Rz 102).[1443] So ist es bspw. erlaubt, am Verkehr mit einem Kraftfahrzeug teilzunehmen und man wird für die dadurch verursachte Verletzung anderer nicht strafrechtlich verantwortlich, wenn man alle Regeln beachtet.

644 Von besonderer Bedeutung im Straßenverkehr, aber auch bei arbeitsteiligem Zusammenwirken ist der **Vertrauensgrundsatz** als besondere Ausprägung des erlaubten Risikos. Auf das verkehrsgerechte Verhalten anderer darf sich verlassen, wer sich selbst pflichtgemäß verhält.[1444] Allerdings wird

1437 BGH 25.9.1990 – 5 StR 187/90, NStZ 1991, 31 zu im Einzelfall noch verschärfte Anforderungen; gegenteilig wegen jahrelanger Übung: BGH 5.4.2000 – 1 StR 79/00, BeckRS 2000, 4296; Eisele/Heinrich, AT, Rn. 674 ff.

1438 Sch/Sch/Sternberg-Lieben/Schuster, StGB § 15 Rn. 121 m. w. N.

1439 Wessels/Beulke/Satzger, AT, Rn. 1118 m. w. N.; krit. MK/Duttge, StGB, § 15 Rn. 117 m. w. N.

1440 BGH 4.9.2014 – 4 StR 473/13, NJW 2015, 96, 99.

1441 BGH 20.6.2012 – 5 StR 536/11, juris-Rn. 15: erfahrener Facharzt; 14.3.2003 – 2 StR 239/02, NStZ 2003, 657, 658: Arzt der gleichen Fachrichtung.

1442 BGH 19.11.1997 – 3 StR 271/97, NJW 1998, 1802, 1803 f.; Spickhoff/Knauer/Brose, Medizinrecht, § 222 StGB Rn. 72; Rengier, AT, § 52 Rn. 24.

1443 Fischer, § 15 Rn. 26.

1444 BGH 12.7.1954 – VGS 1/54, NJW 1954, 1493 f.; 17.9.1958 – 4 StR 235/58, NJW 1958, 1982, 1983. Wann eigenes regelwidriges Verhalten den Vertrauensgrundsatz erschüttert, soll der Vertrauensgrundsatz erschüttert, wenn man damit rechnen muss, dass andere sich nicht an die Regeln halten werden, bspw. bei Kindern, oder wenn erkennbar wird, dass andere die Verkehrsregeln missachten, bspw. auf Straßen, bei denen Fußgänger regelwidrig die Fahrbahn betreten[1445] oder man gewahr wird, dass ein anderes Auto die Vorfahrt missachtet.[1446]

Nach h. M. sind **Sonderwissen**[1447] und **Sonderfähigkeiten**[1448] zu berücksichtigen, sodass insofern zuungunsten des Täters von der Maßstabsfigur des fiktiven Dritten abgewichen wird. Bspw. muss jemand sich besonders anstrengen, wenn er die Gefahren einer unübersichtlichen Kreuzung schon kennt[1449] oder als Rennfahrer Fahrzeuge im Grenzbereich beherrschen kann.[1450] **645**

II. Objektive Zurechnung

Die objektive Zurechnung wurde schon dargestellt (Rz 99 ff.). Sie hat besondere Bedeutung für die Fahrlässigkeitsdelikte. **646**

1. Objektive Vorhersehbarkeit

Die Tatbestandsverwirklichung muss vorhersehbar sein.[1451] Dies entspricht der Kategorie des atypischen Kausalverlaufs, s. Rz 104. **647**

2. Objektive Vermeidbarkeit (Pflichtwidrigkeitszusammenhang)

Die Tatbestandsverwirklichung muss auch vermeidbar gewesen sein, d. h. ein Zusammenhang zwischen der Verletzung der Sorgfaltsnorm und dem eingetretenen Erfolg bestehen. Es ist festzustellen, dass der Erfolg bei Beachtung der Sorgfaltspflichten ausgeblieben wäre, näher Rz 110 f. **648**

3. Schutzzweckzusammenhang

Neben dem Pflichtwidrigkeitszusammenhang muss zudem geprüft werden, ob der Sinn und Zweck der Sorgfaltsnorm vor dem eingetretenen Erfolg schützen wollte, näher Rz 109. **649**

---

nach h. M. im Einzelfall beurteilt werden, Wessels/Beulke/Satzger, AT, Rn. 1125. Umfassend: MK-Duttge, StGB, § 15 Rn. 141 ff.

1445 BGH 1.3.2018 – 4 StR 311/17, NStZ-RR 2018, 154, 156.

1446 BGH 15.3.1956 – 4 StR 74/56, NJW 1956, 800, 801; 22.1.1960 – 4 StR 540/59, NJW 1960, 831, 832.

1447 BGH 20.6.2012 – 5 StR 536/11, juris-Rn. 25; Wessels/Beulke/Satzger, AT, Rn. 1119.

1448 Wessels/Beulke/Satzger, AT, Rn. 1123.

1449 BGH 12.7.1954 – VGS 1/54, NJW 1954, 1493, 1495; Rengier, AT, § 52 Rn. 20.

1450 Rengier, AT, § 52 Rn. 19 ff.

1451 BGH 10.7.1958 – 4 StR 180/58, NJW 1958, 1980, 1981.

D. Rechtswidrigkeit

650 Für die Rechtswidrigkeit gilt grundsätzlich das bereits Dargestellte, s. Rz 168; fahrlässiges Verhalten kann erst recht erlaubt sein, wenn sogar vorsätzliche Taten gerechtfertigt sind.[1452] Umstritten ist, ob ein subjektives Rechtfertigungselement bei fahrlässiger Tatbestandsverwirklichung entbehrlich oder nur abgeschwächt erforderlich ist.[1453]

E. Schuld

I. Subjektive Fahrlässigkeit

651 Auf der Schuldebene ist die **individuelle Erfüllbarkeit** der Sorgfaltsnorm, also die **subjektive Vermeidbarkeit** des Erfolgs durch Einhaltung der Sorgfaltsnorm zu prüfen.[1454]

Weiter muss die **subjektive Vorhersehbarkeit** festgestellt werden, also die individuelle Erkennbarkeit des Erfolgs und des Kausalverlaufs in wesentlichen Zügen.[1455] Bspw. ist bei Verabreichung von 0,5–1 gr Kochsalz pro kg Köpergewicht für medizinische Laien individuell nicht vorhersehbar, dass dieser Wert bei Kleinkindern rasch zum Tode führt.[1456]

Regelmäßig entsprechen Personen der Maßstabsfigur eines durchschnittlichen Menschen (Rz 641), aber in Sonderfällen ist den persönlichen Defiziten Rechnung zu tragen, insbesondere bei körperlichen bzw. geistigen Einschränkungen, Verwirrung, panikbedingten Fehleinschätzungen, Alkoholrausch bzw. -entzugserscheinungen, verminderter Intelligenz usw.[1457]

> **Hinweis**:
>
> In Prüfungen ist ohne nähere Angaben davon auszugehen, dass Menschen über normale Fähigkeiten verfügen; in der Praxis sind die Ermittlungen auf diese seltenen Sonderkonstellationen zu erstrecken.

1452 BGH 21.3.2001 – 1 StR 48/01, NJW 2001, 3200, 3201.

1453 Wessels/Beulke/Satzger, AT, Rn. 1146.

1454 Großzügig beim Vergessen von Informationen durch eine Lehrkraft: BGH 9.12.1959 – 2 StR 489/59, NJW 1960, 876,

1455 BGH 10.7.1958 – 4 StR 180/58, NJW 1958, 1980, 1981 f.; BayObLG 28.10.1997 – 4 St RR 221/97, NJW 1998, 3580; OLG Nürnberg 9.5.2006 – 2 St OLG Ss 53/06, NStZ-RR 2006, 248; Fischer, § 222 Rn. 25 f.

1456 BGH 16.3.2006 – 4 StR 536/05, NJW 2006, 1822, 1823, Rz. 10.

1457 BGH 17.11.1955 – 4 StR 410/55, BeckRS 1955, 31191897; OLG Karlsruhe 16.12.1999 – 3 Ss 43/99, NStZ-RR 2000, 141, 142; OLG Nürnberg 9.5.2006 – 2 St OLG Ss 53/06, NStZ-RR 2006, 248.

II. Sonstige Schuldelemente

Auf der Schuldebene sind die allgemein geltenden Voraussetzungen (s. Rz 310) zu prüfen, bspw. die Schuldfähigkeit oder Entschuldigungsgründe, insbesondere kann die Unzumutbarkeit normgemäßen Verhaltens Bedeutung erlangen (Rz 353).[1458] **652**

Fallbeispiele zum Fahrlässigkeitsdelikt: **653**

Ausgangsfall: T fährt mit seinem Kfz innerorts (erlaubt sind 50 km/h) mit ca. 40-50 km/h. Vor ihm tritt ein dunkel gekleideter Fußgänger F auf die Fahrbahn, der erst eine Sekunde vor dem Zusammenprall sichtbar wird. Bei dem Zusammenstoß wird F tödlich verletzt. Strafbarkeit wegen fahrlässiger Tötung (§ 222)?

T hat keine fahrlässige Tötung verwirklicht. Es ist zwar durch sein Autofahren der Tod bei F verursacht worden, aber T hat sich sorgfaltsgemäß verhalten, insbesondere hat er die vorgesehene Höchstgeschwindigkeit eingehalten.

Abwandlungsfall 1: T fährt statt der erlaubten 50 km/h mit 60 km/h.

Im Unterschied zum Ausgangsfall hat T gegen eine Sorgfaltspflicht verstoßen, weil er zu schnell gefahren ist. Der Unfall war aber auch unter Beachtung der Sorgfaltsregeln nicht zu vermeiden. Wenn T bei Eintritt der verkehrskritischen Lage mit 50 km/h gefahren wäre, hätte er wie im Ausgangsfall den F angefahren und tödlich verletzt. Es fehlt daher am Pflichtwidrigkeitszusammenhang (Rz 110).

Abwandlungsfall 2: T fährt nun in absolut fahruntüchtigem Zustand (1,4 ‰ BAK) mit 40-50 km/h mit seinem Auto. Falls T mit seinem Alkoholpegel angepasster Schrittgeschwindigkeit gefahren wäre, hätte er trotz seiner Alkoholisierung möglicherweise vor F halten können, sicherlich wären aber schwere Verletzungen ausgeblieben und F hätte überlebt.

Neben der Handlung, Erfolgseintritt und Kausalität liegt ein Sorgfaltsverstoß des T vor, denn er durfte nicht so stark alkoholisiert Auto fahren[1459].

Allerdings ist umstritten, auf welchen Sorgfaltsmaßstab man bei der Vermeidbarkeit (Pflichtwidrigkeitszusammenhang) abstellen muss:

Der BGH geht trotz Kritik in der Literatur nicht davon aus, dass ein nüchterner Autofahrer als Vergleich ab Eintritt der verkehrskritischen Lage, d. h. hier mit dem Erscheinen des F unmittelbar an der Fahrbahn, heranzuziehen ist. Vielmehr hätte T die Geschwindigkeit so reduzieren müssen, dass er seine alkoholbedingten Ausfallerscheinungen kompensiert. Dann hätte er die tödlichen Verletzungen bei F sicher verhindert. Der Todeserfolg ist zuzurechnen. T handelt rechtswidrig und

1458 Rengier, AT, § 52 Rn. 89.

1459 Die absolute Fahruntüchtigkeit wird bei Autofahrern ab 1,1 ‰ BAK angenommen, sodass mit dem Fahren § 316 und ab der Gefährdung des F § 315c verwirklicht sind.

schuldhaft, insbesondere war ihm mit seinen persönlichen Fähigkeiten der Unfall vermeidbar und vorhersehbar. Nach dieser Ansicht hat T z. N. von F mit dem Anfahren § 222 verwirklicht.[1460] Die Gegenansicht lehnt § 222 ab, denn sie stellt beim Vergleich auf einen nüchternen Autofahrer ab, dem dieser Unfall mit der erlaubten Geschwindigkeit ebenso passiert wäre.[1461]

1460 BGH 26.11.1970 – 4 StR 26/70, NJW 1971, 388 f.; 6.12.2012 – 4 StR 369/12, NStZ 2013, 231 m. w. N. = JR 2013, 472 m. krit. Anm. Puppe; krit. Bespr. Hecker JuS 2013, 466; krit. Bespr. Jäger JA 2013, 393; zust. Lenk/Ritz, JA 2020, 507, 514; BayObLG 14.2.1994 – 1 St RR 222/93, NStZ 1997, 388 m. krit. Anm. Puppe.

1461 Sch/Sch/Sternberg-Lieben/Schuster, StGB § 15 Rn. 158; NK/Puppe/Grosse-Wilde, StGB, Vor § 13 Rn. 223; Rengier, AT, § 52 Rn. 40 jew. m. Nachw.

10. KAPITEL Erfolgsqualifikationen und sonstige Vorsatz-Fahrlässigkeits-Kombinationen

A. Vorbemerkungen

654 Verschiedentlich finden sich Mischtatbestände, bei denen eine **vorsätzliche Tathandlung** zu einem **fahrlässig herbeigeführten Erfolg** führt. Dabei unterscheidet man erfolgsqualifizierte Delikte, für die § 18 gilt (bspw. §§ 227, 315d Abs. 5) und sonstige Vorsatz-Fahrlässigkeits-Kombinationen, bspw. § 315c Abs. 3 Nr. 1. Alle Vorsatz-Fahrlässigkeits-Kombinationen sind wegen § 11 Abs. 2 als **vorsätzliche Taten** zu behandeln, sodass in diesen Fällen Teilnahme[1462] oder Versuchskonstellationen (s. Rz 506) in Betracht kommen.[1463] Dabei muss jeder Teilnehmer des Grunddelikts bezüglich des Erfolgs fahrlässig[1464] gehandelt haben.[1465]

B. Erfolgsqualifizierte Delikte

655 Besondere Bedeutung haben erfolgsqualifizierte Delikte. Diese bestehen aus einem vorsätzlich verwirklichten Grundtatbestand (z. B. § 223 oder § 249) und einer besonderen Folge, die zumindest fahrlässig durch ein Tun oder bei Garanten durch Unterlassen[1466] herbeigeführt wird (z. B. §§ 226, 227 oder 251).

§ 18 verlangt für die besondere Folge mindestens Fahrlässigkeit, denn nur so kann dem Schuldgrundsatz Rechnung getragen werden.[1467] Daraus kann man umgekehrt folgern, dass erst recht eine vorsätzliche Begehung strafbar ist.[1468] Bei einer qualifizierten Gesundheitsschädigung als schwerer Folge hat dies Bedeutung (z. B. §§ 226, 221 Abs. 2 Nr. 2, 306b). Wenn die vom Vorsatz umfasste besondere Folge im Tod des Opfers liegt, wäre dagegen ein Tötungsdelikt (§ 212) einschlägig.

1462 Der Einheitstäterbegriff gilt hier im Unterschied zu reinen Fahrlässigkeitsdelikten nicht. Weiterführend zum gesamten Problembereich: Noak, JuS 2005, 312.

1463 OLG Stuttgart 17.10.1975 – 1 Ss (9) 376/75, NJW 1976, 1904 zu § 315c Abs. 3 Nr. 1; Fischer, § 11 Rn. 32.

1464 In manchen Tatbeständen wird sogar Leichtfertigkeit verlangt, bspw. §§ 178, 251.

1465 BGH 18.12.2007 – 1 StR 301/07, NStZ 2008, 280, 281; 3.6.1964 – 2 StR 14/64, NJW 1964, 1809, 1810 jew. zu § 251; vgl. Wessels/Beulke/Satzger, AT, Rn. 1149.

1466 BGH 22.11.2016 – 1 StR 354/16, NStZ 2017, 223, 225, Rn. 20; Fischer, § 18 Rn. 5 jew. m. w. N.

1467 MR/Renzikowski, StGB, § 18 Rn. 3; Fischer, § 18 Rn. 2.

1468 Fischer, § 18 Rn. 3.

656 Verschiedentlich hat der Gesetzgeber im jeweiligen Straftatbestand (z. B. §§ 178, 251) zur weiteren Einschränkung vorgesehen, dass nicht einfache Fahrlässigkeit ausreicht, sondern **Leichtfertigkeit** nachgewiesen werden muss, näher Rz 634.

657 Erfolgsqualifikationen sehen eine gegenüber dem Grunddelikt erhöhte Strafe vor; bspw. in § 223 oder § 222 jeweils bis zu fünf Jahre, aber für § 226 mindestens ein Jahr bis 10 Jahre oder § 227 nicht unter drei Jahren bis zu 15 Jahren (§ 38) Freiheitsstrafe. Deshalb ist man sich im Ausgangspunkt einig, dass eine **einschränkende Auslegung** geboten ist.[1469] Die h. M. verlangt einen **gefahrspezifischen Zusammenhang**, d. h. es muss die in der vorsätzlichen Begehung des Grundtatbestands liegende spezifische Gefährlichkeit zum Eintritt der besonderen Folge geführt haben, was **deliktsspezifisch** zu bestimmen ist.[1470] Früher wurde dies als Unmittelbarkeitszusammenhang bezeichnet,[1471] es kommt allerdings nicht darauf an, ob die Folge in unmittelbar zeitlich-räumlichem Zusammenhang zur Tathandlung, durch das Opfer[1472] oder durch bzw. für Dritte eintritt.

658 In der Verwirklichung des Grunddelikts liegt bereits eine objektive Sorgfaltspflichtverletzung, weshalb nach der Rspr. lediglich die objektive und subjektive Vorhersehbarkeit festzustellen ist.[1473] Dabei verlangt die h. M. nur eine **Vorhersehbarkeit** der Folge im Allgemeinen, aber nicht die Ausprägung der spezifischen Gefahr im konkreten Kausalverlauf.[1474]

659 Abzugrenzen sind erfolgsqualifizierte Delikte von Tatbeständen, die eine bloße Gefahr ausreichen lassen (bspw. § 250 Abs. 2 Nr. 3b),[1475] die objektive Strafbarkeitsbedingungen[1476] oder Regelbeispiele (bspw. § 113 Abs. 2 Nr. 2) enthalten.[1477] Dann ist § 18 nicht anwendbar.

1469 MR/Renzikowski, StGB, § 18 Rn. 2.
1470 BGH 14.1.2016 – 4 StR 72/15, NJW 2016, 2516, 2518; Sch/Sch/Sternberg-Lieben/Schuster, StGB, § 18 Rn. 4 m. w. N.; Fischer, § 18 Rn. 2; krit. MR/Renzikowski, StGB, § 18 Rn. 11 f.
1471 BGH 30.9.1970 – 3 StR 119/70, NJW 1971, 152; 12.2.1992 – 3 StR 481/91, NStZ 1992, 333, 334.
1472 BGH 15.2.2017 – 4 StR 375/16, NJW 2017, 2211, 2212 f. zu § 238 Abs. 3 bei Selbsttötung infolge der Nachstellung.
1473 BGH 22.9.1971 – 3 StR 146/71, NJW 1972, 217; krit. MR/Renzikowski, StGB, § 18 Rn. 17.
1474 BGH 15.11.2007 – 4 StR 453/07, NStZ 2008, 686 f.; 16.3.2006 – 4 StR 536/05, NJW 2006, 1822, 1823, Rn. 10 m. w. N.
1475 BGH 23.7.2004 – 2 StR 101/04 –, juris-Rn. 4 zu § 250; 30.1.2018 – 4 StR 284/17, juris-Rn. 11 zu § 177 Abs. 8 Nr. 2 b); MR/Renzikowski, StGB, § 18 Rn. 8.
1476 BGH 16.6.1961 – 4 StR 176/61, BGHSt 16, 130, 132, juris-Rn. 25 zu § 231 = § 227 a. F.
1477 BGH 24.7.1975 – 4 StR 165/75, NJW 1975, 1934, 1935; Fischer, § 18 Rn. 4.

C. Aufbau

Aufbau des erfolgsqualifizierten Delikts 660

Zunächst ist das vorsätzlich begangene Grunddelikt, ggf. als Versuch bestehend aus Tatbestand, Rechtswidrigkeit und Schuld zu prüfen.

Anschließend wird das erfolgsqualifizierte Delikt geprüft:

I. Tatbestandsmäßigkeit
   1. Vorsätzliches Grunddelikt: vorab zu prüfen
   2. Besondere Folge, bspw. Tod
   3. Kausalität
   4. Objektive Fahrlässigkeit
      a) Objektive Vorhersehbarkeit der besonderen Folge, § 18
      b) Ggf.: Leichtfertigkeit bezüglich der besonderen Folge der Tat, z. B. § 251
      c) Objektive Zurechnung der besonderen Folge, § 18
   5. Gefahrspezifischer Zusammenhang zwischen Grunddelikt und besonderer Folge

II. Rechtswidrigkeit

III. Schuld
   1. Subjektive Fahrlässigkeit: subjektive Vorhersehbarkeit der besonderen Folge
   2. Sonstige Schuldelemente

D. Sonstige Vorsatz-Fahrlässigkeits-Kombinationen

Neben den erfolgsqualifizierten Delikten gibt es weitere Vorsatz-Fahrlässigkeits-Kombinationen bei denen aus einem **vorsätzlichen Handlungsteil** eine **fahrlässige Folge** erwächst; letztere ist typischerweise eine konkrete Gefahr (bspw. §§ 308 Abs. 5, 315b Abs. 4, 315c Abs. 3 Nr. 1). Anders als bei Erfolgsqualifikationen sind der Handlungsteil und der Gefährdungsteil nicht jeweils für sich strafbar, sondern nur in der Kombination; der Fahrlässigkeitsteil begründet also die Strafbarkeit.[1478] § 18 ist nicht anwendbar. 661

1478 Rengier, AT, § 55 Rn. 6; Wessels/Beulke/Satzger, AT, Rn. 1151.

Literaturverzeichnis

Baumann/Weber/Mitsch/Eisele	Strafrecht Allgemeiner Teil, 13. Aufl. 2021
BeckOK/*Bearbeiter:*	Beck'scher Online-Kommentar – Beamtenrecht Bund, Brinktrine, Schollendorf (Hg.), 30. Ed. Stand: 1.4.2024 – Beamtenrecht Baden-Württemberg (BeamtenR BW), Brinktrine, Hug (Hg.), 29. Ed. 1.4.2024 – BGB, Hau, Poseck (Hg.), 70. Ed., Stand: 1.5.2024 – Datenschutzrecht (DatenschutzR), Wolff, Brink, v. Ungern-Sternberg (Hg.) 48. Ed. Stand: 1.5.2024 – JGG, Gertler, Kunkel, Putzke (Hg.), 33. Ed., Stand: 1.2.2024 – StGB, v. Heintschel-Heinegg (Hg.), 66. Ed., Stand: 1.5.2024
Bock	Strafrecht Allgemeiner Teil, 2. Aufl. 2021
Eisele/Heinrich	Strafrecht Allgemeiner Teil, 3. Auf. 2023
Engisch	Einführung in das juristische Denken, 7. Aufl. 1977
Erhardt	Strafrecht für Polizeibeamte, 7. Aufl. 2021
Fischer	Strafgesetzbuch und Nebengesetze, 71. Aufl. 2024
Frank	Das Strafgesetzbuch für das Deutsche Reich (RStGB), 18. Aufl., Tübingen 1931.
Freund/Rostalski	Strafrecht Allgemeiner Teil, 3. Aufl. 2019

Frister	Strafrecht Allgemeiner Teil, 10. Aufl. 2023
Gropp/Sinn	Strafrecht Allgemeiner Teil, 5. Aufl. 2020
Grüneberg/*Bearbeiter*	Bürgerliches Gesetzbuch mit Nebengesetzen, 83. Aufl. 2024
Günther	Strafrechtswidrigkeit und Strafunrechtsausschluss, Köln 1983
Herrmann (Hg.),	Beiträge zum Göttinger Umwelthistorischen Kolloquium 2008 – 2009, Onlineveröffentlichung: https://www.univerlag.uni-goettingen.de/bitstream/handle/3/isbn-978-3-940344-97-7/umweltkolloquium3.pdf?sequence=1 (Stand: 1.6.2024)
HK-GS	Handkommentar Gesamtes Strafrecht, Dölling/Duttge/König/Rössner (Hg.), 5. Aufl. 2022
Hruschka	Strafrecht nach logisch-analytischer Methode, 2. Aufl. 1988
Jäger	Examens-Repetitorium Strafrecht Allgemeiner Teil, 10. Aufl. 2021
Jakobs	Strafrecht Allgemeiner Teil, 2. Aufl 2011
Jauernig/*Bearbeiter*	Bürgerliches Gesetzbuch, Rolf Stürner (Hg.), 19. Aufl. 2023
Jescheck/Weigend	Lehrbuch des Strafrechts Allgemeiner Teil, 5. Aufl. 1996
Kaspar	Strafrecht – Allgemeiner Teil, 4. Aufl. 2023
Kindhäuser/Zimmermann, Strafrecht	Allgemeiner Teil, 11. Aufl. 2023
Kische/König/Wick-Rentrop/Woeste	Strafrecht in polizeilichen Ermittlungen, 2023
Krey/Esser	Deutsches Strafrecht Allgemeiner Teil, 7. Aufl. 2022

Kühl	Strafgesetzbuch, Allgemeiner Teil, 8. Aufl. 2017
Lackner/Kühl/Heger	Kommentar zum Strafgesetzbuch, 30. Aufl. 2023
Lempp/Schütze/Köhnken	Forensische Psychiatrie und Psychologie des Kindes- und Jugendalters, 1999
Lisken/Denninger	Handbuch des Polizeirechts (PolR-HdB), Bäcker, Denninger, Graulich (Hg.), 7. Aufl. 2021
LK/*Bearbeiter*	Leipziger Kommentar zum Strafgesetzbuch, Cirener/Radtke/Rissing-van Saan/Rönnau/Schluckebier (Hg.), 13. Aufl. 2019 ff.
LPK	Kindhäuser/Hilgendorf, Lehr- und Praxiskommentar Strafgesetzbuch, 9. Aufl. 2022
Maurach/Gössel/Zipf/ *Bearbeiter*	Strafrecht Allgemeiner Teil, Teilband 2, Erscheinungsformen des Verbrechens und Rechtsfolgen der Tat (AT II), 8. Aufl. 2014
Möllers	Wörterbuch der Polizei, 3. Aufl. 2018
MR/*Bearbeiter*	Matt/Renzikowski (Hg.), Kommentar zum Strafgesetzbuch, 2. Aufl. 2020
MüKo/*Bearbeiter*	– Münchener Kommentar zum Bürgerlichen Gesetzbuch, Säcker u. a. (Hg.), 9. Aufl. 2021 ff. – Münchener Kommentar zum Strafgesetzbuch, Erb, Schäfer (Hg.), 4. Aufl. 2020 f.
Müller	Strafverfahrensrecht für Polizeistudium und -praxis 2023.
Murmann	Grundkurs Strafrecht (GK-ST), 7. Aufl. 2022.
NK/*Bearbeiter*	Nomos-Kommentar zum Strafgesetzbuch, Kindhäuser/Neumann/Paeffgen/Saliger (Hg.), 6. Aufl. 2023

Puppe	Strafrecht Allgemeiner Teil im Spiegel der Rechtsprechung, 5. Aufl. 2022
Rengier	– Strafrecht Allgemeiner Teil (AT), 15. Auf. 2023 – Strafrecht Besonderer Teil, Band 2, (BT II) 25. Aufl. 2024
Renzikowski	Notstand und Notwehr 1994
Roxin/Greco AT I	Strafgesetzbuch Allgemeiner Teil, Band 1, 5. Aufl. 2020
Schaffstein/Beulke/Swoboda	Jugendstrafrecht, 16. Auflage 2020
Schlehofer/Putzke/Scheinfeld	Strafrecht Allgemeiner Teil, 2. Aufl. 2024
Schramm	Ehe und Familie im Strafrecht, 2011
Sch/Sch-*Bearbeiter*	Schönke/Schröder, Strafgesetzbuch (Kommentar) 30. Aufl. 2019
SK/*Bearbeiter*	Systematischer Kommentar zum Strafgesetzbuch, Wolter, Hoyer (Hg.), – Band 1, 9. Aufl. 2017 – Band 5, 10. Aufl. 2024
Spickhoff/*Bearbeiter*	Medizinrecht, 4. Aufl. 2022
SSW/*Bearbeiter*	Satzger/Schluckebier/Werner, Strafgesetzbuch, 6. Aufl. 2024
Staller/Körner	Handbuch polizeiliches Einsatztraining 2022
Trurnit	Eingriffsrecht – Maßnahmen der Polizei nach der Strafprozessordnung und dem Polizeigesetz Baden-Württemberg, 4. Aufl. 2017
Ulsenheimer	Grundfragen des Rücktritts vom Versuch in Theorie und Praxis, 1976
Weber	Rechtswörterbuch, 32. Edition, 1.4.2024
Wessels/Beulke/Satzger,	Strafrecht Allgemeiner Teil, 53. Aufl. 2023

Zeitler/Trurnit — Polizeirecht für Baden-Württemberg, 4. Aufl. 2022

Zieschang — Strafrecht Allgemeiner Teil, 6. Aufl. 2020

Sachregister

A

B

F

G

S